Chinese Scholars
on Marco Polo:
Selected Essays

马可·波罗
研究论文选粹

中 文 编

荣新江　党宝海 编

中西书局

图书在版编目(CIP)数据

马可·波罗研究论文选粹：中文编／荣新江，党宝
海编.—上海：中西书局，2021
ISBN 978-7-5475-1903-5

Ⅰ.①马… Ⅱ.①荣… ②党… Ⅲ.①马可·波罗
(Marco Polo 1254-1324)—人物研究 Ⅳ.①K835.465.89

中国版本图书馆 CIP 数据核字(2021)第 222337 号

马可·波罗研究论文选粹(中文编)

荣新江　党宝海　编

责任编辑	伍珺涵	
装帧设计	梁业礼	
责任印制	朱人杰	
出版发行	上海世纪出版集团 中西书局(www.zxpress.com.cn)	
地　　址	上海市闵行区号景路 159 弄 B 座(邮政编码：201101)	
印　　刷	上海肖华印务有限公司	
开　　本	700×1000 毫米　1/16	
印　　张	28.00	
字　　数	416 000	
版　　次	2021 年 12 月第 1 版　2021 年 12 月第 1 次印刷	
书　　号	ISBN 978-7-5475-1903-5/K·375	
定　　价	108.00 元	

本书如有质量问题,请与承印厂联系。电话：021-66012351

序

  马可·波罗在中国可谓家喻户晓，他来中国的行纪也多次被译成中文，有的译本还反复翻印，读者非常广泛。但马可·波罗又是一个扑朔迷离的人物，他声称蒙古大汗忽必烈（也是元朝皇帝）对他如何信任，常常派他出使各地，因此才有他如此丰富的旅行记录。可是这样一个在皇帝身边转悠的人物，在号称文献记载极为丰富的汉文典籍中，却一直没有见到马可·波罗或类似的名字，也没有同他一样的人物事迹保存下来。但早在 1942 年，杨志玖先生在北京大学文科研究所读书期间，就从残存的《永乐大典》保存的《经世大典·站赤门》中，找到一条记载 1290 年元朝安排伊利汗国三位使臣兀鲁䚟、阿必失呵及火者取道马八儿回国的诏书，三位使臣的名字与马可·波罗在他的行纪中的记载完全一样，于是坐实了马可·波罗一定是来过中国的。

  虽然马可·波罗的书常常以"行纪"的名字印行于世，但它不是严格意义上的旅行记，而是大体按照他的旅行顺序，对他所经行或听闻的地方的详细描述，用"寰宇记"更为恰当。因为《寰宇记》有关中国道路、物产、商贸、政事、制度、风俗、宗教、信仰等方面的情况有详细的记录，这些记录有的时候甚至比元朝的文献还详细，因此备受学者的关注。利用中文史料与马可·波罗《寰宇记》的说法相互印证，正是中国学者研究马可·波罗和他的《寰宇记》最擅长的方面，因为与西方和日本的学者相比，中国学者对于中文史料应当更加熟悉，特别是治蒙元史的学者，这是他们所擅的胜场。这样的研究成果，一方面可以坚实马可·波罗到过中国的说法，这是在西方一直有人怀疑，也是中国学者最感兴趣的话题；另一方面也可以利用马可·波罗的详细记载，来补正、丰富元朝的史事，因为马可·波罗的信息来源与元朝的汉族文人和史官往往不同,作为色目人,他对某些事件的观点也不一样。

正是在这样的学术背景下,中国学者对于马可·波罗及其行纪做了大量的研究工作,阐述马可·波罗有关中国的种种记载。特别是1995年吴芳思《马可·波罗到过中国吗?》一书的出版,从反面大大推动了中国学者的马可·波罗研究,产生了一系列有针对性的研究文章,把相关问题更加深化。

北京大学国际汉学家研修基地"马可·波罗研究项目组"在会读、校注马可·波罗《寰宇记》的过程中,对于中国学者的优秀研究论文作了系统的收集、阅读和分析,除了把其中的优秀成果以"汇释"的方式纳入我们的马可·波罗《寰宇记》翻译校注中之外,考虑到一些文章的学术价值和可读性,我们打算把其中的优秀论文汇集出版,这就是目前这本《马可·波罗研究论文选粹(中文编)》的缘起。我们把精选的35篇文章分为五组:马可·波罗和他的行纪,马可·波罗与元代政治、制度及习俗,马可·波罗与中国北部,马可·波罗与中国南部,马可·波罗研究学术史,基本涵盖了中国学者研究马可·波罗的主要方面,也尽可能包含历年来有关马可·波罗研究的相关论说。

由于大多数早期发表的论文都收入作者后来的论文集中,有的还不止一本论集,所以我们一般选择既能反映初刊时的状态,又改订了文本错误的论文集本,但都和初刊时的文本对校一过。一些没有电子文本的论文,由中西书局安排录入后,我们分工校对,并核对了全书史料引文。每篇文章都有负责的老师、学生编校,最后由主编统稿校读,希望提供给读者一个最佳的文本。

参加本书所收论文校对工作的马可·波罗读书班的成员有:陈希、陈烨轩、党宝海、董汝洋、冯鹤昌、付马、高亚喆、寇博辰、李心宇、马晓林、苗润博、求芝蓉、任柏宗、沈琛、孙瑪岑、王栋、王溥、严世伟;史料引文由王溥、宛盈核对一过;书稿编辑过程中,张晓慧、张良、罗帅先后做了联络组织工作。我们对尽职、尽责的参加编纂工作的老师、同学们表示感谢,没有大家的集体努力,这样的工作是无法完成的。在本书编选过程中,我们得到论文原作者的大力支持并同意收入本书再刊。有些作者还特别把文章录入电脑,提供给我们精确的电子文本。对此,我们一总表示衷心感谢。我们还要感谢中西书局领导接纳出版这样专业的书籍,感谢责任编辑伍珺涵女史的精细工作,让本书得以顺利出版。

这本书是我们"马可·波罗研究项目组"的阶段性成果,和我们编的另一本《马可·波罗研究论文选粹(外文编)》构成姊妹篇,相信这两本书必将对今后马可·波罗研究起到推动作用。

荣新江

2021 年 8 月 18 日

目　　录

Contents

I. Marco Polo and His *Travels*

II. Marco Polo and Politics, Institutions, Customs in Yuan China

III. Marco Polo and North China

IV. Marco Polo and South China

V. Academic History of Marco Polo Studies

马可·波罗
和他的行纪

Marco Polo
and
His *Travels*

关于马可·波罗离华的一段汉文记载

杨志玖

马可·波罗《游记》中有两章说,波斯(今伊朗)君主阿鲁浑(Argon)因他妻子死了,便派遣三位使臣来中国忽必烈大汗(元世祖)处,请赐给他一个和他亡妻卜鲁罕(Bolgana)皇后同族的女子为配。当使臣目的已达,预备归国时,特请波罗一家三人作伴,从海道护送所求的阔阔真(Cocachin)公主归返波斯。二年多的航程把他们带到了目的地。从那里,他们转返故乡,结束了长期旅居异域的生涯。①

马可等返抵故乡威尼斯不久,即遭到与意大利西部城市热那亚的海战。威尼斯舰队战败,马可被擒,身陷囹圄。举世闻名的《马可·波罗游记》便是马可在狱中口述,由其同狱难友记录而成的。

所以,马可·波罗此次经历实在是《游记》得以传世和马可得以显名的关键,而《游记》中记叙此事经过的两章,也应当是全书中最关紧要的文字。但向来注释家对这两章的考证却不尽令人满意。最大的原因在于未能像注解其他关于中国的记载一样,取中国的材料以为印证。于是,此全书中最有关系的文章遂留一大罅漏。

我最近在一本讲元代驿站制度的官书里发现了一段材料,足为此二章游记作很有价值的注释。因将其揭出,并附个人的见解,作为此文,以求正于国内外研究马可·波罗的先生们。

---

① 见穆尔(A. C. Moule)与伯希和(P. Pelliot)1938 年刊本《马可·波罗寰宇记》(*Marco Polo: The Description of the World*)第 18、19 章(以下简称穆尔本),张星烺译亨利·玉尔及考狄埃刊本《马哥孛罗游记》第 1 册第 17、18 章(以下简称张译),冯承钧译沙海昂刊本《马可波罗行纪》第 17、18 章(以下简称冯译),张星烺译拜内戴拖刊本《马哥孛罗游记》第 17—22 页(以下简称张新译)。

《永乐大典》卷一九四一八"站"字韵引元朝的《经世大典·站赤门》纪事载有至元二十七年(1290年)的一篇公文说:

〔至元二十七年八月〕十七日,尚书阿难答、都事别不花等奏:平章沙不丁上言:"今年三月奉旨,遣兀鲁䚟、阿必失呵、火者,取道马八儿,往阿鲁浑大王位下。同行一百六十人,内九十人已支分例,余七十人,闻是诸官所赠遗及买得者,乞不给分例口粮。"奉旨:勿与之![1]

这段文字里所提到的三位使者名字,和马可·波罗书中所讲的阿鲁浑的三位使臣名字完全一样,一看便知。兀鲁䚟即是马可书中的 Oulatai,阿必失呵即是 Apousca,火者即是 Coja。[2]因此这段文字实与马可书中所记其离华事有极密切的关系。但在说其关系前,我们应先就这段文字加以研究。

首先,我们须知这段文字的性质。这是一纸批过的呈文,可分三段。"尚书阿难答、都事别不花等奏"是第一段;"平章沙不丁上言"至"乞不给分例口粮"是第二段;"奉旨:勿与之"是第三段。第一段是上呈文的人名,第二段是呈文内容,第三段是呈文的回批。阿难答是转奏沙不丁的呈文的人,《元史》中无事迹可寻。他应是兵部尚书。因据《元史》卷一〇一《兵志》所言,站赤之政总之于通政院及中书省兵部;卷八五《百官志》说,兵部尚书掌天下郡邑邮驿屯牧之政令,"凡兵站屯田之籍……驿乘、邮运、祗应、公廨、皂隶之制,悉以任之"。沙不丁所呈者正是驿政中使臣祗应问题,自应经兵部处置。都事是中书省右司郎中下的属员,秩正七品,亦掌站赤事务。别不花品位既卑,在《元史》中自无事可述。但关于沙不丁,则记载较详。

沙不丁由管海运出身,后升为江淮行省左丞,至元二十六年升为江淮行省平章政事:

《元史》卷一四《世祖纪》:"〔至元二十四年五月〕用桑哥言,置上海、福州两万户府,以维制沙不丁、乌马儿等海运船。"卷一五《世祖纪》:

---

[1] 此《永乐大典》,自卷一九四一六至卷一九四二六,凡十一卷,称《站赤》,皆录元代驿站制度公文。有东洋文库影印本、中华书局1960年影印本(在十八函第一七三至一七五册中)。

[2] 张译此三人名作"乌拉太""阿勃施加""科耶"(张新译同);冯译作"兀剌台""阿卜思哈""火者"。

"〔至元二十五年夏四月辛酉〕从行泉府司沙不丁、乌马儿请,置镇抚司,海船千户所、市舶提举司。"卷二〇五《桑哥传》:"桑哥尝奏以沙不丁遥授江淮行省左丞,乌马儿为参政,依前领泉府、市舶两司。"

卷一五:"〔至元二十六年九月〕江淮省平章沙不丁言:'提调钱谷,积怨于众,乞如要束木例,拨戍兵三百人为卫。'从之。"

卷一六:"〔至元二十七年六月〕用江淮省平章沙不丁言,以参政王巨济钩考钱谷有能,赏钞五百锭。"

所以这篇公文里的平章沙不丁即是《元史》里的江淮省平章沙不丁,此时他当仍管市舶之政。据《元史》卷六二《地理志》,泉州路在江浙省(即江淮省,至元二十八年改江淮为江浙)辖内,泉州的市舶当然也由沙不丁管辖。

马八儿,《元史》卷二一〇有传,谓:"海外诸蕃国,惟马八儿与俱蓝足以纲领诸国,而俱蓝又为马八儿后障。自泉州至其国约十万里。"马可书中的 Maabar 即是其地,当今印度东南岸一带地方。由《元史》所言,知赴马八儿当时多在泉州开舶。从泉州到波斯,当然要经过马八儿。

由此我们可以确切地断定,我们所发现的这篇公文里所讲的三位使臣,其时已在泉州,预备由海道赴波斯。这就是马可所说的那三位请马可伴他们航海的波斯使者。中西记载在这一点上完全符合,可以证明马可·波罗的话是真实的,他确实到过中国。所可惜者,中文这段记载没有提及马可·波罗之名而已。

我们由这篇公文可以推测波斯三使臣自泉州出发的时期。至元二十七年三月,他们当已在泉州,同年八月,因等待命令尚未能走。一二月后,他们当能接到分派口粮的命令。由泉州放洋,因季候风关系,须在十一月、十二月或次年正月几个月内。所以他们应在至元二十七年之末或二十八年之初起程。姑定其在二十七年十二月,以公历计,恰为 1291 年初。这即马可·波罗离华之年。

但据一般说法,马可自泉州出发,其时在 1292 年初,[1]与此处所定者相差一年,我们究将何所适从呢?

---

[1] 张译《马哥孛罗游记导言》第 21 节,张新译戴尼森·罗斯《导言》,穆尔本导言对此亦无异议。

我以为 1291 年初是比较合理的推测。第一个直接的证据即是上面所引公文的年月。波斯三使既于至元二十七年三月至八月间停留泉州，则于该年末或次年初起程自是最自然的事。在我们未发现旁的证据，说他们曾在泉州逗留二年之久的文件之前，这自然是比较接近事实的说法。

第二个重要的证据是从波斯史上得到的。张星烺译《马哥孛罗游记》第 1 册第 18 章亨利·玉尔注 6 有一段说：

> 哈模氏（Hammer）所著《伊儿汗史》谓阿鲁浑之子合赞为呼罗珊省边防使，来塔伯利次（Tabriz）见其叔凯嘉图，其叔不见。〔归途中〕"遇大使于阿八哈耳（Abhar）地方，大使为其父所遣往大汗庭，求婚于卜鲁罕皇后之宗族者也。此使带回科克清（即阔阔真）公主及大汗礼物。行婚时，礼节甚盛"。阿八哈耳在可疾云（Kazvin）之西。①

哈模此段所记公主即马可书中所说波斯三使在中国所求之公主。哈模未说明此事发生的年代，实为憾事。亨利·玉尔在此注中继云：

> 鄙人详查哈模此处，非录自瓦萨甫（Wassaf），或取材于拉施特（即拉施都丁）之书，然鄙人亦不能详究也。由《伊儿汗史》所指日期观之，合赞必遇其新妻于一千二百九十三年之杪，或一千二百九十四年之初。

玉尔先生所定年代，不知何所根据，大约是为了要适合马可于 1292 年初离华的说法。据马可说，他们的旅程共费时二十六月。自 1292 年下推二年二月为 1294 年初，与 1292 年说适相符合。但玉尔的推定却不很可靠。

玉尔未能详究哈模那段文字的出处，但说或取材于拉施特之书，这是对的。因拉施特《史集》里确有与此相似的记载。《多桑蒙古史》第 6 卷第 3 章"乞合都"（即张译本的凯嘉图）一章有一段说：

> 1293 年春，合赞命统将忽都鲁沙（Coutloucschah）留守呼罗珊，自往朝乞合都。然其自阿八哈耳遣赴汗所之使者奉汗命还，命其急还呼

---

① 亨利·玉尔本《引言》第 38 页。按，"大使为其父所遣"，玉尔本原文作"大使为彼所遣"，似为合赞所遣者，显误。张译改为"其父"即阿鲁浑所遣是对的。玉尔系根据哈模《伊儿汗史》第 2 册第 20 页原文，原文即误作"彼所遣"。"归途中"三字是我根据玉尔本原文所加的。

罗珊，合赞不从，进至帖卜利司，乞合都遣二使至此强之还镇，及合赞还，忽都鲁沙已败涅孚鲁思。自是以后，涅孚鲁思势遂不振，退入你沙不儿附近山中（见《史集》）。①

这段记事未提及合赞遇公主事，但合赞到帖卜利司（即张译塔伯利次）欲见其叔父而被拒一节，二者相同。遇其使者于阿八哈耳事又相同。多桑书里又没有合赞第二次朝见其叔父的记事。所以哈模那段与多桑此段所记实是一事，且皆取材于拉施特的《史集》。多桑引拉施特之书，类多割裂，非尽依原本。此段记事，重心另有所在，可能在作者看来，插入遇公主事，反阻碍其记事的一贯性。不过，哈模与多桑所记之同出一源，实无可疑。

多桑谓其事在1293年春，则波斯使臣所护送的公主即应在这年到达波斯。由此年春上推二年二月（即马可等航行所费时日），为1291年初，此即马可离华之年。这与我们所推定的恰相符合。即此一点，已可证明1291年初马可离华一说之可靠了。

第三，穆尔（A. C. Moule）与伯希和（P. Pelliot）校刊本马可·波罗书第18章注2引赖麦锡（Ramusio）刊本一段说：

斯时马可先生甫从印度归来，告大汗以该邦新奇事物及航行经过，并称航行之安全。阿鲁浑王之使臣离家已三年，颇思返里，闻此事后即往见尼古拉（Nicola）、马菲奥（Maffio）及马可三人，知彼等亦亟欲归故乡者，乃与定谋，以三使者及公主往见大汗，以马可之言入奏，谓自海上赴阿鲁浑王所，其费甚少，路程较短，实为安全。故乞主上开恩，允彼等由海而行，且以此三拉丁人为伴，以其曾行是海也。大汗不欲舍此三拉丁人，闻奏后颇不悦，又无他法，乃允其请。倘无此正大理由以动大汗，此三拉丁人实不能成行也。

这段文字中，"阿鲁浑王之使臣离家已三年，颇思返里"一句很可注意。据玉

---

① 冯承钧译《多桑蒙古史》1939年版下册第6卷第33—34页，1962年版下册第245页将帖卜利司译为帖必力思。原文见多桑书第4册第94—95页。

　　附注：上引玉尔注及多桑书见余大钧译《史集》第3卷第261页下段至262页上段所记（商务印书馆1986年版）。

尔本马可游记第 17 章注 2 所言,阿鲁浑后卜鲁罕氏之死在 1286 年(元世祖至元二十三年)4 月 7 日。她死后,后位绝不能虚悬太久。阿鲁浑之遣使来华求婚,应在此事后数月内。使臣之离波斯,至迟应在该年之杪。自至元二十三年末下推三年,为至元二十六年之终,该年遇马可,其预备起程当在次年。这和《站赤》公文中所说至元二十七年三月遣使往阿鲁浑大王一事又相符合。波斯使者离家三年,归心似箭,自不致再多停留。这也足为 1291 年初他们离华的一个佐证。

第四,马可书中有一章讲到榜葛剌(Bangala)大省时说:

> 榜葛剌大省位在南方,耶稣降生后一千二百九十年(元世祖至元二十七年),当我马哥·孛罗本人仍在大可汗朝廷时候,这地尚未被征服。①

马可特别说明 1290 年他在大汗朝廷之事,对于该年以后的事则不提及,这就很自然地令我们想到,1290 年以后他已离开大汗朝廷。按我们所发现的公文上说,至迟在至元二十七年三月(1290 年 4—5 月),波斯使者已奉命出行,马可当在那时离朝随行,而于该年末,即 1291 年初由泉州出发。若在 1292 年才走,则 1291 年事彼不应不知,尤不应专提 1290 年。这也是马可于 1291 年初离华的一个旁证。②

因此我断定马可·波罗离华之年为 1291 年初。

由这段记载,可以帮助我们解决马可书中的年代问题的地方应当很多,愿留待海内外贤达之发挥。兹举一例,我们前面所引赖麦锡一文之下,有穆尔所加数言说:

① 此据张新译第 259 页。冯译第 125 章作"班加剌";穆尔本第 126 章;玉尔本第 2 卷第 55 章。
② 沙海昂(A. I. H.Charignon)即据马可此言以推定其于 1290 年秋离泉州。他说:"观此足证 1291 年时波罗不复在朝,则波罗等于 1290 年秋东北信风起时离泉州(Zayton)矣。顾至泉州以前,须在雨季中(阳历 7、8、9 月)作陆行,则其离汗八里时,殆在阳历 5 月大汗赴上都之时矣。于是波罗居留中国之时间,不能计算 1290 年为全年。"(冯译中册第 125 章第 497 页注 1)。按《站赤》公文明言至元二十七年(1290 年)三月波斯使臣已到泉州,则波罗等应在其中;该年八月十七日(1290 年 9 月 21 日)尚待命未发,则不可能于秋季离泉州。若云冬季出发,即 1290 年末或 1291 年初离泉州则近于事实。虽然如此,沙海昂的推断较之 1292 年初说更符合当时情况。又,穆尔所引伯希和书名,可能即后出之《马可·波罗注》(*Notes on Marco Polo*)。

设此为真实不伪,则马可自印度归来之期应为 1289 年。参看伯希和《专名词与东方语之解诂》(*Notes on the Proper Names and Oriental Words*)。

伯希和此文,著者未见,他怎么推定的,不得而知,可能是根据赖麦锡刊本中"阿鲁浑王之使臣离家已三年"一语算出来的吧。按我们所得的公文上讲,阿鲁浑三使臣既于 1290 年 3 月奉命出使,则其遇马可时当在该年初或上年末,即马可自印度归来之期,自应在 1289 年。

这篇公文中尚有需要说明的地方。文中说,与三使同行者有 160 人,马可则谓有 600 人,两说相差甚多,但也不难解释。公文所说 160 人,是同行的人,其中还有 70 人是"诸官所赠遗及买得者"的人;马可所说的人数,上举 160 人外,其余的恐怕还有一些人是官员们私带的商旅;有些可能还是在公文批后船舶开行前上船的,公文中自无从载其数目了。

其次,这篇公文内未提及马可·波罗的名字,自然是很可惜的一件事。但此文既系公文,自当仅列负责人的名字,其余从略。由此可想到,马可·波罗在中国的官职,大概不太高贵,因亦不为其同时人所重视。假设他真是像过去有些人所推测的《元史》上的枢密副使孛罗,以二品高官奉使海外,自应居领导地位,沙不丁上呈文时不应不一提其名。因此,想从中文记载里找到马可·波罗之名,实在不是一件容易的事。[①]

(原载《文史杂志》第 1 卷第 12 期,1941 年 12 月,第 47—52 页;后收入《南开大学学报》1979 年第 3 期,第 77—81 页,著者有修改;收入作者《元史三论》,人民出版社,1985 年,第 89—96 页。)

---

① 藤田丰八所著《东西交涉史之研究——南海篇》有《宋元时代海港之杭州》一文,引《元史》卷一六《世祖纪》:"至元二十八年九月庚申,以铁里为礼部尚书,佩虎符,阿老瓦丁、不剌并为侍郎,遣使俱蓝。"谓此不剌即马可·波罗(见何健民译《中国南海古代交通丛考》商务印书馆 1936 年版第 196 页)。按:波罗奉使,据《永乐大典》公文,至迟已在至元二十七年三月;其自泉州出发,据吾人推测,至迟应在至元二十八年初;其出使处,乃波斯而非俱蓝;与之同行者,据中西记载,亦非铁里、阿老瓦丁也。

关于马可·波罗的研究

——读柯立夫教授的《关于马可·波罗离华的汉文资料及其到达波斯的波斯文资料》

杨志玖

马可·波罗(1254—1324)是中世纪大旅行家,是使西方人了解中国的重要人物之一。他的《游记》,不仅在西方世界产生了重大影响,也是中国和西方,特别是中国和意大利人民友好关系的历史见证。对于马可·波罗本人及其著作,过去已经作了不少研究,近几十年来又有新的进展。美国哈佛大学弗兰西斯·伍德曼·柯立夫教授的《关于马可·波罗离华的汉文资料及其到达波斯的波斯文资料》①,就是对近期研究成果的一个很好的总结。

柯立夫教授的论文主要介绍了笔者、法国的伯希和(Paul Pelliot)和英国的鲍埃勒(John Andrew Boyle)的关于马可·波罗离开中国和到达波斯的有关资料和年代考订工作。在介绍中,他有评论,有驳正,有补充,表述了他个人的创见。

他首先详细地介绍了笔者在1941年发表的《关于马可·波罗离华的一段汉文记载》②一文。该文根据《永乐大典·站赤》的一段记事,发现《站赤》这段材料中所记三位使臣的名字,和《马可·波罗游记》中所记波斯君主阿鲁浑汗派遣到中国来的三使臣的名字完全一致,证实了马可·波罗确实到过中国;同时根据该段材料提供的年代,断定马可·波罗离开中国的年代是

---

① Francis Woodman, Cleaves, "A Chinese Source Bearing on Marco Polo's Departure from China and a Persian Source on His Arrival in Persia", 载《哈佛亚洲学报》(*Harvard Journal of Asiatic Studies*)1976年第36卷,第181—203页。

② 刊于1941年12月《文史杂志》第1卷第12期,重庆。(编者按:已收入本书。)

在 1291 年初,而不是像以往推断的 1292 年初。柯氏对此无异议。

《站赤》这段资料中没提马可·波罗的名字。笔者在文中结尾时推论说:"这篇公文内未提及马可·波罗的名字,自然是很可惜的一件事。但此文既系公文,自当仅列负责人的名字,其余从略。由此可想到,马可·波罗在中国的官职,大概不太高贵,因亦不为其同时人所重视。"柯氏论文中提到的何永佶的《马可·波罗是否到过中国?》①一文中,也有和笔者类似的说法。何氏还进一步引申说,由此可见,马可·波罗对他自己的叙述,不免具有自我吹嘘的意味。对此,柯氏很不以为然。他说,何永佶大概没有想到,《站赤》所载的那篇呈文只是一个节略,不是原件;它列出了三个使臣的名字,却没有提到他们要护送的阔阔真公主,绝不能因此说她不是负责的重要人物。柯氏推测说,马可·波罗的名字所以不见于呈文的原因,可能和沙不丁上呈文时,马可·波罗尚未被波斯使节邀请伴随有关。

笔者认为,柯氏举出呈文中未列阔阔真公主之名,以反证不被列名不能说明马可·波罗地位低下,这一点是可取的。但他推测当时马可·波罗尚未被邀请的说法则不一定对。因为,像笔者在文中引用的赖麦锡刊本中那一段记载,三位使臣正是听了马可·波罗的谈话后,才决定从海上回国,并邀请波罗一家同行;沙不丁上呈文时,他们应和三使臣在一起,绝不是没被邀请。而且,根据柯氏所举的第一条理由,我们不是也可以说,他们虽然被邀请了,仍然可以不被列名吗?不过,经过柯氏这一推敲,单凭列名与否来判断马可·波罗地位的高低,确实不能作为唯一的标准。柯氏的说法还是应当重视的。

柯立夫教授继而介绍了伯希和教授的研究。他说,伯希和由于第二次世界大战造成的隔绝状态和他晚年疾病缠身,显然没能得知杨志玖的发现。但他却用了聪明的方法从另一角度,在马可·波罗离开中国和到达波斯的年代考订方面,独立地得出了同样的结论。柯氏引用了伯希和对马可·波罗书中"阔阔真"一条的注文。伯希和说:②

---

① 何永佶的题目原文是"Marco Polo —Was He Ever in China?",发表于新加坡的《中国社会》(*Chinese Society*)1953 年年刊中,笔者未见。

② 伯希和的注见其《马可·波罗注释》(*Notes on Marco Polo*)一书,第 165 条,第 392—394 页。此书在伯希和死后由韩伯诗(Louis Hambis)于 1959 年在巴黎出版。

根据哈模的《伊儿汗史》(第 2 册第 20 页),合赞从帖卜利司返回呼罗珊时,遇阔阔真公主于阿八哈耳(Abher, Äbhär,在可疾云 Qazwin 西南;参看伯列什奈德《中世纪史研究》二卷 113 页)。二人相遇的时间,至为重要,因它对判定马可·波罗自中国返回的年代极有关系。玉尔(《马可·波罗游记导言》第 24 页)推测使团一行约于 1293 年 11 月抵达忽里模子(Ormuz),一二月后至合赞营帐;在《游记》正文第 1 卷第 38 页,他推测合赞与公主相遇于"1293 年末或 1294 年初"。这看来太晚了。根据哈模书第 2 册第 19—20 页与多桑书第 4 册第 94—95 页所述,合赞第二次停驻阿八哈耳时(即这里讲的这一次),不会晚于 1293 年七八月间。在此之前,波罗一家三人先携公主至乞合都所,乞合都又令之送往合赞。这都需要相当长的时间。这样就应当断定,波罗等一行穿越西印度洋的时间必在 1292—1293 年冬季季候风时期。他们从泉州到苏门答腊要航行三个月,在那里停五个月等待季候风,然后再用十八个月穿过印度洋;因此,他们离开中国的时期一定不是在往常认定的 1292 年,而应早在 1291 年。波罗一家三人被允许回西方时,马可甫从印度海域航行归来,因此可以断定使团的行期及其性质,马可·波罗就是该团成员,虽然不会是领导人。(参看"锡兰"Seilan 条)

伯希和根据哈模和多桑关于合赞汗的记事,推断出马可·波罗离华时期应在 1291 年,与笔者的考订不谋而合;笔者论证的第二条,也是根据哈模和多桑二人的书得到的。笔者从他精细的论证中也受到启发,足以修正自己原作中个别疏失之处。

笔者原作在引用了多桑书那一段(也即伯希和引用的那一段)后,认为多桑这一段和哈模《伊儿汗史》那一段所记的是一回事,这当然没有问题,伯希和也是把这两段同等看待的。但原作说:"遇其使者于阿八哈耳事又相同。"这句话却含混不清。遇谁的使者呢?哈模讲的使者或大使,是阿鲁浑汗派遣往中国求婚的使节,即火者及其使团;这是在合赞到帖卜利司被其叔父拒见后,返回呼罗珊途经阿八哈耳时发生的事。多桑讲的使者,是合赞从阿八哈耳派遣往乞合都汗处的使节;这是合赞在从呼罗珊往帖卜利司途经阿八哈耳时,从那里派使通知他叔父乞合都汗时的事,这发生在遇阔阔真公主之前。原作却仅仅因为合赞在阿八哈耳遇见使者,就把发生在不同时间和遇见的不同对象混同了,这是应当纠正的。这句话应该删去。

其次,原作说:"多桑谓其事在 1293 年春,则波斯使臣所护送的公主即应在这年到达波斯。"这也需要推敲。多桑这里提及的 1293 年春,是合赞从呼罗珊出发前往帖卜利司去的时间。根据哈模的《伊儿汗史》(第 2 册第19—20 页),合赞从呼罗珊省西部的德马万德(Demavend,在今伊朗首都德黑兰东部 35 英里处的一个市镇)出发,到达阿八哈耳后,得悉他叔父乞合都命令他返回呼罗珊,他不听,仍继续前进,到达帖卜利司后,又遭到乞合都的拒绝,他才决心不见他叔父,并离开该城。在城外的玉萨加奇(Jüsagadsch)停了一个月,然后启程返回呼罗珊,来到阿八哈耳时,遇见了他父亲派往忽必烈大汗的使者(按:哈模原文作"他派往"是错误的)和阔阔真公主,在那里举行了婚礼。(时阿鲁浑已死,按蒙古风俗,子可娶继母)正如伯希和指出的,合赞和阔阔真相遇的时间,对判定马可·波罗自中国返回的年代极有关系。伯希和推测合赞第二次停驻阿八哈耳时,不会晚于 1293 年七八月间。这是根据多桑提供的 1293 年春合赞离开呼罗珊和哈模提供的合赞行程录得出来的,大致是不差的。这样,马可·波罗一行离开中国的时间就只能定在 1291 年,而不能定在 1292 年。因为马可等海上航程费时二年二月,倘若在 1292 年初出发,那他们到达波斯的时间最早也得在 1294 年 2 月以后,那就太晚了。根据笔者原作的考订,马可一行于 1291 年初离开中国,他们到达波斯的时间应在 1293 年 2 月间。他们首先到达波斯湾的忽里模子,在那里登陆后,先把阔阔真公主送交乞合都(当时大约在帖卜利司),又奉乞合都命,把她送给合赞,最后在阿八哈耳城遇见合赞,完成了护送使命。这些活动,确如伯希和所指出的,也需要相当长的时间。把他们相遇的时间定在1293 年的七八月间,即在马可等在波斯湾登陆后的半年之内,这是比较合理的推测。而笔者原作说的"多桑谓其事在 1293 年春",则是把合赞离开呼罗珊的时间和他第二次到达阿八哈耳的时间混同在一起,忽略了他旅程中费的时间,也忽略了马可等到波斯后和遇到合赞中间所费的时间,这是应当说清楚的。

柯立夫教授最后介绍的是英国鲍埃勒博士的论文《拉施德与法兰克人》①中的要点。鲍氏认为,马可·波罗一家在1270年东行时自然不会引人注目,但他们在1293年以大汗(即忽必烈)使臣名义护送蒙古公主回来时不会没有任何记载。他在波斯史家拉施特的《史集》中找到一段关于这次使命的简略记载,并把它译为英文。柯立夫没有采用鲍氏的英译,而是根据阿里扎迭(A. A. Alizade)刊本并参考了卡尔·雅恩(Karl Jahn)刊本的波斯文《史集》,用罗马字加以转写并翻译。现将柯氏英译本翻译如下:

> 一个月后,皇旗(指合赞仪仗,即合赞本人——译者)向忽罗珊进发,抵达阿八哈耳城时,遇火者[Xwāǰ(a)h]及其使团,他们是奉阿鲁浑汗之命往大汗处,请求大汗赐一卜鲁罕元妃(原文作大卜鲁罕)同族之女以承袭其王妃位置的。使团带来阔阔真合敦 Xātūn(汉译娘子或皇后)及中国(原文作契丹与中国,指中国的北部和南部)出产的配得起王侯的珍贵礼品。合赞汗驻停阿八哈耳城中,娶阔阔真。婚礼完成后,合赞从珍贵礼品中选出一只老虎与其他物品献给乞合都,此后即启程往德马万德[D(a)māw(a)nd]。

这是波斯文资料中明确提到阿鲁浑汗派以火者为首的使团向中国求婚以及阔阔真公主抵达波斯并与合赞结婚的原始记载,足以与《站赤》及《马可·波罗游记》中的记载互相印证,弥足珍贵。笔者那篇文章中所摘录的哈模《伊儿汗史》中的记载虽然与此相同,但究属转引,不如此处的第一手资料更为直接和完整。鲍埃勒在引用拉施特那段《史集》正文之前加了这几句:

> 合赞在1293年春或初夏返回忽罗珊时,在阿八哈耳遇(以下是正文"火者及其使团……")

这里鲍氏把合赞和阔阔真相遇的时间定在1293年春或初夏,很可注意。这就肯定了马可·波罗离开中国的时间只能在1291年,而不是在1292年,虽然鲍氏推定的合赞和公主相遇的时间不一定完全准确。

---

① 原名是"Rashid al-Dīn and the Franks",发表于《中亚杂志》(*Central Asiatic Journal*)1970年第14期。"法兰克人"是阿拉伯人和波斯人对欧洲人的称呼,旧译"富浪""佛郎"等,此处具体指马可·波罗一家。

柯立夫教授指出,这段材料中的"虎",波斯原文作 b(a)brī,意即"一只老虎"。柯氏认为 b(a)brī 可能是 b(a)hrī 一字之讹,意即"一份"。也就是说,应译为:合赞从珍贵物品中选出一份献给乞合都。他说,这不仅符合当时的情况,而且也反映了蒙古人的习惯——在成吉思汗时代,每个人都要把自己的俘获物拿出一份来献给他,这在蒙古语中称为忽必(Qubi,蒙文《元朝秘史》译为"分子"——笔者)。柯氏这一见解很吸引人,值得重视。但鉴于他所引用的两种波斯文刊本及译文都作 b(a)brī(一只老虎)而不作 b(a)hrī(一份),而波斯文 ⌒⌣ b(a)br 与 ⌐⌐ b(a)hr 在字形上又不易混同,我们暂时只好采取两说并存的态度。

鲍埃勒又指出,《史集》的两种版本的刊者卡尔·雅恩和阿里扎迭都不把这段文字中的 Khwaja[Xwāǰ(a)h,火者]作为人名专词,阿伦兹(A. K. Arends)的俄文译本把它译为 Чиновник(官员),这当然是错的。鲍氏认出火者就是马可·波罗书中所记阿鲁浑汗派往中国的三使臣之一,这是对的。但鲍氏认为这段文字中和火者同来的使团不是阿鲁浑而是忽必烈派遣的,也就是尼古拉、马飞和马可·波罗。在另一场合,鲍氏还坚持认为拉施特所说的使臣只能是波罗一家,因为使臣一定是重要人物。柯立夫教授反对此说。他说,拉施特此处清楚地说明,火者及其使团是阿鲁浑派遣往中国去的,因此不可能有波罗一家,笔者基本上同意后者的说法。但是,笔者认为,要弄清事实真相,是否应该考虑下面这几个问题:(1)阿鲁浑派往中国的使臣,除火者三人外,还有多少随从?《站赤》中所说的九十人,是全部随从,还是有一部分由元政府派遣随行的? 如果有,则波罗一家三人也有可能在内,也就是说,要弄清阿鲁浑派往中国的使团,在回国时是否有可能扩大,包括元朝派遣的人在内。(2)据马可说,他们一家一直护送阔阔真公主到合赞驻处,这样,合赞遇到的使团中,当然有可能包括波罗一家在内。(3)马可·波罗的地位是高还是低,为什么在拉施特书里和他直接有关的记事中,又没有他的名字?①

---

① 鲍氏在其论文结尾中说,马可一家在帖卜利司城停留九月,拉施特不会不认识他们。拉施特在其《史集》所列当代君主名单中,不载教皇、拜占庭与罗马皇帝之名;对十字军消息报道极为稀少;对伊儿汗诸王与基督教国君主协议的反对埃及玛麦里克统治者的军事联盟也隐而不书。鲍氏认为,拉施特对马可一家不予记载的动机当与之相同,他认为这是当时人的偏见,基督教人对东方伊斯兰教徒的记载也未能免。这一说法值得重视。

这几个问题,笔者不想也不能给予明确的答案。只是提出来,供柯立夫教授、鲍埃勒博士和关心这个问题的学者们参考。

此外,柯立夫教授在他那篇论文中,还对一些蒙古史上的名物制度,特别是人名来源方面作了些探讨,很有参考价值,这里就不一一介绍了。

如笔者在开头提到的,马可·波罗是中外友好关系史上的重要人物;对他的研究,也成为沟通中外学者友好往来和学术交流的渠道。从各自的条件和角度出发,对问题提出各种看法,互相启发,互相补充,必将促进马可·波罗问题研究的更大进展。

(原载《南开大学学报》1979 年第 3 期,第 77—80 页;收入作者《元史三论》,人民出版社,1985 年,第 97—104 页。)

语言与历史

——附论《马可·波罗游记》的史料价值

邵循正

　　狭义的历史,是有史料可以依据的历史,狭义的史料是古今中外各民族文字写成的记载。文字代表语言,没有语言就没有可依据的史料。不彻底了解一时一地的语言,就不免对史料发生误会,或不能充分利用,甚至根本怀疑一两种真正史料的价值。当然,史学家不必定就是语言学家,不过治史的人果于语言学问多所注意,那对他的研究,就随时可有意外的帮助。

　　我不想讲语言学,我只想挑出几个有趣的切实的例子,说明语言知识和历史研究的关系,希望对于读史的人能有实际的益处。我特别注重语言的转借,因为这对于读史的人最有关系,也是他们所最感觉烦难的。

　　关于语言的转借,有一个例子是欧洲人所可知的,即"理发匠"一词,德语原作 Perücke-macher,俄语借用为 Ларикмáхер。俄国人始终用这个字,可是德语已放弃了它而另采用法语的 Frisseur(德语 Frisör),同时,法国现在通用的又是另外一个字 Coiffeur。这个例子,可以看出甲民族借用乙民族的语字,有时可以保留它的用法很久,甚至比乙族还久。

　　另一方面,甲族借用乙族的语字,一开头就把它的原意变了。"虎""豹""狮"等字在大食、波斯、突厥、蒙古语中的混用是可注意的例子,我们下文可以说到,这和上面的例子是刚刚相反的,不过却是有理由可解释的,我现在不暇详说。

　　读史的人最要注意的是各民族间风俗习惯、制度、宗教的借用字。这些字含义都比较不易确定,因此常引起误会。一个民族的此类字,常被乙民族借去漫无标准地滥用。

汉语的"太子"或"皇太子",在北方民族中的用法绝非指"帝王的继承人",亲王或有封地官人都可用这个名号(明代的"红台吉",清代准部的"浑台吉",都是"皇太子")。至于三公中的太师和太傅,也是常见的称呼。蒙古初期有许多的太师、太傅(如《蒙鞑备录》的脱合太师、兔花太傅)。建立西辽的耶律大石,他的名字有人说就是"太师"。更可令人惊异者,即"太子""太师"两语的混用,如《元朝秘史》的"捏坤太子",在《元史》《圣武亲征录》《辍耕录》等书中均作与"太师"同读的种种写法,这是语言的问题,是中古蒙语"ji"和"ši"易混的缘故。

蒙古初期一面借用汉字,一面借用了极多的突厥字,例如"秃鲁华"(turqaq),《元史》通译作"质子军",是突厥语经克烈部传入蒙古的。"札答"据我看,也是突厥语经乃蛮传入蒙古的。杨瑀《山居新语》虽说蒙古人祈雨用"酢答"(即札答),但我认为蒙古旧无此法。剌失德丁记拖雷伐金,蒙古军不支,拖雷命人作 iadamiši 术以退之(详见《多桑蒙古史》卷上,页 290),可知此术在突厥语中全名为 iadamiši,其行术的石子叫做 iada(Yada)。《秘史》中"札答"既译"风雨",又译"能致风雨的事",皆不确当,译者似不甚明了此字义,因为此字本非蒙语;据剌失德丁书,拖雷军中行此术者系康里人,当然是突厥人。《秘史》卷四页 34 记太祖和札木合对军,札木合军中 Buiruq-qan 等会此术,此人即乃蛮之主,乃蛮也是突厥种,所以"札答"一词,实蒙古语借用突厥语的。太祖时代蒙古各部中的突厥成分有专精研讨的必要,突厥对初期蒙古的影响,比中原远为重要,这是应该注意的。

中古佛教在北方的传播,也是很有趣味的事实。史料是不易找到了,但是语言的遗留,可以想象一二。《华夷译语》蒙语谓僧为"脱因"(即"道人"),经为"那门",这可以校正多桑书(卷上,页 181)所译波斯文《世界侵略者传》的一段关于佛教传入畏吾儿的故事。原文 num 即"那门",原文 tūinān 即"脱因"(toin)加波斯语复数,多桑误读为 noumi-an,释为"剌麻",大误。从这两个字可以想象佛教在蒙古和畏吾儿的渊源。

总而言之,从语言的转借上,我们可以看出或想象到各民族文化接触的情形,不但可以使我们更了解史料,甚至可以补充史料的不足。

我们下文要讲《马可·波罗游记》,这是大家都觉得有兴趣的著作。我讲此书是要从语言立场来讨论、来推断该书的史料价值,并指出一些读者对原书价值有所误会的地方,我借此说明语言学对史料利用和史料评价的重要。

晚近研究《马可·波罗游记》的著作真是浩如烟海,可是书中关于中国部分的记载,其史料价值究竟如何,还没有人很肯定地指出。照我个人的看法,马可·波罗虽然寓华多年,耳闻目击的事实也还不少;但是他交游往还的都是西域人,蒙古人很少,汉人怕是简直没有。所以我们读他的书,总觉得有隔靴搔痒之感。他书里面提到朋友或同僚的地方极少,不过从这些极少数的人名里面我们可以求其大概。他记有同他一起赴波斯阿鲁浑王廷的三个使臣 Oulatai、Apousca(应读如 Abušqa)、Coja(M、P 本,页 88),这三个人名的汉写见《永乐大典》引《经世大典》"站赤"门,就是(一)兀鲁𩣡,(二)阿必失呵,(三)火者。若从名字来推定他们的籍贯,则头一个是蒙古人,第二个是突厥人,第三个是"回回"人(这种推定,当然是不尽可靠的)。另有一处,他说在 Ghinghin talas 地面,他有一个"突厥友人",学问极其渊博,名叫Çulficar(同上,页 157),这个名字是伊斯兰教徒常用的。《元史·兵志》"急递铺兵"条有"左补阙祖立福合",无疑即是此名汉译。虽然他不一定就是马可·波罗的"突厥友人"(以上二条都经杨志玖先生检出,第一条杨先生有专文讨论,刊于《文史杂志》第 1 卷第 12 期)。《游记》中他从未提到一个汉人朋友的名字,他不易有汉人朋友,也不易有蒙古人朋友,因为从他的《游记》来判断他的语言知识,我们敢说他简直不懂汉语,蒙古语也很有限,他比较有把握的就是波斯语(包括波斯语中习用的大食语字)。所以我认为他的中国史地学问,大部是渊源于西域人的。比方说,他在《汗八里的星者》章内,用波斯字 Taswin(此字冯译误读,不可从)来说明汉语的"历书",这还可以说是"回历"在元代太通行了(例如《元史·兵志》说"急递铺兵"每人必须备有"回历"一本),所以引起他的误会。但是他译云南的金齿为波斯语(Zardandan)就没有理由了。而且他译"鬼国"是用蒙古语。为什么"金齿"国名就要译成波斯语呢?这当然是为着他耳受此名于西域友人们。最荒唐的是称南宋皇帝为"Facfur 王"(同上,页 340),乍看似是人名,其实是用大食字译汉语的"皇帝"。这不是他自作聪明,大概沿海一带的西域贾胡,通常以此字称呼南宋的皇帝,他不大了了,以为是专名,因而又加"王"字,变成重床叠架的译法。他认识波斯语训"狮"又训"虎"的 šir 字,可是当时波斯人在中国用此字时几全指虎,而他误会了,以为全指狮,所以"虎符"变为"狮头牌","虎年"(寅年)变为"狮年",这证明他不知道蒙古语 bars(虎)和 arslan(狮)的分别,所以有这些不应有的误解。当然,这些字在朔漠西域语言中,互相转借,时常可以发生误会。蒙古语的 bars 在突厥语中原训豹,不训虎。波斯语又借大食语 babr 字专训虎。可是此字在大食语中训狮,屠敬山《蒙兀儿史记》释"别庵伯尔"一词云:"岂以彼教初行,托言狮子作人语。"则误读训"天使""预言者"之 Paighambar 为 babr 矣。

因此《马可·波罗游记》中所著录的中国史地专名,比西域史籍中所著录的,更要难于考订。我觉得许多字须还原为波斯写法,然后再还原为汉语或蒙古语。他记载的材料,大体上说精确的程度不及西域史书。不过他所记地理范围较广,书中有时记着他目击的事情,就特别可珍贵。例如世祖时王著刺杀阿合马一案,《元史》所记有待发之覆,《游记》于此事有详细的记载,可以补订《元史》之处甚多,不过此类史实的记载,在他的书中不易遇到,是很可惋惜的。

阿合马被刺事,值得写一专文讨论,我这里不暇详说,只能提出与语言有关的一二点谈谈。

(一)他说当时人称阿合马为 bailo,此字即女真语的"孛极烈",满语的"贝勒",他自己解释为 deputy,意义不甚明确。

(二)他举了此案两个主谋的汉人(他书中的契丹人),一个是 Cenchu,一个是 Vanchu,以往读者都以为 Vanchu 就是王著,Cenchu 有人说是张易(冯译本中卷,页341),照音直译作"陈著",这都是错误的。

据我的看法,这两个字都不是人名。头一个字是"千户",第二个字是"万户"。

马可·波罗书中的"c"等于 č,即英语中的 ch,他的"ch"等于西域语的"kh"和汉语的"h",可以互译,但是决不能有现在通行威托玛(Wade)拼音的读法。所以"千"对 cen,"户"对 chu 是非常正确的。"千""天"等字在元代读如 čen、Ten(所以马可·波罗的 Tenduc 就是"天德"军),不读如 čien、Tien。

至于"陈"在元代应读"čin"不能对"čen"。"van"可对"万",不能对"王",因为当时蒙古、波斯写法均作"ong",原文此句经 Moule 英译如下:

> A Cataian named Cenchu, who had under him a thousand men,……another Cataian named Vanchu, who was lord of ten thousand.

我认为"将千人""将万人"即"千户""万户"两名词的注释,文意甚明显。所以原文"named"一字,其意应是"称呼",而不是"名为"。自 Yule 以下各家读此句似均欠细心,所以都把 Vanchu 当作王著,其实 Cenchu 是王著,因为他官千户,所以"将千人"。Vanchu 我疑心是指"崔总管"(见《元史·阿合马传》)。

照我的解释,不但可以解决语音上的问题,而且可以减少原书和《元史》记载的冲突。《元史》记:

> 独伪太子者立马指挥,呼省官至前,责阿合马数语,著即牵去,以所袖铜锤碎其脑。

马可·波罗记 Vanchu 据座为伪太子,Cenchu 手杀阿合马。若谓据座者为王著,则殊不可信。马可·波罗此时在汗八里城中,不应有此错误。王著手杀阿合马,他不应不知道。

我上面说明的,一面希望借此可以证明马可·波罗此段的记载其可靠程度,比以往读者所想象的要高得多,至少以往读者对他此段所说的,有些不应有的重大误会。另一面,我借此说明语言知识和史学考订关系的密切。

我希望我所举的很有限的实例,可以证明我所要说的语言知识和历史学问的关系。我不愿专讲深远抽象的理论,我所讲者只是一些浅近易见而同时又易为人所忽略的例子而已。

(此文系 1943 年在昆明西南联大讲演稿,未见发表,由方龄贵同志整理,原载《元史论丛》第 1 辑,第 214—218 页;后收入《邵循正历史论文集》,北京大学出版社,1985 年,第 112—117 页。)

关于马可·波罗在中国的几个问题

杨志玖

一、懂不懂汉语?

马可·波罗说,他到达忽必烈汗(元世祖)的朝廷后不久,"已经知道四种语言,同他们的字母,他们的写法"①。这四种语言是什么,他没有一一指明,因而引起后人的揣测。

法国学者颇节(G.Pauthier)在 1865 年刊行和注释的《忽必烈枢密副使博罗本书》(*Le livre de Marco Polo*)中首先认为,马可·波罗所学会的四种语言是汉文、畏兀儿文、八思巴蒙古文和用阿拉伯字母书写的波斯文。②此说在我国也曾流行。

但是,著名的《马可·波罗游记》注释家,英国的玉耳(H.Yule)和法国的考狄埃(H.Cordier)对于马可·波罗懂汉语一说持否定态度。他们的理由归纳起来有三条:(1)马可把苏州解释为"地",把杭州(Kinsay,"行在"译音)解释为"天",说明他不懂汉语苏、杭的意义,而是对俗谚"上有天堂,下有苏杭"的误解。③

① 张星烺译拜内戴拖(L. F. Benedetto)本《马哥孛罗游记》,商务印书馆,1937 年,第 15 页(以下简称张译本)。冯承钧译沙海昂(A. J. H.Charignon)注本《马可波罗行纪》,商务印书馆,1947年,第 34 页未提"四种语言"(以下简称冯译本)。牟里(A.C.Moule)与伯希和(P. Pelliot)1938年综合本(百衲本)《马可·波罗寰宇志》(*Marco Polo:The Description of the World*)第 86 页作"他知道几种语言和四种不同的字母及写法,而且能读能写"(以下简称牟里本)。
② 颇节本第 23 页注 2。玉耳及考狄埃刊本《马可·波罗游记》1929 年版第 1 册正文第 29 页注 1引颇节语作"八思巴—蒙古文、阿拉伯文、维吾尔文及中文"(以下简称玉耳本)。
③ 玉耳本第 1 册,正文第 29 页1;第 2 册,第 183—184 页注 4。按:南宋人范成大《吴郡志》卷五〇作"天上天堂,地下苏杭"。可见宋时此谚语已流行。明季来华的天主教士金尼阁(Trigault)记为"上说天堂,下说苏杭"(牟里《行在考》"Quinsai...",第 11 页)。"上有天堂,下有苏杭"的提法可能在此以后。

(2)汉字的书法很特殊,马可·波罗却一点没有提到。①(3)马可·波罗在书中提到的许多地名,例如 Cathay(契丹,即北中国),Cambaluc(汗八里,即大都),Tangut(唐兀惕,即西夏),Acbalec(阿里八里,即白城子),Zardandan(匝儿丹丹,即金齿),Caramoran(哈剌木连,即黄河)等,都是蒙古、突厥或波斯语的称呼,这些地名都有相应的汉语名称,但马可却不用,可见他不懂汉语。②

这几点意见都很值得重视。可是法国的沙海昂(A. J. H. Charignon)却不以为然。他引用了玉耳的第一条见解后说:"此评未免过严。他所偏重的,固然不必是汉语,然而不能说他完全不明。因为他旅行此国很久,且担任些重要职务,如其曾任扬州总管三年,不能说他对于汉语毫无所知。"③而考狄埃却在肯定马可·波罗不懂汉语的前提下,连马可曾任扬州总管的说法也不予置信。他说:"扬州据帝国中心,地位重要且完全为汉人城市,马可竟治此城三年而不解汉语,这简直是不可能的。"④意思是说,若马可真的治理此城三年,就不会不懂汉语。

玉耳和考狄埃的说法现在已为治马可·波罗书的学者们所承认并进一步充实了。例如,马可书中对蒙古、突厥和波斯语词汇的拼写有一定规范,都比较准确;而很少有汉文词汇,只有些地名,而这些地名一般又是由波斯或突厥—蒙古语转写而来。因此伯希和(P. Pelliot)和奥勒斯吉(L. Olschki)认为马可懂得波斯语和蒙古语,但不懂汉语。⑤

西方学者从马可·波罗书中找出马可不懂汉语的内部证据,⑥我认为是

---

① ②　玉耳本第 1 册,《导言》第 111 页。

③　冯译本,第 34 页注 1。

④　玉耳本第 1 册,正文第 29—30 页注 1。

⑤　此据海格尔(J. W. Haeger)的《马可·波罗在中国? 从内证中看到的问题》("Marco Polo in China? Problems with In-ternal Evidence"),载《宋元史研究会刊》(*Bulletin of Sung and Yüan Studies*)1979 年第 14 期,第 26 页。

⑥　有一个问题应该在这里指出:拜内戴托刊行的 Z 写本中,讲到马可和他叔父在福州遇见一种信基督教的人。他们有书,马可和他叔玛飞"读了,解释其内容,并逐字逐句从一种语言译成另一种语言"(牟理本,第 350 页;张译本,第 334 页)。这本书是不是汉文? 马可用什么语翻成的? 因为说得不具体明确,不好推断。假若其中有一种是汉文或汉语,那就与上面举的事例有矛盾。伯希和与奥勒斯吉等人是知道 Z 写本的,但他们未从这一段上考证马可的语言知识。

有说服力的。我现在再从外部,即从元代当时的情势,作些补充说明。

我认为,马可·波罗不懂汉语,是和当时的社会情势有关的。

元朝是蒙古贵族建立的朝代。它虽然任用了一些汉人进行统治,但也利用了不少的色目人(或称西域人、回回人)帮它治理国家,而这些人的地位远在汉人之上。成吉思汗时曾借用畏兀儿文拼写蒙古语,元世祖时又用西藏僧人八思巴造蒙古新字,政府诏令统用蒙古新字;又设蒙古国子学,令蒙古、汉人官僚子弟入学,学习蒙古字。在各官府机构中,又普遍设立翻译人员(蒙语称怯里马赤)。因此,汉语、汉文在当时官场上并不是必要的。现存元代政书《元典章》和元代碑文,其汉文多俚俗难读,即因由蒙文直译或硬译而来。赵翼的《廿二史札记》(卷三〇)有"元诸帝多不习汉文"条,举出不少事例,说明元朝的皇帝对汉文的无知。元世祖十五年,江淮行省的官僚中竟无一人通文墨者。①据说蒙古长官写汉字"七"竟向左转作"亣"。②蒙古人的汉文知识如此,对马可·波罗,一个远方来的外国人,又怎能要求他懂汉语认汉字呢?

马可·波罗书中用了不少的波斯词汇,这早经玉耳指出。如称卢沟桥为 Pulisanghin(普里桑干),即波斯文"石桥"意;③称云南西部地方的州为 Zardandan(匝儿丹丹),即波斯语 Zar-dandan,"金齿"意;④称历书为 Tacuin (塔古音),即波斯文"历书"意。玉耳由此一词的应用而推论说:"这可以阐明我在旁处提出的论点,即马可·波罗不懂汉语。他所结识和交谈的,主要是朝廷上的外国人,所用的大概是波斯语。"⑤玉耳认为波斯语可能是在蒙古朝廷上的外国人所用的共同语言,⑥这已经是为多数学者所一再证实

① 《元史》卷一七三《崔斌传》。
② 《草木子》卷四《杂俎篇》。
③ 玉耳本第 2 册,第 5 页注 2。按马可书中称普里桑干为河名(指桑干河),谓石桥在普里桑干河上。伯希和认为,桑干是河名无疑,但 sangin 在波斯文中又有"石头"意,因而说波斯语的人很容易把 pul-i-sanghin 当作"石桥"。见伯希和《马可·波罗书诠释》(*Notes on Marco Polo*)1963年版第 2 卷,第 812 页(以下简称《诠释》)。
④ 玉耳本第 2 册,第 88 页注 2;《诠释》,第 603 页。
⑤ 玉耳本第 1 册,第 448 页注 1。
⑥ 玉耳本第 1 册,《导言》第 111 页注、第 380 页注 1。

的定论了。①

　　既然在元代的外国人中有波斯语作为共同的语言，那么，马可·波罗就不需要学习比较难学的汉语。他所学会的四种语言（假如真如他所说的那样是四种），也许是蒙古语、波斯语、阿拉伯语和突厥语（畏兀儿语），②而没有汉语。

　　马可·波罗聪明过人，他不懂汉语，是当时的情势造成的，不是他本人的缺陷。他虽不懂汉语，依然不失为意大利人民的友好使者。

二、是否做过扬州总管？

　　马可·波罗讲到扬州时，说扬州"被选为十二省城之一"，又说他"曾亲受大可汗的命令，治理这城三年之久"。③马可·波罗是否在扬州做过官以及做的什么官，也是学者们争论的一个问题。

　　颇节在注释这一章时，根据《元史·地理志》的记载，认为扬州在至元十三年（1276 年）为行省，十四年（1277 年）为路，似乎认为马可·波罗在这时为江淮行省或扬州路的长官。这一说法遭到玉耳的反驳。玉耳说，马可这时不过二十三岁，到中国才两年，不但不能当一省的长官，就连做一个路的长官也不可能。④玉耳又指出，颇节所据三种本子中，第三种（C 本，丙本）且

---

① 说者甚多。近期的可看鲍埃勒（J. A. Boyle）的《纳速剌丁·途昔"伊利汗天文史历表长序"》（"The Longer Introduction to the Zij-i-Ilkhani of Nasir-ad-Din Tūsi"），载其论文集《蒙古世界帝国》（*The Mongol World Empire 1206—1370*）第 27 篇，第 251—253 页。奥勒斯吉《马可·波罗的亚洲》（*Marco Polo's Asia：An Introduction to His "Description of the World" Called "IL Milione"*）1960 年英文版，第 81、86 及 234 等页。韩儒林《元代诈马宴新探》，《历史研究》1981 年第 1 期，第 147 页。

② 玉耳在否定了汉语后，认为马可学会的第四种语言也许是藏语；又说可能马可是把一种字母（阿拉伯字母）分成两种（阿拉伯、波斯）了。奥勒斯吉认为，马可至少应会三种语言，即波斯文，突厥方言库蛮语（Coman，元时也叫钦察人）和八思巴文。其汉语知识只限于日常应用的少数语句和文字，见其《马可·波罗的亚洲》，第 81、100 页注 8。鲍埃勒则认为，马可仅懂得波斯语，见其《马可·波罗及其寰宇志》（上引书第 15 篇，第 763 页）。马可说他有个突厥朋友 Zurficar（《元史》对音作"祖立福合"，见卷一〇一《兵志》）告诉他关于火蛇或火鼠的事（张译本，第 94 页；冯译本，第 197、200 页），则马可应懂突厥语。

③ 张译本，第 288 页；冯译本，第 542 页；玉耳本第 2 册，第 154 页。

④ 玉耳本第 2 册，第 157 页注 3。

作"奉大汗命,居住(sejourna)此城中三年",并未提到做官。而此丙本,据玉耳说,有些记载"具有特殊价值",是较之甲、乙两种本更为古老的本子。①玉耳进一步指出,所谓马可曾当过行省长官(Governor-Général)的印象,主要是由剌木学(Ramusio)译本造成的。因这译本说:"马可·波罗曾代上述之一男爵治此城三年"(马可所指男爵即行省长官——引者)。玉耳认为,"代上述之一男爵"可能是译者加的注解;②玉尔根据地学会本及颇节所据甲种(A)本,认为马可·波罗可能做扬州路的长官,正像马可书中所提到的镇江府的长官(Governor)马薛里吉斯(Mar Sarghis)一样,时间则在 1282 年至 1287 年到 1288 年之间。③

沙海昂在把颇节书的旧法文体转为新法文体的同时,完全接受了颇节的解释,肯定马可·波罗曾做过扬州行省的长官,也即是汉译所谓扬州"总管"。④伯希和则同意玉耳的说法,否定了马可·波罗曾做过扬州"总管"。在 1927—1928 年合刊的《通报》上,他引用了玉耳的意见后,又补充说:"可是中国史书同《扬州方志》皆无著录,未免甚奇。或者他曾做过省、路达鲁花赤的副贰,容或有之,但是现在不能作何推定。"⑤

此后伯希和对这一问题继续研究,认为马可·波罗在扬州的职务可能是管理盐务的官。他说,波罗在谈到从涿州到扬子江(长江)这段路程时,有三次离开正题讲到三个地方。这三处是长芦(Cianglu→Ch'ang-Lu)、海门(Cingiu<Caigiu→Hai-Chou = Hai-Mèn)、真州(Singiu→Chen-Chou = I-Chèng 仪征),这三处都是产盐区,马可书中也提及,而且很熟悉这里的情况。因此,虽然这三处不在从涿州到扬子江的大路上,他还是要讲它们。从这里可以推断出,马可·波罗在忽必烈汗廷所干的差使多半是在盐税事务

---

① 玉耳本第 1 册,《导言》第 94 页。
② 玉耳本第 2 册,第 157 页注 3。牟里本第 316 页引 R 本(Ramusio 本)即有"代替上述之一男爵"一语。
③ 同前玉尔本。
④ 冯译本,《叙言》第 9 页,正文第 35 页注 1。按"总管"在原书《叙言》第 4 页作 gouverneur général,第 23 页注 1 又单作 gouverneur。
⑤ 《马可波罗行纪沙海昂译注正误》汉译初刊于冯承钧《西域南海史地考证译丛》(商务印书馆,1934 年),后收入冯译本下册《附录》中,此段引文在该册第 860 页。

上，他在扬州所担任的职位也应当是有关盐务的官员。①

伯希和这一推断是否正确，因为没有汉文载籍可以检验，无从证实。但不失为一个很明智又有启发性的合理假说，值得重视。

现在应该回到"总管"这个问题上来了。马可·波罗书在扬州这一章里，说扬州"被选为十二行省治所之一"，"大汗十二男爵之一人驻此城中"。②如前所述，剌木学本讲到马可治理时有"代上述之一男爵"字样。从这句话，只能理解为马可·波罗做过此省（江淮行省）的长官，即元代所称的平章政事。西欧相应的译文则是 Gouverneur 或 Gouverneur général（法文）；Governor，Gorevnor-general（英文）。颇节、沙海昂和玉耳等人就是这样理解和注释的。这些名称再译回汉文则可以叫"总督"（张星烺译本第 288 页）或"总管"（冯承钧译本《叙言》第 9 页、正文第 35 页）。恰巧元代路一级的行政长官又叫"总管"（除达鲁花赤外），这一来，马可·波罗便由西方人理解或认为的行省长官，变成中国人理解的扬州路总管了。实际上，按元代官制，路的最高长官是达鲁花赤，不是总管。Gouverneur général 译为总管，只是字面上的偶合或巧合。在元代，色目人当达鲁花赤的很多。元世祖至元二年规定，"以蒙古人充各路达鲁花赤，汉人充总管，回回人充同知，永为定制"（《元史》卷六），但此后色目人当达鲁花赤的还很不少。马可·波罗若真在扬州做长官，应是达鲁花赤或副达鲁花赤，不应是总管。总之，马可·波罗曾做扬州总管一说，是文字翻译的误会、历史记载的偶合，从马可·波罗书中是得不出这个结论的。

假设马可·波罗真的做过江淮行省长官或扬州路的达鲁花赤或总管，那么，扬州或江苏省的地方志书中应该有所反映，而直到现在我们还没有发现他的名字，这应该是个反证，证明他没有做到注释家推测的那样大的官职。试看马可·波罗讲到的镇江府的长官马薛里吉思（Mar-Sarghis），其人《元史》中也无专传，但在元人修的《至顺镇江志》中却记载他是镇江路总管府的副达鲁花

---

① 《诠释》第 2 卷第 834 页"Singiu"条及第 875 页"Yangiu"条；参看同书第 1 卷第 260 页"Cianglu"条及第 365 页"Cingiu"条。

② 冯译本第 542 页、张译本第 288 页"男爵"作"总督"。按张译本所据英文原文仍作 baron，即男爵，"总督"系意译。

赤。马可和马薛里吉思是同时人,假如他也和后者有同样的官职,扬州的方志中不会没有记载。也许因为元代修的扬州方志没有保存下来,后代修的方志比较简略,不像《至顺镇江志》那样详细,因而他的名字不见记载吧。我们还是希望将来在某一部方志中或其他书中能发现马可·波罗的名字。

顺便提一下我国学者给马可·波罗加的另一官衔。张星烺先生在其《中国史书上之马哥孛罗》长文中,认为马可在扬州做的官是淮东道宣慰使,他这一论断是在认定马可·波罗就是《元史》上的枢密副使孛罗的前提下得出的。①枢密副使之说倡始于法人颇节,沙海昂继之,张星烺先生更加以发挥,但经不起史事的检验,已为法国学者伯希和与我国学者岑仲勉所驳斥。②前提既错,结论不问可知,这里就不必辩证了。

马可·波罗在扬州做官一案既然断不清,我以上讲的也只是有破无立。伯希和说:"至若马可·波罗在 1276 至 1291 年间在扬州任职三年的话,只有马可·波罗本人之语可凭。"③这倒是老实话。我们也只能说:"据马可·波罗本人说,他曾在扬州做过三年官。"如此而已。

三、《中堂事记》的发郎国人是否马可·波罗的父亲和叔父?

有一篇题为《关于马可·波罗的中文史料》④的短文,引用了元初人王恽的《中堂事记》中的这一段史料:

〔中统二年五月七日〕是日,发郎国遣人贡献卉服诸物。其使自本土达上都已逾三年。说其国在回纥极西微,常昼不夜……妇人颇妍美,男子例碧眼黄发。所经途有二海,一则逾月,一则期月可度……上嘉其远来,回赐金帛甚渥。

---

① 此文最早发表于《地学杂志》,其后收入张氏所译《马哥孛罗游记导言》一书中。李思纯的《元史学》第 191 页亦遵张氏之说,认为马可曾为淮东道宣慰使。
② 《马可波罗行纪沙海昂译注正误》。岑仲勉《蒙古史札记(八),枢密副使孛罗》,载《历史语言研究所集刊》1935 年第 5 本第 4 分。
③ 冯译本下册《附录》,第 860 页。
④ 《中华文史论丛》1980 年第 3 辑,第 204 页。

作者说:"发郎即 Farang,为欧洲泛称。此二人(按:原文未确指使臣数目!)非他,就其至上都之年份而观,殆非波罗之父与叔莫属。"

我认为,就年份而观,很难把这里的发郎国人考订为马可·波罗的父亲和叔父。

马可·波罗书中的年代很不精确,但关于他父亲和叔父第一次到达上都的年代还是可以推算出来的。

据马可书开头五章说,马可的父亲尼古剌·波罗和叔父玛窦(或玛飞)·波罗自君士坦丁堡出发,到达克里米亚半岛的速达克(或称索尔对亚),从此至钦察汗君主别儿哥汗所。留居一年后,别儿哥与伊利汗(伊儿汗)君主旭烈兀发生大战。战争阻碍了他们的归程,于是继续东行,至中亚的不花剌城,一住三年。在此逢旭烈兀派往忽必烈汗的使臣。使臣劝之入朝,遂与俱行,一年后抵忽必烈汗所。别儿哥和旭烈兀的战争发生在1262 年(中统三年)下半年,主要战役发生在该年十一月到十二月,这是确凿无疑的。[①]因此,波罗兄弟应在 1263 年往不花剌,留居三年(1263—1265)后东行一年,最早当于 1266 年即元世祖的至元三年到达中国。这和中统二年(1261 年)相距五年,因而朝见忽必烈的发郎国人(数目不详)不可能是马可·波罗的父亲和叔父。

就身份来说也对不上号。波罗兄弟来华是由于蒙古使臣的敦劝,而发郎国的来人本身就是奉使而来,二者身份不同。波罗兄弟会不会冒充使臣呢? 不可能,因为有伊利汗的使臣伴随。至于发郎国的来人是否民间商人冒充使臣,那就另当别论了。

据我所知,至迟在 1962 年,劳延煊已经把《中堂事记》译成英语并加注释,在美国出版。1965 年,德国蒙古史学者福赫伯(Herbert Franke)在其《蒙古帝国时期的中西接触》[②]的报告中也引用过王恽这一段材料。福赫伯用它来证明马可·波罗一家并不是第一个到达忽必烈朝廷的欧洲人,这是对的。

---

① 冯承钧译《多桑蒙古史》下册,1962 年,第 131—132 页。《诠释》第 1 册,第 94 页"Berca"条。

② "Sino-Western Contacts under the Mongol Empire",刊于《亚洲皇家学会杂志》香港版(*Journal of the Royal Asiatic Society*,*Hong Kong Branch*)1966 年第 6 期,第 49—72 页中。

发郎或作佛郎、拂郎、富浪,是从中世纪起近东(波斯、阿拉伯)人对欧洲人的称呼,为蒙古及汉人所沿用。发郎国人到中国来,不自元世祖中统二年始。最著名的,有贵由汗(定宗)时的意大利传教士普兰·迦儿宾(1246年来),蒙哥汗(宪宗)时的卢卜鲁克(1254年来);到元顺帝至正二年(1342年)尚有"拂郎国贡异马"(《元史》卷四〇)的记事。这即是罗马教皇派赴中国的专使意大利人马黎诺里。不知名的就更多了。《中堂事记》这一段记载,虽然和马可·波罗家族无关,但也足为欧洲和中国的友好往来增加一个历史记录。

(原载《中国史研究》1982年第2期,第160—166页;收入作者《元史三论》,人民出版社,1985年,第105—114页;后收入《马可·波罗与中外关系》[《杨志玖文集》],中华书局,2015年,第59—67页,收入时著者作了某些修改。)

关于马可·波罗的三个年代问题

黄时鉴

中世纪伟大的旅行家马可·波罗生平的一系列年代日期缺乏记载或记载不确。这些年代日期问题,成为马可·波罗研究的一个重要方面。有些问题已经解决。例如他的生年,虽然没有直接的明确记载,但是马可·波罗书提到其父叔第一次东游后于 1269 年回到威尼斯,当时马可年 15 岁。按西方记岁的习惯推算,他的生年自可确定为 1254 年。1954 年意大利各界曾隆重纪念了马可·波罗诞生七百周年。又如他的卒年,根据他弥留之际的一份遗嘱,可以断在 1324 年,这也已是定论。[①]但是,也有一些问题,长期以来含混不清,或有歧说。有的问题在学术研究上已有明显的进展,但还未引起广泛的注意。本文想就下面三个问题作一些介绍和论述。

一、马可·波罗离开威尼斯的年代日期

据马可·波罗书 G 系统抄本的一种抄本,马可的父亲尼柯罗·波罗和叔叔马菲奥·波罗从刺牙思到达阿迦的时间,是在 1269 年 4 月。马可书的

---

① 遗嘱上写明的日期,合算当为 1324 年 1 月 9 日。这份遗嘱的拉丁文原文影印件,见亨利·玉尔英文译注的《威尼斯人马可·波罗阁下关于东方各国奇事之书》(Henry Yule, *The Books of Ser Marco Polo the Venetian Concerning the Kingdom and Marvels of the East*, 2 Vols, reprinte, 1921)第 70 页的插页。玉尔在导言中译为英文。张星烺译刊的玉尔《马哥孛罗游记导言》(《受业堂丛书》第一种,1924 年)翻印了这个影印件,并译出了中文。关于玉尔书与本文涉及的其他马可·波罗书的版本,参见拙文《略谈马可·波罗书的抄本与刊本》,《学林漫录》第 8 集,中华书局,1983 年。

主要校注者都采用这个年月。虽然其他抄本记作 1260 年，但这个年月是毋庸置疑的。①当时教皇格勒孟多四世已死，他们会晤教廷大使蒂博（Thibaut de Cepoy）以后，回到了威尼斯。他们在威尼斯住了两年，等不及新选教皇继位，便带了马可从威尼斯出发赴阿迦。从阿迦至耶路撒冷，取了圣墓灯油回来，再从阿迦抵达剌牙思。这时，恰好蒂博当选为新教皇，是为格里果儿十世，传命波罗三人重返阿迦。波罗三人谒见新教皇并正式受命后再离阿迦去剌牙思。这一段可以说是马可·波罗的最初的旅行路线。

从上述史实看，把马可·波罗离开威尼斯的时间定在 1271 年，已无疑问。但是，进一步说，当在这一年的什么时候？就有不同的说法。近年我国有这样一说："大概于这年的十一月，他们由威尼斯启程，渡过地中海，到达小亚细亚半岛……"②不知此说有何根据。从实际情况看，这个日期定得太晚了。我们知道，格里果儿十世当选为教皇的日子是在 1271 年 9 月 1 日，③他当时在圣地巴勒斯坦，他本人在 10 月 23 日接到被选的消息，而在 11 月 18 日（或 11 日）离阿迦去罗马。④他传命波罗一行从剌牙思返回阿迦，只能在 10 月 23 日与 11 月上旬之间。这以前，波罗一行已有下述旅程：从威尼斯航行至阿迦，从阿迦至耶路撒冷来回，从阿迦航行至剌牙思，加上在各个地点必要的停留。所以，他们离开威尼斯的时间推断在 1271 年的夏季是比较合理的。⑤而波罗一行在谒见新教皇后再从阿迦启程，才是在这一年的 11 月，因为谒见的日子不可能晚于这月的 18 日，这天新教皇已经离开阿迦。至于玉尔所说的波罗三人谒见教皇的日期"最早应在 1271 年 9 月杪"⑥，则又失之过早，因为新教皇必然是在 10 月 23 日得知自己当选以后才会传命波罗一行重回阿迦的。总之，波罗一行在 1271 年夏离开威尼斯，并最后在这

① 玉尔、贝内戴托（Luigi Foscolo Benedetto）、摩勒与伯希和刊本都采用 1269 年这个经得起推敲的年代。摩勒与伯希和的有关考证见其《马可·波罗寰宇记·导言》（A. C. Moule and P. Pelliot, *Marco Polo: The Description of the World*, Vol. I, London, 1938）。
② 唐锡仁《马可·波罗和他的游记》，《世界历史》1979 年第 3 期。
③ 前揭玉尔书第 1 卷，第 21 页注文；参见冯承钧译《马可波罗行纪》上册，中华书局，1954 年重印本，第 27 页。
④ 前揭摩勒与伯希和书导言。
⑤ 以上一段事实的考证据摩勒与伯希和书导言。
⑥ 《马可波罗行纪》冯承钧译本，第 32 页。

年 11 月正式奉格里果儿十世之命从阿迦启程,这就是马可·波罗最初一段行程的日期。

二、马可·波罗离华抵波斯的年代日期

马可·波罗离开中国的年代,迄至 20 世纪 30 年代,人们公认为 1292 年。[①]这个年代是从马可·波罗书的记载推断的。书上说,波罗一行从剌牙思出发到上都花了三年半时间,故可推断到上都的时间在 1275 年夏。书上又说,马可与大汗住在一起适达 17 年,故又进一步推断离华的时间在 1292 年。

1941 年,我国学者杨志玖首先发表《关于马可·波罗离华的一段汉文记载》一文,他根据《永乐大典》卷一九四一八元朝《经世大典·站赤门》的一条资料,进行考证,"断定马可·波罗离华之年为 1291 年初"。[②]第二次世界大战期间,伯希和(P. Pelliot)没有读到杨志玖的成果,但是他根据波罗一行所陪送的阔阔真公主与伊利汗国合赞汗在阿八哈耳相遇的日子不会晚于 1293 年 7—8 月间的判断,推论"波罗等一行穿越西印度洋的时间必在 1292—1293 年冬季季风时期。他们从泉州到苏门答腊要航行 3 个月,在那里停 5 个月等待季风,然后再用 18 个月穿过印度洋;因此,他们离开中国的时期一定不是在往常认定的 1292 年,而应早在 1291 年"。伯希和的这项成果在他死后 14 年(1959 年)才正式发表。[③]1970 年,英国波斯学家波伊勒(J. A. Boyle)又有论文《拉施都丁与富浪人》[④],他检出波斯史家拉施都丁(Rashīd al-Dīn)《史集》的一条记载,确定合赞与阔阔真相遇当在 1293 年春或初夏。

① 从 1865 年法国东方学家颇节刊布题为《威尼斯市民马可·波罗之书》法文译注本起,各国学者均取 1292 年说。1931 年,丹尼生·鲁斯(E.Denison Ross)为阿勒多·利奇(Aldo Ricci)英译本撰写的导言,仍如是说。1938 年摩勒与伯希和书导言也还未对此质疑。

② 杨志玖文原载《文史杂志》第 1 卷第 12 期,1941 年;重刊于《南开大学学报》1979 年第 3 期。(编者按:已收入本书。)

③ 伯希和《马可·波罗札记》第 1 卷"Cocacin"条(P. Pelliot, *Notes on Marco Polo*, Vol.I, art.Cocacin, Paris, 1963)。汉文译文见杨志玖《关于马可·波罗的研究》,《南开大学学报》1979 年第 3 期。(编者按:已收入本书。)

④ 载《中亚杂志》(*Central Asiatic Journal*)第 14 卷第 1—3 期,1970 年。

波伊勒的发现对伯希和的推论提供了可靠的证据,这也就有力地支持了杨志玖的结论。1976 年,美国学者柯立甫发表《关于马可·波罗离华的汉文资料及其到达波斯的波斯文资料》一文,综合评介了上述三位学者各自独立作出的研究成果。①依靠这些研究成果,现在我们完全可以把马可离华的年代从旧说 1292 年提前一年,即改为 1291 年。②

在 1291 年新说的基础上,我们可以对波罗一行离泉州,抵忽里模子,到阿八哈耳的行程作出新的推断。据马可本书所说,从泉州抵忽里模子共历时 26 个月。颇节(G. Pauthier)倡 1292 年初离华说,后来玉尔(Henry Yule)推断抵波斯在 1293 年末或 1294 年初,或具体指明在 1293 年 11 月抵忽里模子,一二月后,即 1294 年初至阿八哈耳。③但是,从 1292 年初到 1293 年 11 月(或年底),显然没有 26 个月。而伯希和认为玉尔推断的时间太晚了:"据哈模书第 2 卷第 19—20 页与多桑书第 4 卷第 94—95 页的日期,使我觉得合赞第二次驻留在阿八哈耳(即此处所讲的一次),似乎不会迟于 1293 年 7—8 月间。"④他推断使团在忽里模子登岸后先至乞合都处,再从乞合都处到阿八哈耳,都需要相当长的时间。但他没有点明使团抵达忽里模子的时间。波伊勒在引用《史集》的那条史料时认为合赞从乞合都处返回呼罗珊的时间是在 1293 年春或初夏,这其实也就是到阿八哈耳的大致时间。伯希和与波伊勒所说的两个时间,没有多大差别,只是前者伸缩性更大一些,可以是在 7—8 月间,也可以是在此以前。最近,杨志玖进一步把时间确定在 7—8 月间了。⑤但是,实际上,如果使团在 1293 年 2—3 月在忽里模子登岸,那么他们先去见乞合都,后到阿八哈耳见合赞,总共并不需要

① 柯立甫的文章原文为 F. W. Cleaves, "A Chinese Source Bearing on Marco Polo's Departure from China and a Persian Source on His Arrival in Persia", *Harvard Journal of Asiatic Studies*, Vol.46, 1976, pp.181-203。

② 这项研究成果已引起国际学术界的注意,如 1978 年巴黎出版的《历史百科辞典》(Michel Mourre, *Dictionnaire encyclopédique d'histoire*)已取 1291 年说。但直至晚近,国内一些著述却仍继续沿用旧说,如 1979 年出版的《辞海》"马可·波罗"条。

③ 玉尔前引书第 1 卷,第 38 页;导言,第 24 页。参见张星烺汉译本第 1 章第 18 节,注 6;导言第 21 节,注 28。

④ 伯希和《马可·波罗札记》第 1 卷"Cocacin"条。

⑤ 杨志玖《关于马可·波罗的研究》。

两个月的时间。①所以他们到阿八哈耳的时间,最可能是在 4—5 月间,而不是在 7—8 月间。这个日期,既与伯希和"不会迟于 7—8 月间"之说没有矛盾,又与波伊勒"春或初夏"之说相近。

现在,我参照诸家之说,把波罗一行离华抵波斯的行程日期拟列如下:

1291 年 1 月,离中国泉州港。

1291 年 4 月,抵苏门答腊。在此停留五个月。

1291 年 9 月,离苏门答腊。

1293 年 2—3 月间,抵波斯忽里模子港。

1293 年 4—5 月间,在阿八哈耳见合赞汗。在此以前,先到帖必力思附近某地见乞合都。

三、马可·波罗被俘的年代日期

1295 年马可·波罗回到威尼斯。当时,威尼斯与热那亚经常交战。后来,马可在一次战争中当了俘虏,成了热那亚监狱中的囚犯。他正是在热那亚的监狱中同狱友比萨人鲁思梯切洛(Rustichello)合作,由他口述,由鲁思梯切洛笔录,而完成了自己的名著。这里有一个问题:马可是在什么时候被俘入狱的呢?这个问题,确如张星烺所说的那样,"实为其一生传记中的一大关键"②。

马可被俘的年代,长期以来的说法是 1298 年。这两年来,我国不止一篇

---

① 帖必力思当时是伊利汗国蒙古汗的驻地。《多桑蒙古史》第 6 卷第 3 章说:"1293 年春,合赞命统将忽都鲁沙留守呼罗珊,自往朝乞合都。然其自阿八哈耳遣赴汗所之使者奉汗命还,命其急还呼罗珊,合赞不从,进至帖必力思。乞合都遣二使至此强之还镇。"(《马可波罗行纪》冯承钧译本下册,中华书局,1962 年,第 245—246 页)可见这时乞合都大约驻在帖必力思附近某地。这样,使团从乞合都驻地出发,合赞从帖必力思返回呼罗珊,双方才可能在阿八哈耳相遇。马可一行从忽里模子到帖必力思附近乞合都驻地,约四十天行程;从乞合都驻地到阿八哈耳,约十天行程,合计约五十天行程。所以颇有游历经验的玉尔说他们抵达忽里模子一二月后至合赞营帐,还是切合实际。所谓这段行程"需要相当长的时间",未必非拖长到近半年光景。

② 张译玉尔书导言第 37 节,第 190 页。玉尔原书(第 53 页)没有这句话,那是张星烺译述时加上去的。译文未可信,不过这句话倒颇有见地。

文章也仍说是在威尼斯—热那亚进行海战的 1298 年 9 月 8 日。[①]但是,此说是不能成立的。

1298 年之说出于拉木学本。各种主要抄本都仅仅提到马可 1298 年被囚禁在热那亚狱中,完成了自己的书。只有拉木学本补充说,马可被囚禁是"由于战争"。据意大利史籍记载,1298 年及其以前几年里,威尼斯—热那亚之间大战过两次,一次是 1294 年剌牙思之战,一次是 1298 年索尔佐拉之战。1294 年,马可还未回到威尼斯,自然不可能参战。所以,多数研究者都认为马可只能是在 1298 年的索尔佐拉之战中当了俘虏。对此,玉尔曾予以详考。[②]索尔佐拉之战发生在 1298 年 9 月 8 日,共有七千威尼斯人被俘。但是,据玉尔所引述的史事,这些战俘抵达热那亚时已在这年 10 月 16 日中午。所以,一个显而易见的不可回避的问题是:如果 1298 年 10 月 16 日马可方入狱,他在这一年余下的两个多月时间里是否可能同鲁思梯切洛一起完成他的作品?何况拉木学本的记述本身就不是前后一贯的,他的叙述实际上也是缺乏可能性的。[③]

而且,有一条资料可以证实马可被俘是在 1296 年。这条资料见于马可同时代人雅可波·达基写的《世界的印象》(Jacopo d'Acqui, *Imago Mundi*):"在耶稣基督 1296 年,在教皇鲍尼法斯六世时期,在亚美尼亚海中称为剌牙思的地方发生了一场 15 艘热那亚商船和 25 艘威尼斯商船之间的战斗。一场大战之后,威尼斯人的船队败绩,全体人员被杀或被俘。在被俘者中间,有威尼斯人马可阁下,他同那些商人在一起,他被称为密洛努斯(百万,Millonus 或 Milionus),意谓有百万镑财富;在威尼斯,人们就这样称呼他。这位威尼斯的马可百万阁下,同其他威尼斯人俘虏一起被带至热那亚监狱,并在那里耽了一长段时间。这位马可阁下与其父叔曾长期留在鞑靼,在那里广见博识,并挣得一笔财产,是一个有才能的人。所以,他在热那亚监狱时撰作了一部关于世界大量奇事的书,这些事情都是他见到过的。而他在书中所说的要比他见到的为少,因为那些信口雌黄之徒随意以谎言欺

---

① 见前揭唐锡仁文以及《辞海》"马可·波罗"条。
② 玉尔书导言第 37 节(第 53—55 页)。参见张星烺汉译本第 190—195 页。
③ 本段论述主要参照摩勒与伯希和书导言。

骗他人,而对他们所不信不懂的事物也就草率地判为谎言。此书被称为《关于世界奇事的百万书》。由于书中可见大量的不可思议的事物,当他临终之际,友人们恳请他改正其书并收回他写下的种种一切;可是他回答说,我还没有写下我所见到的一半。"①

　　从这条资料可以得知,在 1296 年,威尼斯与热那亚之间发生过另一场战争,马可·波罗正是在这场战争中被俘的。原来玉尔推断这条资料中所说的 1296 年的刺牙思之战即 1294 年的刺牙思之战,1296 年系 1294 年之误,故把它视为一条 1294 年之战的资料而予以否定。沙海昂(A. J. H. Charignon)译注马可·波罗书时,提到"1296 年时,吉那哇(即热那亚——引者)、物搦齐亚(即威尼斯)两国的舰队大战于刺牙思湾中"②,但没有作出论证。1928 年伯希和评沙海昂译注时,对此问题尚未深究,还倾向 1298 年旧说。③但以后伯希和与摩勒(A. C. Moule)一起论证了 1296 年之说。摩勒与伯希和指出,这条资料不仅明记 1296 年这个年代,而且记有"在教皇鲍尼法斯六世时期"。"六世"系"八世"之误,当无疑问。④而鲍尼法斯八世当选为教皇时在 1294 年 12 月 24 日以后,其加冕更在 1295 年 1 月以后。所以,这条资料所记的 1296 年不能随意认为是 1294 年之误。⑤我们还可以看出,这条资料的内容本身,也是符合当时的整个历史背景的。就马可生平的编年而论,他被俘在 1296 年也比 1298 年可信得多。马可在 1295 年回到威尼斯,在 1296 年战争中成为热那亚的俘虏,在 1298 年完成其书于热那亚监狱,这样的时间次序是比较合理的。显然,这条资料的真实性和可靠性远远胜过拉

---

① 　这段文字对照摩勒和伯希和书导言(见该书第 34 页)和玉尔书导言(见该书第 54 页)两种英译文转译。文字较长,但很重要,故译引全文。张星烺译刊的玉尔《马哥孛罗游记导言》第 37 节第 193 页已有汉译,但译文显有讹误。中间几句,张译为:"在狱间将其所见世间奇异,著为一书,其中荒诞不经之事甚多,盖非彼亲见,乃据之造谣说谎者之口传。此辈散布流言,以欺他人,而其心中,则自亦不解不信也。孛罗氏乃轻率信之,以笔于书。其难取信于当代之博雅君子,亦宜矣。"实与原意大有出入。因张译这段文字在中国学界影响较大,宜当修正。

② 　《马可波罗行纪》冯承钧译本上册,第 43—45 页。

③ 　伯希和《马可波罗行纪沙海昂译注正误》,冯承钧译,《西域南海史地考证译丛》,商务印书馆,1932 年。

④ 　鲍尼法斯六世,896 为教皇。鲍尼法斯八世,生于 1235 年,卒于 1303 年,1294—1303 年为教皇。

⑤ 　参阅摩勒与伯希和书导言。

木学本的记述。16 世纪编印的拉木学本的上述多出的几个字并不能得到马可·波罗书的现存主要抄本的支持,并且如上所述是解释不通的,而马可同时代人雅可波·达基的记载则是具体有证的。

所以,摩勒与伯希和明确认为马可被俘的时间当在 1296 年,这年发生过另一场威尼斯和热那亚之间的交战,只是这场战争在历史上缺乏其他的记载。摩勒与伯希和的这个意见已经受到国际学术界的重视。例如,在这个年代问题上,《不列颠百科全书》的第 15 版(1974)已改动了第 14 版(1929)的写法。第 14 版写明马可被俘一事发生在 1298 年索尔佐拉海战,而第 15 版则笼统写为"在他返回威尼斯后不久,马可……在地中海的一次交战或战争中被热那亚俘获,而后被送往热那亚并被关在一个地方监狱"①。日本学者岩村忍在他的《马可·波罗》一书中更明确采用了 1296 年说。②1296 年说至少已经有力地动摇了原来的 1298 年旧说。两说相较,1296 年说显然有据有理,值得引起我国马可·波罗研究者的注意。

(原载《中外关系史论丛》第 1 辑,世界知识出版社,1985 年,第 59—67 页;收入作者《黄时鉴文集》第 2 卷,中西书局,2011 年,第 218—225 页。)

---

① 见该书"马可·波罗"条。
② 岩村忍《マルコ·ポーロ》第 6 章,岩波书店,1951 年初版,1972 年第 2 版本。

马可·波罗在中国的旅程及其年代

陈得芝

根据马可·波罗自述,其寓居中国十七年中的经历,按时间先后为:

1. 留在朝廷。在此期间,熟习了鞑靼人的习俗、言语和文字,以及射箭术。

2. 出使哈剌章(云南)。

3. 奉使各地。其间包括在扬州任职三年和多次到行在(杭州)"视察"岁课。

4. 出使印度。

5. 随同伊利汗使臣护送阔阔真王妃去波斯,完成使命后就回到威尼斯。

然而,马可·波罗对上述各次经历的具体年代都没有明确交代;其叙述旅程虽然路线基本清楚,但由于他插叙了几段并非亲身所历而是得自传闻的某些地方情况,加上《行纪》所载若干地名颇难勘同,也造成许多纷乱。至今学者们对他在中国期间历次旅行的年代和所历地方,尚有种种歧说。本文拟就这些问题略申管见(附:马可·波罗在中国的旅行路线图)。

一、出使云南的年代和旅程

出使云南是马可·波罗执行忽必烈大汗交给他的第一次使命。据他说,在他"来到大汗朝廷后没有很长时间"(before a great deal of time after be came to the court of the Great lord)便懂得了多种语言和四种不同的文字。当他"已到成熟的年龄"(being already come to a good age),极其聪明精干,于是大汗派他为某项重要国务的"宣使"(messenger),到路程遥远的哈剌章城(Caragian＜Qarajang,即大理;此名亦用于指云南行省),到那里他艰难地行走了六个月。①

马可·波罗与其父、叔到达元上都的时间应在至元十二年(1275年),当时他二十一岁。初至元廷,学习语言,熟悉各种事务,需要一定的时间。这期间,他"留在大汗朝廷",活动范围大概不出大都和上都地区。那么,波罗是什么时候奉命出使云南的呢? 其旅行记中虽有几处可供我们判断的线索,然而却互相矛盾,以致引出各种不同的推测。

其一,在讲述京兆府(Quengianfu＜波斯语Kinjanfu,今西安)一节中,他说:"而现在大汗之子忙哥剌是该地之领主和王,因其父已将该国之地授予他并立他为王。"②按元代制度,使臣必须由驿道行走,而京兆正是从大都到云南的驿道必经之地。③波罗第一次奉使就是去云南,所以他讲述的京兆府情况,应是赴云南途经其地时的见闻。记中的忙哥剌是忽必烈第三子,至元九年(1272年)十月封安西王,赐京兆为分地,并统御秦、蜀、夏、陇;次年,至长安居镇,同时,罢中兴、陕西行省,立王相府治其辖境。④至元十四年,忙哥剌奉旨北伐(应是参加征讨昔里吉之乱),十五年还镇,同年十一月死。⑤按照波罗的记述,他经过京兆时忙哥剌似仍在世,即应在至元十五年十一月以前。然而,这和下面一条记载却有矛盾。

其二,在讲述哈剌章省时,他说道:"〔大汗〕之子也先帖木儿被封为该地之王。"(另一处称也先帖木儿为大汗之孙)⑥也先帖木儿是忽必烈第五子忽哥赤之子,忽哥赤于至元四年(1267年)封云南王,八年被都元帅宝合丁毒死;至元十七年,其子也先帖木儿袭王爵。⑦据波罗所述,他到达云南的时间已在也先帖木儿袭爵之后。

---

① 《马可·波罗寰宇记》,穆勒、伯希和英译本(*Marco Polo: The Discription of the World*, Translated by A.C.Moule & P. Pelliot, London, 1938),第85—86页。
② 同上书,第263页。
③ 《经世大典·站赤》,《永乐大典》卷一九四一八,叶九。
④ 《元史》卷七、八《世祖本纪》,卷一五九《商挺传》;姚燧《延厘寺碑》,《元文类》卷二二;《陕西学校儒生颂德之碑》,《陕西金石志》卷二七。
⑤ 《元史》卷一六三《赵炳传》;姚燧《李德辉行状》,《元文类》卷四九。
⑥ 《马可·波罗寰宇记》,第276—277、286页。
⑦ 《元史》卷六、七《世祖本纪》;卷一○八《诸王表》;卷一六七《张立道传》。

根据第一条记载,他经过京兆应在至元十五年十一月之前;根据第二条,其到达云南应在至元十七年。而实际上他从大都到云南只走了六个月,因此我们从上述两条记载中分别得出的时间是不一致的,其中必有一个错误。我以为,波罗到达云南的时间应在也先帖木儿袭封为云南王的至元十七年或稍后,这一点是决不会错的,因为在此之前他不可能预知新王为谁。问题是路过京兆的时间。按《元史》卷一一《世祖本纪》和卷一〇八《诸王表》都记载安西王忙哥剌死于至元十七年,这和同书《赵炳传》及姚燧《延厘寺碑》《李德辉行状》的记载不合,前者显然是错的。为什么《元史》本纪和表的记年会发生错误呢? 按同书《商挺传》记载,忙哥剌死后,"王妃使挺请命于朝,以子阿难答嗣。帝曰:'年少,祖宗之训未习,卿姑行王相府事。'"阿难答虽于至元十六年嗣封安西王,[①]但因年少,实权操在其母手中,而政务则由王相府负责,可能因此而其名不显。到至元十七年六月,罢王相府,复立陕蜀行省,[②]即将安西王统辖之地收归中央政府管辖,史家遂误把安西王忙哥剌之死一并记在此时(很可能这是元朝编的《世祖实录》原有的错误)。总之,波罗出使云南的时间不会早于至元十七年;当他路过京兆时,虽然忙哥剌已死,但王妃和王相府可能还在当政,而嗣王名声又不显,所以他只知道在当地声望很高的前王之名,以为忙哥剌还在世。根据这个推论,波罗经过京兆的时间大约在至元十七年六月之前不久。

其三,马可·波罗追述了元朝与缅国的一次战争,讲得十分详细生动。这显然是至元十四年(1277 年)著名的元缅之战,缅人称之为 Battle of Nga-saunggyan。[③] 波罗所述战争原因和战况,与汉文史料(《元文类》卷四一《经世大典叙录·征伐·缅》《元史·缅国传》)基本符合,只是他把年代误记为1272 年。元军方面的统帅,他说是纳速剌丁(Nescradin<Nasir al-Din),而据汉文史料,至元十四年三月元军与缅军的激烈战斗,统将是大理路蒙古千户忽都和大理路总管信苴日;同年十月,云南诸路宣慰使都元帅纳速剌丁又率领蒙古、寸、白、摩些军攻缅,深入至江头城,招降诸寨土官而还。波罗把

---

① 姚燧《延厘寺碑》,《牧庵集》卷一〇。

② 《元史》卷一一《世祖本纪》。

③ 哈威《缅甸史》,姚楠汉译本上册。

这两次战争混为一谈,统统归功于官职高的纳速刺丁。

至元十七年二月,纳速刺丁奏言:"缅国舆地形势皆在臣目中矣。……请益兵征之。"诏准其请,命统兵万人征缅。[①]不过这一年实际上并没有出兵,只是调兵遣将,进行战争准备。到至元二十年,才由诸王相吾答儿等统兵攻入缅国,破江头城,置兵戍守;二十四年,云南王亲统大军入缅,至其国都蒲甘,缅国始降。但波罗书中对二十年和二十四年(1283年和1287年)两次规模更大的侵缅之役只字未提,这说明他到云南的时间必在至元二十年以前。而至元十九年春王著杀阿合马事件发生时,他正在大都,[②]可见出使云南的往返时间只能在至元十七和十八年。波罗只说此次去云南充当"某项重要国务的宣使",按《元史·世祖本纪》,至元十七年二月丁丑,诏令纳速刺丁将兵征缅;乙酉,赏其所部征金齿功银五千三百二十两;庚子,以阿里海牙、纳速刺丁招缅国及洞蛮降臣,诏就军前定录其功以闻。可能波罗就是被派去传送其中某诏令的使者。

波罗从大都到云南行走的路线,无疑就是当时的驿道。他关于元朝驿传制度的记述非常准确,说明他确实是经常乘驿的人员。在讲述涿州(Giogiu,今河北涿县[即今涿州市——编者注])一节中他说:"从此城出发行一哩,即见有两道,一道向西,另一道向东南,西道是通契丹之道,东南道是通蛮子之道。"[③]按《经世大典·站赤》记录江南行台官员的一道奏章中说:"行台看详诸处站赤消乏,积非一日。况河间、保定,东西会于涿州,直至京师,至为辛苦。"[④]可见波罗所述情况与元代驿道完全符合。伯希和的《马可·波罗注》主要根据《析津志》所载驿道路线来考证波罗讲述的旅程和地名,是很有见地的。

波罗离涿州后,走西驿道,所述经过之地为:太原府(Taianfu)、平阳府(Pianfu,今山西临汾)、绛州(Caiciu,今山西新绛)[⑤]、河中府(Cacionfu,今山

① 《元史》卷一一《世祖本纪》;卷二一〇《缅国传》。
② 《马可·波罗寰宇记》,第216页。
③ 同上书,第256页。
④ 《永乐大典》卷一九四二一,叶一七b。
⑤ Caiciu 一名,或以为吉州,或以为解州(今山西运城西南),此取伯希和说,见《马可·波罗注》(P. Pelliot, *Notes on Marco Polo*, Paris, 1959),第124页。

西永济西蒲州）、京兆府（Quengianfu）。复西行三日，至多山之 Cuncun 地区。此名颇难勘同，或以为是"关中"，但关中系指函关以西、陇关以东地区，京兆包括在内，而波罗言自京兆西行三日始至 Cuncun，可见不是"关中"。伯希和以为此名似可复原为 Cancion，即"汉中"，但不是指汉水上游的汉中，而是指凤翔府地，凤翔正是元代陕西汉中道肃政廉访司的治所。①不过此说有些勉强，不仅 Cancion 的写法不见于波罗书的各种版本，而且汉中作为地区名称只指秦岭以南汉水上游地区，而不包括凤翔府地；陕西汉中道（至元十九年以前应为陕西四川道）的简称也只作陕西道而不作汉中道。当然，波罗过京兆赴云南，必经凤翔府，这是对的。所谓多山地区无疑是指秦岭。

在这个多山地区骑行二十日，到达蛮子国边境首府之城阿黑八里（Acbalec Mangi＜Aq-baliq-i Manzi），其地为平原。阿黑八里，突厥语，意为白城，伯希和认为无疑是汉中（元置兴元路）的突厥语名。②但汉中（兴元）并不在从京兆至成都驿道上，波罗不可能不走径直的驿路而绕道至此城。我以为阿黑八里无疑应为利州（广元）。南宋时，利州路正是与金朝接界的边境地区，利州城还曾是四川制置司的驻地。蒙古攻占利州后，宪宗三年（1253 年），令汪德臣修筑此城，屯驻重兵，且屯田，为取蜀基地，宋人不敢犯。八年，宪宗入蜀，他久闻汪德臣立利州城及驻守有功，亲临视察，特予嘉奖。③可见利州在当时非常著名。汪氏系雍古（Onggut）人，故此城又有一个突厥语名称。元代从京兆至成都的驿道正是经过广元（利州），④波罗所述的地理形势也很符合。

从阿黑八里（利州＝广元）前行，过诸山诸谷，至成都府（Sindufu）；复行五日，进入土番（Tebet）之地，又二十日，至建都（Gaindu，今四川西昌）。丁谦以为波罗经土番之地的旅行系循忽必烈进兵大理路线，出理塘、巴塘，渡金沙江，由丽江入云南；⑤沙海昂亦谓波罗到了理塘。⑥这些说法显然都不能成立。按忽必烈征大理，分兵三道，其西路军出理塘，取旦当（今云南中甸

---

① 伯希和《马可·波罗注》，第 574—575 页。
② 《马可·波罗注》，第 7 页。
③ 《元史》卷三《宪宗本纪》；卷一五五《汪德臣传》。
④ 《永乐大典》卷一九四二六，叶六 a—b。
⑤ 丁谦《马哥博罗游记补注改订》。
⑥ 冯承钧译《马可波罗行纪》，第 446 页注 1。

[即今香格里拉市——编者注])、丽江路南下,东路军则当由雅州(今四川雅安)、黎州(今四川汉源)、建昌入云南。波罗若取西路经理塘,则不必经过建都(即建昌);其渡金沙江处亦当在今中甸、丽江之间,去昆明甚远。然据波罗所述旅程,系途经建都南下,渡不鲁思河(Brius,即金沙江)①后行五日即至押赤城(今昆明,元云南行省治所),可见波罗所行应为东路。且理塘远在成都至昆明交通路之西,中间有高山大河阻隔,从成都到昆明根本没有必要跋涉如此遥远而艰难的曲折路程。波罗说,他所历的土番之地,因受蒙哥汗时蒙古军的战争破坏,许多城镇村寨均被荡为废墟。这显然是指碉门(今四川天全)、黎州、雅州地区。早在元太宗时,塔海绀卜征蜀,其部将即攻略碉门;②宪宗四年(1254年),蒙古都元帅太答儿攻碉门、黎、雅等城;③九年,万户昔力答复统兵略地碉门、黎、雅、土番。④到世祖初年,这个地区才平定。

从成都西南行,经雅州、黎州和建都境,是四川通云南的捷路。波罗说的"建都省"系指罗罗斯宣慰司辖境,为地区名称,本大理国建昌府、会川府地,居民以罗罗人为主体,元宪宗时内附,后酋长建蒂叛,兼并诸部,势甚张(波罗说建都省原由自己的王统治,当即指建蒂),至元九年至十年(1272—1273年)讨平之,析其地置建昌、定昌(后改德昌)、会川等路及二十余州,设罗罗斯宣慰司统之;建都城即指宣慰司治所建昌路城(今西昌)。《经世大典·站赤》载:"〔至元二十二年〕十一月六日刺逊奏:在先赴云南有二道,事不急者由水站,急者取道建都。今一切使臣皆往建都道,站中铺马十匹、二十匹,多者止三十匹,使臣既多,站赤消乏。四川、建都、云南站马,乞增作五十、六十、七十匹,差人前去措办。奉圣旨准。"⑤可见建都道原是供急使驰驿的站道,元代此种站道称为纳怜站(narin jam,意为小站),需持有海青牌始可乘驿。《经世大典叙录·招捕》"罗罗斯"条载:"至元十五年,定昌路总管谷纳叛,……毁桥梁,取仓粟,夺驿马及屯田牛。"⑥据此知至元十五年时罗罗

---

① 参见方国瑜《马可·波罗云南行记笺证》,《西南边疆》1939年第4期。
② 《元史》卷一五〇《李守贤传附子毅传》。
③ 《元史》卷一二九《纽璘传》。
④ 《元史》卷一三二《探马赤传》。
⑤ 《永乐大典》卷一九四一八,叶五 a—b。
⑥ 《元文类》卷四一。

斯地区已设置有驿站。不过,从波罗的叙述看来,在他出使云南时,从成都经土番之地(即雅州、黎州地区)至建都城的驿站尚未建立。他说:"在经行此国(土番)的整二十天途程中,既无客舍又无食物供应,行人必须携带这二十天供自己和坐骑用的食品。"①据《经世大典·站赤》记载,至元十九年,四川行省奉旨从鸭池(即押赤)之地经由塔八合你至四川道上,由四川行省出马、签户置立纳怜小站,遂差成都府同知李庭筠、雅州知州赵文贵相视其地,因塔八合你至相公岭(当即今雅安南大相岭)160 里内每年三至九月都有瘴气生发,李庭筠致冒中瘴毒而死,因此请求免于在这里立站,但朝廷不准所请,仍命依前旨设驿。②从此才设立了"黎雅站道"。到至元二十七年,四川行省官又奏言"黎雅站道烟瘴生发,所过使臣艰难,人马死损",请求改由湖广行省境站道通行。③二十八年,云南行省又言:"中庆经由罗罗斯通接成都陆路,见立纳怜等二十四站,其相公岭、雪山、大渡河毒龙瘴气,金沙江烟岚,自建都、武定等路分立站赤,夏月人马不能安止。"因此请求由乌蒙路增设陆站接通叙州,而"将大渡河、罗罗斯旧立纳怜站赤约量存留"。④据以上所引文件,知由昆明出罗罗斯(建都),过大渡河、相公岭,接通成都的黎雅站道,是至元十九年才设立的纳怜站道。这也可以证明波罗出使云南应在至元十九年以前。

波罗到建都城后才接上驿路,沿途有驿舍、饮食供应,南行十日,渡不鲁思河(金沙江),又五日至押赤,其渡河处应在黎溪附近。到押赤后,又西行十日到了哈剌章城(即大理),再行五日至金齿(Zardandan)的都会永昌(Uncian,今保山)。他可能越过高黎贡山到了陇川一带,但似未进入缅国。其述缅(Mien)、朋加剌(Bangala)和交趾国(Caugigu)的情况,当是在云南时听说的。《行纪》中的 Amu 一名情况比较复杂,此名诸本中又有 Ania、Anian 等异写,伯希和认为是"安南"(Annam)的讹文,⑤方国瑜认为系指阿泥部(元

① 《马可·波罗寰宇记》,第 269 页。
② 《永乐大典》卷一九四一七,叶一四—叶一六。
③ 同上书卷一九四一八,叶一四。
④ 《永乐大典》卷一九四一九,叶一 a。
⑤ 《马可·波罗注》,第 39—40 页。

置和泥路)地。①波罗似未尝亲至 Amu 之地。

波罗从云南回程的出发点应是押赤(昆明),经过秃老蛮地(Toloman)和叙州(Cuigiu,可能本作 Suigiu,今四川宜宾),至成都,与原行驿路合。押赤至叙州的滇蜀驿路开辟于至元十四年(1277 年)。姚燧《资德大夫云南行省右丞李公(爱鲁)神道碑》云:"始,帝加兵云南,取道吐蕃,甚回以曲。十四年,思、播既降,改由蜀入,命公开二涂,陆由乌蛮,水由马湖。……自时水、陆邮传皆达叙州。"②《元史·昔李钤部传》附《爱鲁传》则云:"〔至元〕十三年,诏开乌蒙道,……水、陆皆置驿传。"知碑之乌蛮,系指乌蒙(今云南昭通)地,其居民主要为乌蛮,即"罗罗人"。③此"乌蒙道"需经秃老蛮(亦作秃剌、土老、秃獠、土獠)境而至叙州,李京《云南志略·诸夷风俗》云:"土獠蛮,叙州南、乌蒙北皆是。"后来经过整治,自中庆(即押赤)经乌蒙、秃老蛮、叙州至成都一道,遂成为元代最常用的驿路。④

二、奉使各地——任职扬州和到杭州视察岁课

据波罗说,由于他出色地完成出使云南的任务并向大汗作了详细报告,受到特殊的器重。此后,他就不停地受大汗派遣"奉使各地"(to go on missions hither and thither),有时也获准为私事出行。⑤从他叙述的旅程看,他所到过的地方基本上限于大都—扬州—杭州—福州—泉州这一线驿道上,只有两处稍稍超出这个范围。

上面说过,在阿合马被刺事件前后,即至元十九年三、四月,波罗正在大都。估计他从云南归来到这时不足一年,不大可能作长距离旅行。他命驾南行,并在扬州任职连续居住三年,应在至元十九年夏以后。

---

① 方国瑜前揭文。
② 《牧庵集》卷一九。
③ 李京《云南志略·诸夷风俗》:"罗罗,即乌蛮也。……自顺元、曲靖、乌蒙、乌撒、越巂,皆此类也。"
④ 《经世大典·站赤》,《永乐大典》卷一九四一九,叶一 a、叶七 a;《析津志·天下站名》,《永乐大典》卷一九四二六,叶七 b—叶八 a。
⑤ 《马可·波罗寰宇记》,第 87 页。

他叙述旅程系从北向南,所历各地基本上都在元代大都通江浙省的驿路上。只是从涿州到河间府(Cacanfu)后,下一个地点是产盐之地 Cianglu,相距三日程;又行五日程至 Ciangli。Cianglu,前人早已指出即长芦镇(今沧州);Ciangli,伯希和以为应作 Cianglin,为"将陵"的译音,即元代陵州(今德州)。①这无疑是正确的。然而按元代驿站路线,系从河间直趋陵州,仅四日程,而长芦则在驿路之东的水路(御河=卫河)交通线上。虽然从长芦乘船南行亦至陵州(至元十三年宋三宫被押送大都就是从相反方向走这条水路),但按元代使臣乘驿规定,一般不允许像这样中途绕道而行,除非有特殊需要。伯希和推测说,波罗曾不止一次地在大都至扬州驿路上往返旅行,例如先是到扬州任职,后来又出使印度,其中至少有一次是走涿州至河间,直趋陵州、东平……的陆站驿路,而另一次则可能走东路即御河水路,所以能经过长芦。②这种推测不无道理,但若行此段水路,需先经过通州(今通县[即今北京市通州区——编者注])、杨村(今武清)等地才至长芦,而波罗书中却从未提到通州等地。因此我们推测,很可能是他到河间后,为了某项特殊任务(例如了解盐政)而绕道去长芦,然后从长芦乘船到陵州,回到原行陆路上。

波罗从陵州(将陵)南行六日至 Tundinfu,应为 Tunpinfu,即东平府。又三日至新州码头(Singiu matu,今济宁)。又八日至 Lingiu,从驿程看应是徐州,但对音不合;沙海昂据有些本子作 Ligiu 或 Ligui 推测为"利国"(徐州北铁矿场名),未必能成立;仅有一种本子作 Cingui 和 Zingui,或可订正为 Ciugiu——徐州。自此南行,经邳州(Pigiu)、宿迁(Ciugiu),渡黄河(Caramoran),至"蛮子"之境的淮安州(Coigangiu)。复南行经宝应(Paughin)、高邮(Cauyu),到泰州(Tigiu)。波罗说,从泰州东至海洋三日程,其地盛产盐,路上有一城名 Cingiu,其城甚大而富,所产盐足供全省之需,大汗由此获得如此巨额的课税,以致若非亲见几乎无法相信。沙海昂以为此Cingiu 即真州(今仪征),但波罗明言离此城返回泰州后,再行一日至扬州(Yangiu),足见不是指真州,而且真州也不是产盐之地。玉耳据几种本子读

---

① 《马可·波罗注》,第258—259页。
② 同上书,第260页。

此名为 Tingiu,并考定为通州(今南通);伯希和则以为是海州(今海门),原文 Cingiu 可订正为 Caigiu。①按伯希和之说不能成立,理由是:1.海门是通州属县,并未置州,也没有称为"海州",《经世大典·站赤》著录的扬州路所辖驿站名中就是作"海门站",而"天下站名"中的海州则应为海门之误;②2.海门是泰州以东至海三日程驿路的终点,而波罗明言 Cingiu(或 Tingiu)城"在这条路上"(on that road),就是说应该在泰州和海门之间。我赞成玉耳和王颋的意见,此名应作 Tingiu,即通州。通州系大邑,为滨海诸盐场总汇,宋、明于此置盐监或分司以辖诸场。波罗无疑是到过通州的,所以能亲见盐课之巨。

波罗在中国十七年的经历中,最引起争议的是他说自己曾"奉大汗之命管理扬州城并居住在这里连续整三年"。由于《寰宇记》各种本子对这段话的记述有出入,更由于元代史料和扬州地方志中都不见有关他的记载,于是有人怀疑他究竟是否在扬州做过官和住过这么长时间,甚至怀疑他是否到过扬州。经过中外学者反复的研究和讨论,至少对波罗确曾到过扬州这一点,多数人是能同意的。至于他究竟是哪些年住在扬州的?是否做官?做的什么官?则依然没有确切的证明。③

不过,也不是毫无线索可寻。首先,如上所述,出使云南是波罗在华的第一次官差,时间在至元十七到十八年,至元十九年春夏之间他还在大都,那么,他到扬州公干(或如他自己所说,在扬州做官居住了连续三年)的时间不得早于至元十九年(1282 年)夏,这个上限大体可以确定。其次,据他说,当他出使印度归来时,恰逢伊利汗三使者,他们护送未来王妃阔阔真去波斯而陆路不通,见波罗熟于海路,遂邀与俱行,打算由海路去波斯,得到了大汗的准许。我们知道,决定让伊利汗三使者及其随行人员由海路("取道马八儿")去波斯的诏旨是至元廿七年三月发下的,④那么,波罗与使者相遇的时间必在之前。

---

① 《马可·波罗注》,第 364—365 页。
② 《永乐大典》卷一九四二二,叶九 a。参见王颋《〈马可·波罗游记〉中的几个地名》,《南京大学学报》1980 年 3 期。
③ 参见杨志玖《关于马可·波罗在中国的几个问题》,《中国史研究》1982 年第 2 期。(编者按:已收入本书。)
④ 《经世大典·站赤》,《永乐大典》卷一九四一八,叶一五 b。

他从印度回航需利用西南信风,则应在至元廿六年的夏秋之间;其去印度需利用东北信风,时间不得迟于至元廿五年冬或更早(详下文)。这样,他在扬州任职和居住的时间下限大致可以定在至元廿四年(1287 年)。

至于他究竟担任什么官职,则更难考知。行省、宣慰司或路的长官等高级官职大概都可以排除,因为只有"有根脚"的色目人才能获得这些要职,而且如系出任此类要职,汉文史料中不可能毫无记载。波罗的首次官差可能是充任宣使(去云南传送诏旨),按元代官吏铨法,宣使出身的人,依其工作年月久暂,可授七品至九品官,①不会太高。对波罗所任官职的各种猜测中,伯希和的说法比较值得加以考虑,他认为波罗不止一次提到盐课,而且特地离开驿路干线去过长芦和通州等盐产地,可能表明他的职务似与盐政有关:"波罗说他在扬州任职三年,如果他确曾担任过盐务机关官员,我将不会觉得意外。"②按:元朝在扬州设立的盐务机关是两淮都转运盐使司,至元十四年始置,官员有转运使二员(正三品),同知二员(正四品),副使一员(正五品),运判二员(正六品),经历一员(从七品),知事一员(从八品),照磨一员(从九品)。两淮运司衙门的品级与上路总管府同(正三品),也是很高的,但波罗似乎没有做到运使一级的高官(有几任两淮运使的名字都见于《元史》记载)。

在叙述了扬州之后,波罗忽然离开他顺着驿路从北到南的讲述方法,插叙了南京(今开封)和襄阳的情况。他显然没有亲自到过这两个地方。接着他又回到正题,讲述"从扬州东南行十五哩至一名为 Singiu 之城"。由于有些本子作"从 Saianfu(襄阳府)东南行……",以致 Singiu 一名应指何地引起了许多争论。我以为前一个地名无疑应如地理学会本作 Yangiu(扬州),因为波罗在讲述南京和襄阳府之前有一段话,明显是说他将离开主线讲一讲位于西面的两个大区,而且讲述这两个地方也没有像往常那样交代其旅程,可见南京和襄阳显然是两段插曲,以下才回到原来的按驿路顺序叙述。至于 Singiu 城,我无保留地支持伯希和的意见,应是真州(今仪征)。③波罗所述

① 《元史》卷八三《选举志·铨法》。
② 《马可·波罗注》,第 834、365 页。
③ 同上书,第 833—834 页。

此城商业之盛,附近江面之宽,过往船舶之多,都和真州的情况相符合。真州密迩扬州,他无疑曾亲历其地。

波罗接着叙述从瓜州(Caigiu)渡江至镇江府(Chingianfu),经常州(Ciangiu)、苏州(Sugiu)、Vugiu(?＜Vugian,吴江)、Vughin(?＜Caghin,嘉兴)、长安(Ciangan),至杭州(Quinsai,行在)。他在讲述杭州辖区(江浙行省?)的盐课和糖、香料、酒、木炭及十二种手工业等诸色工商税之后说:"我,马可·波罗,曾多次受大汗派遣去视察(to see[and]heard)从所有这些物品取得的岁课(annual revenue)总额。"①但他没有交代是什么时间到杭州视察岁课的。在"镇江府"一段中,他讲到了两座聂思脱里派基督教教堂,说是从1278年马薛里吉思莅任该地长官,在其三年任期中建造的,"自那时起有了聂思脱里派基督徒居住的教堂"。看来他是在教堂建成后几年到镇江的。据《至顺镇江志》所录梁相撰写的大兴国寺碑记,马薛里吉思于至元十四年(1277年)被任命为镇江路副达鲁花赤,任职五年,任期内在镇江、丹徒和杭州兴建教堂(忽木剌 Humura,元代称"十字寺")七所,大兴国寺(突厥语名"八世忽木剌")是至元十八年(1281年)建成的。②在金山的两座十字寺是至元十六年(1279年)建的,至大四年(1311年)被改为佛寺。③波罗到镇江当在1281年之后几年,应是赴杭州公干途中路过其地的。

波罗对杭州的描述特别详细而准确,大部分都可以在汉文史料中得到印证。这充分证明他确实对杭州城十分熟悉,不仅多次到过这里,而且居住过一段时间。他专门讲了一段课税,首先讲盐课,据称大汗每年从杭州辖区征得的盐课总额八十万金。按《元史·食货志》载,两浙都转运盐使司(置于杭州)岁办盐引数,至元十八年增至二十一万八千多引,二十三年再增为四十五万引,二十六年减十万引。如按至元二十三年的最高额四十五万引,每引盐课中统钞三十贯,④合计 13 500 000 贯;当时官定钞与金的比价是中统

---

① 《马可·波罗寰宇记》,第342页。
② 俞希鲁《至顺镇江志》卷六。同书卷一五载马薛里吉思于至元十五年正月到任,与波罗所述符合。
③ 俞希鲁《至顺镇江志》卷九所录赵孟頫撰《般若院碑记》。
④ 《元史》卷二〇五《桑哥传》。

钞十五贯等于金一两,①则两浙盐课总额折合金九十万两,与波罗所说基本符合。看来,波罗曾到杭州"视察"岁课(按元代官方用语,似当作"检校"岁课),至少是检校盐课,并非虚言;时间很可能是至元二十三年或二十四年,因为二十四年改行至元钞后,钞与金、银的比价有了很大变动,金的官定比价调高了几倍,虽然盐课每引也提到中统钞五十贯,但两浙盐课总额仅折合金二十多万两了。

波罗还讲到杭州的户口数,据称他在那里见到这个城市的户口登记,为一百六十万户。②按杭州的户口登记是至元二十七年(1290年)完成的,据《元史·地理志》,整个杭州路仅三十六万八百五十户,一百八十三万四千七百一十口,与波罗所述相差很大。不过杭州的实际户口当远远多于《地理志》的记载。南宋末耐得翁《都城纪胜》就说杭州"户口蕃息,近百万余家";元初吴自牧《梦粱录》(卷一九"塌房"条)也这样说,不过同书卷一六"米铺"条又说"城内外不下数十万户,百〔数〕十万口",大概后一种记载较准确。③总之,宋末元初确有杭州户口百万余家的说法,波罗说的一百六十万户应是根据当时流传的说法,而不是根据登籍数。至于1290年杭州的户口登籍一事,当是他从印度归来或护送阔阔真去泉州,路经杭州时的见闻。

三、出使印度和离开中国

在叙述了杭州之后,波罗接着仍按驿程顺序讲述从杭州到泉州一路上各地的情况。他是否在这段期间(出使印度以前)到过泉州? 仍有疑问。在占城(Ciamba)一段中,他说1285年他曾在占城待过,但这个年代各种本子很不一致,还有1275年、1280年、1288年三种写法。1275年和1280年两个年代显然可以排除,因为波罗在本段讲述了唆都统兵攻打占城直到撤离其地的全过程,这是至元十九年十一月至二十一年三月(1282年12月—1284

---

① 《元典章》卷二〇《整治钞法》。
② 《马可·波罗寰宇记》,第239页。
③ 参见加藤繁《论南宋首府临安的户口》和《临安户口补论》,《中国经济史考证》第2卷,吴杰汉译,商务印书馆,1963年,第323—337页。

年 3 月)的事。此后占城多次遣使入朝、献方物,元朝可能派了报聘之使;至元二十二年(1285 年)三月,元朝派太史监候张公礼等到占城测候日晷。①波罗或者是在这一年奉旨出使占城,或者是到海外执行某项贸易使命路经占城,都有可能。波罗在叙述锡兰(Seilan)岛一段中曾说到,忽必烈大汗获悉该岛的红宝石极其珍贵,即遣使者至其地向锡兰国王购买,波罗本人就是这次购宝使者之一,因得亲眼见到这种红宝石。②元朝统治者常遣色目商人到海外采购奇珍异宝,波罗被派去干这种差事是完全可能的,并非妄言。据《元史》记载,就在至元二十二年六月,曾"遣马速忽、阿里赍钞千定,往马八国求奇宝,赐马速忽虎符,阿里金符"③。如果波罗确实是 1285 年到过占城,那他可能也是这一年到锡兰(元代译名僧伽剌、信哈剌等)购买宝石,路经占城的。如果这样,他就有两次出使海外(包括后来的出使印度)。当时出海一般都从泉州启航,他可以说是这条驿路上的常客了。

不过,我对 1285 这个年代总有怀疑。如果相信波罗曾在扬州做官三年,又多次到杭州视察岁课,1290 年之前还往返印度一趟,其间似乎不可能再有一次海外之行。他到锡兰采购宝石和在占城逗留,都可能是后来出使印度时的事,因而我倾向于认为他在占城逗留的时间是 1288 年。

关于波罗出使印度的时间,前面已简略地讨论过,以为大致应在至元廿四年至廿六年(1287—1289 年)。波罗对马八儿国(今印度半岛东南部)叙述特详,似曾在其地逗留过,而不仅仅是最后一次去波斯时匆匆路过。他说的出使印度,当是指到马八儿。马八儿与元朝的关系很密切,使节往来是比较频繁的。

冯译《马可波罗行纪》(据沙海昂注颇节本)的锡兰岛一段中,讲到忽必烈于 1284 年派使臣到锡兰取佛钵舍利事。按《元史》卷一三一《亦黑迷失传》载:"〔至元〕二十一年,召还。复命使海外僧迦剌国,观佛钵舍利。……二十一年,自海上还。……二十四年,使马八儿国,取佛钵舍利,浮海阻风,行

---

① 《元史》卷一三《世祖本纪》。
② 《马可·波罗寰宇记》,第 380 页。
③ 《元史》卷一三《世祖本纪》。

马可·波罗在中国的旅行路线图

一年乃至。得其良医善药,遂与其国人来贡方物,又以私钱购紫檀木殿材,并献之。"波罗所说的取佛钵舍利,年代、地点都与前一次符合,但《元史》只称"观佛钵舍利",而后一次则是"取",地点却是马八儿。尽管有歧异处,波罗的这段叙述总是在汉文史料中找到了印证。波罗出使印度的时间恰与亦黑迷失相合,值得注意。

波罗离开中国的时间,经许多学者研究,已可肯定是1291年之春,毋庸赘言。他们父子叔侄与伊利汗三使臣及其随员护送着阔阔真王妃,大约是1290年春夏之交从大都南下,到泉州后,等候信风启航西行的。

(原载《元史及北方民族史集刊》第10期,1986年,第1—9页;收入作者《蒙元史研究丛稿》,人民出版社,2005年,第430—447页。)

试论马可·波罗在中国

蔡美彪

1271 年马可·波罗（Marco Polo）随从他的父亲尼哥罗（Nicholo）与叔父玛菲（Maffeo）自威尼斯启程来华，到 1991 年已是七百二十年。1291 年他们离开中国回国也已七百年了。马可·波罗回国后，在 1298 年的海上战争中被俘入狱。狱中口述他在中国和东方诸国的见闻，由同狱的意大利文学家鲁思蒂谦诺（Rusticiano，又名 Rustichello）笔录成书，即是举世闻名的《马可·波罗游记》（又名《见闻录》《寰宇记》《行纪》）。此书先后在法国、意大利以至欧洲诸国流传，极大地丰富了欧洲人对中国和东方的认识，并在 15 世纪激起航海家对东方的向往，从而产生了深远的影响。19 世纪以来，本书又作为历史学和地理学的文献，受到欧洲东方学家的注意。关于本书版本的校勘、翻译、注释以及航行路线和有关史事的考订，成为学者着力研究的课题。我国自本世纪初始有本书的译文刊布，八十年来，几种版本的翻译、注释和有关专题的研究都取得了新的成果。

五十年前，业师杨志玖先生在《永乐大典》所收《经世大典·站赤》中发现了 1290 年（至元二十七年）波斯使臣火者（Coja）等护送阔阔真公主返回波斯的记事，从而证实了马可·波罗自述的随从波斯使臣离华的事实与年代，[1] 这是迄今为止在汉文文献中发现的唯一一条有关马可·波罗的间接的记事。至于他留住中国时期的直接的记录，还没有在中国文献中出现。人们往往泛称马可·波罗为"旅行家"，因为他在中国十七年间的状况，仍然若

---

[1] 杨志玖《关于马可·波罗离华的一段汉文记载》。原刊《文史杂志》第 1 卷第 12 期，1941 年；又见《元史三论》，人民出版社，1985 年，第 89 页。（编者按：已收入本书。）

明若暗,难以实指。在这篇文章里,我想依据元代中国的历史环境与《游记》的记事,对马可·波罗在中国十七年间的语言与观念、地位与身份以及《游记》所显示的特点,分别作一些探索和讨论,希望得到国内外专家的指正。

一、语言与观念

关于马可·波罗在中国的社会交往中所使用的语言,是历来研究者所注意的课题。马可在《游记》中曾自称学会四种语言或四种文字。[1]法国颇节(G. Pauthier)曾认为这四种语文是汉文、回鹘(畏兀)文、八思巴字蒙古文和波斯文。[2]玉耳(H. Yule)与戈节(H. Cordier)本注释,认为马可只会波斯语和蒙古语,不懂汉语。[3]此后西方学者间有论述。中国学者中,业师邵循正先生曾认为:"他(指马可·波罗——引者)简直不懂汉语,蒙古语也很有限,他比较有把握的就是波斯语(包括波斯语中习用的大食语字)。"[4]杨志玖先生近年撰文,又重申了马可·波罗不懂汉语的主张。[5]中外学者的论证,间有异同,但都认为,马可·波罗在中国期间的社会交往中,主要使用波斯语文,已成定论。在前辈们的启发下,我只想就此作一点补充。

《马可·波罗游记》中的中国地名,多用波斯语音读,是前人论证的主要依据。这可区分为两类。一类是蒙、汉语地名的音译,如上都、福州、察罕脑儿之类。这些地名并非由蒙古语或汉语原名直接译为拉丁语,而是经过波斯语音译。因而音读往往不够精确,颇费研考。另一类是意译,如汗八里(qanbaliq)、匝儿丹丹(Zardandan)之类,系据蒙古语或汉语意译为波斯语,音读与原地名相去甚远。我想补充的是:兼有蒙古语和汉语称谓的中国地名,马可·波罗也仍然使用波斯语的译名。

---

① A. C. Moule、P. Pelliot 校译,*Marco Polo: The Description of the World*,1938 年,第 86 页。冯承钧译沙海昂(Charignon)本《马可波罗行纪》,第 34 页注 1。

② G. Pauthier, *Le Livre de Marco Polo*,第 23 页注 1。

③ H. Yule, *The Book of Marco Polo* 卷 1,第 29 页注 1。

④ 《邵循正历史论文集》,1985 年,第 115 页。

⑤ 《关于马可·波罗在中国的几个问题》,《元史三论》,第 105 页。(编者按:已收入本书。)

剌木学(Ramusio)本《马可·波罗游记》中曾提到涿州(Giogiu)附近有一大城,名为 Achbaluch,即波斯语的阿克八里 Acbaliq,义为白色的城。关于此城的地望,或指为大同,或指为正定。①我在河北元氏的开化寺蒙、汉文碑铭中发现,汉文中的真定路,相应的八思巴字蒙古文写作察罕巴剌哈孙(Caqan balaqasun),即蒙古语白色的城。②这一蒙语地名,曾见于波斯文《史集》(Jamiut-Tawariq),在中国文献中还是第一次出现。这不仅可以确证马可·波罗所说的阿克八里即是真定,而且足以证明:马可不懂汉文和八思巴字蒙古文,甚至也不大懂得蒙古语。阿克八里当是懂蒙语的波斯人依据蒙古语地名为他意译的波斯语名。马可在记述蒙古灭宋轶事时,曾说到统帅伯颜(Bayan),传说有"一百只眼"。这显然是不懂蒙语的汉人,依据同音汉字,妄作谶语。马可不加驳斥而传录其说,可见他对于"伯颜"之类常见的蒙古语汇,也还不甚了然。

大蒙古国早期与欧洲的交往中,便以波斯文为媒介。现存贵由汗致罗马教皇的书信,即是波斯文本。元代来中国的中亚以至欧洲的各族人中,波斯语文乃是通用的语文,并且随处可以方便地译为蒙古语或汉语。所以,马可·波罗只要学会波斯语文,便可以在中国各地畅行无阻。

马可·波罗在中国十七年之久,考察一下他对大元王朝的观念,也是很有趣味的。成吉思汗建立的国家,原称为大蒙古国,即蒙古语的也可蒙古兀鲁思(Yeke Mongol Ulus),或简称为"也可兀鲁思"(Yeke Ulus),汉语文献译为"大朝"。③直到 1271 年,即马可·波罗启程来华的那一年,忽必烈才基于统治汉地的需要,正式建立汉语国号"大元"。但蒙语的大蒙古国号并未因而废弃,而是两者并用,形成建号制度的两重体系。1335 年的张氏先茔碑,碑额以八思巴蒙古字书写汉语国号"大元",碑文以蒙古畏兀字书写蒙语

---

① 冯译本《马可波罗行纪》,第 421—423 页。P. Pelliot, *Notes on Marco Polo*, 1959, pp. 8-9, "Achbaluch"条。

② 蔡美彪《元氏开化寺碑译释》,《考古》1988 年第 9 期。

③ 彭大雅《蒙鞑备录》"国号"条曾记大蒙古国号。此国号为蒙汉文献所习见,简称"也可兀鲁思",见于贵由汗致教皇书,见 Dawson, *The Mongol Mission* 附录,吕浦中译本《出使蒙古记》,中国社会科学出版社,1983 年,第 102 页。我意汉语"大朝"即蒙语"也可兀鲁思"之意译。关于"大朝"一名,可参阅萧启庆《说大朝》,载台北《汉学研究》第 3 卷第 4 期。

国号 Yeke Mongol Ulus，即大蒙古国。①一碑之中，两个国号同时并用，是典型的例证。两国号的采用，反映着人们的不同观念，在汉人看来，大元是继承历代王朝的国统。在蒙古人和西域波斯人看来，元朝统治下的汉地只是蒙古的一个统治区域或一个兀鲁思，并不能代表整个的大蒙古国或大兀鲁思。波斯史家拉施特（Rashīd al-Dīn）在他所著《史集·忽必烈汗纪》中，全不涉及忽必烈建国号大元，全书也从来不用大元国号纪事，正是反映了西域汗国波斯人的观念。马可·波罗在他的《游记》中，对忽必烈赞颂备至，称他为大可汗和万王之王，但也和拉施特一样，完全没有提到建立大元国号这一重要的事实。整个《游记》也从来没有出现过大元国号，而只是依据西方的习惯，称蒙古为鞑靼。这当然不是偶然的。马可·波罗在中国生活十七年，如果说他从来不知道所在国家的大元国号，是难以说通的。这也不应是口述时的一时疏忽，而是表明，他沿袭了波斯人的国家观念。

关于马可·波罗的政治观念，可以分析一下他对当时的重大政治事件的看法。马可在中国时期经历的最重大的政治事件，即是至元十九年（1282年）王著杀阿合马案。据马可自述，此事发生时，他正在大都城里，因而较详地记录了见闻。这一事件包含着蒙古皇室、汉人官员与当时被称为回回的官员们之间的错综复杂的矛盾，包含着汉法与回回法两种文化的冲突。所以，对这一事件的看法，也反映着不同的观念。在汉人官员士大夫看来，王著杀阿合马，乃是"为天下除害"的义举，王著虽被处死，仍被称为"义侠"。时任南台侍御史的著名文士王恽，曾为王著作乐府《义侠行》，自序说："然大奸大恶，凡民罔不憝，又以春秋法论，乱臣贼子，人人得而诛之，不以义与之可乎？"又说王著"正以义激于衷，而奋捐一身为轻，为天下除害为重"②。马可·波罗则采取了另一种观点，视之为大都城里的汉人造反或叛乱，甚至是蓄谋诛除伊斯兰教与基督教徒等一切色目人。对此事的记述，也与王恽不同，而与拉施特《史集》的观点相近。③马可·波罗在记录了阿合马的罪过后，

① 张氏先茔碑，曾由日本田村实造在 1937 年《蒙古学》刊布。此碑八思巴字碑额及畏兀字碑文拓影，参见罗常培、蔡美彪《八思巴字与元代汉语》，道布编《回鹘式蒙古文文献汇编》。
② 苏天爵《国朝文类》卷四；王恽《秋涧先生大全文集》卷九。
③ 拉施特《史集》第 2 卷，中译本，商务印书馆，1985 年，第 341—346 页。

又说忽必烈因此而嫌恶伊斯兰教徒,禁止教徒遵依教规行事。其实,忽必烈只是处置了与阿合马案有关的回回官吏,并非限制所有的伊斯兰教徒。至于《游记》中所说禁止用断喉法杀牲之事,据《史集》记载,系发生于桑哥为相时期,也与阿合马案无涉。①马可·波罗视此案为汉人造反排斥色目,又指责元廷因而迫害伊斯兰教徒,是反映了波斯人或回回人的政治观点。

依据以上的考察,似可得出这样的结论:马可·波罗在中国期间习用波斯语文,他的国家观念与政治观点,也与波斯人或回回人相近或相同。

二、地位与身份

马可·波罗作为一名来自欧洲的基督教徒,为什么会与信奉伊斯兰教的波斯人或回回人,在国家观念和政治观点上达到一致? 这当然不能仅仅以他懂得波斯语来解释,而和他在中国的地位与身份有着密切的关系。

中国文献中至今尚未发现有关马可·波罗的直接记载,但依据元代的惯例,他应被称为也里可温。也里可温一词来自波斯语,源于希腊语。它在中国文献里有两种含义。一是由专指景教徒即基督教聂思脱里派(Nestorians),进而泛指基督教各教派的教徒。一是泛指来自信奉基督教国家的各国人户。在元代,减免差役赋税的文书里,也里可温与僧(道人)、道(先生)、答失蛮并列,是泛指基督教徒。②在著录户籍和族籍的文书里,它和畏兀、河西、回回人并列,是概称来自信奉基督教各国人们的国籍或族籍。③马可·波罗既是基督教徒,又来自欧洲的威尼斯,他被称为也里可温,是没有疑问的。

元代社会中,蒙古、色目、汉人、南人曾被划分为四等,享有不同的待遇。这当是形成于元世祖末年至成宗时期。马可·波罗来华时,还没有这样明确的制度。但是,来自中亚和欧洲的各族人,已被泛称为"色目",并渐形成

① 拉施特《史集》第 2 卷,第 346—347 页。
② 参看陈垣《也里可温教考》,《陈垣学术论文集》第 1 集;蔡美彪《元代白话碑集录》,科学出版社,1955 年。
③ 参看《至顺镇江志》卷三《户口》。

为蒙古人、汉人以外的社会群体。在这个群体中,当以回回人,即来自中亚各地信奉伊斯兰教的各族人为其主体。也里可温,作为一种族籍,也被包括在色目之中,被称为色目人。所以,钱大昕著《元史氏族表》、屠寄著《蒙兀儿史记·氏族表》,都把也里可温列为色目氏族之一。这是很有道理的。在色目这个群体中,既然包含有不同宗教信仰的各族人,彼此之间自然难免发生各种矛盾,但由于他们是独立于蒙古、汉人之外的群体,在许多方面具有共同的利益,所以,在对待蒙、汉事物时,又往往持有相同的观点。马可·波罗在述及基督教与伊斯兰教的冲突时,十分明确地站在反对伊斯兰教的基督教徒的立场。《游记》中详细记述报达(Bagdad)基督教徒的移山灵迹,对伊斯兰教徒嘲讽备至,便是一例。但在对待回回人与汉人的冲突时,又明显地站在回回人一边。前举有关阿合马的记事,便是显著的例证。马可·波罗多次指责佛教徒崇拜偶像,也与他对待伊斯兰教徒的态度,显有不同。马可·波罗在中国的十七年间,蒙古人与汉人当然是把他作为色目人看待,他自己大概也以色目人自处。元军攻打襄阳时,曾采用回回人亦思马因奉献的投石炮,被称为回回炮。马可·波罗自称是他的贡献,当然并不可信,但也说明:直到他回国口述见闻时,仍然自觉或不自觉地把自己与回回人、回回炮联在了一起。

元代中国色目群体中的各族人,有多种途径得在官府任职,但从事商业活动的回回商人仍是这个群体中的主体,在人数上大概也占居多数。在官府任职的色目官员,是人民的统治者和压迫者,并多恃权谋利,因而遭到广大人民,特别是汉族人民的厌恶和敌视。《马可·波罗游记》在记述阿合马事件时说:"你们必须知道,所有契丹人(汉人)全都痛恨大可汗的统治权,因为他叫鞑靼人和许多回回教徒来统治他们。这叫他们看起来,是拿他们当作奴隶。"又说忽必烈"对这地(汉地)人民没有信任心,但只相信自己随从中的鞑靼人、回回教徒和基督教徒,他们都忠心于他,所以叫他们去治理这地"①。马可·波罗敏感地看到了色目官员与汉地人民之间的矛盾,所论也大体上符合当时的实际。这种矛盾,由于阿合马一党的横行而更加激化。

----

① 张星烺译 Z 本《马哥孛罗游记》,第 164 页;又见刺木学本,参见冯译本《行纪》。

马可·波罗在中国的社会身份,我以为并不是这类色目官员,而是往来各地,在民间经营商业贸易的色目商人。我之所以作出这样的判断,是基于对以下事实的考察。

(一)马可·波罗在中国期间是否担任过元朝的行政官员或奉使官员即使臣,历来研究者多有异议。《游记》中的有关记述,极为模糊含混,难以置信。书中只说马可·波罗被称为"阁下"(Messer),而没有出现过任何官名或职衔。元朝奉使的使臣,包括巡行国内各地处置公务和出使外国的使臣,也包括为元廷去国内外征取或采办货物的使臣。但任何一类使臣都必须持有朝廷授予的各种类型的牌符(长牌或圆牌)。元廷对此规定极严。早在元太宗窝阔台时即定制,使臣"无牌子有文字往来者,亦断按答奚罪"①。马可·波罗对元朝的牌子制度,极为注意,在《游记》中多次描述了各种牌子的形制和用途,表现出很大的兴趣。如果他也曾被授予牌子,不应不记。但书中只说他随同波斯使臣回国时,持有金牌,而在中国十七年间经行各地,从来没有提到被授予过任何一种牌子。没有牌子的"出使",当然不可能是元朝的正式使臣即奉使官员。

元制,中枢衙门及诸王驸马各投下均可派遣使者经由驿站传递军情要务,但也需由派遣者授予"给驿圆符"或"差使圆牌"。此类使者,人数极多。马可·波罗显然也不可能属于此类。

《游记》中具体说到奉使,只有两次。一次是出使哈剌章,一次是出使印度。

出使哈剌章(Carajan)即云南大理乌蛮地区,是在他来中国后不久,而且是他第一次自大都远行。马可·波罗第一次出行,即选择如此遥远的地区,应当不是偶然的。据他自述,是受到忽必烈的指示并委托他了解当地的风土人情。这是可能的。忽必烈即位前曾受命远征大理,平云南后即又领兵北上。因而对云南地区众多民族的状况,所知不多。《游记》中关于行经哈剌章、金齿以至缅国的记事,并未言及执行任何行政使命,而只是记录了当地的民间风俗和物产、贸易情况,甚至对缅国边界山坡下的集市和金银比价也都记忆如新。大抵他此次所谓出使,只是从事商业活动和了解民间风俗,

---

① 《经世大典·站赤》,《永乐大典》卷一九四一六;参见《元史·兵志》。

回朝报命,并无其他的使命。

出使印度,是在他离开中国前不久。所谓印度,当是《游记》第三卷所说的"大印度"(Great India),即马八儿(Maabar)。[①]马可・波罗颇为详细地记述了马八儿的情况,并且注意到采珠的方法和宝石的贵重,但并无奉使的记录。《元史・外国传》马八儿等国条,记载马八儿宰相马因的曾自称"凡回回国金珠宝贝尽出本国,其余回回尽来商贾"。马八儿是色目商人采购珠宝的地区。元朝政府也曾遣使其地求取珍宝。《元史・世祖纪》至元二十二年(1285年)六月记:"遣马速忽、阿里赍钞千锭往马八国求奇宝。赐马速忽虎符,阿里金符。"陈得芝教授曾据此证明"元朝统治者常遣色目商人到海外采购奇珍异宝"[②]。如联系此条记事考察马可・波罗的"出使印度",可以得到如下的启示:一、元廷遣马速忽与阿里奉使去马八儿求取奇宝,曾分别赐给虎符和金符(金字牌符)并且载在《实录》,为《元史・世祖纪》所本。他们才是朝廷的正式的奉使官员,即使臣。马可・波罗的所谓出使,既无牌符,又无记录,表明他并不具有这样的地位和身份。二、有一种可能,马可・波罗的"出使印度"即是随从马速忽和阿里的使团商队去马八儿。他不是正式任命的使臣,但可以商人身份作为随从人员,前往采购珍宝。马速忽等回朝的年月,史无明文。《元史・世祖纪》至元二十四年(1287年)二月丙辰记"马八儿国贡方物";三月丙辰又记"马八儿国遣使进奇兽一,类骡而巨,毛黑白间错,名阿塔必即"。阿塔似来自波斯语 ājdār,义为"有花纹"的;必即当是兽名(《元史・世祖纪》又见马八儿国献"花驴"事或即此兽)。马八儿国遣使进贡方物奇兽应是元朝遣使去马八儿求奇宝的回应。南海诸国派遣使臣商队,随从返国的中国来使到中国大陆进行朝贡贸易,乃是习见的常例。倘使马可・波罗随从马速忽于1287年春夏间回朝,波斯阿鲁浑汗派遣求婚的使臣火者等,已在大都。此后遂有取道马八儿偕同去波斯之议。在时间上也大体相合。这当是一种合理的推测,惜无确证。三、另一种可能是,马可・波罗的出使印度,与马速忽、阿里的出使无关,而是在较晚的时间另行搭乘商

[①] 参看 Pelliot, *Notes*, p.749, "India"条。

[②] 《马可・波罗在中国的旅程及其年代》,《元史及北方民族史研究集刊》第10期,1986年。(编者按:已收入本书。)

船出海。但可以肯定,他并不是像马速忽、阿里那样的金牌奉使。[1]

《马可·波罗游记》在记述锡兰(Seilan)时,提到忽必烈曾派遣使臣去锡兰购求红宝石。VB本多出"我马可·波罗是使者之一。亲眼得见此红宝石"[2]。VB本较他本增出的文字,或凭推想铺衍,不尽可信。锡兰与马八儿邻近,此使臣是否即是往求奇宝的马速忽和阿里,也无从确指。[3]倘若VB本所记属实,也只能说明,马可·波罗本人并非忽必烈派遣的使臣,而只是随员之一。

马可·波罗是否曾在扬州担任元朝的官职,也是历来争议的问题。颇节曾假设他是扬州行省长官(Governor),[4]学者多以为可疑。颇节本及玉耳注本,说他受命治理(rule)此城三年,但另本(FB本、C本)只说他居住(dwelling)此城三年。[5]马可·波罗从未提到过他所担任的官职名称,也从未提到过任职期间所经历的任何轶事。伯希和注意到中国史书及扬州志书都没有马可·波罗任职的记录,因而推测他好像是个盐务官员。[6]盐业贸易是元代商业中的重要行业,马可·波罗多次谈到有关盐业的事,他曾参与经营盐业贸易,是完全可能的。但说他是盐务官员,并无实证。所谓"治理",如果可信,假设他以商人身份参与过扬州的商务管理,当更为稳妥。

马可·波罗在他经行之地,都注意到基督教的传布和教堂的情况。《游记》中所记,多可由中国文献或文物证实。但书中从未说到他本人从事传教活动。他并未担任过元朝授予的管理宗教事务的官职,也没有像马儿古思(Markus)和孟德科维诺(Monte Corvino)那样,由罗马教廷授予教职。[7]

---

[1] 参看杨志玖《关于马可·波罗离华的一段汉文记载》中的有关考证,《元史三论》,第94页。(编者按:已收入本书。)《元史·亦黑迷失传》载:"〔至元〕二十四年,使马八儿国,取佛钵舍利。"陈得芝教授认为:"波罗出使的时间恰与亦黑迷失相合,值得注意。"(前引文)畏兀儿人亦黑迷失是朝廷大员,曾以行省参知政事管领镇南王府事,取佛钵舍利,乃系佛教活动。马可·波罗似不宜参与此事。但此条足资参考,以待他证。

[2] Moule、Pelliot校译本,第380页。

[3] 《元史·亦黑迷失传》:"十八年,拜荆湖占城等处行中书参知政事,招谕占城。二十一年,召还。复命使海外僧迦剌国,观佛钵舍利,赐以玉带、衣服、鞍辔。"似并非购求宝石的使者,待考。

[4] Pauthier本,第467页注1。

[5] Moule、Pelliot校译本,第144页。

[6] Pelliot, *Notes*,第785页,"Yangiu"条;参看同书,第834页,"Singiu"条。

[7] 参看Budge, *The Monks of Kublai Khan*;A. C. Moule, *Christians in China before the Year 1550*;周良霄《元和元以前中国的基督教》,《元史论丛》第1辑。

(二)《马可·波罗游记》记述的中国情况涉及政治、军事、法律、奇闻轶事、风土人情等许多方面。但他没有像一个旅行家那样,去描述名山大川的秀丽景色和文物古迹,也没有像一名官员那样去记述行政事务和官场纷争,而是以极大的兴趣记录了各个地区的物产、贸易、集市、交通、货币、税收等等与商业有关的事物。有人统计,《游记》中关于商务的记录,约占中国部分的六分之一以上,以致欧洲人曾把它看成是东方的"商业指南"。这应当不是偶然的。马可·波罗自进入中亚地区后,即注意记录了各地的物产和工商业状况。他在中国十七年间,不仅记录了扬州、杭州、福州、泉州等商业名城的商务和物产,而且还细心地观察了途经的中等城市的工商业状况。其中关于地方特产、商店市场、贸易方式、物价税率、货币折算及金银比价等等记事,甚至比当时中国的某些文人的记述更为详细和具体。这不仅表现了他对商业的特殊兴趣,而且表明他具有丰富的商业知识和在中国从事商业的实际经历。书中较多涉及的珍珠、宝石、香料、盐业等等,都是元代色目商人所经营的行业,可能也是波罗一家经营过的行业。

马可·波罗在中国各地的经行路线,研究者或以为方位每有不合。如是依据商业贸易的需要,自可往返各地,不烦费解。除出使云南一线外,他在中国的大部分时间,似都在江南的繁华的商埠。Z本(拜内戴拖 Benedeto本)《游记》说马可·波罗到过南方九省中的三省,即扬州、杭州和福州。刺木学本说他到过杭州数次。《游记》称赞杭州是世界上最富有最繁华的城市,对杭州的记述远较扬州为详,他在杭州的时间可能要多于扬州。他曾随同叔父玛菲到福州,对福州的状况也有较多的记述。此外,泉州是出海的商港,马可·波罗当然要在泉州停留。元代色目商人经营海上贸易者甚多。马可·波罗除所谓"出使印度"外,可能也还到过其他海上岛国,经营南海的国际贸易。

马可·波罗因不懂汉语,似从未与汉族文士交往,也没有结识色目文人。他曾提到在欣斤塔剌斯(Chigintalas)有一位突厥朋友祖立福合(Zurficar)冶炼石绵(火浣布)。在记述杭州(行在)南宋的轶事时,说:"所有这些事情皆是当我在京师城时,那城的一位富商告诉我的。"[①]又说从一位收

---

① 张译 Z 本,第 320 页。

税官处听到胡椒消费的数字。可见他所交往的人物也是商人和商务官员。马可·波罗对某些历史事件的记述,往往确有其事而不尽相合,可能就是由于在商业社会交往,得自失实的传闻。

(三)波罗一家本来就是威尼斯的富商。马可·波罗的父亲尼哥罗与叔父玛菲因贩运珠宝至波斯,遂随同波斯使臣到达元朝的上都。他们奉忽必烈汗之命随同元朝的使臣去罗马教廷,约在 1275 年携带马可返回上都报命。他们的使命似即从此完结。此后,留住中国长达十七年之久,并不再有奉使或任职的记录,当是在中国各地继续经商。马可·波罗曾随从父、叔到过襄阳,又曾随同叔父停住福州。如果他的父、叔是在各地经商,马可当也是随同经商。马可·波罗回国时带回大批珍宝,因而成为威尼斯的"百万富翁",跻身于贵族的行列。这已由威尼斯现存有关档案文书得到证明,也由1324 年马可·波罗在里亚陀(Riallto)亲自书写的处置大批财产的遗嘱得到证明。①马可·波罗留住中国而成为巨富,是无可怀疑的事实。这个事实表明,他只能是在中国和南海各地长期往来经商,才能获得如此巨大的财富。倘若只是一位旅行家或传教士,绝不可能积累巨额财富;只是元朝的一般官员,也不可能积累如此巨额的财富。

威尼斯的档案中,还发现有 1311 年马可·波罗因麝香贸易纠纷提出控诉的案卷。②麝香产于中国和周邻的山区。《马可·波罗游记》中曾几次提到麝香的出产。一次是在记述四川雅州一带藏族地区(书中称为土番州 The province of Tibet),一次是在记述邻近的建都(Caindu,即建昌),说这两个地区兽类甚多,盛产麝香。南方的白城(Acbaliq Mangi,当即利州)也有麝香出产。此外,还记述西宁州(Silingiu)③一带出产世界上最好的麝香,并且详细叙述了摘取和晒制麝香的方法。Z 本说,马可·波罗还把这里的麝鹿的一副头骨和脚骨,携带回国。④贩运香料,是元代色目商人所经营的行业。麝香涉讼案说明,马可·波罗直到晚年仍在他的故乡,通过色目商人与中国或邻国继续进行麝香贸易,而这应当是他在中国期间就

---

① ② 参看 H. Yule, *The Book of Ser Marco Polo*, Introduction;张星烺译《马哥孛罗游记导言》。
③ 参看 Pelliot, *Notes*,第 832—833 页,"Singiu"条。
④ 张译 Z 本,第 119 页。

已熟悉的职业。

威尼斯现存有关马可·波罗的档案文书和他本人所写的遗嘱,是研究马可·波罗身世的最为可靠的第一手文献。这些文献从不同方面说明马可·波罗乃是一位善于经营的富有的巨商。

依据以上的考察,我认为,马可·波罗在中国十七年间,既不是作为旅行家或传教士,也不是作为元朝的色目官员留居中国,而是作为一名色目商人,在中国各地以至南海诸国从事商业贸易。他的《游记》只讲各地见闻,而很少讲到他本人的事迹,可能就是由于这个缘故。中国文献中不见有关他的记事,可能也是由于这个缘故。

不过,马可·波罗一家应当确曾受到过忽必烈的接见和委付,他的所谓"奉使",也不应全出虚构。从这方面说,他又应与一般色目商人有所不同。元代色目商人中,有所谓斡脱商人。斡脱一词,源出于突厥语 Ortog,原义有"伴当""伙计"之意,或者直译为"商贾"。元代之所以应用这个音译的专用名词,是为了表明他不同于一般色目商人的特殊身份。斡脱商人可以直接接受大汗朝廷或诸王投下的委付,去各地采办商货,或经商放债谋利。他们虽然不是朝廷的官员,却因持有官府的委付文书,取得在各地经商的便利,并受到保护。①《元典章》刑部一三"防盗"门载:"中统五年八月初四日钦奉圣旨条画内一款,诸斡脱商贾,凡行路之人,先于见住处司县官司具状召保,给公凭,方许他处勾当。若公引限满其公事未毕,依所在倒给。"斡脱自一地转往他地,可由地方官府给与公凭,倒换文书。他们受委付的商务或其他事务,也被视为"公事"。这种勾当"公事"的斡脱,汉语中没有与之相当的词汇,文献中也未见有确切的定义。《元典章》户部三"籍册"门载,至元八年户口条画,释"斡脱户"为"见奉圣旨、诸王令旨随路做买卖之人"。似可概括说明斡脱商贾基本人户的性质,这大约也就是马可·波罗所说的"奉使"(Commissioner)。综合考察《马可·波罗游记》所记述的状况,推断他是色目商人中的斡脱商人,或较近于事实。

---

① 参看翁独健《斡脱杂考》,《燕京学报》第 29 期。

三、游记的特点

马可·波罗在中国十七年,作为一名色目商人,成功地进行了商业贸易活动,也与中国人民建立了友谊。但是,他平生的主要贡献,并不在于在中国的活动,而在于把中国的状况介绍给了欧洲,从而产生了他自己也预料不到的深远影响。

研究者或指摘马可·波罗没有介绍中国特有的汉字与书法。这是不应苛责的。马可·波罗既然不懂汉语,又是在色目群体和商业社会中交往,他对于元代中国的汉文化,大概并没有多少接触。孔子的儒学,早已受到欧洲的注意,马可·波罗在他的《游记》中却完全没有提到当时盛行的儒学新形态——理学或道学。马可·波罗在中国的年代,正是北方的杂剧和南方的南戏相继兴起的时期。对于当时盛行于南北各地而欧洲人又从未见到过的戏剧,马可·波罗也从未理会,这可能也是由于他不懂汉语的缘故。马可·波罗的《游记》,并不像某些文人学士那样,以介绍汉文化为中心,也不像某些传教士那样着重于了解蒙古的统治,而是有其自己的特点。其中最为显著的,是以下两点。

一是深入社会。

马可·波罗关于蒙元政治史事包括汗位继承的记述,与事实多有出入,这正好从反面说明:他不曾生活在元朝的统治阶层之中。他在中国十七年的大部分时间,大约都是往来各地民间,并且由于经商的需要而深入到社会基层。《游记》关于中国的记述以绝大部分的篇幅深入具体地描述了各地人民的社会经济生活和起居风俗,在某些方面甚至超过了中国文献的记录。关于各地物产和商业贸易的记述,则在大体上呈现了元代中国北方与南方主要商业城市和商业发展的概貌。马可·波罗书中,不仅详细记述了一些地区的地方特产,而且还记录了许多物产的具体的生产方法,除前述采取珍珠和麝香外,还涉及蚕桑、酿酒、制盐、熬糖、捕兽、取蛇胆以及谷物储存等许多部门。这些都只有深入到社会基层,才能有所了解。至于书中所说,用纸作钱币,用黑石头(煤)烧火,是当时的欧洲还不曾应用的新事物。马可·波罗的观察和记述,当然更能引起欧洲读者的兴趣。马可·波罗所描述的中国,不是儒学模式的中国,而是物产丰富、经济繁荣的发展着的中国。这是《游记》的一个显著特点。

一是广涉诸族。

元代中国的基本特征,是在蒙古贵族统治下,形成幅员辽阔的多民族的统一的国家。元朝包括为数众多的各民族聚居的地区。各地各族人民的流移和相互来往也超过了历史上的任何一个朝代。《马可·波罗游记》不像其他某些旅行记那样,仅仅注意到蒙古人和汉人的状况,而是随时记录了关于各个民族的见闻。对于云南诸族、藏族(土番)、党项、畏兀(维吾尔)以及其他一些民族的社会风俗、宗教信仰、经济生活和地方特产等等都有过很具体的描述,其中包含不少罕为外界所知的可贵的记录。对于盐钱、贝币等等的记录,表现出马可·波罗对当地社会的深入观察。《马可·波罗游记》所介绍的中国,不仅是蒙古人和汉人的中国,而是统一的多民族的国家,这是又一个显著的特点。

在马可·波罗来华以前的年代,也曾有欧洲的传教士和商人来过中国。马可·波罗游记并不是欧洲人对于元代中国的唯一的记录。但是《马可·波罗游记》对中国社会的记述,在深度和广度上都远远超过了前此的记录,从而使欧洲的读者得以更深和更广地了解到中国社会的全貌。马可·波罗所作的贡献,是值得纪念的。

马可·波罗的游记,经由文学家鲁思蒂谦诺的记录和润色,欧洲诸国辗转抄译,扩大了人们对东方世界的眼界和对中国的认识,并进而推动了由海路来东方的探险活动,影响是多方面的。这里,我只想指出:《游记》之所以激起了欧洲人对中国的向往,主要还是由于马可·波罗以十分友好的态度如实地介绍了中国。13 世纪的威尼斯,社会、政治制度和宗教信仰,与元代的中国存在很大的差异。但是,读《马可·波罗游记》,全然不见近代某些西方传教士的那种歧视或蔑视东方的偏见,而像是中国的一位友人在向故乡人倾诉他的见闻。《游记》表明,马可·波罗在中国的十七年间与各地各族人民建立了友好的感情。虽然某些记述不免有夸张的成分,却洋溢着对中国的热爱与友谊。从这个意义上说,《马可·波罗游记》不仅是一部在历史上有过影响的学术文献,而且是马可·波罗与中国人民的友情的记录。它也应当像中、意两国人民的友谊那样,长久流传并受到珍视。

（原载《中国社会科学》1992 年第 2 期,第 177—188 页;收入作者《辽金元史考索》,中华书局,2012 年,第 337—352 页。）

马可·波罗补注数则

陈得芝

在数以百计研究马可·波罗的论著中,伯希和的遗著《马可·波罗注》(*Notes on Marco Polo*)无疑是最全面、最具权威性的一部。这位东方学大师在其学术生涯的最初阶段就已涉足这个领域,其名著《交广印度两道考》(*Deux itinéraires de Chine en Inde à la fin du VIIIᵉ siècle*,1904)中即就马可·波罗有关中国南方的记载与汉文史料作了比较研究。后来,他在所担任的法兰西学院课程中,经常对马可·波罗书进行评述;他的许多篇书评和学术通讯也以此为主题。晚年,他倾注了更多精力从事《寰宇记》的校勘和注释工作。正如他的弟子、遗著整理者韩百诗(Louis Hambis)所说,伯希和的《注》"已不再是马可·波罗书的注解,它是往往篇幅宏大的展示其极渊博学识的专题论文的结集"[①]。记得翁独健先生也说过,伯希和实际上是把他广博的学识汇聚于此书中,意图通过马可·波罗书注释总括其毕生的学术成果。可惜,原先预定的许多条目还没有写成,他就于 1945 年去世了。继续完成这位大师的未竟之业,是一项极有意义、然而也是极困难的工作。马可·波罗极其宏富的记述,几乎涉及 13 世纪整个亚洲的历史、地理、民族及其语言、宗教、社会生活、风俗习惯等等方面,其中尚存在着大量未得到完满解释的问题。解通这些问题,需要各国、各个领域的学者从不同侧面进行扎实的研究。伯希和的著作为我们提供了研究的典范,同时也留下了很多有待增补、完善和需要订正的地方。虽然要完成一部堪与前贤比伦的《补注》决非个人能力所能承担(恐怕很少有人具备伯希和那样渊博的学识和语言能力),但聚沙

---

① 《马可·波罗注》第 1 卷《前言》,巴黎,1959 年。

可以成塔,众多有志者围绕这个目标不断做出点滴成绩,聚合起来,一定可以在伯希和的基础上提高一步,以更完善的马可·波罗书注释贡献于世人。

一、忽必烈遣马可出使

马可·波罗有关中国的记述,大部分都能在中国史料中找到印证,唯有他本人的活动却丝毫不见于记载。五十年前,杨志玖先生在《经世大典·站赤》中发现至元二十七年的一个文件,所载遣往阿鲁浑大王位下三使臣的名字与马可·波罗的记述完全一致,时间也吻合。这是迄今有关马可·波罗在中国的经历的最直接、最有力的证据。然而,怀疑者仍有人在。美国宋元史专家海格尔(John W. Haeger)就认为,马可·波罗关于他本人深得忽必烈器重、多次奉命出使的自述难以置信。[1]如果仅是指出马可·波罗在叙述其经历时往往情不自禁地夸大自己的地位和作用,无疑是正确的;但若进一步怀疑他曾受忽必烈派遣出使各地(海格尔虽然也说到"马可本人奉命出使至少两次也可能三次",但又推测马可在元十七年只是来往于大都、上都之间,这种说法的不一致说明他对此尚存疑惑),怀疑他所述中国中部和南部各地的情况系得自亲身的观察了解,那就未免走得太远了。[2]

受到海格尔怀疑的马可·波罗有关奉命出使的自述,见于《寰宇记》第16、17章。他说:

> 当大汗看到马可是那样聪明,……就派他为某项重要国事的使者到一个遥远的地方,一个称为哈剌章的城市。……这位青年人聪明而出色地执行此项使命。……因为他曾多次看到和听到,每当大汗派往各处的使者回朝,向他报告了所奉使命,但却未能报告其所去之地的其他情况,大汗总是责备他们愚笨无知,并说他更喜欢听到他们报告使命以外的其他新情况,各个地方的风俗和习惯等等。马可深知这一点,所

① "Marco Polo in China? Problems with Internal Evidence",载 *Bulletin of Sung-Yüan Studies* No.14, 1979。

② 杨志玖先生曾著文与海格尔商榷,举出许多例证说明"马可·波罗足迹遍中国"。《马可·波罗足迹遍中国》,载《南开学报》1982 年第 6 期。

以当他出使时,就十分注意依次记下往还所历诸地听到和看到的所有奇闻异事,因而在他回朝时就能够向大汗讲述这些见闻以满足圣意。①

关于忽必烈要求派出的使者除所奉使命外还要观察和向他报告所到之地的各种情况,我们在汉文史料中找到了一条与马可·波罗的叙述几乎相同的记载。元人虞集《司执中西游漫稿序》说:

> 集大德初至京师,客授藁城董公之馆,因得见世祖皇帝禁近旧人。间言:中统、至元间,方有事于四方,每大、小使者之出,比还奏毕,必从容问所过丰凶、险易,民情习俗,有无人才、治迹;或久之,因事召见,犹问之也。是以人人得尽其言,当以此观人而得之。由是凡以使行者,莫敢不究心省察,以待顾问。②

按"藁城董公"指董士选,大德元年(1297年),由江西行省左丞调任江南行御史台中丞,聘虞集执教家塾。不久士选奉召入京任金书枢密院事,集随进京,于士选家得遇忽必烈时代的近侍,听到他们谈论宫廷旧事。这条史料充分证明了上引马可·波罗的叙述是完全真实的,可以作为他确曾奉命出使并对所历各地的民情风俗作了观察记录(以备向大汗报告)的有力佐证。或许可以推测,马可本人就曾是忽必烈近侍的一员(当然只是地位不高的一般近侍),所以能对宫廷诸事了解得如此真切。作为一个来自远邦异域,随父、叔入朝的年轻色目人,这种可能性很大。元代蒙古贵族(帝、后、诸王等)以色目商人为近侍者不乏其例。虽然马可·波罗的身份地位还有待进一步研究,但他充任使者到过中国各地,他的报告大部分得自亲身见闻,当无疑问。这还可以从其他事例得到证明。

二、涿州:寺庙与东西驿道会合点

马可·波罗所述中国各地,绝大部分都是元代驿道所经之地,即置驿站

---

① A. C. Moule and Paul Pelliot(tr.), *Marco Polo:The Description of the World*, London, 1938, p.86.
② 《道园类稿》卷一九。

处(按元代驿传制度,使臣必须经由驿站行走,不得枉道)。可以说,他只是忠实地讲述自己到过的各地方情况。根据他叙述的顺序,很明显地看出他所行历的是两条驿道(不包括从西域来上都之路),即大都至云南的驿道和大都至泉州的驿道。偶尔讲到一些逸出所行驿道的地方,如南京(今开封)和襄阳,也可以明显看出是插叙文字,我以为马可·波罗本人并未到过这两个城市。伯希和根据元代驿道路线(见《析津志·天下站名》)来考证行记中的地名,可谓极有见识。

在讲述涿州一章中有这样一段:

> 从上述此桥(卢沟桥——引者)出发西行三十英里,⋯⋯抵达一美丽大城名为涿州。城中有许多偶像教徒僧侣的寺庙。⋯⋯离此城前行一英里,可以看到有两条路,一条西行,一条东南行。西行之路通过契丹之境,东南行之路通往大海方向至蛮子之境。①

统观马可·波罗对中国各个地方的描述,除一般的、往往雷同的内容(如居民是偶像教徒,赖工商为生,使用纸币等)外,都要讲到每个地方的特殊事物,这正是判断他是否身临其地的主要依据。海格尔认为马可·波罗的这些报道对忽必烈没有什么价值,起不到军事情报的作用(从而推测这些消息只是在大都听来的),这未免苛求于马可了。需知他并非所到每处都有特殊使命而较长时间停留,多数地方他只是乘驿车路过(按规定使臣在途中不得长期住驿停留),因此所能看到听到的只能是最突出、最有名的事物,何况书中所载仅是若干年后择要的追述,涉及的地方又极多,自然只能讲印象最深的事。关于涿州,他讲了两件特殊事物,一是寺庙,二是驿道分叉。元代许多城市都有寺庙,何以马可只在讲涿州和杭州(除上都、大都外)时提到?当是涿州寺庙必有其特点因而特别有名。我们知道,至元十二年(1275年),根据帝师八思巴的意见,在涿州建了一座辉煌的摩诃葛剌神庙。元人柳贯所撰《护国寺碑》记:

> 初太祖皇帝肇基龙朔,至于世祖皇帝⋯⋯卒成伐功,常隆事摩诃葛

① *The Description of the World*, p.256.

剌神,以其为国护赖,故又号大护神,列诸大祠,祷辄响应。而西域圣师大弟子胆巴亦以其法来国中,为上祈祠,因请立庙于都城之南涿州。①

藏文史料《汉藏史集》对此也有记载:

> 上师(八思巴——引者)遣尼泊尔人阿尼哥……在涿州地方兴建了一座神殿,内塑护法摩诃葛剌主从之像,由上师亲自为之开光。此依怙像之脸朝向南方蛮子地方。并令阿阇黎胆巴功嘉在此护法处修法。②

原来这座寺庙不仅是元朝皇帝的"大祠"之所,而且殿堂和神像都出自当时声名显赫的建筑、塑像大师阿尼哥之手,并有地位尊隆的胆巴国师(名功嘉葛剌思)在此住持,自然十分著名了。

按元代驿传设置,由大都以南各路、各省之诸驿道入京,分别在保定、河间汇为两条,再于涿州会合,至大都;反之(由大都赴各地)亦然。《经世大典·站赤》记录天历三年(1330年)江南行御史台的奏章中说:

> 行台看详,诸处站赤消乏,积非一日。况河间、保定,东西会于涿州,直至京师,至为辛苦。③

可知马可·波罗的记述十分准确。

三、京兆府:马可·波罗何时至其地?

伯希和书中的"京兆府"(Quengianfu)条是一篇相当长的考释文字,就此名来源作了详尽的研究,但对马可·波罗所述本城情况却一笔带过,未加深论。

马可·波罗在京兆府一章中,除介绍此城古昔为一富庶强盛之国都等等一般情况外,主要讲述了安西王忙哥剌及其在城外原野中建造的王宫。这座安西王宫的遗址业经考古学家勘查发掘,有不少重要发现,④方位、规模

---

① 《柳待制文集》卷九。
② 《汉藏史集》陈庆英汉译本,西藏人民出版社,1986年,第173页。译文中"巨州"应译为"涿州"。
③ 《永乐大典》卷一九四二一,叶一七b。
④ 马得志《西安元代安西王府勘查记》,《考古》1960年第5期。

与马可·波罗所述基本相符。但他的叙述中却有一处疑问值得提出来讨论。他说:

〔京兆府〕古昔为一富庶强盛之著名王国,先前有许多伟大英武之王。而现在,它的统治者和王是大汗之子忙哥剌,其父已将该王国授与他并立他为该国之王。①

忙哥剌是忽必烈第三子,至元九年(1272 年)封为安西王,以京兆为其分地,并统领秦、蜀、夏、陇之境。十年遣就国,置王相府取代行省管理其辖境军政事务,同时罢去陕蜀和中兴行省机构。忙哥剌死于至元十五年(1278年)十一月。马可·波罗说,"现在"京兆府的统治者是忙哥剌,那么,他到京兆的时间似应在至元十五年十一月之前。问题就出在这里。

根据马可·波罗的自述(见《寰宇记》第 16 章),出使云南是大汗派他执行的第一项使命。在此之前,他是在宫廷度过的,"学会了鞑靼人的风俗习惯以及他们的语言、文字和箭术",待他"已到成熟的年龄"(being already come to a good age),大汗才派他出使云南。在《寰宇记》的"哈剌章"一章中,他说:"〔大汗〕之子也先帖木儿被封为该地之王。"(另一处称也先帖木儿为大汗之孙)②按也先帖木儿为忽必烈第五子云南王忽哥赤(死于至元八年)之子,至元十七年(1280 年)十月袭封云南王。③据此知马可·波罗到达云南的时间应在十七年十月之后。他从大都到云南走了六个月,则其路经京兆的时间不应早于十七年之夏。没有证据表明在此之前他还有另一次京兆之行,他关于京兆府的报道无疑是他出使云南途中所得的见闻。但此时忙哥剌已死,其子阿难答已袭封安西王,为何还说忙哥剌是该地的统治者呢?

按《元名臣事略》卷一一《参政商文定公》引元明善撰《商挺墓碑》载,至元十年立安西王忙哥剌王相府,以商挺为王相,河以西政事悉以委之,"王薨(至元十五年冬),王妃使公(商挺)请嗣于天子,未允。明年,又入请,赐允,犹未遣也。其年王妃杀王相赵炳于六盘"。同书又引《商挺墓志》云:"至元

---

① *The Description of the World*, p.263.

② *The Description of the World*, pp.276-277, 286.

③ 《元史》卷一〇八《诸王表》;卷一六七《张立道传》。同书卷一一《世祖本纪》载:"〔至元十七年十月〕丙子,赐云南王忽哥赤印。""忽哥赤"应为"也先帖木儿"之误,当订正。

十五年冬,王薨,王子阿难答当嗣,王妃命公请于上。上曰:'齿弱,祖宗之训未习也。卿姑行王相府事以俟。'初运使郭琮、郎中令郭叔云与王相赵炳拘隙相攻,人或谓赵炳不法,王妃令囚之六盘狱以死。"据上引资料,阿难答虽于至元十六年嗣封安西王,但忽必烈以其年幼未令就国亲政,而命商挺领王相府,主持政事。此后就发生了前王忙哥剌妃擅杀另一王相赵炳事件。据《元史·赵炳传》,炳于至元十六年秋入朝,向忽必烈报告了关中政务及忙哥剌死后郭琮等窃弄威柄、恣为不法事,忽必烈命他回去审讯郭琮等人,但他一到就被郭琮假传嗣王阿难答旨捕入狱,于至元十七年三月被害于平凉狱中(《商挺墓碑》所记年代有误)。实际上,下令逮捕和杀害赵炳的并不是年幼的阿难答,而是其母前王妃。就是说,直到至元十七年三月,安西王实权仍操在忙哥剌妃手里。此时阿难答虽已袭封并到了六盘山斡耳朵,但还是一个不大懂事、未曾亲自掌权的孩子,故其名不显,而前王忙哥剌在京兆则多有建树,名声很大。这也许是马可·波罗经过京兆时只闻前王之名而不知有新王的原因。

四、吐蕃之地

从成都到云南的路程,马可·波罗记述道:

> 从这个城市(成都府)出发骑行五日,经过诸平原和美丽河谷,沿途可见许多村镇。……在上述五天的旅行后,即进入一个遭鞑靼兵祸严重破坏的大地区,名为吐蕃,因为蒙哥汗曾在战争中摧毁了它。这个地区有许多市镇和村庄,但都已破败荒废。……在乘骑通过这一地区的足足二十天行程中,除了每三程或四程或许能得到一些食物供应外,既看不到客栈也找不到粮食,人们必须带足全部必需品和二十天行程中供自己及其牲口所需之食物。……但在此二十天行程之末即可见很多村庄和市镇坐落在陡峭的山地上。[①]

这二十天行程的终点就是建都城(元罗罗斯宣慰司建昌路治,今四川西昌)。

---

① *The Description of the World*, pp.267-269.

在讲述了建都地区的风俗、物产等情况后,他接着说:

> 从建都城出发骑行整十天就到了此州边界,……到达一条名为不鲁思的大河,建都州境止于此。……渡过此河即进入哈剌章地。……离此河西行五日,……即到达首府城市鸭赤(即今昆明市——引者)。①

丁谦《马哥博罗游记补注改订》认为,他经过吐蕃之地的旅行路线是循着忽必烈进兵大理之路,出理塘、巴塘,渡金沙江,由丽江入云南。此说全不可取,沙海昂虽已正确指出《行纪》中的 Giandu 即建都,但也认为马可·波罗在吐蕃之地走了二十天,应是到达理塘。②按理塘地远在成都至西昌路之西,鸟道亦有近千里之遥,且其间有高山大河阻隔,路途艰难,从成都至西昌根本没有必要向西走这么长的艰难路程再折回;假定真是这么走,二十天时间也远远不够。如果马可·波罗确曾到达理塘,那他就不可能经由西昌入云南,而应在丽江地渡金沙江入云南了。而事实上,他渡过不鲁思河(即金沙江——应特指元代罗罗斯宣慰司即建都之地南境的一段金沙江③)后行五日就到了鸭赤(昆明),其渡河处当在黎溪附近(元代置有黎溪站,见《经世大典·站赤》)。可见到达理塘是完全不可能的。

我们知道,从成都至云南,自古就有一条经由西昌(汉代邛都—越巂郡)的捷路,大体和现在的大道一致,即经过雅安(古雅州)、汉源(古黎州境),渡大渡河,沿安宁河(古泸沽水)至西昌。忽必烈三路进兵大理的东路军大致就取此路。至元十九年(1282 年),四川行省奉旨设立四川(成都)至鸭赤的"纳怜小站",即供急使行走的驿道,遂命成都府同知李庭筠、雅州知州赵文贵考察道路和立站处所,于是设立了"黎雅站道",④与建都驿站相接以通鸭赤。⑤至元二十八年云南行省奏章中说的"中庆(路名,治昆明,即鸭赤——引者)经由罗罗斯,通接成都陆路,见立纳怜等二十四站"⑥,就是指这条驿道。

---

① *The Description of the World*,pp.276-277.
② 冯承钧译《马可波罗行纪》,第 446 页注 1。
③ 参看方国瑜《马可·波罗云南行纪笺证》,《西南边疆》1939 年第 4 期。
④ 《经世大典·站赤》,《永乐大典》卷一九四一七,叶一五一叶一六;卷一九四一八,叶一四 b。
⑤ 建都以南的驿站在至元九年平定其酋长建蒂之乱后当已设立。《经世大典叙录·招捕》载至元十五年建都南境定昌路总管谷纳叛,"夺驿马",可证。
⑥ 《经世大典·站赤》,《永乐大典》卷一九四一九,叶一 a。

马可·波罗于至元十七年出使云南时,建都以北的"黎雅站道"尚未设立,所以沿途无客舍(驿站)。他从成都至建都城走的一段路,未必和后来所立"黎雅站道"完全一样,但也是大致相近:或是经由雅州南下越大相岭(古邛崃山)、经黎川南渡大渡河入罗罗斯境,或是经由雅州、碉门(今天全)西行至大渡河,然后沿河南下入罗罗斯境。也就是说,他所行经的"吐蕃之地",只是元代吐蕃等路宣慰司所属最东面的碉门、鱼通、黎、雅等处宣抚司之境,以及建都城以北的罗罗斯宣慰司北境。

这个判断可以得到马可·波罗有关叙述的证明。第一,他从成都西行五日即入吐蕃境,应是雅州、碉门一带。雅州、碉门、黎州在宋本属成都府路,居民蕃、汉杂居,羌族很多,且自唐代就有不少吐蕃部落入居其地。①元初仍属成都路,至元二十年割属吐蕃招讨司。②第二,他说进入吐蕃界后,见到许多城镇村庄已遭蒙古军的战争破坏,并说是蒙哥汗进行的战争。沙海昂把此事完全归之于忽必烈经由吐蕃进兵大理时所为,不完全正确。早在元太宗时,塔海绀卜攻蜀,就分兵攻打了碉门。③元宪宗四年(1254年),蒙古军将太答儿又攻打了碉门、黎、雅等城;④八年,宪宗亲统大军攻蜀,十二月,出兵攻破雅州,此事载入本纪,可见是一次较大战事;万户昔力答等又率军略地碉门、黎、雅、吐蕃。⑤经过几次战火蹂躏,这个地区遭到很大破坏。至元二年(1265年),雅州、碉门宣抚使高保四言:"碉门旧有城邑,中统初为宋人所废,众依山为栅,去碉门半舍,欲复戍故城,便于守佃。"诏秦蜀行省相度形势,"城如可复,当助成之"⑥。可见碉门城已毁坏无余。其他城邑当亦有不同程度损坏。至元九年(1272年),建都酋长叛乱,忽必烈遣西平王奥鲁赤等统所部军合同四川行省也速带儿部下军前往镇压。《元史·速哥传》载:"〔至元〕九年,建都蛮叛,诏诸王奥鲁赤及也速带儿讨之。速哥将千人为先锋,破黎州水

---

① 《太平寰宇记》卷七七载雅州领归附吐蕃部落七,安置大渡河以东各地;其羁縻吐蕃部落则在大渡河西。黎州亦领有吐蕃部落。
② 《元史》卷六〇《地理志》。
③ 《元史》卷一五〇《李守贤传》。
④ 《元史》卷一二九《纽璘传》。
⑤ 《元史》卷一三二《探马赤传》。
⑥ 《元史》卷六《世祖本纪》;卷六〇《地理志》。

尾寨,攻连云关,克之。军至建都,……所过城邑皆下。十年,讨碉楼(碉门)诸蛮,袭破连环城,还败宋军于七盘山。"①据这则资料判断,建都之乱也波及到了黎、雅、碉门地区;同时,宋嘉定知府昝万寿乘也速带儿出征建都之机攻打成都,当有一支宋军向西进入碉门地区,并得到当地"诸蛮"的响应。这样,建都和碉门、黎、雅地区又遭受了一次战祸。马可·波罗经过其地时见到的满目疮痍景象,应该就是这些战争留下的创伤。第三,他特别详细地描述了所见到的当地特产——竹,形容这些竹杖竟有三掌粗、十至十五步长,每节长达三掌者,这可能有夸大之处。我们知道,雅州之南的邛崃山正是出产著名邛竹杖的地方。据《元和郡县志》载,邛崃山"山岩峭峻,出竹,高节、实中,堪为杖"。

（原载《中西文化交流先驱——马可·波罗》,商务印书馆,1995年,第36—47页;收入作者《蒙元史研究丛稿》,人民出版社,2005年,第529—539页。）

---

① 《元史》卷一三一。按七盘山在碉门东。

马可·波罗归途记事析疑

蔡美彪

举世闻名的马可·波罗（Marco Polo），在他口述的《游记》中，全面描述了在元代中国的经历与见闻，从而扩展了西方读者在东方的视野，产生了深远的影响。马可一家在中国十七年之久，但元代文献却未见他们的行踪。五十年前，业师杨志玖先生在《永乐大典·站赤》发现了至元二十七年江淮省平章沙不丁上书提及前往波斯阿鲁浑大王位下的三位使臣取道马八儿的记事，与马可·波罗所记他随同离华的三位波斯使者名氏相符，从而在中国文献中证实了马可·波罗离华的记事和具体年代，是马可·波罗研究的一项重大的突破。①自那时以来，法国伯希和（P. Pelliot）、英国波义尔（Boyle）、美国柯立夫（F. W. Cleaves）先后对马可·波罗离华事迹有所研讨，论说互有异同。有些学者因马可·波罗的记事尚有疑点，因而对其可靠性仍存疑问。我以为马可·波罗所记随同波斯三使臣离华的记事，有《站赤》为证，是可信的，但《游记》中有关归途记事不免掺入了不尽可信的内容，加以辗转抄录，现存诸版本详略互见，致使真伪杂糅，有待辨析。因就相关问题，略抒浅见，以就正于专家。

一、马可·波罗归途身份

关于马可·波罗离华归途的身份，由于《站赤》的文书不见他的名氏，因

---

① 杨志玖《关于马可·波罗离华的一段汉文记载》，《元史三论》，人民出版社，1985 年。（编者按：已收入本书。）

而在学者中引起了不同的推测。现将《站赤》引录《经世大典》有关文字重录于下：

> 〔至元二十七年八月〕十七日，尚书阿难答、都事别不花等奏：平章沙不丁上言：今年三月奉旨，遣兀鲁解、阿必失呵、火者取道马八儿，往阿鲁浑大王位下，同行一百六十人，内九十人已支分例，余七十人，闻是诸官所赠遗及买得者，乞不给分例口粮。奉旨，勿与之。①

沙不丁上书中遣往波斯阿鲁浑大王位下的三人即马可·波罗所记前来迎娶阔阔真公主的波斯三使臣，经杨志玖先生考订，已确然无疑。此公文的主旨，是在请示对随行的"诸官所赠遗及买得者"七十人的支给分例事，奉旨勿与。原意甚明，并不涉及他事。研究者或因为使臣中没有马可一家的名字而怀疑马可同行的记事不可信，或者认为虽无马可其名，但马可·波罗仍然可能是身居高位的使臣。两种推测截然不同，但其出发点都是基于马可·波罗是忽必烈派遣的官员。但这一出发点其实是不能成立的。

马可·波罗记事，有时不免自我炫耀，有所夸张，但关于离华的身份，他的口述还是较为谨慎和可信的。此段记事，在诸版本的《游记》中，文句或有出入，但基本情节，大致相同。大意是：马可一家自印度（大印度）回到中国后，已想返回本国，在大都与来迎阔阔真公主的波斯三使臣相遇。使臣们见马可一家是拉丁人并熟习海路情形，遂邀约他们同行，自海路返波斯，获得大汗的允准。《站赤》中沙不丁上言波斯三使臣"取道马八儿赴阿鲁浑大王位下"。马八儿（Mabar）即科罗曼德尔（Coromandel），在印度东南，②与马可一家经行的路线相合，可证马可·波罗的记事，并非虚构。《游记》中说马可一家临行前曾随同波斯使臣往见忽必烈汗，这也不是不可能的。但马可·波罗并没有说过忽必烈任命他为正式的使臣或其他官职。如有其事，不应不记。事实上，波斯三使臣只是奉阿鲁浑大王之命前往波斯。马可·波罗也从没有说他是元朝的官员而只是随从公主及波斯三使臣离华的同行人

---

① 《永乐大典》卷一九四一八，中华书局影印本第十八函，1960年。
② 参见冯承钧译《马可波罗行纪》上册第 17 章注 2 引马儿斯登本附注。耿昇等译，费琅编《阿拉伯波斯突厥人东方文献辑注》，第 222 页；雅章特《地名辞典》，注 3。

员。这在《游记》中本来是清楚的。

研究者之所以对马可·波罗归途的身份产生了怀疑和争议,主要是基于历来认为马可·波罗是元朝官员的成见,但现存文献并不能确证马可·波罗在华时期是元朝的命官,而种种现象表明他和他的父叔一家乃是在中国长期从事国内外商业贸易的色目商人或斡脱商人。我在《试论马可·波罗在中国》一文中曾对此有所论证,不再赘述。①如照此理解,有关疑问,并不难得到解答。元朝与西域南海诸国的聘使往来,往往有中国或外国商人随同聘使的航船往来贸易,一些使臣甚至也伙同经商,因缘取利。这在元代,乃是常见的事实。因而,原籍威尼斯的马可一家,作为在中国经商十七年之久的色目商人,随同波斯使臣同行出海,完全合乎当时习见的惯例,不足为异。波斯使臣之所以邀约熟习海路的马可一家同行,也正由于此类事件所在多有,习以为常,因而较为顺利地获得元朝的允准。《站赤》中的公文说到同行一百六十人中九十人已支分例。这是依据元朝制度由驿站供应使臣一行人的支应。这九十人中,应包括马可·波罗曾提到的阔阔真公主的侍从和波斯使臣的随从,也可有相当数量的获准随行的商人或斡脱。马可一家作为同行斡脱,当在这九十人之中,似无可疑。至于其余七十人,公文说是"闻是诸官所赠遗及买得者,乞不给分例口粮"。所谓"赠遗"及"买得"当指奴仆或驱口,称为"闻是",不免闪烁其词,未能确指。这七十人当包括同行人员的仆从以及搭船出海的私人商贩和其他人员。他们并不具有使臣一行"同行"人员的资格,所以不给分例。玉尔(H. Yule)在《马可·波罗游记》"导言"中,曾收录威尼斯档案文献保存的马可·波罗遗嘱,内记马可回来后,有蒙古族仆从同居故里。②马可一家在中国经商致富回国时已是百万富翁,携带一批在中国"买得"或"赠遗"的仆从同行,是完全合乎情理的。这批人作为同行人员的仆从,当包括在不给分例的"余七十人"之内。

据上分析,我以为《站赤》所收沙不丁上书中只有波斯三使臣的名氏而

① 《试论马可·波罗在中国》,《中国社会科学》1992年第2期。(编者按:已收入本书。)
② 亨利·玉尔《马哥孛罗游记导言》,张星烺译,第229页。

不见马可·波罗的名字，是因为马可·波罗本来并不是使臣或元廷派遣的官员，而是获准同行的斡脱商人。马可·波罗及其父叔，当包括在沙不丁所说支取分例的"内九十人"之中。综考元朝当时制度和有关文献，这样理解，可能较为接近于事实。

这里，还需讨论一下马可·波罗离华时是否被授予牌子的问题。通行中译本即冯承钧译沙海昂（Charignon）注释的颇节（Pauthier）本，对此事的记述是："大汗见他们弟兄二人同马可阁下将行，乃召此三人前来，赐以金牌两面，许其驰驿，受沿途供应。"①其他诸版本所记大致相同，只是有的版本说是一面，有的只说是牌子，而未提"金牌"。②描述文字都着重于沿途驿站供应饮食需用。看来，这种牌子应是指元朝的差使牌或驰驿牌，即所谓"驰驿圆符"，作用在于持此经行驿站，沿途供给支应。我以为此牌应是授予波斯使臣一行，而不是授予马可一家，理由如下。

（一）元制，使臣奉旨出使，例须持有牌符，经行驿站。波斯使臣奉旨返国，持有大汗授予的牌子，应无疑问。使臣持牌经行驿站，不只使臣本人，也包括使臣的随行人员，都可供给支应。不需随行人员各执一牌。《站赤》所载沙不丁公文显然是依据驿站的呈报，旨在区别同行人员的身份和待遇，也可证明同行人员并未持有牌符，而是作为使臣一行人依不同身份区别对待。马可一家既然获准随同波斯使臣同行，自可经行驿站给与分例，没有必要另行授予牌子。

（二）马可·波罗随同波斯使臣到达伊利汗国时，阿鲁浑已死。马可一家由国主乞合都授予牌子经由驿站出境回国。《游记》中有关此事的记事，下文再作讨论。马可一家在波斯被授予牌子，驰驿回国，却正可证明他们并不曾持有大汗的牌子。

《马可·波罗游记》的记事，往往把他本人的事与相关人员的事混杂记录，把亲历与见闻混为一谈，所记授予牌子事，如果不是马可·波罗有意炫耀，便是由于记录者鲁思蒂谦诺（Rusticiano）的失误或渲染。

① 冯承钧译沙海昂注本《马可波罗行纪》上册，第40页。
② 牟里（A. C. Moule）、伯希和（P. Pelliot）校译本《马可·波罗寰宇记》（*Marco Polo：The Description of the World*），第90页。

二、关于阔阔真公主和"蛮子国王的女儿"

马可一家随同波斯使臣经由小爪哇(苏门答剌)过印度洋抵波斯。沿途记事甚为简略,其中涉及蒙古阔阔真公主和所谓"蛮子国王女儿"事,曾在研究者中引起异议。冯译沙海昂注本第一卷第十八章注四云:

> 地理学会所刊行之 1824 年法文本,即世人视为马可·波罗书之最古本,在此外有文一段,后来删除。删者应是马可·波罗本人,盖其文过于誉扬自己,其中涉及蛮子国王(南宋)公主之事。其文如下:尚有别事足为此三使者荣者。因为玛窦阁下、尼古剌阁下、马可阁下三人地位很高,所以,大汗将王妃阔阔真同蛮子国王的女儿一并托付他们,送到东鞑靼君主阿鲁浑所。由是他们携带不少随从,耗去不少费用,从海上送往。此二贵女年幼而美,对于此护送的三使者视同父亲一样。送到以后,阔阔真遂为现在君临此国(波斯)的合赞之妃。酬报他们无所不至。三使者别时,阔阔真恋恋不舍,致为流涕。(地理学会本 5 页及 16 页)①

此处所谓"后来删除",当指源出地理学会的版本。在其他系统的版本中,这段文字仍然保存。牟里与伯希和的校译本参校诸本刊入。②沙海昂注以为马可·波罗本人因"过于誉扬自己"而自行删略,系出推测,并无根据。马可《游记》中确有不少有意誉扬之处,但此段文字却未必出于虚构,而可能是反映出若干事实。

所谓"过于誉扬自己",主要是指马可一家与阔阔真公主的关系。有关文字,各本略有出入。牟里、伯希和注译本称:"大汗将阔阔真皇后(queen)和蛮子国王的女儿(daughter)托付给马可及其父叔三人,这两位妇女得到了他们的照料(in the care of)并加以保护(saved and protected),如同己女。两位年轻的妇女也对他们敬之如父。"③这并不是不可能的。马可·波罗因

---

① 冯译本,第 42 页注 4。
② 牟里、伯希和校本,第 92 页。
③ 同上书,第 92 页。

具有海路航行经验而获准同行,他较波斯使臣更为熟悉海路生活需要。长期旅居中国,也较波斯使臣更为了解元朝贵族的风习,无论是否受到大汗的委托,作为随行的富商,对阔阔真公主沿途照料自是人情之常并将引为荣幸。马可·波罗本人虽然不精通蒙语,但据他的遗嘱可知,他回国时曾有蒙族的仆人随行,照料公主并无窒碍。马可及其父叔既不是元朝的官员而是同行的外国客商,年仅十七岁的阔阔真得到他们的照料,尊重他们,视如父辈长者,也颇合乎情理。所以,马可一家如是以富商身份同行,这段记事,可能还是符合实际的。

引起疑问的另一个问题,是马可《游记》中与阔阔真并提的蛮子国王的公主或女儿,前录沙海昂注似以为其事并不可信,是被删除的原因之一。玉尔(H.Yule)注本在一个注中说,在合赞汗诸妃中并未发现此人,但他判断此人"无疑是宋朝的俘掳公主(captive princesses)中的一员"[1]。这当是出于误会。玉尔英译本及牟里、伯希和合校的英译本此人均作"the daughter of the King of Manzi"。意大利佛罗伦萨本即 T. V 本原作"figliuola de Re de Manzi"。意大利语 figliuola 原有女儿(daughter)和女孩(girl)两种含义。我以为,这里应是 girl,而不是 daughter。张星烺译源出拉丁文 Z 写本的拜内戴拖(Benedetto)本(据英译意大利文本重译),作"蛮子国王的女孩",是较为准确的译法。蛮子国王的女孩或姑娘,并不是南宋公主,而应是元人文献习见的"亡宋宫女"。元朝灭宋后曾俘获大批南宋宫女北上,其后陆续赐给诸王公主,以为仆役,并且也曾赏赐给波斯使臣。《站赤三》引录《经世大典》至元二十四年四月二十五日"尚书省定拟廪给司久馆使臣分例",便记录了这样的事例,并且还保留了亡宋宫女的姓名。内记:

> 廪给司支八起。……一、阿鲁浑大王(位)下使臣寄住马,奉圣旨赐亡宋宫女朱氤氤等三人及从者一名。[2]

这条记录在迎娶阔阔真的波斯三使臣离华的三年之前。被赐予亡宋宫女的这位使臣恰巧也是来自波斯阿鲁浑大王位下。既然亡宋宫女可以作为奴仆

[1]　亨利·玉尔,*The Book of Ser Marco Polo*,第 18 章注 8。
[2]　《永乐大典》卷一九四一八。

赐予波斯使臣远行,远嫁波斯的阔阔真公主有亡宋宫女侍从,也就没有什么奇怪了。阔阔真随带的侍女当不止一人,此女应是公主身边的近侍,奉役左右,所以,马可将她们并提。牟里、希伯和校本注引 TA 本还留有此女的名氏。TA1 本作 Cociese,TA3 本作 Chaciesi。①伯希和在《马可·波罗游记注释》的"阔阔真"条却认为:"这个名字好像就是阔阔真的误重。"②可是 TA 两本著录此名都明确说是蛮子国王的姑娘,不应该是公主名氏的重出而又误植,而显然是这位姑娘汉名的音写。前引《站赤》留下朱氃氃之名,这位随侍宫女有姓名可记,也不足为异。可惜她的原名已无从查考,我把 TA 本的音写暂且还原为"华偕喜"。她和朱氃氃等人都不是什么重要人物,但由此可知,早在元代,已陆续有江南的汉族妇女移居波斯,在中国波斯的关系史上留下了一则轶事。③

三、马可·波罗在波斯

杨志玖先生与伯希和均考订马可·波罗离华的时间是在 1291 年,有《站赤》所录公文为证,可以无疑。马可自记他返回故乡的时间是 1295 年。旅途约有不足四年的时间。关于马可·波罗在此期间的经历也有一些值得探讨的问题。

马可自泉州乘船离华,自记经三个月到达苏门答剌(小爪哇)。在此当有一段时间停留,以待季候风启程。他自记又经十八个月穿越印度洋到达波斯湾。玉尔以为其时当在 1293 年 11 月,自忽里模子(Hormuz)登陆。一二个月以后至合赞营帐。伯希和在《马可·波罗游记注释》"阔阔真"条注释中认为这一推测为时过晚,他据《多桑蒙古史》与哈摸《伊儿汗史》关于合赞与阔阔真完婚的记事,认为合赞完婚不应晚于 1293 年 7 月至 8 月间,"在

---

① 牟里、伯希和校本,第 92 页注 3。
② 伯希和《马可·波罗注释》(*Notes on Marco Polo*),巴黎,1959 年,第 394 页。
③ 拉施持《史集》第三卷《合赞汗传》记合赞汗幼时"被托付给同忽勒塔里哈敦一起来的,中国伊升之妻,名叫莫合勒臣的性情温和的乳母。她是个容貌美丽、品德可嘉的妇女,与其他亲王的乳母相似"(余大钧译本,第 235 页)。可见蒙古公主出嫁波斯,每有汉人侍女随行。但此乳母之汉名及籍贯均不可知。朱氃氃与华偕喜则是有姓名可记的南宋宫女。

此之前波罗一家先携公主至乞合都所,乞合都又令其送诣合赞"①。

这里存在两个值得探讨的问题。一是马可一家会见乞合都的时间和地点。第二,他们是否奉乞合都之命往见合赞。

伊利汗国的阿鲁浑死于 1291 年 3 月 10 日,其弟乞合都继登王位。阔阔真公主到达后,遂赐予阿鲁浑长子、呼罗珊都督合赞。伯希和所据多桑与哈摸关于合赞完婚的记事,系源出拉拖特《史集》第三卷。波义尔与柯立夫曾先后据波斯文《史集》将此段记事译出讨论。《史集》第三卷近年由余大钧据俄译本译为中文出版。关于 1293 年夏秋间乞合都的行踪和合赞的活动,书中有较详的记录。今据中译本将有关记事摘录于下以供探讨。

《乞合都传》:

〔1293 年 5 月 21 日〕乞合都来到帖必力思。

〔6 月 18 日〕从篾剌合前往昔牙里黑苦黑。

〔7 月末至 8 月初(回历八月末)〕驻留于 ASKMR。

〔8 月 16 日〕前往兀章。

〔8 月 23 日〕前往哈失忒鲁忒,然后到篾剌合,进向阿儿答,在那里驻冬。

《合赞汗传》:

〔1293 年〕年初。同异密们进行商议,〔合赞汗〕毅然决定去一次阿塞尔拜疆。

异密忽都鲁沙伴送他们至塔米舍。……王旗从塔米舍启程。他们经过沙里迪思进向非鲁思苦黑,在迭马儿忒驻留了几天。……他就向帖必力思进发了。在阿八哈耳地区,〔牙黑迷失〕回来禀报道:"乞合都说,合赞有何必要〔亲自〕来此呢? 他应该回到忽罗珊去……"

当合赞安抵帖必力思时,他在那里停留了几天。急使们从乞合都

① 伯希和《马可·波罗注释》,第 393 页,参见杨志玖《关于马可·波罗的研究》,《元史三论》,第 99—101 页(编者按:已收入本书);黄时鉴《关于马可·波罗的三个年代问题》,《马可波罗介绍的研究》,第 291—293 页(编者按:已收入本书)。

处接二连三地来到,让合赞回去。……

在一个良好的时辰,他从帖必力思出发,驻扎在玉咱合赤。他娶了……阿失里哈敦,举行了婚礼。……一个月后,王旗向忽罗珊进发,在阿八哈耳城中,遇到了火者及一群使者,他们曾奉阿鲁浑汗之命,前往合汗处,请求赐大不鲁罕〔哈敦〕亲族〔中的一个姑娘〕,以承袭其位。他们带来了阔阔真哈敦及其他为帝王们所重视的中国南北方〔所产〕的珍稀物。合赞汗在那里停驻下来,与阔阔真哈敦结婚。婚礼结束后,他从那些珍稀物中取出一只虎及另一些物品送去献给乞合都。〔此后〕便启程前往迭马云忒。①

分析一下上引《史集》两传的有关记事,可以得到以下几点认识。(一)合赞自 1293 年初经行各地,向帖必力思进发到达阿八哈耳时,当已在春夏之交,乞合都拒绝他到帖必力思来见,当在乞合都离开帖必力思之前,即 6 月 18 日前数日。(二)合赞不听劝阻,到达帖必力思,急使从乞合都处来拒,令其返回,当在 6 月 18 日之后,乞合都驻在昔牙黑苦黑之时。(三)合赞自帖必力思返回途中,曾在玉咱合赤停留,与阿失里举行婚礼,又一个月之后,才在阿八哈耳迎娶阔阔真。其时当已在 7 月末,即回历八月末之前。据以上三点,可以判断,马可·波罗随从使臣火者及阔阔真到达乞合都处的时间应在 7 月下旬,地点不是帖必力思而是昔牙黑苦黑。

波斯汗遵蒙古纳钵旧俗,驻夏于昔牙黑苦黑,驻冬于阿尔兰。昔牙黑苦黑是夏宫所在地,驻有护军,乞合都此年在这里驻留四十余日,使臣火者送阔阔真到此来见,是完全合理的。

另一个有争议的问题是:合赞在阿八哈耳接见的以火者为首的使者中,是否有马可一家在内。或者说,马可·波罗是否曾随同阔阔真往见合赞。伯希和的意见是肯定的。他认为:"波罗一家三人先携公主至乞合都所,乞合都又令其送诣合赞","马可·波罗就是使团成员,虽然不会是领导人"。波义尔更确定地认为这个使团就是马可·波罗一家。柯立夫教授持相反的意见,认为"火者及其使团是阿鲁浑遣往中国去的,因此不可能有波罗一

_____

① 拉拖特《史集》第三卷,余大钧译,商务印书馆,1986 年,第 225—226、260—262 页。

家"。杨志玖先生对此基本上表示赞同。①

此段记事在《马可·波罗游记》的不同版本中原有不同的记述。明确记载马可往见合赞又返回乞合都处,见于剌木学(Ramusio)本。伯希和校译本此句系据14世纪的VA本及16世纪的R本两个意大利文本补入。颇节(Pauthier)刊印的法文本即冯译沙海昂注本作:"他们见君临其国者是乞合都,乃以护送之妃付之,并完成他们的一切使命。他们弟兄二人同马可既将大汗护送此妃的使命执行,于是告别,重复首途。"玉尔校译本也采此说,文字大致相同。马可·波罗一家至乞合都处便与阔阔真告别的记述,可能较为符合实际。因为:(一)据前引《史集》的记事,波斯使臣火者护送阔阔真至阿八哈耳,合赞和她举行婚礼并分赠陪嫁的礼物由火者等献给乞合都。倘若马可·波罗参与其事,自是足以炫耀的重大见闻,但在《游记》中却全无记录。(二)据前文的分析,马可·波罗一家乃是作为熟习海路的商人,应邀同行,而并非元朝的官员或使臣,到达波斯即已完成任务。乞合都将阔阔真送与合赞乃是伊利汗国的国内事务,由使臣火者护送自是正理,没有必要再授命陌生的意大利商人扈从。如果消除误认马可·波罗为官员的成见,还他以同行商人的身份,那么至乞合都处即行告辞的记录,是较为可信的。

《游记》中记述马可告辞时,曾被授予牌子驰驿返里。但在不同版本中记事也不相同。冯译颇节本称:"他们临行前,阔阔真赐以金牌四面,两面是鹰牌,一面是虎牌,一面是净面牌。"伯希和校译本不采此说,而是依据源于14世纪的F.B本说是乞合都给予他们四面金牌:两面鹰牌,一面狮子牌,另一面是平牌(张译本同)。元朝诸王公主可以自行授牌遣使,但阔阔真出嫁波斯,不可能在途中自行颁发汗廷的牌子。赐予马可·波罗的牌子,是在伊利汗国境内行用,由乞合都发给,才合于制度,也较为合理。马可的《游记》对乞合都本人并无描述,他是否见过乞合都,也颇可怀疑。但通过阔阔真公主或使臣火者获得汗国的牌子,以便驰驿返里,是完全可能的。

---

① 柯立夫(F. W. Cleaves),"A Chinese Source Bearing on Marco Polo's Departure from China and a Persian Source on His Arrival in Persia",载《哈佛亚洲学报》1976年第36卷;杨志玖《关于马可·波罗的研究》,《元史三论》,第97—104页(编者按:已收入本书)。

诸版本《游记》都说马可·波罗一家被授予四面三种金牌，这是绝对不可能的。元朝牌子的授予，自有定制。伊利汗国的牌符制度与元朝基本上相同。《史集》合赞汗传记合赞汗在位时曾对牌子制度有所改革，废除旧牌，另铸新牌，但仍然分为三类，与元制相同。马可·波罗到达波斯时，伊利汗国所实行的仍是同于元朝的旧制，绝不可能把性质不同、作用不同的三种牌子同时授予一家或一人。

马可书中记四面金牌中有两面是鹰牌。所谓鹰牌即元朝的海东青牌，只付与传递军事急务的使者，牌上铸造海东青鹰形，以象征快速。这种鹰牌在至元七年（1270年）闰十一月以后，即已停罢，牌面不再铸造海东青鹰而改为铸造蒙古文字。[①]马可·波罗到达乞合都处已是1293年，而且他只是经由波斯返回故里的过境商客而并非军情急递使者，授予鹰牌，是不可能的。

马可提到的一面狮子金牌，系沿用波斯语，即元朝的虎头金牌。这种金牌系授予高级军官佩带，以象征荣誉与权力。《元史·兵志》记："万户佩金虎符，符跌为伏虎形，首为明珠。"马可书中讲到忽必烈奖赏军官事，也说："万人的领袖，有一个金牌，牌上雕狮头。"这是符合元朝制度的。伊利汗国的制度在合赞汗改革后，也还是把虎头金牌授予算端、提督等贵族官员。马可·波罗一家既不是元朝的万户军官，也不是伊利汗国的算端，被授予虎头金牌，是绝不可能的。

仅有的可能是马可书中提到的一面平牌。这是一种驰驿牌符。持有此牌即可通行各驿站，并由驿站供应食宿。伊利汗国的驿站（yam）制度与元朝制度大致相同。马可自称他在波斯途中获得各驿站的良好供应，也可证他所持有的是这种驰驿牌符。

据上辨析，马可所说鹰牌、狮牌和平牌，乃是元朝牌子制度的分类介绍，他在伊利汗国所获得的只能是一面驰驿平牌。书中的记述，如果不是马可·波罗本人故意虚夸，便是记录者把两者混为一谈了。

马可·波罗一家持有伊利汗国的驰驿平牌自可通行汗国各地。他自记

---

① 《元典章》卷二九"改换海青牌面"条。

在乞合都处停留九个月之久。如果他们是在1293年7月末到达昔牙黑苦黑夏宫,不久之后,乞合都就已离此他往。他们在这里当然不会是从事政治性的活动,而只能是经商货贩。九个月之后已是1294年的春夏之交。他们离此北上,经由驿路到达汗国北境的特烈比宗德(Trebizonde)候船出海,经黑海至君士坦丁堡登陆,返回威尼斯故里。据此行程,与他们在1295年初返回的记述是可以符合的。

四、马可奉使英法辨伪

马可书中记述他离开中国时还曾说到并奉忽必烈之命奉使英法等国。冯译颇节本说"〔大汗〕并付以信札,命彼等转致教皇、法兰西国王、英吉利国王、西班牙国王及其他基督教之国王";张译Z本作"他(大汗)委任他们去送信给教皇,法兰西国王、西班牙国王同奉基督教诸国别的王公",不包括英国。玉尔合注本只说是委托他们传送信息或消息(messages)而没有明确说是信札(letters),只说英、法、西诸国不包括教皇,并注明英国系出颇节本,不详所据。伯希和校译本作"他(大汗)委托(entrusts)他们奉使于(with an embassy to)教皇、英、法、西及其他基督教国王"。不采送信,只说奉使。诸家校订虽有不同,但对奉使事之有无,多置而不论。如果奉使之事属实,则是元代中国与西方关系史上的一大事件,马可·波罗的身份也就不是同行商人而是忽必烈授命的使臣。但是,稍加分析,便不难看出,此事当属虚构,并不可信据。因为:(一)忽必烈在位时期,1275年曾有基督教修士列班·扫马(Raban Sauma)与马古思(Markos)奉旨西行,去耶路撒冷,遂留居伊利汗国。此后,并无遣使西行的记录。当时的形势是,罗马教廷力图与蒙古汗国加强联系,但中国史籍全无大汗主动遣使或致信的迹象。(二)定宗贵由致罗马教廷信件,贵由与宪宗蒙哥致英、法国王的信件,均得保存至今。但罗马教廷及英、法两国档案库中都不曾发现忽必烈的信件。西方文献和波斯史籍中也不见有关记录。(三)马可书中只是在说到离开中国时提及此事,此后叙及由波斯返里时,并没有说他曾去罗马教廷和英、法、西等国传送书信。所以,此事只是虚设一笔,并无着落。中外文献中既无有关记录或实物,马可书中也不见具体行程,使人难以置信,只能认为这是他率意而谈,并非实事。

为什么马可·波罗凭空作此虚构?考察一下当时教廷与蒙古汗国的关系,似可从中找到解释。13 世纪 80 年代末叶,伊利汗国曾企图与罗马教廷及欧洲诸国联络,攻取耶路撒冷等地。1287 年扫马为首的使团曾奉阿鲁浑汗之命经罗马去巴黎,向法王菲力普四世(Philip Ⅳ)送交阿鲁浑汗的信件,又往见英王爱德华一世(Edward Ⅰ)。1288 年再次去罗马,受到新任教皇尼古拉四世(Nicholas Ⅳ)的接待。1289 年伊利汗国的使臣又经由罗马于 9 月末到达巴黎,向法王传送阿鲁浑的复信,并持教皇的引介信送达英王。[①]阿鲁浑汗的信件以蒙古畏兀字书写,有汉字“辅国安民之宝”的御玺。书信开头依惯例称“长生天气力里,皇帝(合罕)福荫里”。此信一直保存在法国国家档案馆,有影印本传世。[②]在马可·波罗离华前一年有余,确有蒙古汗致书英法国王及遣使教廷之事。不过,这是伊利汗国阿鲁浑汗而不是忽必烈汗,奉使者不是马可·波罗而是列班·扫马等波斯使臣。马可·波罗当时尚在中国,如果得知此事,当是停留波斯时得自传闻。意大利人当也有所传闻而不知其详。马可·波罗在狱中口述此事,把阿鲁浑汗说成是忽必烈汗,又将奉使送信之事冒为己功,以炫耀于族人。审度当时情势,这应是合理的解释。马可·波罗书中往往有言之不确的传闻,又将传闻之事说成是自己的经历。所谓奉使教廷及英法诸国应是一个典型的事例。

结　语

依据以上的辨析,关于马可·波罗一家离华返里的记事,似可清理出一个大致的轮廓。至元二十七年(1290)夏历三月,伊利汗国的使臣兀鲁䚟、阿必失呵、火者奉圣旨牌符扈从阔阔真公主,取道马八儿返国。马可·波罗一家作为熟习海路的斡脱商人获准同行。夏历八月间到达江淮行省。年末,自泉州乘船启程。时在西历 1290 年末至 1291 年初。

---

① 巴兹(E. A. W. Budge)《忽必烈汗的僧侣》,伦敦,1928 年;牟里(A. C. Moule)《1550 年以前的中国基督徒》,伦敦,1930 年;伯希和(P. Pelliot)《蒙古与教廷》,冯承钧译本,1994 年。

② 牟里《1550 年以前的中国基督徒》,第 118 页注 3;波纳帕特(Roland Bonaparte)《蒙古时代文献》(*Documents de l'epoque Mongole*),1895 年。

1291 年春,随阔阔真公主一行航行三个月至苏门答剌,冬季启航,穿越印度洋,航行十八个月到达波斯忽里模子登陆。1293 年西历 7 月末,即回历八月下旬到达伊利汗国的夏宫昔牙黑苦黑乞合都驻所。

波斯使臣兀鲁觩、阿必失呵在途中病死,使臣火者护送阔阔真至乞合都处。阔阔真侍女、亡宋宫女华偕喜随同到达。马可·波罗一家沿途对阔阔真多有照料,到达乞合都夏宫后即行辞别,获得伊利汗国的驰驿符牌,在汗国境内经商。在夏宫一带历九个月。1294 年夏驰驿北上,在特烈比宗德启航,经黑海至君士坦丁堡登陆。1295 年初返回威尼斯故里,此后,并没有奉使教廷及英法等国之事。综考马可·波罗的口述与中外文献有关记事,上述的行程,或与事实相去不远。

《马可·波罗游记》是马可·波罗返回故里后数月,因参加威尼斯对热那亚的战争,被俘入狱,在狱中口述在东方的见闻,由同狱的文人鲁思梯谦诺笔录整理,在 1298 年完成。14 世纪初已有写本流传,辗转抄录。19 世纪时有多种刊本传世,受到学者的重视。《游记》又有《行纪》《东方见闻录》《寰宇记》《马可·波罗书》或《东方商业指南》等多种称谓。但它不同于学者的谨严的著述,也不同于旅行家随时随地的记录,而是多年之后在狱中抚今思昔,断续攀谈。据说他在狱中曾向他父亲索取在东方时的日记作参考,但基本上还是往事的追忆。《游记》在这样特殊的背景下成书,书中的记事也不免存在一些不无遗憾的缺欠。(一)马可·波罗一家长期在中国各地和南海诸国往来贸易。他既不是元朝的官员又不精通蒙语和汉语,书中所记政治史事和有关制度多是得自传闻,又凭记忆转述,虽是言之有据却往往不尽合于事实,乃至传闻失误。(二)马可·波罗书中往往把传闻之事与他本人经历之事混为一谈以至真伪混杂,是非莫辨。有时有意自炫,夸示己功,更增加了虚夸不实的成分。(三)记录马可口述见闻的鲁思梯谦诺,对于蒙元制度和史事全无了解,往往混淆误记,文字上的渲染更加重了马可的虚夸。此外,诸版本传抄刊刻,内容互有异同,也不免掺入后人的窜改。由于以上原因,《马可·波罗游记》的记事,既不能简单视之为可据的信史,也不能斥之为全无根据的虚构,而是需要仔细地鉴别去取,以期接近于事实。

19 世纪以来,关于《马可·波罗游记》的研究,已进入学术领域。各国学者在版本校勘、翻译、注释等方面做了大量的学术工作,取得显著的成绩,但对《游记》记事真伪的辨析,则颇嫌不足,以致至今仍不断有人对它的真实性提出疑问。近年来,中外学者对蒙元史的研究日益深入。依据对蒙元史事、制度的研究与理解,对马可·波罗的记事加以分析鉴别,去伪存真,应是研究者所当致力的课题。

(原载《元史论丛》第 6 辑,1997 年,第 24—34 页;收入作者《辽金元史考索》,中华书局,2012 年,第 353—368 页。)

元代旅华的西方人

——兼答马可·波罗到过中国吗?

周良霄

近些年,外国同行中颇有人提出"马可·波罗到过中国吗"的疑问,国内外的学者也纷纷作出辩驳。[①]应该说,这原是一个在不同程度上长期存在争论的问题;也是一个如果再没有新的原始资料发现,恐怕是两造之间都很难提出确证,可以让对方完全信服的问题。原因很简单,无论是怀疑者还是肯定者都只能根据其《马可·波罗行纪》所记述的材料立论。而《行纪》一书的确有很多破绽漏洞,个别地方甚至可以肯定有冒伪之处,足以启人产生他是不是真曾亲历中国的怀疑。因此,问题看来远谈不上解决。我是同意马可·波罗曾来过中国的。我想,如果进一步弄清楚元朝时期西方人旅华的大环境,或者可以有助我们解释某些怀疑论者看来无法理解的问题。

一

在元代,由西方东迁,旅居在中国的西方人数目是相当多的,远远超过前此的任何时代。他们中有哈剌鲁人、怯失迷儿人、突厥蛮人、伊朗人、阿剌伯人、康里人、钦察人,阿速人(阿兰人)、阿美尼亚人、翰罗思人、犹太人,乃至东欧、西欧、北非人等等。元朝一般把西方所有信仰伊斯兰教的民族都称

---

① 1995年,英国不列颠图书馆中国部主任弗兰西斯·伍德发表了《马可·波罗到过中国吗?》一书,"集前此怀疑和否定马可·波罗到过中国论者之大成"(杨志玖语)。志玖先生曾撰文力予反驳。有关这个问题的讨论情况,杨先生的近著《马可·波罗在中国》(南开大学出版社,1999年)可供参考。

为"回回"。对犹太人称"术忽回回",钦察人称"绿睛回回"。对他们总称则为"色目人",义为各色名目人。我们很难举出这些东来旅华的西方人的确切数目,不过,从一些零碎的记载便可窥见一斑。

据《至顺镇江志》记载:元末镇江全境侨寓人口共 3 845 户,口 10 555,其中回回户 59,口 374,驱奴 310;也里可温户 23,口 106,驱奴 109。①"也里可温"是元时对基督教徒的称呼,曾任镇江府副达鲁花赤的薛里吉思,先后在镇江府境建立了教堂 6 所。

据王恽的报告,元初中都路的回回总户数 2 953,"于内多系富商大贾、势要兼并之家"②。1318 年,刺桐(泉州)罗马天主教之主教彼烈格林(Peregrine)在给罗马教廷的报告中说:在大都,"有一种称为阿兰人(Alans)的善良基督教徒,他们中的三万人受大国王的供养。这些人和他们的家属来投约翰(John)兄弟。他为他们宣道并鼓舞他们"③。这里的约翰,便是 1293—1328 年间担任天主教大都主教的孟德·科儿维诺(John of Monte Corvino)。他在大都建有 2 所教堂(后又增为 3 所)。1305 年他在给教廷的报告中说,他在大都共施洗礼了 6 000 人。

稍后于马可·波罗来中国旅行的另一个意大利人奥多里克(Odoric of Friuli)在描述行在 Cansay(杭州)时曾说:当时元政府对行在城的户口管理方法为"十或十二家合为一火(fire),纳一火之税。城中现有火为 85 土蛮(Tumans),外加伊斯兰教徒 4 土蛮,共为 89 土蛮。一土蛮相当于一万火。此外尚有基督教徒、商人及其他人之经行者"④。tuman 蒙古语义为"万"。奥多里克关于杭州户籍制度的记载,我们很难用当时城市中所实行的坊巷制度比证疏通。我们在这里引证它,只是在于说明,元朝时期杭州城中回回人数之众无可怀疑。

这些人来华的渠道,除了传统的经商、旅行之外,更主要的是通过降附

---

① 《至顺镇江志》卷三《户口》。

② 《秋涧先生大全文集》卷八八《为在都回回户不纳差税事状》。

③ 玉耳(Yule)《东域记程录丛》(*Cathay and the Way Thither*)第 3 册;道生(Dawson)《出使蒙古记》(*The Mongol Mission*)。

④ 《东域记程录丛》第 2 册。

和俘虏。这是和蒙古的三次大西征直接联系的。

有关降附的记载,《元史》卷一二三《阿儿思兰传》,卷一二五《赛典赤赡思丁传》《铁哥传》,卷一二八《土土哈传》,卷一三二《杭忽思传》《玉哇失传》,卷一三三《也罕的斤传》《也速䚟儿传》,卷一三四《和尚传》《斡罗思传》,卷一三五《塔里赤传》《失剌拔都儿传》,卷一三七《察罕传》《曲枢传》,等等,都有明白的叙述。①这些人率同他的国人、家口、部族、驱奴,随从蒙古军转战四方,立下了很大的战功,迨至东迁中土,都成了高级军将。《元史》卷九八《兵志一》载,按照元朝的制度,领军的万户、千户,"无大小,皆世其官,独以罪去者则否"。军士则"尝为军者,定入尺籍伍符,不可更易"。"内则枢密院各卫,皆随营地立屯,军食悉仰足焉。外则行省州郡,亦以便利置屯。"军士外出征戍,由万、千户统领;"家在乡里曰奥鲁,州县长官结衔兼奥鲁官以莅之"。②军户的居处、管理、服役诸方面,与民户都是分别的。东迁的这些有功的部族和将领,入元以后大多被特别设置单独的兵团,充当拱卫京城北面的卫戍主力。譬如:

西域亲军都指挥使司,成宗元贞元年置,以迷而的斤为指挥使。

右、左阿速卫亲军都指挥使司,当时称"阿速之军"。"掌宿卫城禁,兼营潮河、苏沽两川屯田。"右阿速卫下辖行军千户所七,把门千户所二;左阿速卫下辖围宿把门千户所十三。从这里,可以看出来这两支部队数目的大概。它们一直是元军的主力,特别是中后期,地位尤为重要。

隆镇卫,它是由钦察、唐兀、贵赤、西域、左右阿速诸卫军三千人及少部分汉军组成,其后又以哈剌鲁军人隶之。镇守南、北口长城诸隘。

康礼卫,"武宗至大三年,定康礼军籍。凡康礼氏之非者,皆别而黜之,验其实,始得入籍。及诸侯王阿只吉、火郎撒所领探马赤属康礼氏者,令枢密院康礼卫遣人乘传,往置籍焉"③。

右、左钦察卫,至元中钦察卫初立时,设行军千户十九所,亦可见其军数之庞大。龙翊侍卫,以左钦察卫唐吉失等九千户组成。

---

① 参考陈得芝主编《中国通史》第8卷上册,上海人民出版社,1997年,第284页。
② 《经世大典序录·军制》。
③ 《元史》卷九八《兵志一》。

宣忠斡罗思扈卫亲军都指挥使，文宗时将散属的斡罗思人一万，立营于大都之北，给地屯田。诸王勋旧随之皆以所属之斡罗思人进献，编入此军。

京城卫戍军外，又有：

回回炮手军匠上万户府，所属千户所三翼。

哈刺鲁万户府，所属千户所三翼，驻南阳。

蒙古、回回水军万户府。

上述的这些军团，基本上都是由东迁的各个部族分别组成的，屯聚而居，自成一个小社会。

西征中的大批俘虏，①除成了诸王、军将的私属者外，东迁以后，政府所领的也都是采集团的形式安置，从事带有中、西亚特色的手工产品的生产。元代的工匠皆世其业，另立匠户管理，不与民户混同。譬如著名的哈散纳，领阿儿浑军，并回回人匠三千户驻于荨麻林。②有关阿儿浑人，马可·波罗在《行纪》曾有专门的记载，说这是一种"有治权之基督教徒，构成一种阶级，名曰阿儿浑，犹言伽思木勒（Gasmoul）也。其人较之其他异教之人形貌为美，知识为优，因是有权，而善为商贾"③。伽思木勒，犹言"杂种"。在工部、将作院、大都留守司等衙门下，都分设许多匠局，其中不少当是从中亚掳发过来的工匠，专门从事其传统的手工特产。如工部所属的撒答剌欺提举司、别失八里局、昭功万户都总使司所领的弘州、荨麻林纳失失局等，顾名思义，都可以肯定其为回回人匠无疑。它们也构成为一些西来人户的聚居区。

与因降附和俘虏而东来的情况不同，商旅却是自愿而来，自由活动的。但是他们的居留处所却是固定的。《萍洲可谈》卷二记宋时广州"蕃坊，海外诸国人聚居，置蕃长一人，管勾蕃坊公事"。元时似乎无蕃坊之制，但外来的商贾为了交通、营运及生活上的便利，自成聚集是自然的事。泉州外商住地多在城之南郊。"杭州荐桥侧首，有高楼八间，俗谓八间楼，皆富实回

---

① 参考《中国通史》第 8 卷上册，第 283 页。

② 《元史》卷一二二。

③ 《马可波罗行纪》上册第 73 章，冯承钧译，中华书局，1957 年。

回所居。"①奥多里克所记杭州城中伊斯兰教徒为四火,恐尚在八间楼之外。伊本·拔都塔记广州城中之一部分即回回人坊,②都可以证明。元时西方商旅居停中国者,除了人数较之唐、宋远为多之外,其经营方面还有两大特点:一是中宝制度大行。所谓"中宝",即中买宝物,就是色目商人勾结朝中的色目权要,以向皇帝呈献海外宝货的形式,而从政府那里取得数倍、百倍的赏值;权要则从中分取大利。泰定帝时,"西商鬻宝,动以数十万锭"。丞相倒剌沙等还奏请对累朝未酬值者,概予偿付,其数高达四十余万锭,"较其元直,利已数倍。有事经年远者三十余万锭,复令给以市舶番货"③。倒剌沙与平章政事乌伯都剌"皆西域人,西域富贾以其国异石名曰瓓者来献,其估钜万"④。他们之间相互勾结。二是斡脱(ortog)制度的盛行。"斡脱",意为伙伴,即由官府或势要人员出具资本,伙同色目商人营运,而分取利入。由于有官府或权要的特权庇护,故可以取得持玺书、佩虎符、乘驿传、豁免商税,甚至巧取豪夺、威迫地方官吏的种种特权。无论是中宝商人或斡脱商人,他们活动的范围都限于色目官员的上层圈内,广大汉人厌恶他们,和他们不可能有任何交往。

上述情况表明,在元代,东来的中、西亚人士,基本上都是依其所属部族或原籍贯集结聚居,在广大汉人社会里,形成大分散、小集中的局面。他们始终保持自己原有的语言、习俗、宗教信仰、婚姻、服食,乃至于自有专门的义阡葬域。有变易旧俗者就会"取摈于同类"。故虽散布各地,"然而求其善变者则无几也。居中土也,服食中土也,而惟其国俗是泥也"⑤;"虽适异域,传子孙,累世不敢异焉"⑥。

按照蒙古的定制,凡被征服地区或部族首领入朝,在汗庭上的班位规定是先征服者在上,后征服者居下。由此引申其臣民的社会政治地位也等级分明。窝阔台时,一个来自契丹(即汉地)的戏班子表演,其中一幕有各族人

---

① 《辍耕录》卷二八《嘲回回》。
② 《东域记程录丛》卷四,第122页。
③ 《元史》卷一七五《张珪传》。
④ 《元史》卷一八二《宋本传》。
⑤ 许有壬《至正集》卷五三《西域使者哈只哈心碑》。
⑥ 吴鉴《重修清净寺碑记》,《泉州宗教石刻》,社会科学出版社,1955年。

的场面,一个契丹人(汉人)在马尾上拖着一个叛乱的穆斯林。窝阔台见了,立令停演,并且说:"最贫穷的穆斯林有很多契丹奴隶,而契丹大异密(大官)却连一个穆斯林驱奴也没有。这个原因只能归诸造物主的慈恩,他知道各族的地位和等级。这也和成吉思汗的旧扎撒(法律)相符合。据此,一个穆斯林的命价是四十巴里失(一种银币),一个契丹人的命价是一头驴子。"他严厉地惩处了这种辱弄伊斯兰百姓的行为。①这一蒙古的旧制后来就发展成为元朝政府把全境人民划分为四等级的制度,即第一等为蒙古人,其次为色目人,第三为汉人,即原金朝所属地区的汉族等人,最末一等为南人,即原属南宋、最后为元朝平服地区的汉族人。各个等级的人在任官、服役、纳税、刑罚乃至生活行为等各方面都有法律所规定的明确高下分别。色目人在元朝是享有仅次于蒙古人而高于汉人、南人的许多特权的。蒙古统治者这样做,一是充分利用宋、金以来南北对立,汉族内部长期分裂的矛盾,以削弱汉族的势力;二是借助于色目人的人才和政治、理财经验,对汉地进行牢固的统治。同时也巧妙地利用色目人来对汉人进行防范、牵制,削弱汉人进行反抗的可能性;又把色目人推到与汉人争权取利斗争的第一线,从而转移广大汉人与蒙古人的民族矛盾。因此,在元代,汉人与色目人,也即是那些东来旅华的西方人之间的矛盾一直是十分尖锐的。有名的刺杀阿合马事件就是汉人与色目人矛盾的显著事例。据说王著刺杀阿合马的喜讯传开,大都市内,"贫人亦莫不典衣,歌饮相庆,燕市酒三日俱空"②。汉人对色目人仇恨的程度,从元末农民大起义中浙东的情况也可以窥知。《归田诗话》载:"丁鹤年,回回人,至正末,方氏(方国珍)据浙东,深忌色目人,鹤年畏祸,迁避无常居。有句云:'行踪不异枭东徙,心事惟随雁北飞。'识者怜之。"③在福建,汉人与色目人间的仇杀尤为剧烈。④可以想见,这些东来的色目人,他们本来就"多是富商大贾,兼并势要之家","天下名域区邑,必居其津要,专其膏腴",再加上等级的优势,享受特权。他们又是自成聚落,组成一个单独的社会。因

---

① 《世界征服者传》上册,内蒙古人民出版社,1980年,第243页。

② 《心史·大义略叙》。

③ 瞿佑《归田诗话》卷下。

④ 参见拙著《元代史》,上海人民出版社,1993年,第660—661页。

此,他们与周邻的汉人是完全隔绝的。他们对于汉人的情况无从了解,也不屑于了解;同样,汉人对他们的生活情况也始终隔膜。这一点,我们从当时汉人对伊斯兰教和基督教的了解上就可以明显地证明。吴鉴撰《重修清净寺碑记》叙伊斯兰教说:"初默德那(Medina)国王别谙拔尔谟罕蓦德,生而神灵,有大德,臣服西域诸国,咸称圣人。别谙拔尔,犹华言天使,盖尊而号之也。"其所知仅限于几个伊斯兰教的神职名辞。①《心史》则谓:"回回事佛,创叫佛楼,甚高峻,时有一人发重誓,登楼上大声叫佛不绝。"陶宗仪记杭州荐桥回回人之婚礼,唯知其"绝与中国殊,虽伯叔姊妹,有所不顾"②。可见当时汉人对回回之宗教、礼俗的了解是十分肤浅的。梁相撰《镇江大兴国寺碑》,记基督教则谓:"薛迷思贤(Samarkend),在中原西北十万余里,乃也里可温行教之地。愚问其所谓教者,云天地有十字寺十二,内一寺,佛殿四柱高四十尺,皆巨木,一柱悬虚尺余,祖师麻儿也里牙灵迹,千五百余岁。今马薛里吉思,是其徒也。教以礼东方为主,与天竺寂灭之教不同。且大明出于东,四时始于东,万物生于东。东属木,主生。故混沌既分,乾坤之所以不息,日月之所以运行,人物之所以蕃盛,一生生之道也。故谓之长生天。十字者,取像人身,揭于屋,绘于殿,冠于首,佩于胸,四方上下,以是为准。薛迷思贤,地名;也里可温,教名也。"③身为一府儒学教授的梁相,可算是当时的名流硕学,而他对基督教的了解几近乎瀛海奇谈。出现这类情况无疑是彼此隔绝所造成的。汉人对色目人之了解如此,反过来,色目人对汉人的了解自然也是隔膜的。当然,我这里是就绝大多数自成聚落的色目人而言。对于个别的一些孤身出宦远地、迁转无常的色目官僚之家,他们离开了自己的族属与群体,活动在汉人社会之中,就不可避免地不同程度上"华化"了。特别是科举复行之后,为了能通过考试,步入仕途,他们中的一些人努力学习儒典,接受汉文化。但就色目人的总数而言,这部分人始终是少数。许有壬《西域使者哈只哈心碑》极口称赞东来的那鲁浑氏哈只哈心家族能改变旧俗、攻儒书、习汉礼,是孟子所说的"善变者也",而慨叹像这样的"善变者则

① 《泉州宗教石刻》。
② 《辍耕录》卷二八《嘲回回》。
③ 《至顺镇江志》卷九《僧寺·大兴国寺》。

无几"。许有壬是元末的名家,他的话无疑是有充分事实根据的。这就有力地证明,元代的色目人,绝大多数人始终是"惟其国俗是泥"的,勇于"华化"的人只是极少数。

我们再就所谓色目人的内部进一步分析。他们中多数应是伊斯兰教徒,但是基督教徒也不在少数,此外还有极少数的犹太教徒等。连续的十字军东征,使伊斯兰教与基督教的矛盾达到了空前激烈的程度。他们在东来之后,双方除了传统的宗教敌视之外,又加上为权势而明争暗斗。至元十六年(1279年),元朝发生了一桩有趣而又轰动的大案子。"八里灰(今贝加尔湖东岸)贡海青(一种猎鹰)回回等所过供食,羊非自杀者不食,百姓苦之,帝曰:'彼吾奴也,饮食敢不随我朝乎?'诏禁之。"①《史集》关于这一事件的记载更清楚:"桑哥任维昔儿期内,有群穆斯林商人自豁里、巴儿忽与乞儿吉思前来合罕之廷,以白爪红喙之隼及白鹰为献。合罕厚加恩赏,并赐己案上之食品予之。然彼等不之食。彼询云:'汝等缘何不食?'彼等对曰:'此食物于我辈为不洁。'合罕为此言所激怒,乃下令曰:'嗣后穆斯林及其他奉圣书之人等,除依蒙古风俗宰羊时剖其胸膛外,不得以它法宰羊。有犯者将按同法处死,没其妻女、财产,以予告发之人。'有爱薛迭屑怯里马赤(迭屑 Tarsa,波斯人对基督教的称呼;怯里马赤 Kelemeci,蒙古语"译史")、伊本马阿里及拜答黑者,当时之邪恶无行人也,利用此法令而得旨,凡宰羊于家者皆处死。彼等遂以此为借口,多肆勒取人之财货,并引诱穆斯林之奴仆曰:'有能告其主者,我等将纵之为良。'诸奴仆为求放良而诬控其主。爱薛怯里马赤及其恶徒行事一至于此,致使四年之内,诸穆斯林皆不能为其子行割礼。彼等且诬陷神圣之伊斯兰司教赛甫丁之门徒不儿罕丁,遣送其往蛮子之地而死。情况之发展致使留居此境之大部分穆斯林人均离契丹而去。""此事之外,合罕统治时期,基督教徒表现极大之宗教狂热,反对穆斯林,大加攻击。"②爱薛,《元史》卷一三四有传,西域弗林人,长期领崇福使,掌西域星历、医药事;擢秘书监、迁翰林学士承旨,兼修国史。其实他主要的职务是宫内怯薛(一种

---

① 《元史》卷一〇。
② 拙译《成吉思汗的继承者》,天津古籍出版社,1992年,第360—361页。

宫廷护卫)的怯里马赤。秘书监、翰林学士云云,便是他在外廷的任官。作为怯薛,他白天任职于外廷,晚上轮值供职于宫内,得接近皇帝。因此,他是当时朝廷上最显赫的基督教徒权要。他同穆斯林权要之间,因宗教与权力争夺而相互倾陷是很自然的。另一个基督教徒权要则要数钦察军团的统领土土哈、床兀儿、燕铁木儿祖孙和他们的家族。泰定帝死,燕铁木儿以所部钦察军团为主力,打败了以丞相回回人倒剌沙为首的上都军,一手扶持文宗,取得帝位,倒剌沙集团势力的基础就是回回人。所以,冯承钧在谈到这次争位战时,曾说:"元代这一次政变,天顺帝一方面的主角,固然是倒剌沙、囊加台、秃坚等三人。图贴睦尔(文宗)一方面的主角,固然是燕铁木儿。我觉得在另一方面看起来,好像是钦察人与回回人之争。又好像起初蒙古人多帮着回回人,阿速人多帮着燕铁木儿的钦察人(也许斡罗思人也曾参加在内)。"①其实,无论钦察人、阿速人和斡罗思人,他们都是基督教徒。所以这次争位战也明显地带有基督教与伊斯兰教徒相争斗的色彩。有元一代,基督教徒与伊斯兰教徒相互倾轧,彼此势力消长。这两个宗教间的仇视、隔阂,较之当时的民族等级间的仇视、隔阂有过之而无不及,这是无可否认的。

同在基督教徒内部,元以前流行在克烈、汪古等部中的是景教(聂斯脱里派);罗马天主教则把景教斥为宗教分立论者,视同异端。它们间进行排陷的情况,我们从孟德·科儿维诺致罗马教皇的信中亦可窥知。他写道:在大都"聂斯脱里派教徒——他们自称为基督教徒,但是他们的行为根本不像是基督教徒的样子——在这些地区的势力发展得如此强大,因此他们不允许奉行另一种宗教仪式的任何基督教徒拥有任何举行礼拜的地方,即使是很小的礼拜堂;也不允许宣讲任何与他们不同的教义。由于从来没有任何使徒或使徒的门徒来过这些地方,因此上面提到的聂斯脱里派教徒们既直接地,又用行贿的办法指使别人对我进行极为残酷的迫害。宣布说:我并不是被教皇陛下派来的,而是一个间谍、魔术师和骗子。后来,他们又伪造了更多的证据,说:教皇派的是另一个使者,携带着赠给皇帝的很多财宝,是我在印度谋杀了他,窃取了他携带的礼物。这个阴谋持续了大约五年之久,因

① 《元代的几个南家台》,《西域南海史地考证论著汇辑》,中华书局,1957年,第206页。

此我常常受到审讯,并且随时有被处死刑而可耻地死去的危险。但是,最后,由于上帝的安排,他们之中有些人供认所有这些都是阴谋,因此皇帝知道了我是无罪的,控告我的人是诬告,就把他们连同他们的妻子儿女一道流放出去"。"我在那里已为大约六千人施行了洗礼。如果没有上述的造谣中伤,我可能已为三万余人施行了洗礼。"受洗者中,包括"好王阔里吉思","他劝导他的大部分人民皈依了真正的罗马天主教"。因此,其他的聂斯脱里派教徒们责备他为叛教。他死后,儿子年幼,他的兄弟们坚持聂斯脱里派的错误,把阔里吉思王劝导改信罗马天主教的人统统诱入邪道,使他们回到聂斯脱里派。①此"好王阔里吉思"即《元史》卷一一八之阔里吉思,汪古部人。汪古部很早以来便奉景教。阔里吉思在大德二年(1298 年)被海都俘害,子术安(Jean,即取孟德·科儿维诺名字之约翰)年幼,诏以弟术忽难袭高唐王。另一位教士,刺桐主教彼烈格林在致罗马教皇的信件中也说:"在上述总主教来到大汗帝国以前,由于聂斯脱里派教徒凭借其权力加以阻挠,不管哪一个民族或哪一个教派的基督教徒都不能在这里建筑一座小礼拜堂(不管它是如何地小)或树立一个十字架。"②这些材料都有力地说明,景教徒与天主教徒之间也是畛域甚深的。不过在马可·波罗旅华时期,罗马天主教尚未东传,不成单独的宗教群体。

综上所述,元代旅华的西方人基本上是按民族、宗教自成聚落,分布在全国的某些地区,大分散、小集中,在汉人社会之内形成自己的小绿洲。它们与汉人社会,由于等级、宗教与民族的矛盾,造成彼此隔绝。在这些东来的旅华人内部,同样由于宗教与民族的矛盾,也是互不相容的。把马可·波罗放到这样一个大环境来了解,一些问题便可以得到较合理的解释。

二

《马可·波罗行纪》有关中国的部分,确有伪冒吹嘘的地方,第 145 章

① 《出使蒙古记》,社会科学出版社,1983 年,第 262—264 页。
② 《出使蒙古记》,第 270 页。

"襄阳府大城及其被城下炮机夺取之事"①就是不争的例子。元军陷襄阳，事在 1273 年（至元十年），而马可·波罗抵达元上都，却在 1275 年。元军攻城，利用了回回炮，造炮者阿老瓦丁、亦思马因，载在《元史》卷二〇三，无可置疑。而《行纪》则掠以为己功，言之娓娓，谎言欺人，这是有目共睹的。在我看来，《行纪》中一些说他是如何受重任、如何受尊宠的记载，大多应该归入这一类，在尚无的证之前，是不值得相信的。因为在元朝，各级官府长官的配置，是以蒙古人为长，总领于上；色目人、汉人为贰，分任实务而相互牵制。以地方的府、州为例，蒙古人任达鲁花赤，即府尹；色目人充同知，汉人充总管，共同作为达鲁花赤的副贰，掌管实际的政务活动。蒙古阀阅子弟，目不识丁而袭居首长的固不在少数，然色目人则主要以才能充任。如果连蒙古语和汉语都不通，是决难分任实务而起到监视与牵制汉人的作用的。马可·波罗不通汉语，对蒙古语自称熟悉，不过这是值得怀疑的。②从《行纪》来看，他的主要语言是突厥语和波斯语，而单靠这两种语言，在元朝中想受重任、掌实权是不太可能的。当然，引起聚讼的他曾在扬州统治三年的事，也有可能只是版本问题带来的误解，而并不是马可·波罗自己的吹嘘。

《行纪》的中国部分也明显有传闻而严重失误的东西。譬如上册第 68章，在叙蒙古王朝的世次时，成吉思汗之后为贵由汗、三拔都汗、四阿剌忽汗、五蒙哥汗，六忽必烈汗。中册第 82 章又说：忽必烈汗有子二十二人，长成吉思，"盖追忆鞑靼第一君主成吉思汗而取此名"。都是常识之所不容的讹误。中册第 96 章又记元中央政府组织，其名曰省（剌木学本又有台，与省并列为两院），名称虽得于仿佛，而一涉及行政组织，则无论是中央或地方，都近于完全无知。一个混迹元朝官场十七年的人，对官制如此缺乏了解显

---

① 《马可波罗行纪》中册，冯承钧译。关于马可·波罗的游记，我国解放前先后有过四五个不同的译本。冯译本是其中较好的一种。解放后，又陆续有两种译本行世，皆科马洛夫本，音读讹误，译者显然根本不具备这方面的基本素养。冯译取沙海昂本，并不算好的版本。但沙海昂增附了剌木学本的内容，并作了一些有价值的注；冯承钧在翻译时又对沙氏注文中的错误作了改订，因此它仍然是汉译本中最好的一种。

② 第 138 章记伯颜，"先是蛮子国王卜其国运，知其国只能亡于一百眼人之手，其心遂安，盖世上绝无百眼之人，缘其不知此人之名，因而自误"。把"伯颜"音讹与汉语"百眼"混，竟不知伯颜（Bayan,官人）这样一个最简单的蒙古语辞，则马可·波罗的蒙语水平，实大可怀疑。

然是不可想象的。

平心而论,在一部空前的带有冒险性的游记中,有夸大或张扬自己的成就与作用之处是不足为怪的;而且,这与全书倾心极口盛赞东方繁荣富庶的整体风格也是一致的。传闻失实乃至记忆失误,对某些事物、事件的失载等,都是可以理解的。至于在汉籍中找不见有关他的材料,这原不值得作为一个问题提出来,因为即使马可·波罗曾是忽必烈宫廷中的宠臣,也远不一定必然能有幸见诸史传载籍。《马可·波罗行纪》招致人们怀疑其是否到过中国的最大疑点是两条:一是在整个书中几乎看不到半点汉文化的痕迹,更不说有与任何汉人的交往;二是整个记述过于浮泛和一般化,先师邵循正先生说读这本书"总觉得有隔靴搔痒之感"①。隔着一重皮子搔痒,没有切肤之感,但痒是固然存在的。蔡美彪先生说其记述的某些事件往往确有其事而又不尽相同,②说的也是这个意思。这两点都很自然地为他是否到过中国蒙上千古疑云,难于驱散。

本文开头就提出把元代旅华的西方人提出来研究,为的就是要弄清当时马可·波罗在中国的大环境。这个大环境的特点就是当时旅华的西方人基本上是按宗教、民族各成聚落,且互相矛盾,彼此隔绝的。具体到马可·波罗,他是来自意大利的罗马天主教徒。他只身东来,必须有所投靠;而在宗教上和他最亲近的恐怕只能是主要由阿速人、钦察人等基督教徒所组成的小群体。这就决定了马可·波罗在中国逗留的时间哪怕长达十七年之久,然而他的人事活动范围却只能很小,因此对汉文化完全隔绝是必然的。这一点,我们从同时代的西欧来华人士所留下的记述中,也同样可以得到证明。孟德·科儿维诺是 1293 年左右来华的,在大都留居三十五年,约于 1328 年死在他的大都大主教任上。彼烈格林约在 1313 年抵大都,后长期任剌桐主教,1322 年死去。继任为剌桐主教的是 1313 年与彼烈格林同抵大都的安德鲁。他们都曾长期生活在中国。1342 年又有一个包括马利诺里(Marignoli)在内的天主教使团从陆路来大都,前后停留了三年,再循海道西返。③前述的三位

① 《语言与历史》,《元史论丛》第 1 辑。(编者按:已收入本书。)
② 《试论马可·波罗在中国》,《中国社会科学》1992 年第 2 期。(编者按:已收入本书。)
③ 《东域记程录丛》第 3 册;《出使蒙古记》。

主教都留有给罗马教皇的信件,报告他们在中国传教的情况。马利诺里也有此行的报告。这些材料内容都很简单,而且主要限于宗教活动。所有这些报道在完全看不到汉文化气息上则是毫不例外的。特别应该提到的是约在 1321 年由海道进入中国的意大利旅行家奥多里克,他在遍历辛克兰(Censcalan,广州)、刺桐(Zayton,泉州)、福州(Fuzo)、行在(Cansay,杭州)之后,北至大都,并在这里停居三年,然后经过甘肃(Kansan?)、吐蕃西返,留下颇为详细的游记。①奥多里克的记述,从语态、行文、内容、风格上与《马可·波罗行纪》是如此相近,以致如果把它们相互羼杂,几乎没有人能够分辨出来。对于奥多里克,似乎从没有人提出过他是否真来过中国的疑问。这里特别值得指出的是,在奥多里克的游记中,有关汉文化痕迹的缺乏,基本上与《马可·波罗行纪》相同,其隔膜的程度是所差无几的。

至于在描述中国情况时明显的浮泛与一般化,上引诸人与马可·波罗都有着同样的症状。甚至在当时一封《索勒塔尼亚(Soltania)大主教所发出之关于大可汗状况书》②中,其所报道的中国状况,也总体上离不开隔靴搔痒和雾里看花的弊病。因此,可以毫不夸张地断言,对汉文化的隔膜与叙述的空泛、一般化是当时西方来华旅游者所作报道的通病。造成这一病症的原因则是元代东来的西方人士居处的特殊形势所造成的。

应该特别指出,马可·波罗书中记述的空泛与一般化并不是没有例外的。当事件的发生牵涉与基督教徒有关的问题时,他的记述不但是惊人地准确,而且还能为我们补充一些汉籍失载或载而欠详的材料。

例一是关于乃颜叛乱。《行纪》用了五章(76 章到 79 章,又重一章)的篇幅,重彩描述了忽必烈平叛的过程。譬如说:乃颜是一个受洗的基督教徒,旗帜之上以十字架为徽记。这是不见于汉籍的。乃颜谋叛,西联海都,相约举兵夹攻,夺其国,汉籍中也没有明白的记载;《史集》则明记他曾往与海都

---

① 《东域记程录丛》第 2 册。这里我有意不提另一个同样著名的旅行家伊本·拔都塔,他的游记中也有关于中国的记载。但一般人认为,他只到过中国南方,北方的情况显然得之于传闻。

② 《东域记程录丛》第 3 册,第 89—103 页。这份报告书的作者不详,材料则肯定得之于来过中国的人。

及笃哇相结事。①这对于我们了解当时北方的形势和忽必烈的因应措施有极大的帮助。《行纪》记两军大战之前列阵，"种种乐器之声及歌声群起，缘鞑靼人作战以前，各人习为歌唱，弹两弦乐器，其声颇可悦耳。弹唱久之，迄于鸣鼓之时，两军战争乃起"。一般人读到这段描述，总以为不是儿戏就是天方夜谭。不过，比照一下虞集《道园类稿》卷三七《淮南宪武王庙堂碑》，其中写元军在崖山之战前，张弘范令全军说："闻吾乐作乃战，违令者斩。""乐作，宋人以为且宴，少懈。"②可知阵前奏乐，是蒙古军的惯例。《元史》本纪关于征乃颜之役，但言"车驾驻于大利翰鲁脱之地，获乃颜辎重千余"，对擒乃颜并即军前处死皆失载。《行纪》则详言乃颜被擒，"命立处死，勿使人见"。"遂将其密裹于一毡中，往来拖拽以至于死，盖大汗不欲天空土地太阳见帝族之血，故处死之法如此。"证以《史集》，③乃颜被立命处死的记载是可信的。用毡裹着犯人震死或沉水死，也正是蒙古处死宗王的特别方式。《行纪》准确地记录了忽必烈此次出征返抵大都，"事在十一月之中"。《元史》本纪载忽必烈在其年六月败乃颜后，七月乙丑，车驾还上都。当时乃颜余党尚未受歼，忽必烈因此在上都较久盘桓，比平时还大都之期要晚些，这也是合理的，足以可以补《本纪》之阙。此次出征，忽必烈乘的是象舆，读虞集所撰《上都留守贺公墓志铭》可见。④《行纪》则记临战"大汗既至阜上，坐大木楼，四象承之，楼上树立旗帜，其高各处皆见"。不是身历其境的人，大概是很难作出这种细腻描写的。此外它还准确地记叙了忽必烈的宗教观，可与鲁不鲁乞的记载相互印证，这也是汉籍所不见的。

例二是《行纪》第 149 章"镇巢军"，说的是在伯颜亡宋战争中遣一队阿兰军人往取此城。"诸阿兰皆是基督教徒"，他们入城后纵酒酣睡，如同猪豚，尽被居民杀死。此事之始末，具见《元史》之《世祖纪》《兵志》，《杭忽思》《玉哇失》《昂吉儿》诸传。事情发生在至元十二年（1275 年）五月前，马可·

---

① 《成吉思汗的继承者》，第 370 页；《史集》第 1 卷第 2 册，第 71 页。
② 《经世大典序录·征战·平宋》记崖山之战，张弘范布置"西北军期吾乐作乃战"。及战，"弘范所乘舰布障四匝，伏盾作乐，敌疑宴而懈"（《元文类》卷四一）。
③ 《成吉思汗的继承者》，第 370 页。
④ 《元文类》卷五三。

波罗当然只能得之于传闻。然而,正因为这件事情是发生在阿兰族的罗马天主教徒军队身上,所以《行纪》的描述也能如身历其境,其准确生动,连汉籍也无法比拟。这就证明,凡是当时发生的与基督教徒有关的事件,《行纪》所记就出奇地准确和详细;反之,超出这个圈子之外,即使是关于回回人的事件,他的了解仍只能停留在隔靴搔痒的程度。如阿合马事件,尽管特别声明"此种事变经过之时,马可·波罗阁下适在其地",但记述又是似是而非的。从我们现在掌握的资料看,关于这一件事,《元史》《史集》和《行纪》所载都有其不足或轸轳难通的地方。汉籍的有关材料,明显有回护、删改的痕迹。①《史集》所记,自应有它的权威性,②然所记首事之高平章其人,则无法与汉籍之有关人物勘同。因此,可以肯定,事实的某些真相,我们今天仍有的地方不清楚。《行纪》所记除了我们今天所碰到的版本、音读等难题之外,即使当时事件是发生在回回人中,身处其地的马可·波罗,不能准确地了解暴动的实况,也是很自然的事。尽管如此,马可·波罗仍注意到暴动的真正原因是忽必烈"所任之长官是鞑靼人,而多为伊斯兰教徒,待遇契丹人如同奴隶"。也因为"大汗之得契丹地,不由世袭之权,而由兵力,因是疑忌土人,而任命忠于本朝之鞑靼人、伊斯兰教徒或基督教徒治理"。这种认识,是远高出于当时人的。不是身处其地的人,大概难有如此深刻的认识。

按照蔡美彪先生的推测,马可·波罗很可能是一个斡脱商人。③这种可能性是很大的。当时的斡脱商借助于牌符圣旨,驰驿往来,为官府、权要牟取重利,其经营内容与经营方式,都是超出于正常商业活动之外的。因此,他们不需要也不能深入到普通的汉人社会中去。我想,奥多里克的基本情况也应该大体相似。这就是这两种著名的游记,虽然篇幅有差,但在基本内容、基本风格、基本问题上都比较相近的原因。

(原载《历史研究》2001 年第 3 期,第 91—100 页。)

---

① 《元史》于张易无传;虞集的有关记载,明显先后作过删改,试以《道园类稿》同《道园学古录》比较,就可得知。

② 《史集》关于蒙古的材料,多得之于孛罗丞相,孛罗就是在阿合马被杀后,由忽必烈任命返还大都负责处理的重臣。

③ 《试论马可·波罗在中国》,《中国社会科学》1992 年第 2 期。(编者按:已收入本书。)

从亦黑迷失身份看马可·波罗

——《一百大寺看经记》碑背景解读

陈得芝

　　蔡美彪先生在 1991 年北京举行的马可·波罗国际学术讨论会上作了关于马可·波罗在元朝居留期间身份问题的研究报告，对马可·波罗《寰宇记》中各地情况的讲述进行细致分析，指出他应该是个斡脱商人。蔡先生此文发表后，杨志玖、罗依果(Igor de Rachewiltz)等国内外专家均对这一新见解深表赞赏。[①]笔者在那次讨论会发言，赞成蔡先生的看法，同时补充意见，认为马可·波罗自述其寓居中国期间"不停地受大汗派遣出使各地"[②]也应该是可信的，充当大汗使者与其斡脱商人的身份并不矛盾，蒙元帝王自来有派斡脱商人为"使者"(特别是经营海外贸易)的情况。近日翻阅旧时读书笔记，有元仁宗延祐三年亦黑迷失所立《一百大寺看经记》的碑文摘录和注语："此亦黑迷失贬职告老家居后，为求恩赦、加封而施钱供佛。据其施钞数目之大，知他从出使海外的官家贸易中获利甚巨，家极富实。"当时写的这段话不太准确，如今重读此碑，与《元史·亦黑迷失传》相互发明，觉得其身份当是以怯薛充当"御位下"斡脱，由此致位通显，身家百万，与马可·波罗颇有相似之处。本文拟就此作进一步考究，或可为蔡先生的论点找到另一佐证，并以说明大汗"使者"和斡脱商人两种身份的相容性，对马可·波罗自称受大汗宠信，频频奉使各地且曾任要职的说法，也许能得到合理的解释。

---

① 杨志玖《马可·波罗在中国》，南开大学出版社，1999 年，第 209—211 页；罗依果《马可·波罗到过中国：评吴芳思〈马可·波罗到过中国吗?〉》，张沛之译，《中国社会历史评论》第 2 卷，天津古籍出版社，2000 年，第 477 页。

② 此段叙述见《马可·波罗寰宇记》(*Marco Polo: The Description of the World*, London, 1936) 穆勒、伯希和英译本，第 87 页。

一、《元史·亦黑迷失传》辨析

有关亦黑迷失（又作也黑迷失）的资料，主要是《元史》卷一三一《亦黑迷失传》和本纪中的九条记事，此外还有同书《高兴传》《史弼传》《爪哇传》（《经世大典叙录》"爪哇"条所载同），以及《元典章》和残本《经世大典》的个别条文。兹先引述其本传的记载如下。

> 畏吾儿人，至元二年（1265 年），入备宿卫（家世及出生年月均未详）。至元九年、十二年，两度出使八罗孛国（Malabar，在今印度半岛南端西侧），偕其国人以珍宝、名药来献。
>
> 十四年授兵部侍郎。
>
> 十八年，拜荆湖占城行中书省参知政事，招谕占城。
>
> 二十一年，召还。复命使海外僧迦剌国（Simhala，今斯里兰卡），观佛钵舍利。赐玉带、衣服、鞍辔。
>
> 二十一年，自海上还，以参知政事管领镇南王府事。与平章阿里海牙、右丞唆都征占城，战失利，唆都死焉。亦黑迷失言于镇南王，请屯兵大浪湖，观衅而后动。王以闻，诏从之，竟全军而归。
>
> 二十四年，使马八儿国（Ma'abar，印度半岛东南侧），取佛钵舍利，得其良医善药，又以私钱购紫檀木殿材并献之。尝侍帝于浴室，问曰："汝逾海者凡几?"对曰："臣四逾海矣。"……遥授江淮行尚书省左丞，行泉府太卿。
>
> 二十九年，召入朝，尽献其所有珍异之物。时方议征爪哇，立福建行省，与史弼、高兴并为平章。诏军事付弼，海道事付亦黑迷失。三十年，征爪哇军失利而还，以失策罪没家资三之一。寻复还之。授集贤院使，兼会同馆事，告老家居。仁宗念其屡使绝域，封吴国公。

上述《亦黑迷失传》所载事迹中，有两处需加辨析。

其一，至元十八年授予他的官职，应是占城行省参政，而不是荆湖占城行省参政，任务也不是"招谕占城"。按元世祖至元十五年就命占领福建的行省参政唆都招谕海外诸番国来朝,唆都派人招谕占城、爪哇等国,占城王表示愿归附。十六年十二月,敕枢密院、翰林院官就中书省与唆都议招收海外诸番事;诏谕海外诸番国主,谕占城王亲自来朝;遣杨庭璧使俱兰(Kūlam,今印度西南岸奎隆)。十七年,占城、马八儿等国遣使奉表称臣;遣杨庭璧再使俱兰等国(次年正月由泉州启航);遣孟庆元等谕占城王,令以子弟或大臣入朝;降诏招谕爪哇;遣使招谕木剌由国(Malayu,今印尼苏门答腊之占碑)。十八年十月十七日,诏封占城王为占城郡王;以唆都为右丞,刘深为左丞,亦黑迷失为参政,即其地立占城行省"抚安之"。次日,即"敕以海船百艘,新旧军及水手合万人,期以明年正月征海外诸番,仍谕占城郡王给军食"。并遣使招谕干不昔国(又称真腊,今柬埔寨)来归附。十一月,以奉使占城孟庆元、孙胜夫并为广州宣慰使,兼领出征调度。十九年,又先后派遣万户何子志等出使暹国,宣慰使尤永贤等出使马八儿国。①四年中频繁遣使海外各国,显示了忽必烈灭南宋后急于向海外扩展势力的意图,而在占城设立行省是在占城已归附后,"即其地抚安之",其实是打算把占城作为经略海外各国的前沿基地。由于占城"既服复叛"(其王子补的掌权,"负固不服",又拘留出使海外途经其境的元朝使者),元廷乃于十九年六月,诏发军五千、海船百艘、战船二百五十,命唆都为将征之;十一月,唆都率军从广州航海至占城。二十年一、二月,元军经过激战攻陷其坚守的木城,占城军民退据山林顽强抵抗,唆都军被迫退保海边木城。五月,元廷获悉唆都军虽破占城,但补的遁逃,大概也了解攻打占城进展不顺,遂命荆湖(又称湖广)行省平章阿里海牙给唆都增兵一万五千(汉军七千,新附军八千);九月,并占城、荆湖两省为一。②这支军队多中途逃回,③十月,又遣忽都虎统江淮行省军二万去占城增

---

① 以上各年记事均见《元史》卷一〇、一一、一二《世祖本纪》。

② 《元史》卷一二《世祖本纪》。

③ 《元典章》卷三四《兵部一·逃亡》"处断逃军等例"条收有至元二十年十月阿里海牙请惩办逃军的奏章和世祖的批复:枢密院咨:……于羊儿年(至元二十年)十月十七日本院奏:"阿里海牙奏将来:'唆都根底去的一万五千军人,沿路去时,那人每逃走有。为头儿走的杀了,为从走的断一百七下打了,交出军。怎生?'么道奏将来有。俺官人每商量(时)〔得〕:他的言语是底一般有。"么道奏呵,"是也,那般敕了者!"么道圣旨了也。《元史·世祖本纪》"至元二十年十月丁酉"条"诛占城逃回军",就是这件文书的不完整摘录。

援唆都,但在途中遇风船散而溃,仅有忽都虎率领的前锋军于二十一年三月十五日到达占城唆都所驻营盘,而唆都却已于三月六日领军撤退(随即奉命与镇南王军会合)。①《经世大典叙录》"占城"条详细记载占城战事,却没有一处提到担任参政要职的亦黑迷失,可能他虽然从至元十八年就挂着"占城行省参政"的官衔,实际上并没有参战,而且很可能也没有与唆都一起驻军占城。

其二,《亦黑迷失传》称至元二十一年被召还,复命出使僧迦剌国,当年就完成任务"自海上还",接着受命管领镇南王府事,从征占城。按照出使僧迦剌国的往返途程,时间不可能如此之短。根据《元史·世祖本纪》和《安南传》的记载,至元二十一年七月,诏以镇南王脱欢统领荆湖占城行省阿里海牙等军,取道安南征讨占城。十二月,镇南王军至安南国境,遭到抵抗;二十二年初,进入其国都升龙(今河内),安南王分兵转移。到四月,安南兵大集,发起反攻,元军受困,"力战始得出境"。亦黑迷失既从镇南王出征(名为征占城,实因受阻而攻安南),则其从僧迦剌国回还的时间应在二十一年秋后,由此上推他被从占城行省"召还"改命出使僧迦剌的时间,至迟当在二十年秋冬间。本传记载他在安南之役中曾向镇南王献计,看来他确实随从镇南王出征。不过值得注意的是,在《世祖本纪》至元二十二年之末却单独记有一条:"是岁,……占城行省参政亦黑迷失等以军还,驻海外四州(今海南岛),遣使以闻,敕放其军还。"而不是和当年五月镇南王军从安南退兵事一起记载。据此推测在安南之役中他可能也没有和镇南王同进退。

根据上述占城和安南战役中亦黑迷失的动向分析,笔者颇疑他率领的是一支特别编制的航海水军,主要任务仍然是招谕和通使海外。从其职务

---

① 《元史·世祖本纪》至元二十年十月丁酉,"以忽都忽总扬州行省唆都新益军";二十一年四月庚子,"湖广行省平章阿里海牙请身至海滨收集占城散军,复使南征,且趣其未行者";五月癸丑,"枢密院臣言:'唆都溃军已令李恒收集,江淮、江西两省溃军,别遣使招谕,……以俟阿里海牙调用。'"己未,荆湖占城行省言:"忽都虎、忽马儿等将兵征占城,前锋舟师至舒眉莲港,不知所向,令万户刘君庆进军次新州,获占蛮,始知我军已还矣。"丁丑,"忽都虎、乌马儿、刘万户等率扬州省军二万赴唆都军前,遇风船散,其军皆溃。敕追乌马儿等命仍、虎符……"。按《经世大典叙录》"占城"条载,唆都于三月六日从占城领兵回,"十五日,江淮省所遣助唆都军万户忽都虎等至占城唆都旧制行省舒眉莲港,见营舍烧尽,始知官军已回。二十日,忽都虎令百户陈奎招其国主来降……",此与本纪所载略异。忽都虎为江淮军统帅,但未受惩罚,可知他率领的前锋军已到达占城,并派人招降占城王,而途中遇风溃散的是乌马儿等所部军队。

113

"管领镇南王府事"看,实际工作还有为皇帝和镇南王搜罗海外珍宝财富,并没有参与战事。

至元二十四年,亦黑迷失奉命出使马八儿国,"浮海阻风,行一年乃至","与其国人来贡方物"。《世祖本纪》载,至元二十五年十一月"马八儿国遣使来朝",亦黑迷失回国或与此同时(《本纪》至元二十六年还记载:"是岁,马八儿国进花驴二。"也可能是随亦黑迷失来朝者所贡方物)。出使马八儿回来,他将在海外用私钱购买的名贵紫檀木进献忽必烈作为建造宫殿的木材,并以先后四次"出使"海外的功劳受到奖赏,官阶由从二品(行省参政)改升正二品资德大夫,遥授江淮行省左丞、行泉府司太卿——主管斡脱商帮与海外贸易的肥缺。

至元二十九年二月成立福建行省专征爪哇,以亦黑迷失与史弼、高兴同任行省平章政事。鉴于以往征占城军中途逃走事,亦黑迷失在出发前奏请对逃军必须严惩。《元典章》收录有当月的一件圣旨文书:

> 亦黑迷失为头福建行省官人每奏:"跤趾国里、占城里出征时分,军官每、军每、水手每,风水里推调了,逃了回来了的根底,罪过他每底不要了上头,去了的勾当每他怠慢了。如今,俺大勾当里去的时分,似那底一般逃走了,不扎撒呵,勾当俺的怠慢一般有。更圣旨可怜见呵,怎生?"么道奏来。如今,那般推辞躲闪的(省)〔军〕官人每根底,没别里哥逃走回来的人每根底,休疑惑,敲了,扎撒者!道来。圣旨俺底,龙儿年(至元二十九年)二月二十九日,柳林里有时分写来。①

从这件文书看,亦黑迷失在行省中的地位居首,在同品级的史弼、高兴(均为行省左丞)之上,这大概因他是色目人的关系。不过出师前忽必烈明确指示:"也黑迷失惟熟海道,海中事当付之,其兵事则委之史弼可也。""汝等至爪哇,当遣使来报。汝等留彼,其余小国即当自服,可遣招徕之。彼若纳款,皆汝等之力也。"②看来在远征爪哇之役中,亦黑迷失仍然主要掌管航海和招徕海外诸国,同时为皇帝搜罗珠宝财物。远征爪哇之役以损兵折将而还告

---

① 《元典章》卷三四《兵部一·逃亡》"扎撒逃走军官军人"条。
② 《元史》卷一七《世祖本纪》;卷一三一《亦黑迷失传》。

终,亦黑迷失与主将史弼皆因失策遭到责罚,并籍没家产三分之一。成宗元贞元年(1295 年),大臣月儿鲁(即知枢密院事玉昔帖木儿)奏言:"弼等以五千人,渡海二十五万里,入近代未尝至之国,俘其王及谕降旁近小国,宜加矜怜。"遂归还所籍家资。①乃以平章政事衔为集贤院使兼会同馆事,告老家居。

事实上,爪哇之役并非完全"无功而还":其一,"有司数其俘获金宝香布等,直五十余万,又以没理国所上金字表及金银犀象等物进"②;其二,"也黑迷失征爪哇时,尝招其濒海诸国,于是南巫里(Lambri~Lamuri,在印尼苏门答腊西北端)等〔国〕遣人来附"(这些国家是:南巫里、速木答剌、没剌予、毯阳),由于朝廷禁商泛海而滞留大都,到至元三十一年十月,皆遣还。③就主管航海、通使海外各国和为皇家搜罗珍宝而言,亦黑迷失可以说是完成了任务的。

二、《一百大寺看经记》透露亦黑迷失身家百万

《元史·亦黑迷失传》叙事止于仁宗封他为吴国公,没有记载他"告老家居"前后事迹和去世年代。清陈棨仁撰《闽中金石略》卷一一收有延祐三年(1316 年)亦黑迷失所立的《一百大寺看经记》碑文(亦收入民国《福建通志》之《金石志》卷一三)。该碑碑额六字三行楷书"钦奉//圣旨//立碑"。碑文分三层,上层为记文,三十〔二〕行,每行三十七字,第一行阙,其后还有若干阙字,但基本完整,只是记文末所谓"元国书二行"(畏兀儿字)无法辨认。中层四十八行,开列各地寺、庵、僧堂名称,计有正月至十二月看大藏经的一百大寺,看四大部经的六寺,以及看《华严经》《法华经》和接待往来僧众的寺、庵、僧堂共十八处,点长明灯的七处。下层为僧徒颂德之词,十九行,文多剥落。碑末一行"今上皇帝圣寿万□(安)舍中统钞一千定每寺一十定看念藏经羊儿年记",此羊儿年即延祐六年。明朝人用此碑的一面来刻《重修晋江县学记》,原来的元代碑文反成为明碑碑阴。《闽中金石略》编纂者称,此碑

---

① 《亦黑迷失传》未载归还籍没家资的年代,此据《元史》卷一六二《史弼传》。
② 《元史》卷一六二《史弼传》。
③ 《元史》卷一八《成宗本纪》"至元三十一年十月乙巳"条。

尚在晋江明伦堂。笔者希望能找原碑核对，尤其想看清那二行"元国书"。承蒙友人厦门大学陈在正教授热心帮助寻访，告知此碑现尚存，已断为三截，上两截保存较好，下截多毁坏；福建莆田县（即今莆田市——编者注）重兴寺原来也有一块同样的碑，现不存。1957 年科学出版社出版的吴文良先生所编《泉州宗教石刻》附录中收有晋江县学的此碑图片（图版 152），但不易看清。2005 年，科学出版社又出了该书的增订本，《一百大寺看经记》碑在该书列目 E62，除图片外，增订者（文良先生哲嗣吴幼雄）以《闽中金石略》录文与现存石碑校对，增补了录文所缺三十一字。现将该书（第 593—595 页）所载碑文移录于下（"//"表行次，省略符"……"表笔者删节处，方括号内为笔者所加订补文字）：

钦奉//圣者//立碑//（碑额六字三行）

//（第一行阙）

//（上阙）贤院使领会同馆事（中阙）①钦奉//圣旨//……//……//……伏念亦黑迷失自幼年钦奉//世祖薛禅皇帝宣唤，历朝委用至今//圣恩莫报。特发诚心，谨施净财，广宣梵典，上□□□//世祖薛禅皇帝//完者都皇帝//曲律皇帝圣恩，端为祝延//今上皇帝圣寿万安//皇太后、皇后齐年//太子千秋，诸王、文武官僚同增禄位，风调雨顺，国泰民安，佛日增辉，法轮常转，敬就都城、西//京、汴梁、真定、河南〔府〕、汝州、（刑）〔邢〕州、顺德府、明州补陀山、朝里宁夏路、西凉府、甘州、两淮、江//浙、福建诸路一百大寺，各施中统钞一百定，年收息钞，轮月看转三乘圣教一藏。其余//寺、院、庵、堂、接待，或舍田施钞看念四大部、华严、法华等经，及点照供佛长明灯。谨写西//天银字经一藏，进上//当今皇帝，回赐大都普庆寺看读。仍就都城新创吉祥法王寺一区，赡地一顷，栗园一所，印经//一藏，施钞二百定。又以中统钞一百定，就嘉兴路崇德州置苗田一百二十五亩，岁收//租米一百石，舍入杭州灵芝寺。续施钞二百定，与泉州承天、开元二寺，以上置田出息，//为岁念藏经

---

① 据民国《福建通志》之《金石志》卷一三"亦黑迷失雪峰题名"，此碑第一、二行阙字当含有亦黑迷失官衔，故可据以补上："〔福建行中书省平章政事、集〕贤院使、领会同馆事〔吴国公亦黑迷失〕。"

费。又将元买兴化路仙游县租田二千余石,散施泉州、兴化各处寺院,递//年看转藏经。其斋□以岁收子粒多寡为率……//……仍为祖祢宗亲同//超佛地,次冀亦黑迷失偕室中夫人茶茶身官康泰,寿命延长,福禄荣迁,子孙昌盛。//万行功圆之日,百年报满之时,普与法界众生,同证萨婆苦海。

　　//

　　//(此二行畏兀儿字)

　　　//延祐三年十月　　日记报答

汇总其所施钞、田等数目:一百大寺每寺一百锭,计一万锭(五十万两);都城吉祥法王寺二百锭,杭州灵芝寺一百锭,泉州承天、开元寺二百锭,计五百锭(二万五千两);看念四大部、华严、法华等经藏及点长明灯共二十五处,均"舍田施钞",但未载数目,姑按施与大寺的半数计算,共约一千三百锭(六万五千两);施泉州、兴化各处寺院的租田二千余石,若即按此碑所载嘉兴崇德州地租额每亩八斗算,其施田数当为二千五百亩以上,买田用钞约二千多锭。加上碑末所记羊儿年(延祐六年)再施钞一千锭,其施钞数总计约达一万五千锭。此外还有写银字经一藏,及施都城吉祥法王寺地一顷,栗园一所,印经一藏,所费钞当亦不下千锭。他此次布施佛寺所费钞数,充其量最多占其家产的三分之一,[1]就算如此,则其家产总额也大略有近五万锭(二百五十万两),约占当时全国一年商税的九分之一,[2]足可称百万富豪了。

　　亦黑迷失于至元十四年任兵部侍郎,十八年升参知政事,二十九年才以参与出征爪哇而升任平章政事。按照至元二十二年的"百官俸例",各品分为上、中、下三等,侍郎(正四品)的月薪从二锭二十五两到二锭,参知政事(从二品)从四锭到三锭二十五两,平章政事(从一品)从六锭到五锭。[3]亦黑迷失的俸禄如果平均以参知政事上等级别计,三十年的俸禄收入,即使一两

① 因出征爪哇失利,亦黑迷失被没收家产三分之一,不久又退还给他。
② 《元史》卷九四《食货志》载,至元二十六年,从丞相桑哥言"大增天下商税",共四十五万锭。
③ 《元史》卷九六《食货志》。

117

都不开销,总共也只有近一千五百锭,还不到他此次布施寺院钞数的十分之一,可见他拥有的巨万家资应该是另有大来路。在元代,除了可获得巨额岁赐的"黄金家族"各支宗王(但他们获得的岁赐为其家族共有,分到各个家庭则为数并不很多)和贪婪权臣如阿合马者外,个人能积累如此大量财富的,当数斡脱商人和掌管斡脱的官员了。

关于元代斡脱商人,前人已经作过很多研究,无庸赘言。元人解释"斡脱"是"转运官钱,散本求利之名"①,斡脱商人是"见奉圣旨、诸王令旨,随路做买卖之人"②。他们从"御位下"(皇帝)或诸王那里领取本钱,经营牟利,然后归还本息。其经营方式主要是高利贷和国内外贸易,尤其值得注意的是为帝后或诸王从事海外奇珍异宝贸易,所得利润最为丰厚。其特殊处是"奉旨"从事营运,因而往往带"使者"名义并享有"乘驿"即利用国家驿传系统往来的特权,有时甚至享受免税的优惠。③《元典章》收录的至元二十年二月十八日中书省咨文,转述了忽必烈派怯薛必阇赤撒里蛮、怯里马赤爱薛④到中书省传达的一道圣旨:

> 斡脱每底勾当,为您的言语是上么道,交罢了行来。如今寻思呵,这斡脱每的言语似是的一般有,在先成吉思皇帝时分至今行有来。如今,若他每底圣旨拘收了呵,却与着;未曾拘收底,休要者。若有防送,交百姓生受行底,明白说者。钦此。⑤

《元史·世祖本纪》至元二十年二月"癸巳(初八),敕斡脱钱仍其旧"条应即上引圣旨的摘要。这件事的原委显然是因斡脱商人凭借持有圣旨的特权,不仅可以乘驿运送货物,甚至还要派兵"防送",亏损国库,骚扰百姓,中书省乃奏准拘收其圣旨。但斡脱商人(当系通过其主管衙门大员)陈诉说斡脱营

---

① 徐元瑞《吏学指南》,浙江古籍出版社,1988年,第118页。

② 《元典章》卷一七《吏部三·户口条画》。

③ 参阅高荣盛《元代海外贸易研究》第122—125页有关"商使贸易"的论述及第240—244页有关"下海使臣"市舶税法的论述(四川人民出版社,1998年)。

④ 撒里蛮的官衔是翰林学士承旨(见《元史·世祖本纪》"至元十八年十月壬子〔二十日〕"条),在内廷为怯薛必阇赤(见《秘书监志》卷一"设司徒府"条引述的至元十八年十月二十日奏准事宜。此件文书就是上述本纪条文的原始材料)。

⑤ 《元典章》卷二七《户部一三》"行运斡脱钱事"条。

运是太祖以来一直实行的"勾当"(事),忽必烈听信其言当即收回成命,下旨将已经拘收的圣旨退还他们,尚未拘收的就不再拘收。可见斡脱营运是蒙古贵族借以大得利的"勾当",元朝斡脱商人之所以能势大财雄,盖由于有此强硬背景。

亦黑迷失的家庭出身和生卒年月均不详,仅知他是畏兀儿人,至元二年成为宿卫士(怯薛歹)。《一百大寺看经记》中自述"自幼年钦奉世祖薛禅皇帝宣唤",则进入宿卫时年龄尚小。不过至元九年他就奉命出使海外八罗孛国,"偕其国人以珍宝奉表来朝,帝嘉之,赐金虎符",估计应有二十多岁了,则其进入宿卫的年龄当在十五岁左右。十二年再次出使该国,"与其国师以名药来献,赏赐甚厚"。这两次都没有"招谕"的使命,主要任务应是搜求海外珍宝、名药等物。实际上就是奉旨用官家本钱到海外购买统治者需要的珍稀物品,再招个把当地"国人"(注意:不是该国使臣)以"来朝""来献"名义"进贡",如此既可以免除关税,还能利用官方运输设备和军兵"防送",同时满足皇帝"诸国来朝"的虚荣心,获取更多的利益。①这正是元朝蒙古统治者派遣的所谓"下番使臣"从事海外贸易的常见形式,学者称之为"商使贸易",多任用怯薛或属下斡脱商人充当,反映了蒙古统治者对海外珍宝、名药及奇兽等物的强烈需求。②所谓使臣,其实干的是斡脱勾当,两种身份二位一体。亦黑迷失在碑文中说"自幼年钦奉世祖皇帝宣唤",其本传作"至元二年入备宿卫"。蒙元朝廷怯薛虽然主要是签取蒙古各级那颜子弟充当,其他民族官员或为皇室效力的各色人等子弟被征充怯薛者也为数不少,甚至平民百姓通过不同途径也能进入宿卫行列。③《亦黑迷失传》没有提其父身份,当属平民,也许是"御位下"所属斡脱商人(畏兀儿人多善经商),故此他"自幼"便被征入宿卫。第一次(至元九年)派他出使就是到印度去搜求珍宝。此时江南地区包括泉、广等港口都在南宋治下,他可能是从已在元朝治下的云南通过

① 敝见以为《亦黑迷失传》中说的"赐金虎符"和"赏赐甚厚"并非对外国来人,而是给亦黑迷失的。
② 见前揭高荣盛书。
③ 如山西大商人杨和甫"服贾江淮川蜀"致家资巨万,乃择一孙卓越者使觅取官职,乃"赴京日从贵近游,密勿阙廷,通籍宿卫,陪中涓之役",遂得授杭州镇戍军千户。见《山右金石志》卷三七《赠平阳万户翼千户杨公墓碑》。

安南或缅国出海。

亦黑迷失第三次出使是至元二十一年到僧迦剌国(锡兰,今斯里兰卡)"观佛钵舍利";第四次出使是至元二十四年到马八儿国"取佛钵舍利"。按《马可·波罗寰宇记》"再述锡兰岛"(Seilan)一节中,详细讲述了忽必烈派使臣到该岛求取佛牙佛钵事,说锡兰山顶上有释迦牟尼佛(Sagamoni Burcan)遗迹,并详述释迦牟尼成佛故事,接着记载大汗从到过此山的回回人(Saracens)处获悉该国有佛祖牙齿、头发和钵,亟须得到这些圣物,即派出大使团向锡兰国王求取。"这是在基督诞生的 1284 年,……大汗派遣的使节及其大队随从,长途跋涉来到锡兰岛,竭尽其力向国王求取,虽然他(按指锡兰岛国王)不太情愿,最后他们还是得到了两颗粗大的臼齿、一些头发和他(佛祖)用过的钵。这佛钵真正是绿斑石所制,非常精美。"最后讲到佛牙、佛发、佛钵送达大都时,大汗下令全城僧俗人等虔诚而敬重地迎接这些圣物的情景。[①]马可·波罗在这一长段叙述中不止一次使用"完全确实"(quite truly)一语,说明他所言真实可信。马可·波罗讲述的大汗遣使到锡兰取佛牙佛钵事,其年代和地点都与亦黑迷失的第三次出使完全符合,只是《元史·亦黑迷失传》作"观佛钵舍利",而将"取佛钵舍利"记为三年后出使马八儿国事。按《法显传》很详细地记载了师子国(即僧迦罗,锡兰)王城的"佛齿精舍"和每年佛齿出舍、道俗游观供养事;玄奘《大唐西域记》僧迦罗国一节也记载有此"佛牙精舍",是非常著名的佛教圣迹,[②]而同书秣罗矩吒国(Malakūta,即元代马八儿之地)则没有此类记载。颇疑亦黑迷失之"观""取"佛钵舍利都是在僧迦剌国的事,本传误分为两次两地。马八儿就在僧迦剌的对岸,出使马八儿当途经僧迦剌国,从这里渡过海峡就到达马八儿(Ma'abar,阿拉伯语意为"渡口",指从印度半岛东南岸渡海到锡兰处)。

《亦黑迷失传》中还有两件事引起我们的注意,一是出使马八儿时,除

---

① 《马可·波罗寰宇记》穆勒、伯希和英译本(A. C. Moule, P. Pelliot, *Marco Polo: The Description of the World*, London, 1938),第 407—411 页。

② 章巽《法显传校注》,上海古籍出版社,1985 年,第 153—158 页;季羡林等《大唐西域记校注》,中华书局,1985 年,第 880—882 页。

"得其良医善药"外,还以私钱购买紫檀木,献给皇帝;二是出使马八儿回来后,官阶由从二品参政升为正二品(资德大夫),遥授江淮行省左丞,行泉府太卿。前一件说明他不但以"使臣"身份从事官方贸易,而且乘机做私本生意,并以所购珍贵物品献给皇帝来谋取利益(官职或金钱利益)。这是当时"下番使臣"(或为带使臣名义的斡脱商人)通常的牟利方式。后一件事是他成为掌管斡脱和海外贸易事务的行泉府长官。泉府司是至元十七年由斡脱总管府升格改名的朝廷机构,"掌领御位下及皇太子、皇太后、诸王出纳金银事",当仍由原来"监斡脱总管府"的怯薛必阇赤长答失蛮领之。①不久,西夏人立智理威被任命为泉府卿。谙熟当朝典章的虞集在其所撰立智理威《神道碑》中说:"泉府者,国初出内帑资大贾贸易民间及海岛夷貊,借国家文书以行,无间深远,无敢邀拒。盖将藉以通幽险,察几微,非直为利也。"②这段话是对泉府司职能非常明白准确的概括(仅后一句夸大了其政治外交作用以掩饰蒙古统治者对珠宝金钱的追求)。

至元十九年阿合马被杀后出任中书右丞相的和礼霍孙,力图限制斡脱商人凭借"奉旨"做买卖的特权扰民,上文所述中书省奏准拘收斡脱所持圣旨(但忽必烈随即收回成命),可能就是他主政后的动议。其后他又"以泉府司商贩者,所至官给饮食,遣兵防卫,民实厌苦不便,奏罢之",于是至元二十一年四月"省泉府司入户部",然而二十二年八月忽必烈又批准答失蛮的奏议复立泉府司,仍以答失蛮领之;③二十三年八月,更将市舶司划归泉府司管辖,④可见海外贸易在"奉圣旨做买卖"的斡脱营运中占有很大分量,与蒙元朝皇家利益密切相关。泉府既兼管市舶,乃于东南沿海港口地区置行泉府司。《元史·食货志》记载:"〔至元〕二十四年,始立行泉府司,专掌海运,增置万户府二,总为四府。"⑤按至元二十年实现了由海道北运南粮后,曾置二万户府;二十四年增置者,即《世祖本纪》"至元二十四年五月壬寅"条所载

---

① 姚燧《皇元高昌忠惠王〔答失蛮〕神道碑》,《牧庵集》卷一三;《元史》卷一一《世祖本纪》"至元十七年十一月乙巳"条。按《〔答失蛮〕神道碑》谓斡脱总管府升泉府司在至元十八年。
② 见虞集《道园类稿》卷四二《立只理威忠惠公神道碑》。
③ 《元史》卷一三《世祖本纪》。
④ 《元史》卷一四《世祖本纪》。
⑤ 《元史》卷九三《食货志·海运》。

"用桑哥言,置上海、福州两万户府,以维制沙不丁、乌马儿等海运船"。沙不丁原本是个"贾胡"(回回商人),①因受到尚书省平章桑哥的赏识,从斡脱商人成为行泉府司的主管官员,其掌握的海运船队成为行泉府司的官方运输机构,专责将外国"贡物"和商贩奇货从港口泉州运到杭州,再转运到大都。②大约与此同时,"桑哥奏以沙不丁遥授江淮行省左丞,乌马儿为参政,依前领泉府、市舶两司",则二人此前已掌泉府事;到至元二十六年,沙不丁的官衔已升为江淮行省平章了。③

亦黑迷失出使马八儿回来后不久(可能在至元二十六年),就被"遥授"(非实职官衔)为江淮行省左丞,实职是行泉府太卿。行泉府司的职掌既然是上述之"海运"兼领市舶,则履职的主要地点自应在以泉州为主的海外贸易港口,推测亦黑迷失担任行泉府太卿期间的常驻地当在市舶油水最丰沛的福建泉州。④在这期间,他无疑从主管斡脱营运及对外贸易中积攒了大量

---

① 高荣盛在《元沙不丁事迹索考》(纪念翁独健先生诞辰一百周年,《蒙元史暨民族史论集》,社会科学文献出版社,2006年)文中,引用明人所编《珊瑚木难》收录的元《周用晦墓志铭》,谓留梦炎任吏部尚书时,曾"廷沮授沙不丁任平章政事,言'贾胡司泉府、主市舶可,宰相不可'"。据此知沙不丁本为斡脱商人。

② 按《元史·世祖本纪》"至元二十六年二月丙寅"条载:"尚书省臣言:'行泉府所统海船万五千艘,以新附人驾之,缓急殊不可用。宜招集乃颜及胜纳合儿流散户为军,自泉州至杭州立海站十五,站置船五艘,水军二百,专运番夷贡物及商贩奇货,且防御海道为便。'从之。"可知行泉府司所掌海运是专责转运舶来的奇珍异物从进口港泉州到杭州,转由运河送达都城。《经世大典·站赤》载:"至元二十六年二月十六日,尚书省奏:'泉州至杭州,陆路远笮,外国使客进献奇异物货,劳民负荷,铺马多死。今有知海道者沿海镇守〔官〕蔡泽言:旧有二千水军,合于海道起立水站递运,免劳百姓,又可戢盗。可否取裁。'上从之,事下江淮行省,钦依施行讫。"(《永乐大典》卷一九四一八,叶一一b)此与上引本纪所载者同日,而内容有异,但所奏同为立海站送运进口奇异物货事。

③ 《元史·桑哥传》。按《元史·世祖本纪》至元二十四年五月壬寅日记事,在上引"置上海、福州二万户府"之后,还载了沙不丁奏言"江南各省南官多,每省宜用一二人",似乎他已有省官衔头;二十五年四月辛酉日记事,他仍掌行泉府司;到《本纪》至元二十六年九月的记事,其官衔已是江淮行省平章。

④ 《经世大典·站赤》载有至元二十九年正月七日中书省奏事文书摘要,称"福建宣慰司官高兴言:'本道每年递运泉州贡赋,及外国来使赴上,皆仰民力纲运,重劳苦之。今沿途逃亡之屋甚多,良可哀悯。窃详远途职贡,驿传为先。请于建宁路建阳县、崇安县各立马站一所,迤逦至铅山州车盘站,至泗口下船,直至大都……又于福州怀安县、水口、南剑各置水站,以达建宁,似望官民便益。'奉旨若曰:'亦黑迷失、沙不丁曾至其地,可再问之。'都省钦依,询于亦黑迷失、沙不丁,皆以为便"。据此推断作为行泉府长官的亦黑迷失和沙不丁常当到福建的泉州、福州等地。

"家当"，①本传记载他至元二十九年二月奉召入朝时，"尽献其所有珍异之物"，其来路不言自明。爪哇之役失败，他虽遭责罚，但仅没收三分之一家产，而且很快就退还，无损于他的豪富，而且仍挂着行省平章政事、集贤院使官衔，"兼会同馆事"。会同馆是接待和引见番夷朝贡使者的朝廷机构，还与派遣"使者"到海外采购珍奇物货的事务有关。②看来，"告老家居"后的亦黑迷失，仍参与番夷使客朝贡和官方海外贸易事务。元贞二年（1296年），他再次向元成宗进献紫檀木，获得赐钞四千锭，③或可为此一推论的旁证。亦黑迷失"告老家居"的家在何处，史无明文。他奉旨所立的《一百大寺看经记》碑，目前所知只有现存的福建晋江县学一方，以及1958年被作为修水渠材料而毁坏的福建莆田重兴寺一方。他捐资看经的寺院几乎遍及当时的各行省，但笔者限于见闻，未见其他地方立有此碑。这是否与他的居住地有关呢？《福建金石志》卷一三还收有亦黑迷失的"雪峰题名"刻石（按：雪峰山在福州侯官县［即今闽侯县——编者注］），文为：

> 荣禄大夫、福建行中书省平章政事、集贤院使、领会同馆事、吴国公亦黑迷失，舍梯己宝钞赍擎。时延祐元年，住山樵隐悟逸题。

据此刻石，知其封吴国公在延祐元年或略早。那么，他向全国各大寺院布施巨资，应还有报答仁宗加封恩典的意图。延祐年间他仍挂原来的福建行省平章官衔（按福建行省已于大德三年罢，其地并入江浙行省），刻石和《看经记》碑都竖立在福建，是否可以表明他晚年长居福建泉州或福州呢？据《看经记》，他的夫人名"茶茶"（或茶茶），并有祝愿"子孙昌盛"语，但其子孙名字却未见记载，或可进一步寻究。

三、马可·波罗与亦黑迷失身份比较

亦黑迷失的出身不见记载，而马可·波罗的出身则比较清楚：父、叔两

---

① 元时海外贸易港口的官员多乘机大捞油水，"每番船一至，众皆欢呼曰：'亟治箱廪，家当来矣！'"见姚桐寿《乐郊私语》。
② 参见高荣盛《元代海外贸易研究》，第150—151页。
③ 《元史》卷一九《成宗本纪》"元贞二年五月丁酉"条。

人都是经营国际贸易的威尼斯商人,长途跋涉来到元朝都城(大约在1265年),又被忽必烈派去"出使"罗马教廷,并取耶路撒冷圣墓灯油。他们以元朝使者身份向教廷呈递了元廷国书并传达了忽必烈要教皇派高级教士来元的旨意,并取得圣墓灯油,遂携同十七岁的马可·波罗来元复命。马可·波罗《寰宇记》叙述:"当大汗获悉他的使者尼柯罗和马菲奥(马可·波罗的父、叔)正从基督之地回来,已极其劳顿,即派信使行四十日前往迎接,并提供所有为他们准备的各地所需〔物品〕。""当尼柯罗、马菲奥两兄弟和马可·波罗到达上述大汗所在的大城(上都),他们立即前往大汗及其众多侍从怯薛丹①所在之大殿,恭顺跪拜,俯伏至地。大汗命他们平身站立,十分欣喜,为之赐宴。"他们回答了大汗有关路途和执行任务情况的询问,进献了教皇给大汗的祝福信件和礼品,并呈上从耶路撒冷圣墓取到的灯油。大汗问及年轻的马可·波罗为谁,尼柯罗奏言:"他是我的儿子,陛下之臣仆。我千辛万苦从遥远之地把这世上我最亲爱者带来,献给陛下,做您的仆从(He is my son and your man, *whom as the dearest thing I had in this world I have brought with great peril and ado from such distant lands to present him to thee for thy slave*)。"大汗甚喜,"待以恩宠,命将他加写到王家其他受信任成员之中,因此他得到宫廷所有人的看重(He held him in great favour and *made them write him among the other honoured members of his household*, *for which reason he was held of great account and value by all those at the court*)"。从此"他们(马可·波罗和父、叔三人)留在大汗宫廷,而且得到的尊重总是高于所有怯薛丹(They stay at the court *of the said great Kaan and always* had honour above *all* the other barons)"。②

---

① 此段在穆勒、伯希和英译本中作:"They go off *immediately* to the chief palace where they find the great Kaan with a great company of *all his* barons."马可·波罗在另一处叙述中说:"Now you may know *again* quite truly that the great lord has ordained his 12 000 barons who are called *in their own tongue* quesitan, which means to say *in our tongue* the lord's nearest trusty ones, *as I have told you before*."(p.225)就是说,这里所讲的"大汗最亲近之可信者"一万二千"男爵"(barons),即前面讲过的大汗之一万二千护卫士,蒙古语称为"怯薛丹"。笔者认为马可·波罗书中的barons一词,可按其解释直接还原为"怯薛丹",而不必如冯承钧译本另译作"男爵"。

② 以上所引三处英译文皆见穆勒、伯希和译本《马可·波罗寰宇记》,第85页。引文中常规字体为译本所用底本巴黎国立图书馆藏fr 1116号抄本,斜体字则系采用其他抄本或刊本补入。下同。

马可·波罗没有一字提到他的父、叔留在元朝宫廷的十七年中究竟从事什么"勾当"(一般推论他们仍是经商)。《寰宇记》中有三处讲到马可·波罗自己奉大汗之命所做的工作,一是奉使云南:"当大汗看到马可是如此聪明,⋯⋯就派他作为一些皇家重要事务的使者,去一个很远的地方,名为合刺章的城市(When the great Kaan sees that Marc was so wise, ...he sends him messenger *on some important royal business* to a *very distant* land *to a city named Caragian*)。"①他出色地完成了使命,"此次使命之后,他们不再把他看成一个小青年,而是一位成熟的男士,从此在宫廷上他就被称为马可·波罗阁下。⋯⋯此后马可阁下仕于大汗处十七年,其间他不停地奉旨出使大汗派他去的各个地方,经历不同国度;有时也为了从事私务,但都是按照大汗的旨意和命令行事(From this mission onward *they honoured him not as youth but as a man of very great age*, & *thenceforward* the youth was called Master Marc Pol ... *after this* Master Marc stays with the great Kaan quite seventeen years, and in all this time he did not cease to go on missions *hither and thither through different contries wherever the Lord sent him, and sometime for private affaires of the same Master Marc, but by the good will and order of the great Kann*)"②。二是在讲述扬州城的一节中说:"马可·波罗阁下本人,奉大汗之命,代替上述怯薛丹之一,管理此扬州城,并在此连续居住整三年(Master Marc Pol himself ... rules this city of *Yangiu, dwelling in it by command of the great Kann, for three full years continually, in place of one of the said barons*)。"③三是在讲述大汗从杭州(Quinsai,行在)获得的巨额税收一节中,他说:"我,马可·波罗,数次受大汗派遣,视察从所有这些物产(不包括盐)中取得的岁课总数(I, Marc Pol, who several times *was sent by the great Kaan to see* [and] heard the count of the *annual* revenue *which the lord had* from all

---

① 穆勒、伯希和译本《马可·波罗寰宇记》,第86页。
② 同上书,第87页。
③ 同上书,第316页。

these things，without salt [*of which we have told you before*])．"①联系到上文所引马可·波罗与其父、叔觐见大汗的一段叙述，尼柯罗说他千辛万苦把宝贝儿子从遥远之地带来，就是献给大汗做仆从，忽必烈非常高兴地接受了，并命将马可·波罗加写到王家其他受信任成员之中。按蒙元时代，来自各国、各民族到朝廷效力的诸色人士，将亲子献给大汗为质为仆，是常见的事。《寰宇记》的这段话，或许意味着这位来自拂郎国的青年色目人，成了大汗忽必烈的侍从。虽然马可·波罗没有明白地说他也列在所谓一万二千名蒙古语称为"怯薛丹"的 barons 之中，但从他讲述的奉旨所做工作(包括其私人事务都在大汗旨意和允准下进行)看来，不能否定他成为大汗身边受信任的侍从之一，以及他曾"代"某一怯薛丹(baron)管辖扬州之事。同时，马可·波罗关于怯薛轮值情况的讲述，以及"天寿圣节受朝仪"(the great festival which the great Kaan makes on his birthday)、"元正受朝仪"(the great feast which the great Kaan makes on their beginning of the year)和殿庭赐宴情况的讲述，②都基本符合汉文史料记载，应是出于亲身所见。若果如此，则马可·波罗和亦黑迷失几乎拥有类似的身份，作为大汗怯薛丹之一，奉旨"出使"，或担任官职，或从事国内国外的"斡脱"贸易活动。

《寰宇记》中就有三处讲到马可·波罗到过海外的经历，一是在讲述"占婆国"(The country of Ciamba)一节，说他于 1285 年曾到此地(I tell you that in the 1285 *year of Christ* I Marc Pol was there)．③二是在讲述锡兰岛的一节中，详叙大汗忽必烈派使臣到该国购买极贵重的红宝石，接着说："我，马可·波罗，就是这次的使臣之一，得以亲眼见到上述这颗红宝石(*And I Marc Pol was one of the ambassadors and saw the said ruby with my eyes*)．"④这段话是他以使者身份从事皇家海外贸易的有力证明，只是没

---

① 穆勒、伯希和译本《马可·波罗寰宇记》，第 342 页。
② 同上书，第 216—225 页。这里将马可·波罗所说的两个节日大典直接译成《元史·礼乐志》记载的名称。
③ 同上书，第 368 页。附注：有三种版本此一年代分别作 1275 年、1288 年和 1280 年。
④ 同上书，第 380 页。

有提这次"出使"的年代。① 三是在讲述阿鲁浑汗派三使者来向大汗求娶阔阔真王妃时,说正在此时"马可·波罗因一次使命从印度归来,此行是作为大汗的使者,并到过阿鲁浑汗领地,讲述了(向大汗报告?)此次使事和途中所见其他各种事情,以及如何经历诸外域和奇异海洋,并报告了该国(印度?)的许多精彩的新事(And then *at this time*... Master Marc returns *with a certain embassy* from Indie, *who was gone as embassador of the Lord, and had been or passed through the province of the king Argon, and told the embassy and the other different things which he had seen in his way, and how he had gone* through *foreign provinces and* very strange seas and tells many *wonderful* new things of that country)"②。上引各则记事可以说明马可·波罗不仅曾出使锡兰、印度,还到过波斯湾伊利汗国境。看来,他曾不止一次地"奉使"海外。

马可·波罗以其财富获得"百万"(Milion)之号,③ 在东方的经历(既为大汗效劳,也从事私人事务)使他成为威尼斯的巨富。而《一百大寺看经记》碑文,也可证明亦黑迷失拥有百万资产。他们两人在元朝都是具有类似的双重身份人物。

(原载《燕京学报》新 26 期,2009 年,第 39—57 页;收入作者《蒙元史与中华多元文化论集》,上海古籍出版社,2013 年,第 119—137 页。)

---

① 上文所引《寰宇记》在"锡兰岛"节中还详细讲述了 1284 年大汗派使者到该地求取佛钵、舍利事,与《元史》所载亦黑迷失出使锡兰"观佛钵、舍利"的时间、地点均同。只不过马可·波罗将大汗遣使到锡兰购买宝石和求取佛钵舍利两件事分开来讲述,没有讲他自己是否参与求取佛钵舍利事。我在 1986 年发表的《马可·波罗在中国的旅程及其年代》(编者按:已收入本书)文中,曾推测马可·波罗很有可能是至元二十一年(1284 年)亦黑迷失出使僧迦剌的使团成员之一。这个推测的前提是上述两件事都发生在同年同一次使命中,这一点还无法证明。
② 穆勒、伯希和译本《马可·波罗寰宇记》,第 89 页。
③ 同上书《绪论》,第 32—33 页。

威尼斯"马可·波罗罐"调查记

林梅村

 1274 年(至元十一年),马可·波罗一家从亦集乃城(今内蒙古额济纳河畔黑水城),经河西走廊到丰州天德军(今呼和浩特市郊),途中访问了银川。《马可·波罗行纪》记载:"如从凉州首途,东进,骑行八日,至一州,名曰额里哈牙(Egrigaia)。隶属唐古忒,境内有城堡不少,主要之城名哈剌善(Calachan)。……城中制造驼毛毡不少,是为世界最丽之毡,亦有白毡,为世界最良之毡,盖以白骆驼毛制之也。所制甚多,商人以之运售契丹(指中国北方)及世界各地。"①凉州,即今甘肃武威。额里哈牙源于西夏语Egrigaia,《蒙古秘史》译作"宁夏"。哈剌善源于西夏语 Calachan(今称"贺兰山"),指今宁夏银川。然而,马可·波罗是否真的到过中国,一直遭到许多学者的置疑。大英图书馆东方部主任吴芳思(Frances Wood)博士经多年研究,并于 1995 年出版了一本书《马可·波罗到过中国吗?》。该书再次对马可·波罗的中国之行表示怀疑。②

 1941 年,杨志玖先生在《经世大典·站赤》中发现一条元代公文,足以证明马可·波罗送蒙古新娘阔阔真从海路赴波斯之事的真实性。其文曰:至元二十七年(1290 年)八月"十七日,尚书阿难答、都事别不花等奏:平章沙不丁上言:'今年三月奉旨,遣兀鲁䚟、阿必失呵、火者取道马八儿,往阿鲁浑大王位下。同行一百六十人,内九十人已支分例;余七十人,闻是诸官所赠遗及买得者,乞不给分例口粮。'奉旨:勿与之"。这件元代公文涉及江淮行省

---

① 冯承钧译《马可波罗行纪》,上海书店出版社,2001 年重印本,第 164 页。
② 弗朗西丝·伍德《马可·波罗到过中国吗?》,洪允息译,新华出版社,1997 年。

平章沙不丁向元廷请示三位伊利汗国使者随员的口粮供应问题。尽管文中没直接提到马可·波罗,但是三位波斯使臣的名字,却与《马可·波罗行纪》说伊利大汗阿鲁浑派遣的三位波斯使者 Oulatai(兀剌台)、Apousca(阿卜思哈)、Coja(火者)的名字完全相同。[①]他们在马可·波罗建议下,从海道送蒙古新娘阔阔真赴波斯。[②]

除《经世大典·站赤》之外,目前还有两个物证可以证明马可·波罗来华的真实性。一是威尼斯圣马可图书馆藏三件波罗家族羊皮遗嘱,二是威尼斯圣马可教堂藏马可·波罗罐。2009 年 5 月,在法兰西高等实践研究学院(Ecole Pratique des Hautes Etudes)讲学期间,我们专程到威尼斯调查这两件重要文物。这项调查得到威尼斯大学历史系安德烈(Attilio Andreni)教授的热情帮助,谨致谢忱。我不懂拉丁语,委托法兰西高等实践研究学院博士研究生刘清华研究马可·波罗的遗嘱。[③]这里,我们主要讨论马可·波罗从中国带回威尼斯的元代德化窑四系罐。

第一 贝利尼油画所见波罗家族墓地

1324 年 1 月 9 日,马可·波罗去世,享年 70 岁。根据他的遗嘱,安葬在威尼斯圣罗伦佐教堂(Church of San Lorenzo)的波罗家族墓地。2009 年 5 月,我们实地考察了圣罗伦佐教堂,因为波罗家族的三份遗嘱、德化窑瓷罐以及蒙古大汗赏赐的三枚金牌原来就保存在这所教堂。1580—1616 年之间,圣罗伦佐教堂被大规模重建,教堂内古墓全部迁往他处,而马可·波罗墓从此下落不明。

1295 年,马可·波罗一家送蒙古新娘阔阔真去波斯时,蒙古大汗赏赐给他们三枚乘驿金牌,使他们可以利用元朝驿站从中国到波斯。这三枚金牌

---

① 冯承钧译《马可波罗行纪》,第 23 页。
② 《永乐大典》卷一九四一八,叶一五 b,参见杨志玖《关于马可·波罗离华的一段汉文记载》,《文史杂志》第 1 卷第 12 期,1941 年;收入杨志玖《元史三论》,人民出版社,1985 年,第 89—96 页(编者按:已收入本书)。
③ 刘清华《威尼斯圣马可教堂图书馆藏马可·波罗遗嘱》,《丝绸之路上的考古、宗教与历史》,文物出版社,2011 年,第 312—319 页。(编者按:已收入本书。)

原来由马可·波罗的叔叔马菲奥(Maffeo Polo)保管。马可·波罗后来借走了一枚,但是一直没有归还。1310 年,马菲奥临终前立下遗嘱,让他的子孙追讨马可·波罗借走的那枚金牌。①这三枚金牌原来也在圣罗伦佐教堂,迄今下落不明。近年在内蒙古兴安盟科右前旗索伦镇征集到一块八思巴文蒙古语圣旨金牌,今称"索伦金牌"。这块金牌呈长方形,长度约 25.7 厘米,宽度约 8.1 厘米,厚度约 1 厘米,重约 348 克。金牌两面镌刻计五行双勾体八思巴字,读作:"长生天的气力里,皇帝名号是神圣的。谁若不从,问罪至死。"金牌顶端有用以系带的圆孔,圆孔有能够转动的装饰圈。经呼和浩特市黄金协会金银珠宝制品检测中心鉴定,含金量 58.44%,含银量 41.6%,现藏内蒙古大学民族博物馆(图一)。②

图一　内蒙古大学民族博物馆藏元代八思巴文圣旨金牌

---

① Arthur Christopher Moule, Paul Pelliot (trans.), *Marco Polo: The Description of the World*, Vol. I, London: George Routledge & Sons LTD. Carter Lan, 1938, pp.539-540.
② 包祥《新近在内蒙古发现的元代八思巴字蒙古语金质圣牌》,《内蒙古大学学报》2000 年第 4 期,第 30—32 页。

宪宗三年(1253 年),藏传佛教萨迦派法师八思巴被忽必烈召至左右,为忽必烈夫妇等二十五人授佛戒。中统元年(1260 年)忽必烈即位后,八思巴被尊为"国师",授以玉印,任中原教主,统天下教门。八思巴奉诏创制蒙古文字,至元六年(1269 年)颁行全国,名曰"蒙古新字"或"蒙古字",俗称"八思巴文"。马可·波罗于 1292 年随波斯汗国使团从泉州赴波斯,那么忽必烈赐予他和家人的大汗金牌,当即八思巴文蒙古语圣旨金牌。

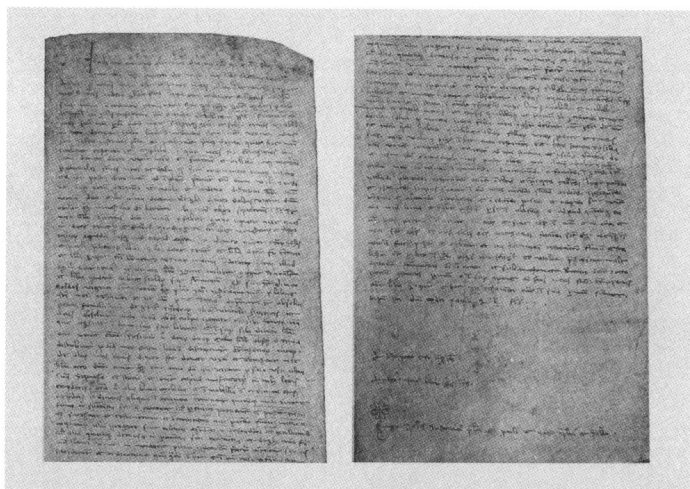

图二　马可·波罗羊皮书遗嘱

图三　威尼斯圣马可教堂

值得庆幸的是,马可·波罗家族的三件羊皮书遗嘱(图二)后来入藏威尼斯圣马可图书馆,①而德化窑瓷罐则入藏威尼斯圣马可教堂(图三)。

1500 年,意大利文艺复兴早期画家贝利尼(Gentile Bellini)创作的《圣罗伦佐桥十字架的奇迹》上绘有圣罗伦佐教堂改建前的原貌(图四左)。这幅油画纵 326 厘米,横 435 厘米,目前收藏在威尼斯学院画廊(Gallerie dell'Accademia)。从这幅画看,圣罗伦佐教堂本为锥形屋顶,16 世纪改建成现在的三角形屋顶(图四右)。

图四 贝利尼油画所见 16 世纪改建前的圣罗伦佐教堂与现状

马可·波罗在遗嘱中提到,他的住宅位于威尼斯圣约翰·克里斯多姆堂区(San Giovanni Cristostomo)。2009 年 5 月,我们到马可·波罗故居考察,现在的门牌号是威尼斯 5847 号。马可·波罗生前号称"百万富翁",因此后人在马可·波罗故居外墙写了许多意大利文 Del Milione(百万)标牌,表示这里是马可·波罗故居(图五)。

---

① 马可·波罗羊皮遗嘱照片,参见 *Biblioteca Marciana*, Cod. Lat. V. 58, 59. Collocazione 2437, 38 fol. 33, pl. 2·5.

图五 威尼斯 5847 号马可·波罗故居

2009 年春在威尼斯考察时,一位意大利朋友告诉我,马可·波罗故居原来的建筑早就毁于 17 世纪的一场大火,如今所见三层小楼是后来重建的。近年修缮马可·波罗故居对面古代剧场时发现了一些中国瓷片,可惜我们没见到实物,不知是否为马可·波罗带回家乡的。除了金牌、丝绸之外,马可·波罗还把一位中国仆人带回威尼斯。他在遗嘱中给这位名叫"彼得"的中国仆人以自由权,并给他留了一笔钱。

如今马可·波罗百万家资中只有一件中国瓷罐保存下来,目前收藏在威尼斯圣马可教堂。1931 年,英国古陶瓷学家拉菲尔(Oscar C. Raphael)和收藏家戴维德爵士(Sir Percival V. David)到威尼斯圣马可教堂考察了实物。拉菲尔随即发表《威尼斯圣马可教堂宝藏之中国瓷罐》一文,首次报道了这个重要发现,并刊布了这件中国瓷器的黑白照片(图六左)。[①]这件瓷罐高约 12.38 厘米(4.875 英寸),最大腹径约 8.26 厘米(3.25 英寸),上有蕉叶、缠枝花卉等四层印花纹,沙底未施釉。据拉菲尔考证,这件中国瓷罐是德化窑烧造的一种青白釉瓷罐,其年代并非以前认为的 12 世纪而是 13 世纪末。

① Oscar C. Raphael, "Chinese Porcelain Jar in the Treasury of San Marco, Venice", *Transaction of the Oriental Ceramic Society*, Vol.10, 1931-1932, pp.13-15.

图六　威尼斯圣马可教堂藏德化窑青白釉四系罐

　　威尼斯圣马可教堂收藏了许多东方宝物,主要是十字军东征时威尼斯总督丹多罗(Henri Dandolo)从伊斯坦布尔城圣索菲亚大教堂抢劫的。19 世纪法兰西画家德拉克罗西克斯(Eugéne Delacroix)的名画《十字军进入君士坦丁堡》(图七),生动描绘了十字军抢劫索菲亚教堂的场景。殊不知,十字军进入君士坦丁堡的时间在 1204 年 4 月 12 日,而威尼斯圣马可教堂所

图七　卢浮宫藏《十字军进入君士坦丁堡》

藏中国瓷罐的年代不可能早到 1204 年。拉菲尔认为,这个瓷罐一定是 1295 年马可·波罗带回家乡威尼斯的,故称"马可·波罗罐"。

《马可·波罗行纪》专门介绍过德化白瓷及烧造过程。文中说:"刺桐城(指泉州)附近有一别城,名称迪云州(Tiunguy),制造碗及磁器,既多且美。除此港外,他港皆不制此物,购价甚贱。此迪云州城,特有一种语言。大汗在此崇迦(Concha,指南宋故地)国中征收课税甚巨,且逾于行在国(指杭州)。"①又载:"此城除制造磁质之碗盘外,别无其他事足述。制磁之法,先在石矿取一种土,暴之风雨太阳之下三四十年。其土在此时间中成为细土,然后可造上述器皿,上加以色,随意所欲,旋置窑中烧之。先人积土,只有子侄可用。此城之中磁市甚多,物搦齐亚(即威尼斯)钱一枚,不难购取八盘。"②

第二　南海 1 号沉船出水南宋德化窑四系罐

临安沦陷后,南宋光复势力陆秀夫、文天祥先后拥立过两个小皇帝,以福州为首都成立了流亡小朝廷。当时福建、两广皆在小朝廷控制之下,史称"海上朝廷"。在《马可·波罗行纪》中,蒙古统治下的中国称作"鞑靼",中国北方则称"契丹"。蒙古军首先占领的南宋江浙地区称作"蛮子国",蛮子国首都在行在(今杭州)。蒙古军后来占领的闽广两地称作 Chouka 或 Chonka。这个词究竟指什么,学界以前一直不得其解,冯承钧译作"崇迦"或"楚迦"。我们发现该词实际上是"宋国"之音译,指南宋在福建、广东所建流亡小朝廷。马可·波罗说"宋国"首都在福州(Fugiu),有助于证明这一点。③

冯承钧所谓"迪云州"(Tiunguy),目前学界一致认为应该是"德化"的音译。历史上,德化窑青白瓷器极负盛名,宋代以来大规模生产。德化青白瓷质地细致,薄而坚硬。瓷器胎骨多呈白色,釉层较薄,晶莹润泽,釉色青中泛白,白中泛青,色调深浅不一。13 世纪德化窑在青白瓷基础上,釉药成分略加变化,颜色偏浅淡,但是仍不能生产德化白瓷。据法国汉学家伯希和考

① 冯承钧译《马可波罗行纪》,第 376 页。
② 这段文字采自剌木学本,参见冯承钧译《马可波罗行纪》,第 377 页。
③ 林梅村《马可·波罗在北京》,《中国历史文物》2008 年第 2 期,第 22—33 页。

证,元代德化窑在瓷器上的釉色,是一种透明的类似玻璃的"青色",所以他认为元代德化窑生产的瓷器当为"青瓷"。[1]

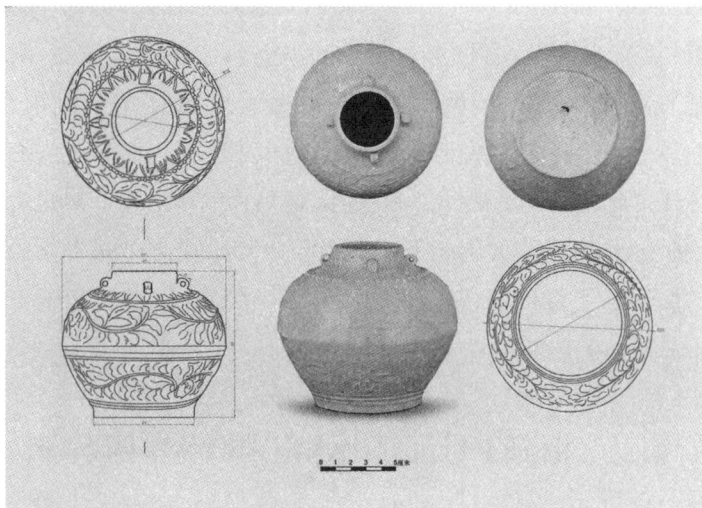

图八　南海1号沉船出水南宋德化窑青白釉瓷罐

　　广东省博物馆收藏的两件南宋德化窑青白釉罐,与马可·波罗罐非常相似,据说是20世纪70—80年代在广东台山海域南宋沉船中打捞出水的。一件为青白釉双系罐,微敛口、方唇、丰肩、鼓腹、平底,肩颈交界处附双耳,双耳已残。肩饰双弦纹,腹部为印花卉纹,并在中部被弦纹隔开成上下两组,近底处也有两圈弦纹饰,其下及平底露胎,胎质洁白细腻,釉色莹润光亮。口径2.5厘米,底径4厘米,高7.8厘米。另一件为青白釉四系罐,直口、方唇、丰肩、鼓腹、平底微凹,肩颈交界处附四耳,肩饰两组双弦纹,上下腹饰缠枝花卉纹,中部接合处微凸成棱,近底处也有两道弦纹,白釉也施至此,其下及底露胎;釉色润白莹亮,口径3.6厘米,底径5.4厘米,高8.3厘米。[2]

　　1987年,广州救捞局和英国潜水打捞公司在广东台山上川岛附近海域发现一条南宋沉船,今称"南海1号"沉船。国家博物馆水下考古中心和广

---

① Arthur C. Moule,Paul Pelliot(trans.),*Marco Polo：The Description of the World*,Vol.Ⅰ,p.352.

② 蔡奕芝《广东省博物馆藏德化瓷器》网络版(http://www.dehua.net/porcelain/2005/04/23676_1.shtml)。

东省考古所考古队从这条沉船中相继打捞出数千件南宋瓷器,计有:青白釉六方执壶、青白釉四系罐、青白釉印盒、青白釉花瓣口卷草纹碟等。这些瓷器主要来自南宋四大名窑,包括福建德化窑青白瓷、磁灶窑瓷器、江西景德镇影青瓷以及浙江龙泉窑青瓷。据估计,整船文物可能多达6万至8万件。目前这条南宋沉船已经整体迁入广东阳江新落成的南海1号博物馆。[1]我们感兴趣的是,南海1号沉船发现的大批德化窑青白釉瓷罐(图八)与马可·波罗罐非常相似。从器型看,广东省博物馆收藏的两件南宋德化窑青白釉小罐很可能出自"南海1号"沉船。

第三 "马可·波罗罐"年代问题

宋代以来,德化窑白瓷大规模外销。1964年,在菲律宾遗址和古墓发现了数以千计的德化窑白瓷,尤以马尼拉圣安娜遗址最为集中。器型有壶、军持、罐、瓶、盖盒、碗、碟、高足杯等。器物均采用模制,胎质有烧结适当、瓷质较好的,也有一些生烧因而瓷质较差的。釉色青白,也有白中闪黄,俗称"牙白"的。器物口沿分有釉与无釉(涩口)两种:有釉的采用一匣一器正烧方法烧成,无釉为对口烧而成的小洗之类的器物。装饰纹样均以印宽细线条纹为主。纹饰有莲瓣、卷叶、牡丹、飞鹅、线纹、万字符号、水生植物、玫瑰花等。

图九 南海1号出土南宋德化窑四系罐与菲律宾出土元代德化窑四系罐

[1] 刘志远主编《"南海1号"的考古试掘》,科学出版社,2011年,第50—51页。

1968 年,英国学者爱迪斯撰文《菲律宾发现的中国瓷器的年代》,认为菲律宾发现的白瓷多为福建德化窑产品。瓷器主体非常精致,为纯白色。没有铁杂质形成的斑点,只是偶尔底部因烧制呈现锈斑。器物均模制,其底部未上釉,且出模后没有加工处理。釉面一般微带浅黄色,但有一些样式,也许是更高温烧制,几乎呈青白色彩。此外,还有许多小圆壶,有的外形上模印有元代特征的龙纹。滴壶和军持壶,或无印纹或瓶体上模印龙纹,较不普遍。一些印有叶脉纹或素面的碟子,有模印以线状样式的凤鸟图形,平底,满釉。菲律宾发现的一些白釉小壶或小罐当系元代之物。①

图一〇　威尼斯圣马可教堂藏德化窑青白釉四系罐

我们注意到,南海 1 号沉船出水南宋德化窑四系罐,与菲律宾出土元代德化窑四系罐的纹样略有不同。南宋瓷罐外壁为三排花纹(图九左),而元代瓷罐外壁则为四排花纹(图九右)。马可·波罗罐的外壁亦为四排花纹。

① John M. Addis, "Chinese Porcelain Found in the Philippines", *Transactions of the Oriental Ceramic Society*, Vol.37, 1968, pp.17-36;叶文程《略谈古泉州地区的外销陶瓷》,《中国古外销陶瓷研究论文集》,紫禁城出版社,1988 年,第 194 页。

由此可证,马可·波罗罐烧造于元代初年(13世纪末),绝非12世纪十字军东征之物。2009年5月,我们到威尼斯圣马可教堂考察实物(图一〇),展品说明仍把这件元代德化窑的青白瓷罐当作十字军东征之物。草拟此文,溯本清源,以期推动马可·波罗研究的深入。

(原载罗丰主编《丝绸之路上的考古、宗教与历史》,文物出版社,2011年,第198—203页;此据作者《大朝春秋——蒙元考古与艺术》,紫禁城出版社,2013年,第192—202页。个别图版有更换。)

威尼斯圣马可教堂图书馆藏马可·波罗遗嘱

刘清华

前人对马可·波罗的研究,主要集中在三个问题上:其一,马可·波罗是否到过中国? 其二,他是否懂得中文以及是否做过扬州总管? 其三,他的著作是否是作伪?①所有的这些问题皆基于对《马可·波罗游记》本身的研究,同样,迄今大多数研究者的视线也很少脱离于这一基本史料。北京大学林梅村教授 2009 年春天借欧洲讲学之机,专程赴意大利威尼斯圣马可教堂图书馆,了解马可·波罗罐以及其家族遗嘱等原始记录,欲对过去较为忽略的一手材料展开研究。在林先生建议和帮助下,笔者尝试进行马可·波罗遗嘱的翻译整理。②对于马可·波罗家族成员遗嘱及相关材料的逐一解读,是笔者下一阶段继续关注的重点之一。

一、马可·波罗羊皮遗嘱

众所周知,马可·波罗自 1323 年卧病在床,立下遗嘱不久于 1324 年初辞世,最后根据他的意愿,葬在威尼斯圣劳伦佐(San Lorenzo)教堂马可·波罗家族墓地。马可·波罗遗嘱本来也保存在圣劳伦佐教堂,马可家族墓地后来迁往他处,这份遗嘱则落入威尼斯圣马可教堂图书馆,一直保存至今。③

---

① 杨志玖《马可·波罗在中国》,南开大学出版社,1999 年。
② 文章从整体构思,到部分词汇的翻译解释,均多次得到林梅村教授的帮助和建议,谨此表示感谢。与此同时,文中的所有谬误均由笔者承担。
③ 本文采用的照片引自 Biblioteca Marciana. Cod. Lat. V.58, 59. Collocazione 2437, 38. fol.33., see pl.2-5;该图片由威尼斯圣马可教堂图书馆工作人员提供给林梅村教授。

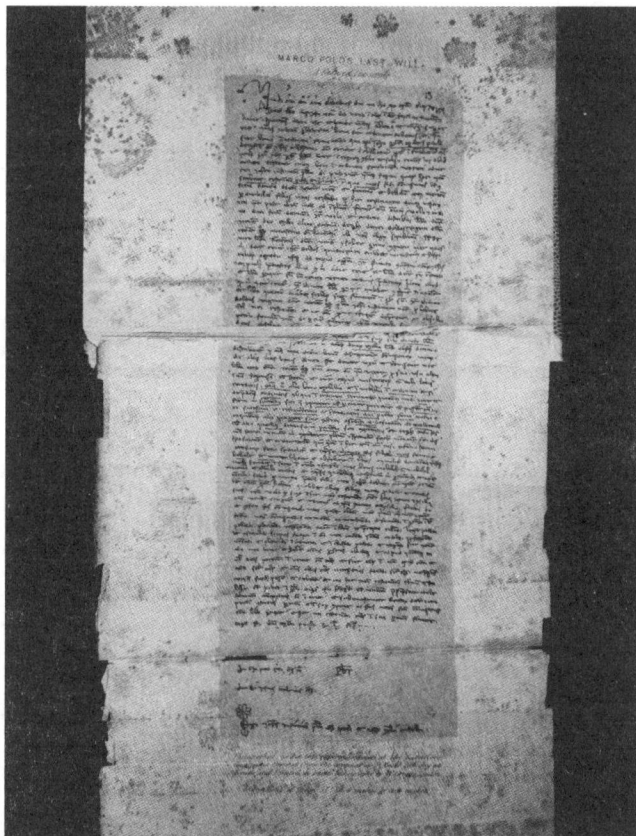

马可·波罗羊皮遗嘱照片

二、穆勒、伯希和对马可·波罗遗嘱的拉丁文转写

穆勒以及伯希和二人在 1938 年将马可·波罗家族的遗嘱全部作了拉丁文转写,收入二人合译《马可·波罗游记》英文版,而马可·波罗遗嘱乃其家族成员众多遗嘱之一。下面将拉丁文转写抄录于下:①

① 英文原注:This Will, with 1 and 2 above, was bought by the Marciana from the library of Amadeo SVAJER in 1794. See J. VALENTINELLI Bibl. Man. I p.105, III p.65; cf. CICOG-NA Ins. Ven. III p. 489. They were printed by CICOGNA and LAZARI, and this one was copied from the latter by PAUTHIER and (with minute changes) by YULE. Ends of lines of the original are marked | above. Documents Relating to the Family, House, and tomb (转下页)

In nomine dei eterni amen anno ab incarnatione domini nostri ihesu xpisti Millesimo Trecentesimo viges | simo tercio menssis januarii die nono intrantis indicione septima Riuoalti |

diuine inspiracionis donum est et prouide mentis arbitrium ut antequam superue | niat mortis iudicium quilibet sua bona sit ordinare so- licitus ne ipsa |

sua bona inordinata remaneant qua propter ego quidem Marcus paulo | de confinio sancti johannis crisostomi dum cotidie debillitarer propter infirmitatem cor | poris sanus tamen per dei graciam mente integroque consilio et senssu timens ne abin | testato decederem & mea bona inordinata Remanerent. vo- cari ad me | feci johannem iustinianum plebanum sancti proculi & notarium ipsumque Rogaui quatenus hoc meum | scriberet testamentum pariter et conpleret:

in quo meas fidei commissarias esse con | stituo donatam dilectam vx- orem meam et fantinam et bellelam atque moretam | peramabilles filias meas ut secundum quod hic ordinauero darique iussero | ita ipse post obitum meum adimpleant /primitus enim omnium volo & ordi | no dari rectum decimum. jtem volo et ordino distribui libras denariorum | veneto- rum duo Millia ultra decimam. de quibus dimito soldos viginti denariorum | venetorum grossorum monasterio sancti laurencii ubi meam eligo sepultur- am. Jtem Re | mito libras Trecentas denariorum venetorum ysabete quirino congnate mee quas | mihi dare tenetur. Jtem Soldos quadraginta cuilibet monasteriorum et hospi | taliorum a gradu usque ad capud aggine. Jtem dimito conuentui Sanctorum johannis | et pauli predicatorum illud quod

---

(接上页)of Marco Polo, 18, Will of Marco Polo the Traveler, 1324. p.539, in Moule, Pelliot (trans.), *The Description of the World*, vol. I - II, London: George Routledge & Sons LTD. Carter Lan, London, 1938. pp.539-541. Also see Paul Pelliot, *Notes on Marco Polo, ouvrage posthume, publié sous les auspices de l'académie des Inscriptions et Belles-Lettres et avec le concours du Centre national de la Recherche scientifique*, vol. I -III, Paris, Imprimerie Nation- al, Librairie Adrien-Maisonneuve, 1959.

mihi dare tenentur et libras decem fratri tenturio (?)① | et libras quinque fratri beneuenuto veneto ordinis predicatorum ultra illud | quod mihi dare tenetur. Jtem Dimito libras quinque cuilibet congregacioni Riuoalti | et libras quatuor cuilibet scolarum siue fraternitatum in quibus sum. Jtem Dimito | Soldos viginti denariorum venetorum grossorum presbitero johanni iustiniano notario pro labore | istius

mei testamenti et ut dominum pro me teneatur deprecare. Jtem absoluo | petrum famulum meum de genere tartarorum ab omni vinculo seruitutis ut | deus absoluat animam meam ab omni culpa & pecato. Et sibi Remito omnia | que acquisiuit

in domo sua suo labore et insuper sibi dimito libras | denariorum venetorum Centum. Residuum uero dictarum duarum Millia librarum absque decima | distribuatur pro anima mea secundum bonam discrepcionem Commissariarum mearum. |

De aliis meis bonis dimito suprascripte donate vxori et commissarie mee | libras octo denariorum venetorum grossorum omni anno dum ipsa vixerit pro suo vsu ultra | suam Repromissam. et stacium et omne capud masaricitorum cum tribus lectis | coredatis. Omnia uero alia bona Mobillia et inmobillia inordinata Et si | de predictis ordinatis aliqua inordinata Remanerent quocumque modo iure et | forma

mihi spectancia seu que expectare uel pertinere potuerunt uel possent tam iu | re sucessorio et testamentario ac hereditario aut paterno fraterno materno et | ex quacumque alia propinquitate siue ex linea assendenti et desendenti uel ex colaterali | uel alia quacumque de causa mihi pertinencia seu expectancia et de quibus secundum for | mam statuti venetorum mihi

---

① 英文原注：The forms Tentor and Tentuarius (13th century) are recorded in the sense of "dyer", and Centurius (as a name, Aug. retract. 2, 19) meaning "beltmaker". The name here is on the whole more like tenturio or tentorio, but might also be centurio.

exporteret① plenam & specialem

facere mencionem seu dis|sposicionem et ordinacionem quam quantum in hoc et in omni casu ex forma statuti | specificati facio specialiter et expresse / Dimito suprascriptis filiabus meis fantine | bellele et morete libere et absolute inter eas equaliter diuidenda ipsasque | michi heredes insticuo in omnibus & singulis meis bonis mobillibus & inmobillibus | iuribus et acionibus tacitis et expressis qualitercumque

ut predicitur mihi pertinentibus et expec | tantibus. saluo quod moreta predicta filia mea habere debeat ante partem de mon|te tantum quantum habuit quelibet aliarum filiarum mearum pro dote et coredis | suis. tamen volo quod si quic in hoc meo testamento esset contra statuta & consilia | comunis venetorum corigatur et reducatur ad ipsa statuta et consilia. prereterea do | et confero suprascriptis

commissariabus meis post obitum meum plenam virtutem & potestatem | dictam meam commissariam intromitendi administrandi et fruniendi inquirendi inter|pellandi placitandi respndendi auocandi interdicta et precepta tollendi legem petendi | et consequendi si opus fuerit in anima mea iurandi sentenciam audiendi & prosequendi | uendendi et alienandi intromitendi et interdicendi petendi

et exigendi siue excuiendi | omnia mea bona et habere a cuntis personis ubicumque et adpud quemcumque ea | uel ex eis poterint inuenire cum carta et sine carta in curia et extra curiam et | exinde securitatis cartam et omnes alias cartas neccessarias faciendi sicut Egomet pressens | viuens facere possem et deberem | Et ita hoc meum testamentum firmum et sta|bille esse judico in perpetuum si quis

ipsum frangere uel violare pressumpserit male | dicionem omnipotentis dei incurat/

---

① Read *oporteret*. *expectaret* seems to have been written and to have been incompletely corrected. *prereterea* (10 lines below) is a slip for *preterea*.

et sub anathemate Trecentorum decem & octo | patrum constrictus permaneat et insuper conponat ad suprascriptas meas fideicommissarias | auri libras quinque / et hec mei testamenti carta in sua permaneat firmitate. | Signum suprascripti Domini Marci paulo qui hoc rogauit fieri.

○ Ego petrus grifo presbiter testis subscripsi

○ Ego nufrius barberius testis subscripsi

○ Ego Johannes iustinianus plebanus sancti proculi et notarius conpleui et Roboraui：

三、中 文 译 释

早在伯希和转写马可·波罗遗嘱之前,欧洲汉学家裕尔和考狄尔已将其翻译为英文,[①]不知为什么,译者遗漏了遗嘱中两大段文字,我们的汉译本将补充这部分内容。另外,伯希和倾其毕生精力,对《马可·波罗游记》进行细致的研究和注释,最终于 1959 年出版了三卷本《马可·波罗注》。[②]伯希和的研究为我们理解马可·波罗遗嘱提供了极大帮助。这里,我还要感谢林梅村教授对于汉译规范以及具体词汇解释的帮助;感谢意大利欧洲大学研究院(European University Institute)博士研究生保罗·阿兰哈(Paolo Aranha)先生对马可·波罗遗嘱部分拉丁文翻译提供的帮助。

在永恒的天主的名义下：

在耶稣降临后 1323 年 1 月的第九天,在第七次诏示的前段,[③]在威尼斯里亚托(Rialto)。

这是神的旨意,同时这也是有远见的人之看法:人在弥留之际,必

---

① *The Travels of Marco Polo：The Complete Yule-Cordier Edition*,vol. I-II,1903-1920.

② Paul Pelliot,*Notes on Marco Polo,ouvrage posthume,publié sous les auspices de l'académie des Inscriptions et Belles-Lettres et avec le concours du Centre national de la Recherche scientifique*,vol. I-III,Paris：Imprimerie National,Librairie Adrien-Maisonneuve,1959.

③ Indicione,英语 Indiction,古罗马人用来标记年份的方式,每 15 年一个循环。年份被称为第一个 Indiction,第二个 Indiction,以此类推。根据 Yule 及 Cordier(*The Travels of Marco Polo：The Complete Yule-Cordier Edition*,vol. I)之注释,1324 年是第七个 Indiction。据现代纪年,应该是 1324 年。

须担心与考虑财产的去向,以免最后没有任何的归属。

因此我——圣约翰·克里斯多姆堂区①(San Giovanni Cristosto-mo)②的马可·波罗(Marco Polo),发现自己的身体久病愈衰,但在天主慈悲的怜悯下,我思路清晰,意识及判断并未受损。在圣普罗克罗(San Proclo)教堂公证人乔凡尼·乔斯丁尼安尼(Giovanni Giustiniani)神父的面前,③来完成一份正式的遗嘱。

由此,我决定由我深爱的妻子朵纳塔(Donata)以及三个亲爱的女儿范蒂纳(Fantina)、贝勒拉(Bellela)、莫瑞塔(Moreta)作为我的遗产托管人,以此证明由她们在我离去之后决定遗产的分配去向。

首先:我将直接悉数缴纳什一税,除去什一税外,④我将另外2000里拉威尼斯金币(denari),⑤直接分配给以下人等:

其中20里拉克鲁扎多钱(grossi)赠与威尼斯圣罗伦佐男修道院(San Lorenzo)——这个地方是我即将长眠之地。

此外,我(弟媳)伊丽莎白塔·奎丽妮(Elisabetta Quirini)欠我300里拉威尼斯金币(denari),我将免除她的这些债务。

---

① 堂区:英语 parish,法语 paroisse,皆指罗马天主教(Roman Catholic)等基督宗教组织的基层管理单位。在天主教和圣公会中,多个堂区组成一个总铎区(Deanery),设总铎(Dean)一名。数个总铎区组成一个教区(英语 diocese,法语 diocèse),设主教一名。数个教区组成一个教省(province),择一个较为重要的教区为总教区(archdiocese),以作为教省的首府,总教区设有一总主教(arch-bishop)。

② 如 San Giovanni Cristostomo 等人名和地名,裕尔和考狄尔将其中一部分翻译为英文,另一部分译为意大利威尼斯方言(参见 *The Travels of Marco Polo: The Complete Yule-Cordier Edition*,vol. I-II,1903-1920)。我们在汉译时,将所有名词译为意大利威尼斯方言。

③ 一般每个教区的教友逝世,由该教区教堂神父为其办理遗嘱及财产公证。

④ 什一税:又称"十一奉献"或"十一捐"。英语 Tithe,法语 Dîme,古法语 dixième,拉丁文 *decima*,皆源于希伯来文《圣经旧约》时代,在希伯来文中的原意是"十分之一"。什一税常用于指犹太教和基督宗教的宗教奉献,欧洲封建社会时代被用来指教会向成年教徒征收的宗教税。自罗马帝国将基督教纳为国教后,教会开始鼓吹征收。十一奉献被提到567年和585年的大公会议,最终被采纳为对教会奉献的必要标准。

⑤ 据 Yule 及 Cordier 注释,我们很难估算威尼斯里拉(Venice pounds/lire)的价值,一般认为,1里拉克鲁扎多钱(Lira dei grossi 或 Lira d'imprestidi)约等于10个金币(ducat),是威尼斯于1284年开始发行的金币,略似于英镑的先令,参见 *The Travels of Marco Polo: The Complete Yule-Cordier Edition*,vol. I)。

还有,我要赠与从格拉多(Grado)①到阿拉贡角(Capo d'Argine)每个男修道院及医院各 40 里拉(lire)。

另外,我还免除圣乔凡尼(Giovanni)修女院以及圣保罗(S. Paolo)传教会欠我的债务,并免除佛里亚尔·仁尼尔(Friar RENIER 或 Tenturio?)10 里拉以及传教会的威尼斯人佛里亚尔·本温奴图(Friar BENVENUTO)5 里拉的债务。

我还将遗赠 5 里拉给每个里亚尔托(Rialto)地区教友组织,4 里拉给每个行会或教友团体,②因为我是其中一个会员。

我还将遗赠 20 里拉克鲁扎多钱给公证人乔凡尼·乔斯丁尼安尼神父,立此遗嘱为他带来很多麻烦,也为了他将替我向上帝祈祷。

另外,我将解放我的鞑靼(Tartar)仆人彼得(Pietro),③赋予他自由的权利,祈祷上帝宽恕我的错误与罪过。我也支付他在自己的房子的全部劳动所得,另外,我还留给他 100 里拉威尼斯金币。

另外,除去什一税 2 000 里拉之后余下的数目,我将根据托管人的判断,为了灵魂的安息,直接捐献教会。

在我遗留的财产之外,我留给我妻子兼托管人朵纳塔余生每年 8 里拉威尼斯克鲁扎多钱,为了她居住以外的开销以及房间的布置和用具(包括三张装饰过的床)的费用。

其他所有还未处置的固定的或不可移动的财产,在上述物品中,一些尚未分配的,只要是属于我的,无论以什么方式属于我的,不管过去的或者现在,根据继承人、遗嘱及遗传法,从父亲、母亲及兄弟处继承

---

① 裕尔—考狄尔注:或为 Dogado。

② scolarum,英语为 Guilds,意为行会,威尼斯手工业组织也称为 Fraglie or Scholae,每个组织都有各自的规章,负责人为 Gastald,首领一般由宗教组织委任。组织有互助性质,给穷苦女生提供嫁妆或为逝去的会员举行弥撒,因此行会也就成了公共宗教事务的一部分(http://en.wikipedia.org/wiki/Guild)。

③ 关于鞑靼人(Tartar)彼得(Pietro)的身份,这里需要说明。在《马可·波罗游记》中,中国北方称作"契丹"、中国南方称"蛮子国"。而 Tartar 则有广狭两义,狭义专指蒙古统治者,广义则为蒙古统治下的中国的统称。这个鞑靼仆人无疑是马可·波罗从中国带回威尼斯的,但是我们尚不清楚此人究竟是蒙古人,还是蒙古统治下的中国其他民族。感谢林梅村教授来信提出的修改意见。

的,或者因这样或那样的原因属于我的,根据《威尼斯人法》,我必须作出足够以及特别的表态,我以这样特别的方式来表态,是因为无论如何要符合这些特殊的法律。①

这些财产,我将特别遗赠给如前所述我的女儿范蒂纳、贝勒拉和莫瑞塔,在她们三人中毫无保留地平均分配。我还授权她们成为我的继承人,继承上文中提到所有属于我,或者即将归我的各种可移动或不可移动的财产、有关权利以及其他所有费用,仅除去给莫瑞塔支付与其他女儿曾得到的同等价值的嫁妆和配饰。

无论如何,我认为,如果我遗嘱里的内容与威尼斯公社的法律及律令相抵触的话,这将必须根据相关法令修改和删减。此外,我授权以上的委员会管理、审查、判定、回应、裁撤那些条款。如有必要的话,我发誓,同意按规定售卖与转让,允许审查或查封所有的物品。为了证明无论何地或者任何人能找到或得到这些东西,是否合法,是否拥有文件,我必须在活着的时候,能够也是必须作此证明或其他具有同等效力的文件。②

---

① 在裕尔—考狄尔合译版本(*The Travels of Marco Polo*:*The Complete Yule-Cordier Edition*,vol. I - II,1903-1920)中,他们遗留两段文字并未译出,标有"技术问题"(here follow some lines of mere technicality),笔者将这两段文字补录翻译,此处为第一段的翻译,遗漏的原文为:Omnia uero alia bona Mobillia et inmobillia inordinata Et si | de predictis ordinatis aliqua inordinata Remanerent quocumque modo iure et | forma /mihi spectancia seu que expectare uel pertinere potuerunt uel possent tam iu | re sucessorio et testamentario ac hereditario aut paterno fraterno materno et | ex quacumque alia propinquitate siue ex linea assendenti et desendenti uel ex colaterali | uel alia quacumque de causa mihi pertinencia seu expectancia et de quibus secundum for | mam statuti venetorum mihi exporteret plenam & specialem facere mencionem seu dis|sposicionem et ordinacionem quam quantum in hoc et in omni casu ex forma statuti | specificati facio specialiter et expresse.

② 此段为裕尔—考狄尔合译版本中遗漏的第二段,原文为:tamen volo quod si quic in hoc meo testamento esset contra statuta & consilia | comunis venetorum corigatur et reducatur ad ipsa statuta et consilia. prereterea do | et confero suprascriptis //commissariabus meis post obitum meum plenam virtutem & potestatem | dictam meam commissariam intromitendi administrandi et fruniendi inquirendi inter|pellandi placitandi respndendi auocandi interdicta et precepta tollendi legem petendi | et consequendi si opus fuerit in anima mea iurandi sentenciam audiendi & prosequendi | uendendi et alienandi intromitendi et interdicendi petendi // et exigendi siue excuiendi | omnia mea bona et habere a cuntis personis ubicumque et adpud quemcumque ea | uel ex eis poterint inuenire cum carta et sine carta in curia et extra curiam et | exinde securitatis cartam et omnes alias cartas neccessarias faciendi sicut Egomet pressens | viuens facere possem et deberem.

如果任何人擅自违背或侵害这份遗嘱,他将会招致至高无上万能的上帝的诅咒,甚至绝罚,①并且将失去作为我托管人的权利以及 5 磅的黄金。因此,为了让这份遗嘱及时生效,上面签署的马可·波罗先生(Messer Marco Paulo)的签名将是最好的证据。

(签名):

见证人:彼得·格里芬(Pietro Grifone)神父

见证人:奴佛里奥·巴尔贝里(Nufrio Barberi)

这份遗嘱由圣普罗克罗(Proclo)教堂神父及公证人乔凡尼·乔斯丁尼安尼出面完成并证明。

小　结

通过对马可·波罗羊皮拉丁文遗嘱的解读,我们基本可以得出以下几点结论:第一,马可·波罗是否来过中国,是史学界争论很久的难题之一,从马可·波罗在遗嘱中称他的仆人彼得为鞑靼人来看,马可·波罗无疑来过蒙古人统治下的中国,并从中国带回欧洲一个仆人,直至马可·波罗逝世前夕,他才归还这位中国仆人的自由权,并且赠送给他一定财产。第二,马可·波罗财产的分配方式,可以让东方人了解到西方人的宗教与生活习俗,尤其是天主教的习俗。西方天主教徒的宗教生活是他们日常生活最重要的组成部分,贯穿一生,始终如一。马可·波罗将他个人所有以及继承的大部分财产都捐献给了教会、相关机构和宗教人士,这种宗教意识与社区组织概念与中国宗族观念及组织的差异甚大。第三,马可·波罗财产的数量也是一个值得关注的问题。根据马可·波罗遗嘱中的记录,且不说他那些不确定的其他大量财产,只统计他派发的 2 000 威尼斯里拉(libras)现金,已是一笔惊人的巨额财产,2 000 威尼斯里拉相当于 20 000 金币(ducats)。从当时威尼斯居民的收入来看,即便在 15 世纪威尼斯商业最为发达的时期(当时

---

① 绝罚,拉丁文 anathemate,希腊文 Ανάθεμα,英文 anathema,天主教教义中与 excommunication 相同。中文译名"绝罚",属惩戒罚,旧称开除教籍、逐出教会、出通功、破门律。(法典 1331)

为欧洲贸易中心),威尼斯的年进出口贸易额分别为 1 000 万金币,当时码头工人的年收入不过 100 金币,贵族大约有 1 000 个金币,有钱商人的收入大约为 10 000 个金币。[①]马可·波罗逝世时拥有 20 000 金币,堪称威尼斯一代大富豪。而关于其巨额财产的来源,也值得我们作进一步调查。

本文对马可·波罗羊皮遗嘱的解读,仅仅是我们对马可·波罗研究的一个新的尝试,关于马可·波罗巨额遗产的来源等一系列问题,有赖于今后继续对马可·波罗家族其他成员的遗嘱以及保存在意大利其他地方的第一手材料展开进一步研究。

(原载罗丰主编《丝绸之路上的考古、宗教与历史》,文物出版社,2011年,第 312—319 页。)

---

① 王鼎勋《〈翠维索算术〉简介》,《HPM 通讯》(台北)第 8 卷第 11 期,第 2 版。

马可·波罗
与元代政治、制度及习俗

Marco Polo
and
Politics, Institutions,
Customs in Yuan China

乃颜之乱杂考

姚大力

　　成吉思汗建立蒙古国后,分别把他的诸弟和诸子分封在中央兀鲁思的东、西两侧,称为东道诸王和西道诸王。元代前期,朝廷与企图自立于一方的东、西道诸王进行了长期的战争。它起始于西北边地。至元二十四年(1287年),东边又爆发了东道诸王联军叛元的事件,这就是所谓乃颜之乱。叛军的活动,东线从水达达居地直指辽河流域,西面一度远达克鲁伦、土拉二河。当时,元朝与西北诸王海都、笃哇的战争正在金山一线处于胶着状态。如果不能立即平息乃颜之乱,就很可能形成东、西道诸王夹攻岭北、连兵南下的危险局势。因此,忽必烈决定以玉昔帖木儿领蒙古军、李庭领汉军,亲征乃颜。他自从战胜阿里不哥后直到去世,总共出征过两次。一次为打海都,还有就是这一次平灭乃颜之役。元廷对乃颜之乱的重视,由此可知。

　　正如屠寄所说,乃颜"虽败不旋踵,然骚动已半天下矣"[1]。可惜因为史书记载过于简略,有关元初政治史上这一重大事件的若干基本史实,还不甚清楚。本文拟对其中几个问题,作一些粗陋的考订和分析。

斡赤斤的分地

　　乃颜是成吉思汗同母幼弟帖木格斡赤斤的玄孙,继承的是斡赤斤分地。洪钧认为:"大约太祖诸弟,斡陈那颜分地最广、辖军最多。自枯伦淖尔(即呼伦湖)以东、洮尔河南北、嫩江东西,大率属其封境。"[2]大兴安岭以东的嫩

---

①　屠寄《蒙兀儿史记》卷七五《乃颜传》。
②　洪钧《元史译文证补》卷一下。

江平原后来自然是"乃颜故地",但它是否在斡赤斤始封地范围内？如果不是,斡赤斤的始封地又在哪里？

关于这一点,拉施都丁有一段话为人所共知。他说,斡赤斤的"领地和禹儿惕位于 Mughūlistān 最边远部分的东北地区。因而沿着它的那一边,便再也没有一个蒙古部落了"①。根据这段话,斡赤斤的始封地,本来是属于 Mughūlistān 的一部分,而不在它之外。洪钧在《元史译文证补》中对这段话的译述大体上是正确的。可是,屠寄将洪译"分地在蒙古东北面,界外已无蒙古人"误读为分地"在蒙古东北面界外",并且自注"辣施特谓其地已无蒙古人"。据此,他把斡赤斤分地置于大兴安岭以东。箭内亘在《元代的东蒙古》一文中所持的意见,基本上与屠寄相同。②此后,伯希和虽曾顺便提到过乃颜的封地"在蒙古东方及满洲之一部"③,可惜没有引起广泛的注意。相隔半世纪之后,杉山正明在探讨元代东、西道诸王的始封地时,重新提出了这个问题。他引用《长春真人西游记》及《元史·撒吉思传》中的有关记载,与拉施都丁上引史文相参证,断定斡赤斤始封地位于大兴安岭西麓、海拉儿河以南直至哈尔哈河流域的呼伦贝尔草原。④他的论点是很有说服力的。不过,杉山正明没有提及《史集》中另一条非常重要的材料,它比上述任何一条史文都更明确而且具体地指出了斡赤斤的始封地之所在。

根据拉施都丁的叙述,成吉思汗在从合剌合勒只惕额列惕(Qalaaldtit Elet,即合兰真沙陀)与王罕的鏖战中撤出以后,曾退到一条名为斡儿的河流(Or Müren)旁边整顿军队。关于这条河流,拉施都丁写道:"它在客勒帖该山(Keltegei Ghada,即建忒该山)地方,它(按指斡儿一名)既是河流,又是那较广阔的山地的名称。塔察儿(斡赤斤孙)家族的居地就在这里。"⑤建忒该

---

① 斯米尔诺娃《史集》俄译本第 1 卷第 2 分册,第 56 页。根据《史集》,Mughūlistān 系指被成吉思汗统一的蒙古诸部所居住的蒙古高原本部,它西括克烈故地而与乃蛮居地相邻,东至兴安岭。

② 《蒙兀儿史记》卷二二《帖木格斡赤斤传》;箭内亘《蒙古史研究》,第 612—613 页。

③ 伯希和《中亚和远东的基督教徒》,《通报》第 2 编第 15 卷,1914 年,第 935 页。

④ 杉山正明《蒙古帝国的原像》,《东洋史研究》第 37 卷第 1 号,1978 年 6 月。

⑤ 《史集》俄译本第 1 卷第 2 分册,第 126 页。斡儿一名,在《元朝秘史》中写作斡儿嗰讷兀、斡儿讷兀,旁译山名,见 175、191 节。伯希和在其秘史复原本第 57、67 页中将这个地名转写为 Or nu'u 或 Ornu'u。它的意思,即"Or 河之河曲",见村上正二《蒙古秘史·成吉思汗传》第 2 卷,第 154 页注 17。是其仍系得名于 Or 也。

山位于哈尔哈河流域,有《元史·太祖本纪》《圣武亲征录》《元朝秘史》等书可证,是知斡儿河或者斡儿山地亦位于哈尔哈河流域。对照上面引用的拉施都丁两段史文,结论是十分明确的:塔察儿家族在哈尔哈河流域的斡儿山区所据有的牧地,就是帖木格斡赤斤始封地的中心地区,而其分地扩展到哈剌温山以东,应当是后来的事。

成吉思汗率兵西征期间,斡赤斤以幼弟身份留镇漠北本部;他的分地又位于当日蒙古国的最东面。这就使他极便于朝着大兴安岭山脉以东去扩展自己的势力,就像术赤领地沿着蒙古国的西北界大幅度地向外推进一样。斡赤斤一家不仅在实际上取得了镇守辽东的藩王地位,而且至迟到塔察儿即位为斡赤斤后王的时代,已经攫取了大兴安岭东边的大片地区作为直接领属于自己的分地。窝阔台死后,斡赤斤企图用武力夺取汗位,被贵由处死,但是他家在辽东的势力,似乎并没有因此而受到很大挫伤。蒙哥死后,塔察儿以东道诸王之长率先推戴忽必烈为汗,由此获得忽必烈的恩宠。拉施都丁说,塔察儿"在忽邻勒塔大会和重大事件上,总是站在忽必烈一边,并且享有很高的荣誉和尊敬"①。然而,这一切并没有真正缓和元政府与斡赤斤后王之间争夺辽东地区控制权的斗争。根据《高丽史》记载,塔察儿甚至派人到高丽收拾民户,擅自管领。至元后期,斡赤斤后王乃颜反状日益明显。鉴于治理辽东政事的宣慰司"望轻",至元二十三年二月,元廷罢山北辽东道、开元等路宣慰司,将辽东的地方行政机构升格为东京等处行中书省(治今辽宁辽阳市)。翌月,又北徙东京省治于咸平(在今辽宁开原县[即今开原市——编者注])。东京行省虽然不到半年就撤销了,但仍然成为催发乃颜之乱的直接原因之一。次年四月,斡赤斤后王乃颜联合成吉思汗弟哈撒儿后王势都儿和合赤温系诸王哈丹秃鲁干等举兵叛元。元朝与东道诸王之间的战幕就这样挑开了。

忽必烈的出征路线

二十四年五月,忽必烈自上都出发北征。他所经过的第一个重要的地点就是应昌(旧城在今达来诺尔西南)。

---

① 《史集》俄译本第 1 卷第 2 分册,第 56 页。

元赵岩《应昌路曼陁山新建龙兴寺碑》:"至元丁未(按:'未'字当为'亥'之误),世祖皇帝躬御六师,徂征弗庭,驻跸之夕,一佛飞空,现金色身,如影如幻。"根据下文,"弗庭"者即指乃颜。①1893年俄人波兹特涅耶夫游历蒙古草原时,还在达来诺尔东南方向的达日罕乌拉山北侧见到过此碑,并录下了碑文。②

关于忽必烈道出应昌之后的进军路线,似乎还没有发现充分的史料记载。黄溍《也速䚟儿神道碑》曾说:"……宗王乃颜叛,〔也速䚟儿〕扈跸亲征。给饷运筹,备殚其勤。既平乃颜,群臣从属车奏凯而归。王复与诸将留兵讨其余党金家奴、塔不䚟,悉勘定之,乃还。上以王生事素薄,赐钞五千缗。王因奏:'臣前出军至亦乞列思之地,有来供馈向导者。'上命厚赏之。"③这段话里既有"扈跸亲征"之语,又云曾"出军至亦乞列思之地",很容易给人造成一种印象,好像忽必烈所部元军是经由大兴安岭东侧北进的。但是这与我们已经确知的忽必烈驻跸应昌的事实互相抵触。因为从上都进入辽东,完全可以取道潢河之南东行,而不必先向北绕道应昌。相反,出应昌后沿兴安岭西麓北行,倒是当日的渡漠干道之一,长春真人丘处机西游时就采取过这条路线。也速䚟儿可能是随发至辽东的偏师进征而途经亦乞列思之地的;或者所谓"出军",并不指元军最初阶段的出兵路线而言。无论如何,像屠寄和箭内亘那样,到大兴安岭东麓的潢河中游去追寻忽必烈大军的行踪,恐怕就有点南辕北辙了。

自应昌北进,元军于六月壬戌抵达撒儿都鲁。这段路程一共走了十几天。④这时在忽必烈左右的部队,主要是博罗欢率领的五部军前锋和李庭所领汉军。⑤元军在这里先后与叛王将领黄海、塔不台遭遇。虽然元军在数量上居

---

① 《口北三厅志》卷一三《艺文二》。
② 波兹特涅耶夫《蒙古和蒙古人》第2卷,见日本东亚同文会日译本(名为《东部蒙古》),第439—451页。伯希和在《马可·波罗注》第789页曾提及此书。
③ 见《黄金华文集》卷二四。参与乃颜之役的有两个也速䚟儿,此为乌里养哈䚟氏。另一个是伯牙乌氏,因平乃颜有功而以乃颜姑娣娣妻之,见程钜夫《也速䚟儿墓碑》,《雪楼集》卷一七。按:塔不䚟与金家奴(元明善《伯颜碑》作金刚奴,见《元文类》卷二四)此前俱曾在撒儿都鲁与世祖军队交过锋,详下述。两人大概都在战败后遁脱,最终才作为乃颜之乱的余烬被扫灭。
④ 五月十二日或十三日忽必烈发自上都,六月三日抵撒儿都鲁。见《元史》卷一四《世祖本纪十一》。
⑤ 玉昔帖木儿当与忽必烈分道行进,所以他在忽必烈击退塔不台之后才率大军来会。见《元史》卷一二一《博罗欢传》。

于劣势,忽必烈却乘象舆贸然临阵,"意其望见车驾,必就降"。但叛军强弓劲射,悉力攻击象舆。忽必烈被迫下舆御马,[1]并以汉军前列步战,迷惑叛军。塔不台惧中伏引退,被元军掩杀,大溃而去。在漠北地区乘象督战是一件空前绝后的事情。所以这个细节也被伊斯兰史籍和马可·波罗记录下来了。[2]此役亦因而名声大著,以至伯希和都把它视为平定乃颜之乱的"主要战役"。[3]

屠寄大概是受洪钧"当日军情以辽河为要害"之说的影响,把撒儿都鲁与《蒙古游牧记》著录的什喇陀罗海相勘同。[4]他的主张,无论从审音或地望来说都难以成立。据1∶20万图L—50—Ⅳ,在贝尔湖东南(东经117°42′48″,北纬47°33′强)有沙尔土冷呼都克。蒙语呼都克意谓井。是该井所在地名为沙尔土勒,它应当就是忽必烈乘象舆临阵督战的撒儿都鲁之地,其地望与史文所载距应昌十余日程也完全相符。

根据随元世祖出征的高丽贵族洪万的传文,元军击退塔不台之后,遂自撒儿都鲁东行,"至乃颜之地,奉旨留蒙古、女直、汉军镇哈剌河。复选精骑扈驾,至失剌斡耳朵,从御史大夫玉速帖木儿讨乃颜"[5]。这里的哈剌河,无疑就是流注于贝尔湖的哈尔哈河。所谓失剌斡耳朵(Sira Ordo,译言黄金帐),当即位于哈尔哈河流域塔察儿分地中心,即斡儿山地的乃颜大帐。元军在这里"获乃颜辎重千余"[6],不会是不战而获。史载乃颜曾"遣哈丹领兵万人来拒",被元军击败,[7]大概即在此时。接着,元军主力就在玉昔帖木儿率领下直扑乃颜屯兵之地,以求与之决战。

不里古都伯塔哈与失列门林的地望

玉昔帖木儿出军时,乃颜屯驻在"不里古都伯塔哈"之地,兵号十万。元

①　郑元祐《岳铉行状》,《侨吴集》卷一二。郑元祐在这里描述的,无疑为忽必烈初遇叛军之役,故当即《元史》中好几处提到的撒儿都鲁之战,它发生在夏历六月壬戌至甲子(即公历7月14日至16日)之间。据《元史》,叛军在此役中之主将为塔不歹,而不是乃颜本人。

②　参见波义耳英译《成吉思汗的继承者》,第298页;穆勒、伯希和《马可·波罗行纪》英译本,第79页。

③　伯希和《马可·波罗注》,第789页。

④　屠寄《蒙兀儿史记》卷七五《乃颜传》。

⑤　《元史》卷一五四《洪万传》。

⑥　《元史》卷一四《世祖本纪十一》。

⑦　《元史》卷一三二《玉哇失传》。

军前锋玉哇失陷阵力战，终使叛军溃散。乃颜仓皇出逃，至失列门林，被元军追擒，俄而被忽必烈下令处死。那么，不里古都伯塔哈和失列门林究竟在什么地方呢？

屠寄将不里古都伯塔哈断为两个词，其谓伯塔哈即《元朝秘史》中的字勒答合（boltagha），译言孤山，这是正确的；至于他说不里古都意谓有柳，则未可遽从。按《华夷译语》卷上"鸟兽门"，黑鹰作不鲁骨惕。蒙古国时期的阿美尼亚史家乞剌可思，在其写成于 1241 年的著作中附有一张蒙语词汇表，其中著录了 burkui qush 一词，译言鹰隼。①突厥语 qush 原意谓鸟，它也可以跟在各种鸟类专名的后面，用以泛指这个专名的类属，如 toqan qush，意即猛禽之鸟。②所以，乞剌可思词汇表中的 Burkui，就是《华夷译语》的不鲁骨惕，它的正确的拼写形式应是 Börgüt，意即鹰隼。③而不里古都则是 Börgüt-tü 的音译。Börgüt-tü Boltagha，是谓有鹰之孤山，或即鹰山。

东蒙古地区以鹰隼为名的山冈不止一处。据清张穆记载，旧喀尔喀东路车臣汗部左翼后旗的牧地，"西南至布勒格图山，接达里阿爱牧场界"④。这座布勒格图山即鹰山，当在今蒙古国苏赫巴托省浩勒布占至乌拉巴彦一线。又，克鲁伦河下游由东南流而折向东北流的大河曲之南，亦有哈喇真布尔古特山。⑤哈喇真为蒙语 ghaljan 的音译，译言秃顶、无树木的。⑥哈喇真布尔古特，意谓秃鹰山。这两座鹰山，都不会是乃颜屯驻的不里古都伯塔哈。因为乃颜称兵后不久，土土哈即从杭海岭领军东来，疾驱七昼夜，渡土拉河，又奉命逆克鲁伦河而上，沿途肃清叛军，并将叛王"献俘行在所"⑦。可见哈尔哈河流域以西地区，当时并不在乃颜控制之下，所以《元史》在叙述元军从

---

① 布洛晒编译《乞剌可思书》，《亚洲杂志》第 5 编第 11 卷，第 135—137 页，转引自霍渥思《蒙古人史》第 3 卷，第 87—88 页。

② 突厥语 toqan 译言食肉猛禽。toqan qush 在元代被音译为都罕忽思，见危素《忻都公神道碑》。柯立甫在他的《1362 年忻都公碑汉、蒙文碑铭研究》（《哈佛亚洲学报》1949，12）中详细列举了蒙古学家们对于这个词的研究。

③ 科瓦列夫斯基《蒙俄法词典》，第 1262 页。

④ 《蒙古游牧记》卷九。

⑤ 光绪《大清会典图》卷一五五"呼伦贝尔图"；屠寄《黑龙江图说·呼伦贝尔图说》。

⑥ 《蒙俄法词典》，第 820 页。

⑦ 《元史》卷一二八《土土哈传》。按世祖此时当在哈拉哈河流域乃颜的昔剌斡儿朵中。

贝尔湖东南的撒儿都鲁向东,达于哈尔哈河流域时,方才说他们"至乃颜之地"。在当时情况下,乃颜不必要因而也不可能在一座远离自己巢穴的孤山中结集重兵。

查乾隆《内府舆图》,在大兴安岭西侧的喀尔喀必拉(哈尔哈河)和讷墨尔狠必拉(诺木尔金河)交汇处之东的三角地带,亦有一山,标注为额尔占布尔古特图阿林。康熙《皇舆全览图》用满文记注为 Kaljan Burgudtu,脱 Alin(满语,译言山)一词。①我认为,这座秃鹰山,就是乃颜屯兵的不里古都伯塔哈。这是因为,一般地说,此地是联结大兴安岭西、东两侧交通要道的枢纽所在;特殊地说,斡赤斤后王的分地恰恰可以从哈尔哈河流域经过该地,再东逾兴安岭而向嫩江流域伸展。乃颜放弃了自己的大帐,撤至不里古都山地,并在这里结集大批军队,确实是使自己居于进退两便的战略位置。它既紧贴着位于大兴安岭东侧的广大后方,又十分有利于伺机出击进逼哈尔哈河流域的元军。从审音和对当日战争形势的分析来看,这一勘同似乎都可以言之成理。

在决战中惨遭失败的乃颜,逃到失列门林就被元军生擒。据现在所知,失列门林这个地名在元代文献中仅此一见。研究它的方望,是一个有些困难的问题。

今西辽河上游名西拉木伦河,是蒙语 Sira Müren 的音译,译言潢河。屠寄和箭内都说失列门林即为西拉木伦河。是则"门林"系蒙古语 müren 的汉字音写,译言大河。林字在元时似仍以-m 尾收声,能否用它来记录-ren 的读音,稍有可疑。②但这还不是太大的问题。最关键的是,潢河西邻上都,朝这个方向逃窜,无异乎自投罗网,想来必不为乃颜所取。所以对此还可以重新考虑。

尽管没有发现确凿的史料能圆满地解决失列门林的今地问题,我们仍然试图在现有材料的基础上,对其所在方位作一个粗略的估测,以待今后进一步的验证。

为了上述目的,首先需要考察一下嫩江平原和呼伦贝尔高原间的交通

---

① 《内府舆图》七排东一;《皇舆全览图》二排二号。

② 按《元朝秘史》第 195 节失列门旁注生铜,此字又见《华夷译语》卷上"珍宝门"。不过它大约与失列门林之名无关。

状况。今天这两地间的干道主要有三条。其北线大致上沿雅鲁河谷西北行,逾大兴安岭达于海拉尔河流域,此可置勿论。其南线则沿洮儿河西北行,至归流河又为两道。一道逆归流河下游西行入山,至乌里吉勒河流域。至元二十五年土土哈平灭乃颜余党时,即循此路东逾大兴安岭。另一道则继续循洮儿河谷入山,逾大兴安岭而至哈尔哈河上源。这条路在蒙古国时必定也已经是便行之道了。因为我们知道,1213 年,合撒儿奉命率左路军"遵海而东,取蓟州、平、滦、辽西诸军而还",就是溯洮儿河返回漠北的。①

值得注意的是,元代连接大兴安岭两侧的驿路,采取的并不是沿雅鲁河或洮儿河穿越大山的路线。据《析津志》引元《经世大典·站赤》佚文,这条驿路,不是在位于洮儿河流域的塔鲁站,而是继续向北,至吉答站(在今黑龙江齐齐哈尔市西龙江)方才分道:"至北(按北当为此字之讹)分二路。一里(按里当为路字之讹)东行至失宝赤万户;一路西行至吾失温,其西接阿木哥。"②从吉答溯嫩江而上之东路诸驿站的定点已经解决了;位于呼伦贝尔高原的西路末尾几站的所在方望也已明了。③关键是自吉答往西逾越大兴安岭的驿道走向如何。恰恰是这个问题,与我们要探讨的失列门林的方望有很大关系。

元代在边地的驿站设置,常常与诸万户府、千户所的分布走向相一致,显然是由于这两种不同系统的设置同时考虑到了相地理之宜的原则。吉答以东的驿道走向是如此,在它以西自应同样如此。在吉答之西,元代曾设置过朵因温都儿兀良哈千户所,它是明朝著名的兀良哈三卫之一朵颜卫的前身。④据朵颜卫第一任指挥同知脱鲁忽察儿致明政府的书信,这一部分兀良哈人的居地在互相毗连的朵因温都儿山和绰尔河流域。⑤千户所之设虽在延

---

① 《元史》卷一《太祖纪》;《元朝秘史》第 253 节。

② 《永乐大典》卷一九四二六,叶二 b。

③ 参见《中国历史疆域图》第 6 册,第 9—10、10—11 页。

④ 《元史》卷八八《百官志四》;《明实录》卷一九六"洪武二十二年五月"。

⑤ 《华夷译语》卷下"脱儿豁察儿书"。据《内府舆图》七排东一,绰尔河中游北岸有多永乌哈达,康图满文记注为 Toiongao Hada。《中华帝国志》采录的 D'anville 图第 5 幅标注为 Toiongo Hata。此山在张穆《蒙古游牧记》卷一"札赉特部"又作朵云山。《中国历代疆域图》东北部分编者认为它就是朵因温都儿山。见《中国历史地图集》东北地区说明书第三编,第 210 页。

祐年间,但它说明朵因温都儿山地当冲要。吉答西路诸驿中有一个驿站名为斜鲁。①元人说斜鲁译言陡坡,不知道它是否就在朵因温都儿山附近。看来自吉答以西的驿路,当在绰尔河下游以北取正西方向直行,在西北—东南流的绰尔河中游逾河过岭,遂进入岭西的呼伦贝尔草原,即可达于辉河流域。位于呼伦贝尔高原上的回引站,即得名于辉河。

现在我们可以进一步推定失列门林的大概位置了。绰尔河中游有支流名色勒必拉,康图记注为 Sele Bira。这条河虽不甚大,其位置却颇易把握。因为在它的南面有绰尔河的另一支流特门必拉,②它源于金边墙附近,东注绰尔河;而在这条特门必拉北面、金界壕之外,就是色勒必拉了。

如果我们可以认为失列门林这个地名系由失列、门林两个名词组成,那么失列恰好就是 Sele 的对音。上面已提到过,门林的林字在《广韵》中属于以-m 尾收声的侵母字。在元代,以《广韵》为代表的中古音韵系统虽然已经发生了很大的变化,华北汉语方音中以-m 尾收声的韵母还没有转为-n 收声。《蒙古字韵》读林为 lim,读三为 sam,尾音-m 仍然保留着。③正因为如此,元人才会用“林”字来译写 Qaraqorom(哈剌和林)之-rom,用“三”字来译写 Samqachulai(三哈出来)之-sam。因此,把“门林”看作 müren 的汉字音写,严格地说起来并不太准确。但是出于以下两项原因,我们还是倾向于采取这样的识读法。首先,色勒、失列两名语音极相近。如果它们确实是同一地名的不同音写,那么失列门林与色勒必拉就完全可以认为也是对同一条河流的指称,不过这两个地名中的普通名词“河流”,前者为蒙古语(门林＜müren),而后者则是满语(必拉＜bira)。其次,绰尔河支流色勒必拉地区,正好处于金界壕之外、连接哈尔哈河上源和绰尔河中下游河谷并由此东去嫩江流域的通道上。乃颜在不里古都伯塔哈战败后,很可能就领残部取此道东逃,企图退守位于嫩江两岸的根据地,结果却在色勒河流域被元军追擒。这样的分析若不致大误,则亦可反过来显示出将失列门林定位于色勒

① 《永乐大典》卷一九四二六,叶二 b。
② 《内府舆图》七排东一;《皇舆全览图》二排二号。此河与前述洮儿河支流骆驼河同名。按满语 sele 译言铁,则色勒必拉,铁河也。
③ 罗常培、蔡美彪《八思巴字与元代汉语》,第 124、122 页。

必拉之地，不能看作完全是臆测而已。

追获乃颜后，玉昔帖木儿复至哈尔哈河，继而领军北进，扫荡呼伦贝尔高原。元军逆亦迷河（伊敏河）而上，①北至海剌儿（海拉尔河），溯河水行，战于扎剌马秃。②该地在《嘉庆重修一统志》中作济尔玛台，③即今海拉尔市西面的扎罗木得。而后，元军东逾大兴安岭北端之蒙可山，追乃颜残部直至嫩江。九月，玉昔帖木儿师还。

至于忽必烈本人，在玉昔帖木儿北上亦迷河后，大约就从哈尔哈河上源逾大兴安岭东行。假如他始终盘亘在大山之西，那么这次亲征就只能称为北征，他的随从将领"类次车驾起居"而成的行纪，恐怕也就不能叫做《东征录》了。④还有一条史料亦可以证明忽必烈曾逾岭而东。其所部元军曾与东窜的哈丹相遇，"帝召忽怜至，值薛彻坚等战于程火失温之地。哈答罕（即哈丹）众甚盛。忽怜以兵二百迎敌，败之。哈答罕走度猱河（即嫩江），还其巢穴"⑤。程火失温今地无考。但从史文仍可看出忽必烈当时确在大兴安岭之东。

乃颜之死及其宗教信仰

汉文史籍记载了乃颜之乱平定后，元廷对其宗族、其所隶领的女直等族户口和所部蒙古军、其在中原的封邑以及辽东分地等的处置，而关于乃颜本人的命运，只用"以反诛"三字交待了之。幸而马可·波罗留下了颇为详瞻的记述。他说：

> 大汗得悉乃颜被擒，感到非常高兴，遂下令乃颜应当被立即处死。他全然不想再见到乃颜，免得由于自己与他原是亲骨肉而会饶恕了他。于是乃颜就按照我就要告诉你们的这样一种方式被处死了。他被很紧

---

① 亦迷河，清代作伊密河，又作依奔河，见方式济《龙沙纪略》；《大清会典图》卷一五五呼伦贝尔城图解说。
② 《元史》卷一五四《洪万传》；卷一三一《伯帖木儿传》；卷一六六《王绰传》。
③ 《嘉庆重修一统志》卷七一《黑龙江·山川》。关于扎剌马秃，洪钧曾说"编考中外地图，无合音者"，似失考。
④ 《元史》卷一五四《洪君祥传》。
⑤ 《元史》卷一一八《忽怜传》。

地捆绑起来,裹在一张毯子里,而后被反复地拖来曳去、猛烈地抛上抛下,他就这样地死去了。……鞑靼人说,他(忽必烈)不愿意让帝室成员的血洒到地上,不欲其向天空哀告,或使太阳和天空看见他的血,或让任何动物碰到他的肢体。①

按照这样的方式执行死刑,在蒙元史上其例甚多。定宗后斡兀立海迷失被用毯子裹起来以后扔进河里;②根据瓦撒夫书和诺外利书,阿拔斯朝的最后一任哈里发,则是被卷在毯子里,任群马践踏至死的。③《元朝秘史》没有述及成吉思汗处死札木合的具体做法,只说"教杀时血不教出"④。但恰恰是这段话,道出了此类死刑执行方式的共同特点。它本来是处死成吉思汗宗族成员的特殊刑典,但也往往施用于其他出身高贵的敌人。那么为什么要这样做呢?

马可·波罗提到对鲜血溅地的禁忌。而据术兹札尼的记述,攻陷巴格达后,蒙古军中的回回人威胁旭烈兀说,哈里发若被鲜血溅地,将会导致一场大地震,从而使旭烈兀和全体蒙古人遭受灭顶之灾。⑤这种类似天方夜谭式的说法,未必准确地反映了蒙古人所以要采取这种特殊刑典的初衷。因为尽管按"教杀时血不教出"的方式被处死要备受痛苦,在蒙古人中间却多为受刑者本人所自请、自愿。札木合向成吉思汗要求如此,而成吉思汗也满足了其昔日安答的这一请求。是知在当日蒙古人看来,这是对被处死者的一种恩惠。这一点,那珂通世早已有所察觉。⑥

一般研究突厥和蒙古原始宗教的学者都认为,根据这些古代游牧人的观念,灵魂存在于血液中。虽然保留完整的骨骼是保证人死后精灵犹存的基本条件,⑦但在死去的时候使血液不流出躯体,也就是使灵魂与躯体不致

---

① 《马可·波罗行纪》,第199—200页。

② 《成吉思汗的继承者》,第215页。

③ 见霍渥思《蒙古史》第3卷,第128页。关于哈里发之死,诸家说法很不一致。波义耳认为术兹札尼、瓦撒夫和 Ibn-al-Fuwati 之说较可信,参见其《末代阿拔斯哈里发之死》,《闪米特学研究集刊》第4卷,曼彻斯特,1961年。此文亦收入他的论文集《蒙古世界帝国》。

④ 《元朝秘史》第201节。按:《史集》记载与乃颜相出入,此不赘。

⑤ 《亚洲诸伊斯兰教王朝通史》雷弗提英译本,第1252页。

⑥ 见那珂通世《成吉思汗实录》(即《秘史》的日文译注本),第311—312页注文。

⑦ 见罗依果在《秘史》英译本第201节注文中引用的 Jean-Paul Roux 的部分论点,《远东历史论丛》(国立澳大利亚大学远东历史系)第21期,1980年3月,第41页。

分离,似乎也会给逝者在冥界带来格外的好处。"教杀时血不教出","不过是反映了对于流血,尤其是让它溅落在地上的普遍忌讳的一个特别事例"①。正因为如此,古代蒙古人才甘愿忍受痛苦,为自己选择不出血而死的受刑方式。

上述刑罚,使人联想起蒙古统治者对异民族臣民强制推行的一条奇怪的法令。此即屠宰牲畜时,严禁采用抹喉的方法,而必须先将牲口的四肢缚住,剖开胸腹,把手伸进去按住牲口的心脏,至其死去。②一般来说,元朝对它统治下的各族臣民采取"各从本俗法"的统治方式,只有出于某种十分特殊的原因,才会将本族的习俗用法令形式加强在其他各族头上。回回人杀羊,都要抹喉放血,淤血留在肉中,在他们看来,是不洁净的。为此,在元朝和伊利汗国,曾有不少回回人因为违反这条规定而被处死。③两种屠宰法的区别,正在于放血与否,按后一种方法,牲畜的血有相当部分仍可留在躯体内。羊、马等牲畜是游牧人的主要财富,从古代蒙古人的原始宗教观念看来,即使到了"另一个世界",仍然如此。④然则他们对屠宰法的严格规定,是否与"教杀时血不教出"的处决方式,具有某种在观念上相类似的出发点,即认为它会影响到牲畜在"另一个世界"中的繁衍之兴旺或否呢?

关于乃颜的宗教信仰,马可·波罗这样写道:"乃颜曾秘密地为自己行过洗礼,却从不做基督徒所应做的功课。但在这场战争中,他认为最好还是把十字架的徽记画上他的战旗。在他的军队中有大量基督徒,后来全被杀害了。当大汗如此行事而打赢了战争、征服了乃颜——就像你们已知道的,他已死了——之后,居住在上述乃颜领地之四大地区里的各种居民,那些撒拉逊人、偶像教徒们、犹太人以及其他许多不信上帝的人——可惜其中也有一些基督徒——都大肆取笑基督徒们的信仰,以及曾被乃颜画上战旗的神圣的十字架。……他们对那里的基督徒们说:嘿!看你们的上帝的十字架

① 见《末代阿拔斯哈里发之死》转引 J. G. Frazer 之语。
② 马克里兹著录了成吉思汗的这一条札撒,见梁赞诺夫斯基《蒙古各部习惯法》英译本,第 57 页;志费尼《世界征服者传》也提到这条禁令,见何高济汉译本,第 242 页。
③ 《元典章》卷五七《禁回回抹杀羊做速纳》;伯希和《马可·波罗注》,第 78 页。
④ 《鲁卜鲁克行纪》柔克义英译本,第 80—81 页。

是怎样保佑基督信徒、向它顶礼膜拜的乃颜和他的人民的!"嘲笑和凌辱日盛,终于使忽必烈不得不出而干预。①

证以汉文史籍及他种史料,则有前引龙兴寺碑谓乃颜"离佛正法"。又,乃颜旧部有被徙至定海者。"延祐间,倚纳脱脱公来为浙相,其党屡以水土不便为诉,乞迁善地。公曰:'汝辈自寻一个不死人的田地,当为汝迁之。'众遂不敢再言。"关于这段史料,伯希和评论说:"依我看,这些话本身似乎就意味着,乃颜党徒奉行一种作为异教的颇受重视的宗教,实际上也就是基督教。"②有一个跟随忽必烈北征的方术之士亦透露:"叛始由惑于妖言,遂谋不轨。"③此外,在日本发现的侵日元军头盔上饰有十字架徽记。④侵日元军中有相当一部分是辽东军队。这种饰有十字架的头盔,或许就是从辽东派去的军士们使用的。

以上材料虽然十分零碎,但仍能从某种程度上反映出,乃颜确实可能利用了基督教来煽惑辽东人心,借以发动叛乱。马可·波罗关于他以十字徽帜作为战旗的记载,也许是有一定事实依据的。

(原载《元史及北方民族史研究集刊》第 7 期,1983 年,第 74—82 页;收入作者《蒙元制度与政治文化》,北京大学出版社,2011 年,第 403—419 页。)

---

① 《马可·波罗行纪》,第 200 页。
② 陶宗仪《辍耕录》卷二"叛党告迁地"条;伯希和《中亚和远东的基督教徒》,《通报》,1914 年,第 636 页。
③ 《元史》卷二〇三《靳德进传》。赵孟頫《靳德进墓志铭》记其言曰:"叛王惑妖言,致谋不轨。"其意与本传微异,见《松雪斋集》卷九。
④ 佐伯好郎《景教的研究》,第 975—977 页。

马可·波罗所记乃颜之乱考释

李治安

乃颜之乱,是元世祖后期东部蒙古诸王发动的一次大规模的反叛。大汗忽必烈曾亲自率领数十万大军征讨并平息了这次反叛。当时,马可·波罗恰好滞留于中国境内。十年后,在口述而成的天下奇书《寰宇记》中,马可·波罗对乃颜叛乱,曾以六七千言的篇幅予以详细记录和描述。与国内外其他史籍记载相比,马可·波罗《寰宇记》避免了局部片段描述和失载较多等缺陷,所记内容相当丰富,大部分确有其事,有些又非常翔实准确,价值相当高。它为人们弄清忽必烈平定乃颜之乱等一系列问题,提供了有趣和不可多得的史料依据。兹撮其要点,对照相关的汉文及波斯文记载,试作考释和阐发。

一、关于乃颜反叛缘起和忽必烈调集军队

关于乃颜的身世和反叛缘起,《寰宇记》说:"……这里有一位乃颜,是忽必烈汗的叔父,年幼时候他承嗣做许多地方与省域的君主和主人。所以他能够聚集四十万的骑兵。他的祖先以前曾为大可汗的陪臣,所以他也是大可汗的臣属。但是如我所说,他是一个少年,只有三十岁,即见自己是诸域之王,同时能聚集四十万的骑兵,所以他就宣布说,他将不再为大可汗之陪臣。在他能做到的范围之内,他将委实褫夺他的君位。所以乃颜遣使到海都处。因为海都是一位大而有力的君主。他是大可汗的侄子,但是他也反抗大可汗,并十分痛恨他。乃颜告诉他,叫他起兵从一方面攻大可汗,目的在夺取他的领土和君位。他自己从另一方面同时进攻。海都回复说,他是

166

十二分地愿意,并且允许准备人马,在指定的时候,预备进攻大可汗。"①

多数学者认为,乃颜是成吉思汗幼弟铁木哥斡赤斤的玄孙,失儿不海或阿术鲁之子。②乃颜和忽必烈的确是叔侄关系,但他比起成吉思汗嫡孙的忽必烈,至少低一辈。忽必烈应是叔叔,乃颜才是侄子。马可·波罗显然是把二者孰叔孰侄的关系弄颠倒了。作为来华的意大利人,知道二者是叔侄关系已经不容易了,出现这样的差错是可以原谅的。因为祖辈年齿幼和如今辈分低的缘故,有关乃颜"少年""只有三十岁"的说法,倒是合乎逻辑的。王恽《东征诗》曰:"远接强弩末,近斮乳臭婴。"③亦可为证。

至于乃颜与海都相互勾结,两面夹攻大汗忽必烈,穆尔、伯希和英译本转引 VB 本还云:"……乃颜和海都定下了会合的日子,并且同意尽可能秘密地准备,聚集骑兵和步兵进攻大汗。他们同意在一个确定的地方会合,然后一起对大汗的土地进行突然袭击。这样,乃颜聚集了四十万骑兵,在指定的时间来到指定地点,等待海都。"④拉施特《史集》也可以引以为证。该书说:"斡赤那颜之孙、塔察儿那颜之后王乃颜那颜及移相哥阿合之某后王与其他宗王谋叛于合罕,并曾前往与海都及笃哇结合。"⑤可见,马可·波罗此项记述不仅较为详细,而且基本属实。对乃颜反叛的原因,拉施特《史集》未曾明言。穆尔、伯希和英译本除了说乃颜因实力强大而傲慢,不愿臣属于大汗外,又言其"害怕大汗夺走他的权力"。后一种说法是持之有故的。世祖朝中期以后元廷与乃颜等东道诸王有关领民和属地权益的争夺,越来越激烈。《元史·世祖本纪十》所载,忽必烈至元二十二年十月强行调发乃颜、胜纳合儿两投下鹰房采金等户充当造船工役,就是大汗削夺其权力的具体措施。

马可·波罗还说,忽必烈成为大汗(君主)以后,只亲征过一次,即是1286 年的征讨乃颜。征讨结束后,忽必烈十一月返回汗八里(大都)。⑥

按,忽必烈登上汗位后,亲征实际有两次,第一次是中统元年(1260 年)

① 张星烺译本,商务印书馆,1937 年,第 133 页。
② 参阅白寿彝总主编《中国通史》第 8 卷,上海人民出版社,1997 年,第 56 页。
③ 《秋涧集》卷五。
④ *Marco Polo*:*The Description of the World*,Ⅱ,p.194.
⑤ 周良霄译《成吉思汗的继承者》,天津古籍出版社,1992 年,第 369—370 页。
⑥ 张星烺译本,第 132、142 页。

亲自征讨同母弟阿里不哥,第二次即征讨乃颜。马可·波罗本人自 1275 年到 1291 年在华滞留十七年间,亲身经历过的只有后一次征讨乃颜。马可·波罗仅记载后一次而漏记前一次,虽然是个遗憾,但可以从反面证明:后一次征讨乃颜,是他直接的见闻和体验。

另,乃颜之乱及平定的时间,不是 1286 年,应为 1287 年(至元二十四年)。这当是马可·波罗单凭头脑记忆而发生的年次错误。至于忽必烈十一月返回汗八里的说法,这里说的十一月估计是西历,相当于农历十月。以西历记忆在华期间所发生事件的月份,似乎成了马可·波罗的思维定式。[①]《元史·世祖本纪》缺载忽必烈回大都的具体时间,仅言农历八月乙丑还上都。平时,忽必烈每年两都巡幸,回到大都的时间,通常是农历八月到十月之间。因乃颜之乱尚未完全平息,八月忽必烈回到上都以后再停留两个月,就近继续部署用兵事宜,也是必要的。所以,马可·波罗有关忽必烈西历十一月返回汗八里之说,大抵可信。

在谈到忽必烈汗调集军队准备征讨时,马可·波罗说:"当大可汗听到这个消息,他一点也不心惊,仍旧像以往的聪明和勇敢,去准备他的人马。他宣誓说,假若他不能得胜而去处死那两个不忠的叛逆,他将不要再戴皇冠或去保守他的领土了。于是他急速置放卫队在那些通乃颜与海都的关口上,因此使他们不得而知他的计划。同时他立刻命令那些住在距汗八里十天路程以内的居民,要赶快聚在一起。你们要知道,他在二十二天里头,把一切准备好了。做得极其秘密,除去御前会议的人以外,竟没有一人知道他的工作。他聚集了不下三十六万骑兵和十万步兵。他召集如此小的兵力,因为他只召集了他身边左右军队的原故。他的其余军队共十二军,势力浩大,全都在很远处去从戎,目的在征服各方……他召集的这三十六万骑兵不过是他的放鹰人或是左右侍人。"[②]

关于忽必烈在二十二天内秘密调集军队,汉文史料中没有正面记载,但《元史·世祖本纪十一》言,至元二十四年四月"是月,诸王乃颜反";五月壬

① 参阅杨志玖师《马可·波罗眼中的忽必烈大汗》,台湾《历史月刊》154 号,2000 年 11 月。
② 张星烺译本,第 135 页。

寅"帝自将征乃颜,发上都"。五月壬寅,即农历五月十二。而本纪中载"乃颜反"的"是月"之前日期为甲戌,此甲戌即四月十四。也就是说,忽必烈得知乃颜反叛的时间大约是四月十四以后。由此到忽必烈发兵上都的农历五月十二,恰恰是二十多天。所以,马可·波罗有关忽必烈在二十二天内秘密调集军队的记载,是信实而弥足珍贵的。

马可·波罗还提到,知晓忽必烈秘密调军备战工作的,唯有"御前会议"的与会人员。"御前会议",穆尔和伯希和英文译本作 privy council。蒙元帝国没有正规的御前会议,与其相类似的倒有元世祖以降中书省、枢密院、御史台大臣及部分亲近宿卫士参加的御前奏闻会议。元朝时期,重大军国事务大多由这一御前奏闻会议决定。此次征讨叛王乃颜,当然不例外。另,英文 privy council 一词,在英国即为英王御用顾问机关枢密院,元朝时期也有"节制调度"军队的枢密院。穆尔和伯希和英文译本中的 privy council,亦可译作"枢密院"。尽管有上述译义的差别,马可·波罗有关"御前会议"或"枢密院"与闻秘密调兵的说法,完全符合元朝的制度,故也是可信的。马可·波罗本人不太可能亲自参加这类"御前会议"或"枢密院",以上秘密调军备战的情况,估计也是事后从某些与会人员处听到的。对忽必烈征讨乃颜之前那段调军备战的记载,远远详于汉文史书,又可以从侧面说明所载大多是马可·波罗直接的见闻和体验,当时马可·波罗本人或许就在大汗驻跸之地元上都。

忽必烈所调军队多达四十六万的数字,虽有一定的夸张,[①]但所调军队来自大汗"身边左右军队",多数"是他的放鹰人或是左右侍人"的说法,同样能够得到一些汉文史料的印证。

忽必烈调集的首先是忙兀、兀鲁兀、札剌儿、弘吉剌、亦乞列思五投下军团。史称,忙兀部博罗欢主动向忽必烈请缨东征,忽必烈"赐介胄弓矢鞍勒,命公董是五诸侯兵以行"[②]。这里的"五诸侯兵",即五投下军团。除忙兀部军外,弘吉剌部万户帖木儿率所部脱怜千户、不只儿等征乃颜屡立战功;兀鲁兀部的庆童"亦在军,虽病犹力战"。亦乞列思部忽怜、脱别台,札剌儿部

---

① 张泰湘、魏国忠、吴文衔《试论乃颜之乱》,《民族研究》1986 年第 2 期。
② 《元文类》卷五九《平章政事忙兀公神道碑》。

硕德等也在出征之列。①按照博罗欢的说法,五投下的领地与民户,略多于乃颜等东道诸王,"惟征五诸侯兵",足可以对付乃颜。此言虽有些过头,但五投下军团充任征乃颜的主力之一,是毋庸置疑的。翌年三月,亦乞列思、兀鲁兀、札剌儿等部探马赤军又奉命自懿州东征。②此探马赤军尽管是由上述五投下所抽调兵士混编的军团,但也在五投下军范围内。五投下军团的驻牧地,弘吉剌部以应昌路为中心,亦乞列思部以宁昌县为中心,札剌儿部、忙兀部和兀鲁兀部则在辽阳行省西南部大宁路等处的草原地带。应昌路在上都东北三百里处,其他四投下的驻牧地也在距上都十日路程的范围内。所以,五投下军团大抵能归入大汗"身边左右军队"。

其次是诸卫汉军及怯薛军团。元初,汉军组成的侍卫亲军主要是左、右、中三卫,将领则以董文炳、李伯祐最为著名。至元十六年(1279年),又选平宋汉军精锐等增置前、后二卫,合为五卫侍卫亲军。董文炳之子董士选、董士秀相继担任前卫都指挥使。乃颜反叛后,忽必烈接受伯颜的建议,命董士选和李庭"将诸卫汉军,从帝亲征"。此"诸卫汉军",有的场合又称作"汉人诸军"。当时在上都和大都附近驻戍的"汉人诸军",大抵是五卫侍卫亲军。所以,"诸卫汉军"和"汉人诸军",名异而实同。包括前卫在内的五卫侍卫亲军,估计都抽调精锐参与了从征乃颜。这也符合侍卫亲军"掌宿卫扈从……国有大事,则调度之"③的职司。另一名侍卫亲军都指挥使王庆端也奉忽必烈"特敕",率所部东宫侍卫军扈从征乃颜。王庆端年逾六十,"遇敌则披坚执锐,摧锋陷阵,驻跸则环车为垒,以备非常"④。当然,此时的"诸卫汉军"及将领并不一定都是汉人,阿速人玉哇失就以前卫亲军都指挥使率所部阿速军充当征乃颜的先锋。⑤另,史书中虽未见到大汗怯薛军团从征乃颜的正面记载,怯薛宿卫士扈从亲征的却不乏见。如木华黎后裔脱脱以"直宿卫",率家奴数十人从征。⑥至元二十四年(1287年)七月十六日,忽必烈车驾

① 《元史》卷一一八《特薛禅传》《字秃传》;卷一二〇《术赤台传》;卷一一九《木华黎传》。
② 《元史》卷一五《世祖纪一二》。
③ 《元史》卷一五六《董文炳传》;卷一六二《李庭传》;卷一九《兵志二》。
④ 《静轩集》卷五《故荣禄大夫平章政事王公神道碑铭》。
⑤ 《元史》卷一三二《玉哇失传》。
⑥ 《元史》卷一一九《木华黎传》。

抵达合剌合河之际所颁的圣旨,仍然标有"安童怯薛第一日"的字样。①表明四怯薛军团是依照旧例扈从忽必烈亲征乃颜的。以上"诸卫汉军"和怯薛军团,似乎都可以归入大汗"放鹰人或是左右侍人""身边左右军队"之列。

忽必烈"急速置放卫队在那些通乃颜与海都的关口上"之情节,亦能在汉文史籍中觅见相关的记载。《元朝名臣事略》卷三《枢密句容武毅王》说,乃颜反叛后,枢密副使摄钦察亲军都指挥使土土哈曾率所部为先锋,"急驱七昼夜,渡秃兀剌河",抵达字怯岭。秃兀剌河及字怯岭的方位,均在哈剌和林的东北。尤其是字怯岭仅距和林不足二百公里,恰恰是乃颜与海都之间的交通要冲和山岭险峻之处。马可·波罗言其为"关口",并无大错。稍有差异的是,土土哈之举并非奉忽必烈命令行事,而是"临事制宜"。其直接目的又是对付乃颜同党也不干的反叛,还在该地大败也不干。尽管有这些差异,土土哈所率钦察卫亲军的确发挥了切断乃颜与海都交通联系的实际作用。

至于大汗未曾调动的"其余军队共十二军",主要用于驻守"契丹和蛮子境里各省"。这里的"十二军",似乎具体指至元二十四年(1287 年)以前元帝国在漠北、辽阳以外的地区所设的十多个行省及不隶属于行省的宣慰司都元帅府,例如江淮行省、福建行省、江西行省、湖广行省、陕西行省、四川行省、甘肃行省、云南行省、征东行省等。这时的行省及宣慰司都元帅府除了掌管民政和财政,已兼管兵戎,它们都相当于一个个军区。马可·波罗所记的"十二军",大体勾勒了世祖朝中期十余个大军区分成的梗概。

二、关于忽必烈与乃颜军队的激战

关于忽必烈与乃颜军队的激战,《寰宇记》作了一番绘声绘色的描述:

> 他命令他的占星家预卜他是否能够克服他的敌人,或是他比敌人占优势地位。他们告诉他,他定能把敌人自由处置。所以大可汗率领全队人马前进,经过二十天,到达一个大平原,乃颜和他的四十万骑军

---

① 《元典章》卷三〇《礼部·祭祀·禁祭星》。

已经在那里驻扎了……大可汗在四个象背上所负的小楼中，站在小山上，左右围以弓弩手。旌旗飘扬在他上面，旗上有日月形象，高插空中，所以各方面都能看见。这四只象都盖以极厚的熟牛皮，牛皮上面又盖着丝和金制的布。他的军队排列成三十队。每一队有一万人，全都带着弓箭。大可汗分自己的兵力为三组，两翼展开极长……在每队前面，有五百带弓和短矛的步兵……每当骑兵冲锋时，那步兵就跳到靠他最近的马的臀上，坐在骑兵的后面，两人共同前进。当马停止时，他们跳下马来，用他们的长矛去戮杀敌人的马……大汗确然如此排列他的人马成许多分队，去包围乃颜的营塞，要和他去决斗……以后就可以看到和听到许多乐器声音作起来（特别是那二弦的乐器，有最愉快的声音），也能听到许多喇叭的吹声，和许多高唱。因为你们必须知道鞑靼人的风俗如此……当他们已经摆布和排列成队伍，在去打仗以前，他们一定要等待领袖的罐鼓声……当双方都预备充足后，大可汗的罐鼓开始发出声来了。先在右翼，后到左翼。罐鼓的声音开始发作，所有阻滞即刻停止，他们用弓箭、长矛、锤矛和长枪（后者是很少的），冲上去厮杀。但是步兵都有强弩和许多其他武器……这战争开始，是非常残暴和凶猛。现在就可以看见箭的飞射，空中全充满了，好似雨的下降。现在又可以看到骑士和马倒在地上死了……奋勇战斗从早到午……最后，大汗得胜了。当乃颜和他的战士看到自己方面将不能再久支持了，于是他们开始逃遁。但是这也不能帮助他们什么。因为乃颜已被捉了。所有他的达官和臣民带着所有武器，全来投降大汗了。①

无独有偶，忽必烈让占星家预卜征乃颜战争胜负，在汉文史籍中也留下了同类记载。《松雪斋集》卷九《故昭文馆大学士资德大夫遥受中书右丞商议通政院事领太史院事靳公墓志铭》载，大名靳德进善占筮，以奉议大夫秘书监随从忽必烈征伐乃颜，"揆度日时，占候风云，刻期制胜"。"刻期制胜"，就是预测卜算战争胜负的意思。《侨吴集》卷一二《元故昭文馆大学士荣禄大夫知秘书监岳铉第二行状》又云："精于占候"的司天台提点岳铉，也奉命

---

① 张星烺译本，第139页。

从征乃颜。全军的"屯行日时,营垒止作,乘机邀利",都需要秉岳铉之命行事。与乃祖成吉思汗一样,忽必烈对占星家甚为迷信。元初,刘秉忠之所以受到忽必烈特殊信任,很大程度上是因为他占卜推步等方面的技能。岳铉就是刘秉忠举荐给忽必烈的。忽必烈让占星家预卜征乃颜战争胜负,不仅可以得到汉文史籍的有力印证,也符合忽必烈迷信占星术的习惯。

以上与乃颜军队激战的许多情节,几乎和汉文及波斯文史籍如出一辙。如忽必烈乘象舆亲征,前揭《侨吴集》卷一二《元故昭文馆大学士荣禄大夫知秘书监岳铉第二行状》云,忽必烈汗"亲御象舆以督战,意其望见车驾必就降"。没料到"乃颜悉力攻象舆"。拉施特《史集》也说:"他(忽必烈)尽管关节酸痛,年老力衰,仍然坐在象背的轿子上出动了。"如忽必烈立于小山之上,《元史》卷一一九《木华黎传》载:"至元二十四年,〔脱脱〕从征乃颜,帝驻跸于山巅,旌旗蔽野。"拉施特《史集》又说:"当接近了合罕军队溃逃的地方以后,载着轿子的象被赶到一个山丘顶上。"如阵前飞箭如雨,《侨吴集》卷一二《元故昭文馆大学士荣禄大夫知秘书监岳铉第二行状》云:"锋既交,两阵矢激射,几蔽天。"《元史·董士选传》也说:"乃颜军飞矢及乘舆前。"王恽亦有"嚣纷任使前,万矢飞欃枪"的诗句。如战争残酷和阵亡甚多,王恽诗又云:"僵尸四十里,流血原野腥。"[1]《元史·玉昔帖木儿传》则有"僵尸覆野"之说。又如两军阵前擂鼓为进攻号令,《元史》卷一一九《木华黎传》云:"鼓未作,候者报有隙可乘,脱脱即擐甲率家奴数十人疾驰击之。"《元史》卷一六九《贾昔剌传》载:"敌兵千人,鼓噪以进。"拉施特《史集》说:"擂起了大鼓……合罕的军队就去追赶他们。"[2]王恽诗也曰:"我师静而俟,衔枚听鼚声。"[3]有关马可·波罗把阵前奏乐歌唱说成"鞑靼人的风俗",我们注意到,《蒙古秘史》所描述的早期蒙古人的大小战争中,尚未见到阵前奏乐的事例。然而,阵前奏乐却见于世祖朝中叶的元军战事。《元朝名臣事略》卷六《元帅张献武王》载,至元十六年(1279年)崖山之战中,张弘范在总攻前夕"下令曰:'闻吾乐作乃战,违令者斩。'……乐作,宋人以为且宴,少懈"。这里的宋人,包

---

① 《秋涧集》卷五《东征诗》。

② 余大钧、周建奇译本第2卷,商务印书馆,1985年,第352页。

③ 《秋涧集》卷五《东征诗》。

括张世杰麾下的"淮兵",张世杰本人又曾是汉世侯张柔的旧部。①既然连张世杰及其"淮兵"都不知奏乐为何意,所以肯定不是汉人军队风俗。阵前奏乐为蒙古人风俗之说,不无道理。

关于骑兵、步兵联合作战,汉文记载又能和《寰宇记》相互补充、印证,共同揭示忽必烈对乃颜叛军作战方略所发生的变化。据说,忽必烈征调的蒙古骑兵并不算少,完全有力量用骑兵与乃颜叛军决一雌雄。但蒙古将校或与叛军相亲匿,"立马相向语,辄释仗不战,逡巡退却"。忽必烈对此深为忧虑。于是,采纳江南名士叶李"用汉军列前步战,而联大军断其后,以示死斗"的建议。忽必烈还把叶李的计谋宣谕将帅,命令他们认真实施。②史称李庭自请以汉军二万便宜破敌,未被忽必烈批准,后又奉命与玉昔帖木儿所将蒙古军"并进"。③后者估计就是叶李"用汉军列前步战,而联大军断其后"的具体落实。《寰宇记》所讲的骑兵、步兵的巧妙配合,也应本于叶李的建议。只是记述得更为详细、生动和有趣。需要解释的是,叶李所献蒙、汉骑兵步兵协同作战之策,与金朝中期常采用的"以步军当先,精骑两翼之"④的战术,极为相似。所以,伯颜奏准李庭、董士选"得以汉法战"⑤,也应该包括这种骑兵、步兵联合作战的方式。

关于忽必烈与乃颜叛军决战地点,《寰宇记》笼统地说,是在一大平原上。张泰湘等认为在撒儿都鲁。⑥伯希和也说,撒儿都鲁是双方作战的"主要战役"。⑦白寿彝《中国通史》则言决战地点在不里古都伯塔哈。⑧笔者以为,综合马可·波罗《寰宇记》和汉文史籍等记载,这场决战应在哈剌河附近的失剌斡耳朵和不里古都伯塔哈一带。理由有三:

第一,撒儿都鲁之战,先为元朝方面的都万户阇里铁木儿与乃颜部将黄

---

① 《宋史》卷四七《二王纪》;《元文类》卷四一《经世大典序录·政典·征伐》。
② 《元史》卷一七三《叶李传》。
③ 《元史》卷一六二《李庭传》。
④ 《三朝北盟会编》卷二四四《炎兴下帙一四四》。
⑤ 《元朝名臣事略》卷二《丞相淮安忠武王》。
⑥ 张泰湘、魏国忠、吴文衔《试论乃颜之乱》,《民族研究》1986 年第 2 期。
⑦ 《马可·波罗注》,第 789 页。
⑧ 白寿彝总主编《中国通史》第 13 卷,第 430 页。

海作战,后又是"乃颜党塔不带率所部六万逼行在而阵"引起的战事。参加后一场战事的元朝军队,主要是李庭、董士选及玉哇失所率的"诸卫汉军"。李庭曾带伤引十壮士使用火炮夜袭敌营,董士选则"出步卒横击之",充当前锋的前卫侍卫亲军都指挥使玉哇失又率所部阿速军奉命出击。《世祖本纪》所言"遣前军败之",①即谓前卫侍卫亲军的此项战绩。王恽《东征诗》中"夜半机石发,万火随雷轰。少顷短兵接,天地为震惊",当谓撒儿都鲁之战。概言之,撒儿都鲁之战,为忽必烈此番亲征中第一次规模较大的遭遇战,因其对忽必烈乘舆造成一时的威胁,故本纪中记载稍详。尽管如此,撒儿都鲁之战并非决战。

第二,《寰宇记》说,忽必烈与乃颜军队的决战,是由突袭并包围位于大平原上的乃颜斡耳朵帐殿拉开序幕的。这里讲的两个情节很重要:一是决战战场地处平原,二是该地设有叛王乃颜的斡耳朵帐殿。据姚大力考订,注入贝尔湖的哈剌河(今哈拉哈河)流域坐落着乃颜的失剌斡耳朵,此处也是塔察儿领地的中心。其东不远处的大兴安岭西麓,即是后来乃颜屯兵的不里古都伯塔哈(义为鹰山)。②哈剌河流域虽然海拔较高,但地势平坦。此地符合既为平原(严格地说,应是地势较平坦的高原),又有乃颜帐殿两个条件。元军先在失剌斡耳朵一带突袭成功,又追击至不里古都伯塔哈,才取得决战的胜利。故决战战场应由哈剌河流域失剌斡耳朵一带和大兴安岭西麓的不里古都伯塔哈组成。《元史》之《洪福源传》和《玉哇失传》载:至元二十四年六月洪万嵩从忽必烈"至乃颜之地,奉旨留蒙古、女真、汉军镇哈剌河。复选精骑扈驾,至失剌斡耳朵,从御史大夫玉速帖木儿讨乃颜";"追至不里古都伯塔哈之地,乃颜兵号十万,玉哇失陷阵力战,又败之"。可以为证。王恽诗所云:"臣牢最忾敌,奋击不留行。卯乌喔都间,天日为昼冥。僵尸四十里,流血原野腥。长驱抵牙帐,巢穴已自倾。彼狡不自缚,鼠窜逃余生。太傅(引者注:即御史大夫玉昔帖木儿)方穷追,适与叛卒迎。选锋不信宿,逆

---

① 《元史》卷一四《世祖本纪十一》;卷一五四《洪福源传》;卷一五六《董文炳传》;卷一六二《李庭传》;卷一三二《玉哇失传》。
② 姚大力《乃颜之乱杂考》,《元史及北方民族史研究集刊》第 7 辑,1983 年。(编者按:已收入本书。)

颈縻长缨。"也较完整地描述了双方在哈剌河附近的失剌斡耳朵和不里古都伯塔哈一带激战的情景。"卯乌嵧都",蒙古语谓"歹山",具体方位暂无考。从王恽诗的叙述次序看,"卯乌嵧都"似为哈剌河流域的一座小山包,大体位于失剌斡耳朵以西。决战似乎自该地开始,然后向失剌斡耳朵和不里古都伯塔哈延伸。而在自早到午白昼作战,激战之后乃颜军队放弃失剌斡耳朵逃遁等情节上,王恽《东征诗》和《寰宇记》的记述,惊人地一致。

第三,如果说撒儿都鲁之战元朝方面投入的兵力只限于李庭、董士选及玉哇失所率的"诸卫汉军"的话,那么在哈剌河失剌斡耳朵和不里古都伯塔哈一带的决战中所投入的军队,就将蒙古军主力包括在内了。《元史·李庭传》说,在击败进逼忽必烈乘舆的塔不带后,李庭及其所率"诸卫汉军",是奉命"与月儿鲁蒙古军并进"的。前揭《寰宇记》中骑兵与步兵的协同作战,又可以看作对蒙古军、汉军"并进"的诠释。《洪福源传》中"至失剌斡耳朵,从御史大夫玉速帖木儿讨乃颜",也是同样的意思。月儿鲁即太傅、御史大夫玉昔帖木儿,他在征讨乃颜中充当蒙古军"总戎"统帅。[1]这就意味着元朝方面把全部蒙古军主力连同"诸卫汉军"均投入这场决战中了。兵力投入最多,也是决战不可或缺的条件之一。

关于决战的时间,马可·波罗说,在出发后的二十天。依照《世祖本纪》的记录,这场决战应在忽必烈"车驾驻(千大利)〔于失剌〕斡鲁脱之地"的六月乙亥(十六日)之前。六月乙亥距上都出发之日是三十三天。如此看来,马可·波罗的说法有误。然而,笔者推算,自上都启程到撒儿都鲁之地,恰恰用了二十天。马可·波罗记述的,只是忽必烈亲征首次作战的时间。显然,马可·波罗把撒儿都鲁之战与哈剌河失剌斡耳朵、不里古都伯塔哈一带的决战混在一起记述,未作分辨。不过,他的二十天之说,就撒儿都鲁之战而言,又是信实的。

关于《寰宇记》所载处死乃颜方式及其基督教信仰,姚大力已作了详细而精审的考订。[2]需要补充的是,据拉施特《史集》记载,成吉思汗之侄按只吉

---

① 《元朝名臣事略》卷三《太师广平贞宪王》。
② 姚大力《乃颜之乱杂考》,《元史及北方民族史研究集刊》第7辑。

歹所封三千户蒙古军队中的相当部分是乃蛮人。①而在蒙古建国前,乃蛮人信奉的就是聂思脱里教。按只吉歹之子哈丹又恰恰积极参与了乃颜叛乱。鉴于此,马可・波罗有关乃颜曾受洗礼,他的部众也多为基督徒等说法,大体可以相信。

三、关于忽必烈奖赏有功将士和牌符赐予晋升

《寰宇记》还谈到忽必烈奖赏平叛作战有功将士、牌符赐予和晋升等。这段平定乃颜之乱论功行赏的描述,对了解元帝国相关典制,也颇有参考价值。

> 至于那些有功于战争的人,统领百人的将官升为千人的领袖,统领千人的将官升为万人的领袖。如此类推,按照他们的等次,他赏给他们银杯和权威牌,好的盾甲,美丽的金银,珍珠和贵重宝石做的宝饰,以及马匹。还有,你们必须知道,百人的统领,有一个银牌,千人的领袖,有一个金牌,或镀银牌,万人的领袖,有一个金牌。牌上雕狮头。我将告诉你们那些牌的重量。那些统领百人或千人的牌重一百二十撒基。那些有狮头的重二百二十撒基。在所有的牌上全刻一道训令,说:"巍巍上帝和深仁的能力,他赐福给我们的皇帝,向大汗名字祝福。并叫那些违反他的,将被处死和消灭。"我更要告诉你们,那些得有奖牌的,也有一定的委任状。在那上面,他们各等级的责任,全记载下来⋯⋯那统带十万人的长官或一大军队的领袖,有三百撒基重的金牌一个。刻着如我上面告诉你们的字。在这些字的下面有一个狮子像。在狮子上面绘着日月形。另外,他们有他们的委任状,载明他们的号令和权力。此外,那些有尊荣牌子的人,每当骑马出门时,必定打着小伞在他们头上,以示他们的大权力。每当坐时,他们必定坐在一个银制的椅子上。大可汗并给这些人一个一个有鹰的牌子。这种牌子他给各达官可以使他们有着全权,甚至于如他自己一般。那些有了这样一个牌子的官,就可

---

① 余大钧、周建奇译本第 1 卷第 2 分册,第 380 页。

以要求任何一个大王的全军做为自己身护卫队。还有,假若有一个这样的达官要派遣一个人去传递消息,他可以随意借用一个国王的马去做这件事。我说"一个国王的马"的意思,你们可以知道,就是他能够用任何人的马。

在汉文史籍中,忽必烈赏赐与乃颜作战有功人员的记载也比较多。如《元文类》卷五九《平章政事忙兀公神道碑》说:"陈金银器延春阁,召东征诸侯王及公(博罗欢)至,将分赐之。"《元史》卷一一八《孛秃传》载:忽怜征乃颜功勋显著,"赐金一铤、银五铤"。《元史》卷一三二《玉哇失传》云:"玉哇失陷阵力战……帝嘉其功,赐金带、只孙、钱币甚厚。"洪万也受到白金五十两、甲一袭等奖赏;塔出获赐的又有黄金、珠玑、锦衣、弓矢、鞍勒。[1]以上赏赐诸物几乎可以和马可·波罗的说法逐条对应。

有功将士的加官晋爵,事例颇多。洪君祥加辅国上将军,洪万授龙虎卫上将军、辽阳等处行中书省右丞;李庭"以功加龙虎卫上将军,遥授中书省左丞";弘吉剌部帖木儿以功封济宁郡王。[2]比较起来,马可·波罗百户升千户,千户升万户的说法,与上述事例稍有出入。但是,后面"如此类推"四字很重要。表明马可·波罗讲的主要是由低到高的此类晋升秩序。而蒙元军队和军官的基本层级就是万户、千户、百户。作为旅华意大利人的马可·波罗,能够记住这种官秩秩序已经很不容易了。我们不应苛求他能够弄清和牢记诸如辅国上将军、龙虎卫上将军、行省右丞等复杂官名。对这些复杂官名,恐怕当时元帝国治下的庶民百姓也不容易搞清楚。

另外,弘吉剌部万户帖木儿在受封济宁郡王的同时,还得赐"白伞盖以宠之"[3]。这与马可·波罗说的"每当骑马出门时,必定打着小伞在他们头上,以示他们的大权力",几乎完全契合,如出一辙。按,贵族官宦骑马遮以伞盖,始于北魏。北齐以后,开始有了翟尾扇伞、青朱里、青伞碧里之类的等差。后世士庶多用青色伞盖。[4]至于"白伞盖",估计出自蒙古人尚白的习俗。

---

① 《元史》卷一五四《洪福源传》;卷一三三《塔出传》。
② 《元史》卷一五四《洪福源传》;卷一六二《李庭传》;卷一一八《特薛禅传》。
③ 《元史》卷一一八《特薛禅传》。
④ 《三才图会》器用十二卷。

就是说,《寰宇记》和《元史·特薛禅传》彼此印证,相得益彰,共同昭示元代贵族官宦使用伞盖,多由皇帝赐予,此俗虽因袭中原古制,但又渗入了蒙古尚白之风。

《寰宇记》对军官牌符制度的叙述,详尽而有意义,也可以和汉文相关史料参照印证。

赵珙《蒙鞑备录》言,早在成吉思汗时期,蒙古官员已开始使用牌符,"所佩金牌第一等贵臣带,两虎相向,曰虎斗金牌,用汉字曰天赐成吉思皇帝圣旨,当便宜行事。其次素金牌,曰天赐成吉思汗圣旨疾。又其次乃银牌,文与前同"。稍后,《黑鞑事略》徐霆疏也说:"鞑人止有虎头金牌,平金牌,平银牌。"是证在蒙古四大汗时期已经实行了牌符三等级制度。另据《元史·兵志一》等,世祖至元二十一年(1284年)三月,朝廷"更定虎符",在此前后确定"万户佩金虎符,符跌为伏虎形,首为明珠,而有三珠、二珠、一珠之别。千户金符,百户银符"。①这种万户、千户、百户递次使用金虎符、金符、银符的记载,和马可·波罗的说法毫无二致。然而,详细比较,《元史·兵志》与《寰宇记》又有两点差异:一是《元史·兵志》讲到金虎符"首为明珠"及三珠、二珠、一珠等第,《寰宇记》仅言"统带十万人的长官或一大军队的领袖"的金牌重量,高出一般万户长八十撒基;二是《元史·兵志》称"万户佩金虎符",《寰宇记》则云狮头金牌。第一点差异,出于马可·波罗没有完全弄清蒙古万户金虎符三等第的详细情况。第二点差异又是由不同民族间语言翻译或假借中的讹误所造成的。马可·波罗虽然寓居中国十七年,但他不懂汉语,对蒙古语也所知无多,通晓的只是元朝官方之一波斯语。古波斯语中,sir 一词既指狮,又指虎。当时来华的波斯人已依中国老虎数量多且为百兽之王的习惯,一般训 sir 一词作虎。可马可·波罗却没有入乡随俗,依然将 sir 一词训作狮。这样他就把虎头牌误称作狮头牌了。②

马可·波罗所记牌符上的"训令",也与汉文史料和某些文物上的镌刻,大同小异,十分接近。《蒙鞑备录》所载"成吉思汗皇帝圣旨,当便宜行事"和

---

① 《元史》卷一三《世祖纪十》;卷九八《兵志一》。

② 参阅邵循正《语言与历史——附论〈马可·波罗游记〉的史料价值》,《元史论丛》第 1 辑,中华书局,1982 年。(编者按:已收入本书。)

"天赐成吉思汗圣旨疾"等语,和前引"巍巍上帝和深仁的能力,他赐福给我们的皇帝,向大汗名字祝福。并叫那些违反他的,将被处死和消灭"的训令,意思大体一致。我们注意到,俄国托木斯克州巴卡塔尔斯克出土和兰州博物馆所藏的两块铁质银字圆牌,牌面上的八思巴蒙古字均为"长生天气力里皇帝圣旨,如违,要罪过者"。俄国叶尼塞州米奴辛斯克和纽克斯克出土的两块银质金字长牌,牌面上的八思巴蒙古字又均是"在永恒的天的力量下,皇帝的名字是神圣的;若谁不从要问罪,以至死罪"。①又,郑思肖《大义略叙》云:"受伪爵人,腰插金牌,长尺余,阔三寸,番书伪爵姓名,凿识牌上。双虎头金牌爵为重,小爵则授银牌。"②据此,叶尼塞州米奴辛斯克和纽克斯克出土的两块银质金字长牌,颇像是表示军官的等级的牌符。托木斯克州巴卡塔尔斯克出土和兰州博物馆所藏的两块铁质银字圆牌,则像是驿站使臣用牌符。而这两种牌符上所镌刻的文字与马可·波罗所记训令,惊人地相似。《寰宇记》还说,马可·波罗和他的父亲、叔父两次离华前夕曾获得三枚驿站用的金牌圣旨。③或许马可·波罗还在西域友人的帮助下,熟知并牢记牌面上训令的字句内容了。概言之,马可·波罗有关牌符及训令的记述,丰富了人们对元代上述典制的认识,还可以看作是他到过中国的有力证据。④

通常,人们多半会依照《元史·兵志》,以为万户、千户等军官只佩带牌符。《寰宇记》关于牌符之外又持有载明其权力责任的委任状的说法,可以启发我们作进一步的思考。事实上,元朝时期军官除获授牌符表示基本等级外,还有体现品秩的散官和具体职务授予。后二者无法用牌符表示,只能借宣、敕等委任状。如完者都至元十三年(1276年)授信武将军、管军总管、高邮军达鲁花赤,佩虎符;十六年(1279年)授昭勇大将军,迁管军万户。步鲁合答至元八年(1271年)"制授管军千户,佩金符";至元二十一年后,赐金虎符,授怀远大将军、云南万户府达鲁花赤。玉哇失先为阿速军千户,若干

---

① 蔡美彪《元代圆牌两种考释》,《历史研究》1980年第4期;照那斯图《八思巴字和蒙古语文献研究文集(二)》,东京外国语大学亚非语言文化研究所,1990年。
② 《郑思肖集》,上海古籍出版社,1991年,第182页。
③ 张星烺译本,第8、19页。
④ 罗依果《马可·波罗到过中国》,张沛之译,《中国社会历史评论》第2卷,天津古籍出版社,2000年。

年后改赐金虎符,进定远大将军、前卫亲军都指挥使。①这里,步鲁合答"制授管军千户,佩金符"的史实很重要。元制,"由一品至五品为宣授,六品至九品为敕授。敕授则中书署牒,宣授则以制命之"②。管军千户为正五品,恰在"以制命之"的宣授范围。因此,所谓"制授",就是宣授。是证万户、千户、百户等军官同样实行"一品至五品为宣授,六品至九品为敕授"的制度,宣命和敕命,就是马可·波罗所说的委任状。《寰宇记》在军官另持委任状方面,可以再次补充汉文史书记载的不足。

《寰宇记》提到的"有鹰的牌子",实际指谓元初驿站用牌符之一海青牌,又称海青符。此牌为圆形,因牌面上铸有海东青鹰的图样而得名。马可·波罗称其为"有鹰的牌子",非常符合它的形体特征。海青牌主要用于使者驰驿通报紧急军情,如中统三年(1262年)平定李璮之乱期间,元廷特意下令"燕京至济南置海青驿凡八所","缙山至望云立海青驿",③专供持海青牌使者驰报军情。海青牌颁给统领大军的将帅,供其派遣急使使用。一般达官不能享受此种权力。从上下文意思看,马可·波罗所言的鹰牌的获赐者,也主要是"那统带十万人的长官或一大军队的领袖"。悬带海青牌的使者可享用取便道、随时更换马匹和供给食粮等待遇。还常常发生"于过往客旅庄农百姓人等处夺要,拽车牵船,骑坐头匹"④。需要说明的是,至元七年(1270年)开始,元廷已将原海青牌上的海青图样改铸为八思巴蒙古字,并下令依数倒换。⑤新式金、银字圆牌大约启用于至元十五年(1278年)。然至元十八年(1281年)仍有使用海青牌的零星记载。⑥马可·波罗在华期间,恰恰是海青牌更换和废止之际。他特意把海青牌这一已经废止的典制记述下来,很可能是出于新奇或对该牌的形制印象较深。

---

① 《元史》卷一三一《完者都传》;卷一三二《步鲁合答传》《玉哇失传》。
② 《元史》卷九一《百官志七》还说:武职散官三十四阶,正二品至从八品,"其除授具前",与文官相同。
③ 《元史》卷五《世祖纪二》。
④ 《元典章》卷三六《兵部三·驿站·使臣·禁使臣条画》。
⑤ 《元典章》卷二九《礼部二·牌面·改换海青牌面》。
⑥ 箭内亘《元朝牌符考》,《蒙古史研究》,刀江书院,1930年;《中国历史大辞典(辽夏金元分册)》,陈得芝撰"海青牌"条。

四、马可·波罗在华身份刍议

在逐项考订马可·波罗有关乃颜之乱的记述之后，这里不妨作一番整体上的评论。

综观国内外史籍对乃颜之乱的记载，《元史》本纪和《史集》仅记其大事梗概，其他多半散见于参与平叛作战将士的碑传中，而且或为片言只语，或为侧重于传主事迹的局部性描述。《元史纪事本末》中《北方诸王之乱》荟萃纪传相关史料于一篇，也失载较多，很不完整。相形之下，马可·波罗的记述不仅篇幅数倍于《元史纪事本末》，而且内容相当丰富，大部分确有其事，有些又非常翔实。诸如乃颜与海都暗中勾结，忽必烈用占星家预卜胜负，乘象舆亲征，擂鼓为进攻号令，万户长、千户长、百户长递次佩狮（虎）头牌、金牌、银牌，鹰牌及白伞盖赏赐使用等，都可以和汉文及波斯文史书相对应、相印证。诸如忽必烈在二十二天内秘密调集军队，唯御前会议人员预闻，骑兵、步兵协同作战，乃颜之死及信奉基督教，军官佩牌符外另有委任状等，又为《寰宇记》所独家载录，经考订大抵属实。而忽必烈与乃颜的叔侄关系，忽必烈仅亲征一次，双方四十万、四十六万的军队数，虎头牌讹作狮头牌等，又是《寰宇记》错误或夸张之处。总之，《寰宇记》关于乃颜之乱的记述，大部分确有其事，有些地方又不十分准确。这也难怪，因为《寰宇记》毕竟不是正规史书，而只是一部旅行记。尽管如此，马可·波罗还是提供了乃颜之乱方面的重要史料，有些价值还相当高。《寰宇记》及其对乃颜之乱的记载，绝非道听途说所能完成，其抄自波斯等地的导游手册的说法也近于荒诞。

还需要说明，马可·波罗对乃颜之乱记述得如此详尽细致，生动精彩，摈除其渲染夸张的因素，人们就能得出这样的认识：马可·波罗的确是身临其境而记其事，马可·波罗本人极可能随从大汗忽必烈参与了征乃颜之战。这一点马可·波罗虽然在《寰宇记》中没有正面提到，但前述那些可以和汉文及波斯文史书相对应、相印证的诸情节，尤其是那些为《寰宇记》所独家载录且经考订大抵属实的情节，都是颇有说服力的见证。另据陈得芝教授的考证，马可·波罗奉命到杭州视察岁课时在至元二十三年或二十四年，出使印度的时间为至元二十四年至二十六年间。①这两段奉使活动之间正好有一段空档,马可·波罗于至元二十四年春夏随从忽必烈亲征乃颜,在时间上也是完全可能的。

最后,谈谈马可·波罗的身份问题。

关于马可·波罗在华期间的身份,目前已有枢密副使、扬州总管、斡脱商人三种看法。枢密副使说和扬州总管说,经许多学者的反复考证,逐渐予以否定和摒弃。蔡美彪教授的斡脱商人说,摆脱了前人为解决马可·波罗任官问题而纠缠不清的困境,从《寰宇记》本书的记载,结合元朝的社会情况,提出了一个重要的新思路、新见解。②受蔡教授论文的启发,结合《寰宇记》对乃颜之乱的记述,笔者认为,马可·波罗的身份是宫廷侍从兼斡脱商人。

主要理由如下:

有元一代的斡脱商人,分属于蒙古诸王等各投下。具体到马可·波罗,应是大汗御位下的斡脱商人。作为大汗御位下的斡脱商人,完全有可能同时兼任忽必烈宫廷外围侍从。联想起《寰宇记》对宫廷朝仪、大汗行猎和节庆宴饮,记述甚详,显而易见,马可·波罗获取这些信息时利用了宫廷外围侍从的便利条件。前述马可·波罗随从忽必烈亲征乃颜,估计也是以宫廷侍从"后列"角色出现的。如果马可·波罗未任职宫廷而只是单纯的斡脱商人,他就不太可能随从大汗忽必烈亲征乃颜,也不可能把汉文史书上载录零散的乃颜之乱及宫廷朝仪、大汗行猎、节庆宴饮等,记述得如此详细逼真。只有其基本身份是宫廷侍从,同时又兼斡脱商人,随从大汗亲征才合乎元廷的典制。此其一。

从《寰宇记》的多方面记载看,马可·波罗并未进入大汗忽必烈四怯薛番直宿卫的行列,他的身份和角色只能是怯薛宿卫士以外的一般宫廷侍从。

① 《马可·波罗在中国的旅程及其年代》,《元史及北方民族史研究集刊》第 10 辑,1986 年。(编者按:已收入本书。)

② 杨志玖《百年来我国对〈马可·波罗游记〉的介绍与研究》,《马可·波罗在中国》,南开大学出版社,1999 年;蔡美彪《试论马可·波罗在中国》,《中国社会科学》1992 年第 2 期(编者按:已收入本书)。

需要特别注意的是,忽必烈藩邸时期已有过王府一般侍从随同他出征的先例。如姚枢应召进入忽必烈藩府,被置于王府"从卫后列","惟不直宿"。忽必烈亲征大理时,他也扈从左右。①这里的"后列",应指怯薛宿卫士以外的一般侍从。估计马可·波罗的身份大体相当于侍从"后列"。他虽未曾进入怯薛宿卫士,但也能仿照当年姚枢的旧例,随从忽必烈亲征乃颜。此其二。

蔡美彪教授曾对马可·波罗出使提出质疑,认为他出使时既未被授予牌符,又无出使记录,不具备使臣的地位和资格,最多不过是随员。这一见解十分精辟。马可·波罗确实不像是持有牌符的正式使臣。我们注意到,元朝时期宫廷中承担出使任务的大多是正式的怯薛宿卫士。即使马可·波罗仅仅是斡脱商人,充任使臣的随员也有些勉强。如果马可·波罗的身份同时又是宫廷侍从"后列",充任使臣的随员,倒算是合乎典制和顺理成章的。陈得芝教授也说,蒙古贵族经常以色目商人作为近侍,马可·波罗很像是忽必烈所派近侍身份的小使者。②另,世祖朝也不乏其他侍从充任使臣随员的例子。如至元十六年(1279年)崔彧"奉诏偕牙纳木至江南,访求艺术之人"。从史传材料看,崔彧并非正式的番直宿卫士,却因"负才气,刚直敢言",受到忽必烈的特别"器重",旋授集贤侍读学士。③估计崔彧的身份也类似于宫廷侍从"后列"。此其三。

关于马可·波罗任职扬州,亨利·玉尔指出,《寰宇记》一个较古老的版本写作"奉大汗命居住此城中三年",并未提到做官。④伯希和也认为,马可·波罗所干的差使多半是盐税事务,他在扬州的职务可能是管理盐务的官。⑤扬州是全国最大的两淮盐课征集地,平定南宋后不久,元廷即设都转盐使司于扬州,总辖盐课事。由于两淮盐课数额巨大,忽必烈派遣宫廷使者较长时间地驻于扬州,代表皇帝监督盐务或收取属于皇帝的盐课"份子",也不是不

---

① 《牧庵集》卷一五《中书左丞姚文献公神道碑》。
② 《马可·波罗补注数则》,《中西文化交流先驱——马可·波罗》,商务印书馆,1995 年。(编者按:已收入本书。)
③ 《元史》卷一七三《崔彧传》。
④ 玉尔本第 1 册,《导言》第 94 页。
⑤ 《马可·波罗注》,第 834 页"Singiu"条及第 875 页"Yangiu"条;第 1 卷第 260 页"Ciangiu"条、第 365 页"Cingiu"条。

可能的。冯承钧汉译本第一五二章载："叙述此事之马可·波罗阁下,曾奉大汗命审察此蛮子第九部地(杭州)之收入。"既然马可·波罗能"奉大汗命审察"杭州地区的税收,奉命监督扬州盐课也是情理中事。就是说,马可·波罗不担任正式官职,"奉大汗命"居扬州三年而办理或监督盐务,与笔者所言宫廷侍从"后列"的身份基本吻合。当我们把马可·波罗在华身份诠释为宫廷侍从"后列"时,有关他"奉大汗命居住此城(扬州)中三年"而不担任正式官职的说法,也才会讲得通、立得住。此其四。

澳大利亚学者罗依果教授在非常赞同蔡美彪先生的斡脱商说的同时,又指出,马可·波罗在中国的主要角色就是一个中层的"视察员",除了做斡脱商,皇帝还让他搜集情报,充当耳目。①看来罗依果教授也觉察到马可·波罗并非单纯的斡脱商人。而"视察员"和耳目,完全可以看作宫廷侍从"后列"所担负的具体任务或职能。从这个意义上说,笔者的宫廷侍从兼斡脱商人说,与罗依果教授所见,又有某些相契合之处。

(原载《元史论丛》第 8 辑,2001 年,第 33—45 页,收入本集时作者有修订。)

---

① 《马可·波罗到过中国》,张沛之译,《中国社会历史评论》第 2 卷。

马可·波罗所记元代节日和刑制

杨志玖

马可·波罗在中国住了十七个年头（1275—1291 年）。他虽然遍游中国各地，但在北方居留的时间却比较长久，这从他书中对北方，特别是对大都（今北京市）和元世祖以及蒙古人的生活情况细致的叙说可以看出。兹就他关于元代节日习俗及刑罚制度的叙述简介如下。

马可·波罗举出了两个重要的节日。一个是忽必烈的生日。他说，大汗的生日是九月二十八日。据英文或法文译本，他说的九月是"the month of September，du mois de Septembre"，可见是指西方历法；而二十八日则是"the 28 day of the moon，le ving-huitieme jour de la lune"，无疑是指中国历法。冯承钧译《马可波罗行纪》作"大汗生于阳历九月即阴历八月二十八日"是意译，可信。只是，马可当时并不清楚这两种历法的区别，否则他会直接说八月二十八日了。据《元史·世祖纪一》，忽必烈生于乙亥年（1215 年）八月乙卯日，即八月二十八日（西历 9 月 23 日），马可所说，与《元史》完全一致，不过他用的是阴阳合历而已。这是偶然的巧合还是他亲身在大都或上都听说的？无疑是后者。因为，皇帝的诞辰历来是重要的、举国以至邻邦皆知的盛大节日，要举行隆重的庆典。马可在二都时间较长，当然知悉此事甚至躬身与会，这从他描述此节日盛况的详细与中国史籍的记载基本符合可以推知。个别地方还可以补充元代史籍的不足。如他说，在大汗诞辰，除文武百官穿同一颜色服（即只孙服）朝贺外，其他宗教教士如偶像教士（佛教）、基督教士、犹太教士及萨拉逊人（伊斯兰教士）及其他种人，都要向其崇拜的神祇燃灯焚香、歌唱祈祷，求其神主保佑皇帝健康长寿、平安幸福。这一仪式在《元史·礼乐志一·天寿节受朝仪》无记载，在《元典章·礼部一·庆贺圣节拈香》虽有较详说明，但提到的宗教参与人数只有儒生和僧道，而在元代寺庙的"圣旨碑"中，才有诸如"和尚（僧）、也里可温（基督教士）、先生（道人）、答失蛮（伊斯兰教士）不拣什么差发休当者，告天祝寿者"一类的文字（蔡美彪《元代白话碑集录》中多散见）。所谓"告天祝寿"即"专与皇家告天祝寿"（见上书第 21 页）。犹太教教士当然也须参与祝寿活动，因为元代也有许多犹太人来华（称主吾、主鹘或术忽），但汉文资料中尚未发现他们祝寿的记载。《游记》的版本中也只有穆尔及伯希和的《马可·波罗寰宇记》英译本（p.222）引 P 本（Pipino，皮皮诺本）有此说法，弥足珍贵。

另一盛大节日是新年。马可说，他们的新年开始于 2 月（西历），这一天，全国自皇帝、臣僚及人民一律穿白衣，举行庆贺，称为白节。

按，中国旧历新年一般在西历 1 月下旬至 2 月中旬之间。马可·波罗于至元十二年（1275 年）夏季来华，不会参与也不会知道该年的中国元旦。第二年元旦为 1 月 18 日，他来华不过半年，可能无资历或出使云南而未及参与盛会。此后十五年间，元旦在 2 月者有八个年份，在 1 月者有七个年份。其中 1 月为元旦者最早为 1 月 15 日、19 日，一般为 22 日至 30 日；2 月为元旦者依次为 2 月 1、2、3、5、6、10、11、13 日。马可说都在 2 月，并不全面，可能他对在西历 2 月与他们在 1 月者不同而感到新奇值得一提吧。这也证明他说大汗生于九月是指西历 9 月，中国八月。

蒙古旧俗，以白为吉，恰如马可所说，他们认为白衣是幸运和吉祥之物，因称元旦为白节。注释家亨利·玉尔说，蒙古人迄今（指 19 世纪末）仍称正月为"白月"。《元朝秘史》第 202 节记成吉思汗做皇帝时，"建九脚白旄纛"旗；第 216 节成吉思汗封兀孙老人为别乞（巫师首领），让他"骑白马，着白衣，坐在众人上面"。可以为证。其反证是，明朝建立后，汉人新年绝不穿白衣。中亚帖木耳王朝的沙哈鲁遣使臣朝见永乐皇帝，元旦前一日即被告知，次日见皇帝时不许穿白衣白袜和戴白帽，说那是服丧时的服装（《沙哈鲁遣使中国记》，何高济译本，中华书局 1981 年版，第 125 页。玉尔注本已引用），怕他们仍沿袭蒙古礼节。

据《元史·礼乐志·元正受朝仪》（卷六七），元旦这天，并无人人衣白的记载。这可能是史家认为衣白是不言而喻的事，更可能是，《朝仪》是汉人儒者于至元八年订的，他们可能不喜欢元旦衣白而有意回避此事，但从《朝仪》说"预宴之服，衣服同制，谓之质孙"（质孙或只孙，蒙语指一色服），可以推想是暗示一色白服。《朝仪》记朝贺礼有几次"拜""鞠躬"，"拜""兴"，"山呼""再山呼"，"跪左膝、三叩头"等礼数，以及"圣躬万福""溥天率土，祈天地之洪福，同上皇帝、皇后亿万岁寿"等祝辞，则和马可所记大致相同。注释家法人颇节比较马可所记与《元史》此处后，认为二者有"惊人的相似"处（ressemblance étonnante，冯承钧译为"若合符节"）；亨利·玉尔认为颇节此注是极有兴趣、值得注意的诠释。

马可又说，在这一天，群臣、人民以及各国都要向大汗贡献贵重礼品，而且以九倍计。《朝仪》有献礼明文，如"后妃、诸王、驸马以次献贺礼毕"，"文武百僚……礼部官押进奏表章、礼物……宣礼物舍人进读礼物目"等，但未提所献何物，而马可所述礼物种类则颇详细。至于礼物以九倍计，也为《朝仪》所漏载，但不乏旁证。如《元史·祭祀志六·国俗旧礼》说："每岁，驾幸上都，以六月二十四日祭祀，谓之洒马奶子。用马一，羯羊八（共九牲——引者），彩缎练绢各九匹，以白羊毛缠若穗者九……"以祭天。成吉思汗赏赐契丹人耶律留哥之妻姚里氏"河西俘人九口，马九匹，白金九锭，币器皆以九计"（《元史》卷一四九《耶律留哥传》）。此外，在刑罚制度方面，数目字"九"也有用场。

马可讲到蒙古人的法律时说，如有人偷一件不犯死罪的小东西，则被打七棍，偷两件则被打十七下，三件及以上打二十七下、三十七、四十七……最多打到一百零七下以致被打死。如偷十五头牛或一匹马或其他（贵重）东西则被用刀斩为两段。但假如他能赔偿，则需赔所偷物品九倍的价值。

按，以"七"为笞刑始数，这是蒙古的刑律，此前中原历代王朝皆以"十"开始，终于"一百"，与蒙古的以"一百七"为尾数也不同。元世祖统一中国后，虽制定新律，仍遵行蒙古旧制。据《元史·刑法志一》（卷一〇二），《名例》中的"笞刑"（用小竹板打）自七至五十七，杖刑（用大竹板或木棍打）自六十七至一百七。据说，其用意是："天饶他一下，地饶他一下，我饶他一下。"即"合笞五十，止笞四十七，合杖一百十，止杖一百七"（《草木子》卷之三下《杂制篇》）。用意似乎可取，但把笞刑止五十增为五十七，把杖刑止一百增为一百七,则又加重了刑罚。此点汉人臣僚已指出其不当。成宗大德间(1297—1307年),刑部尚书王约上言:"国朝之制,笞杖十减为七,今之杖一百者,宜止九十七,不当又加十也。"(同上《刑法志》)言之切中,但未被采纳。马可·波罗在元世祖时期来华,他讲的刑罚数目,和《元史·刑法志》完全一样。只是他还不能理解笞与杖刑的区别,只笼统地说用棍棒而已。这也就够了。

至于偷一赔九刑罚,也与《刑法志》相同:"诸盗驼马牛驴骡,一陪九。盗骆驼者,初犯为首九十七,徒二年半,为从八十七,徒二年;再犯加等;三犯不分首从,一百七,出军。盗马者,初犯为首八十七,徒二年,为从七十七,徒一年半;再犯加等,罪止一百七,出军。"(以下至盗牛驴骡羊猪,依次减刑,不列举)可见不止加赔,还要受刑。这从《元典章》卷四九《刑部·诸盗一·强窃盗·盗贼出军处所》所引武宗至大四年(1311年)七月二十五日圣旨有"偷盗骆驼、马匹、牛只的,初犯呵,追九个陪赃,打一百七下者",及同卷《偷头口·达达偷头口一个陪九个·汉儿人盗头口一个也陪九个》引至元二十九年(1292年)三月中书省咨:有为首者除偷一陪九外,"合敲底敲(死刑以上重刑)",对做伴当(为从的同伙)偷来的,则打"七十七下"。这和《元史·刑法志》盗马罪所定相同。可见,马可可能认为,盗犯只要赔偿原物九倍就够了,其他的详细处罚他并不清楚。作为一个外国人,这也难怪。

总上所述,马可·波罗对元代蒙古节日的叙述与中国记载完全一致,证明他曾亲自参与且不止一次。对刑罚的叙述与汉籍基本一致而略有不足,因为刑制是无形的上层建筑,看不见、摸不着,他也未曾触犯刑律,无从体验。能谈到这一步已是难得。这证明,他确实到过中国。怀疑、否定他到过中国的论调是没有根据的。

(原载《文史知识》1998年第9期,第112—116页,刊载标题为《马可·波罗到过中国吗? ——从他所记元代节日和刑制谈起》;收入作者《马可·波罗与中外关系》[《杨志玖文集》],中华书局,2015年,第144—148页。)

马可·波罗所记阿合马事件中的
Cenchu Vanchu

蔡美彪

元世祖至元十九年三月千户王著杀回回权相阿合马案是当时的一个重大事件，也是元史研究中的一个重要课题。《马可·波罗游记》中曾有一章记述有关这一事件的传闻，历来受到研究者的重视。马可·波罗书传世版本甚多，此条记事仅见于剌木学（Ramusio）本，即 1595 年刊布的剌木学编译意大利文本。1903 年出版的玉尔（H. Yule）、考狄（Cordier）英文译注本，系以 1865 年出版颇节（Pauthier）注老法文本为基础，参校诸本，未收录此条记事。1928 年沙海昂（Charignon）将颇节本译为新体法文并加注释，据剌木学本收入有关阿合马的记事，作为第 84 章的重出章编译。1936 年，冯承钧将此注本译为汉文出版，题为《马可波罗行纪》。1928 年意大利人拜内戴拖（Benedetto）在米兰市的 Ambrosian 图书馆发现马可·波罗书的一种拉丁文本，为前人所未见。1931 年译为英文出版，张星烺又译为中文，题为《马哥孛罗游记》，1937 年出版。这一版本中也收有曾见于剌木学本的有关阿合马案的这条记事。1938 年出版的法国学者牟里（Moule）、伯希和（Pelliot）英译合校本，据剌木学本译录此条，附编于原书第 85 章。

王著杀阿合马案显示当时汉人官员与色目官员之冲突并涉及太子真金。元代汉人记事或有避讳或曲为回护，事实底蕴，若明若暗。波斯拉施特《史集》记此事有详于汉文的内容，但因得自传闻，每有混误，也有待考析。马可·波罗记事也是得自传闻，不尽准确。如要利用它与中波文献相参稽，首先需要对马可·波罗所记述的有关人物能以确指。马可·波罗记此案是由汉人 Cenchu 与 Vanchu 同谋杀阿合马。关于这两个汉人的译名,历来注译者与研究者有多种不同的诠释,列举如下。

一、玉尔英译本没有收入此条记事,但在《导言》62 节曾经提及,称为剌木学"奇特之记载",并加注释。张星烺译文是:"中国《元史》作王著(Wang-Cheu)、赖麦锡(剌木学)本作万珠(Vanchu),余意孛罗(波罗)氏 Vanchu 之读音,与英文拼读法相同,盖威尼斯语中 chu 音,正与英文相同也。然赖麦锡本他处 ch 之读音似此者难得有一二。"①译文中之"万珠"二字系出张星烺。玉尔此注实谓波罗之 Vanchu 即《元史》王著之音译。②至于 Cenchu 一词,玉尔无释。

二、冯承钧译沙海昂注本,此条列为"第八四重章",题为"汗八里城之谋叛及其主谋人之处死",注"此章仅见剌木学本(第二卷第八章),所志诸事,并经中国载籍证明"。书中人名,沙氏无注。冯承钧译文作:"其中有一契丹人名陈著(Tchen-tchou)者,身为千户。""遂与别一契丹人身为万户名称王著(Wang-tchou)者同谋杀之。"冯氏译 Vanchu 为王著,与玉尔注同。Cenchu 则另译为陈著。③

三、张星烺译拜内戴拖本此条题为"大都城里的契丹人怎样要造反的"。译文作:"有一个契丹人,名叫张库(Chencu)(译音),是一个千户军官。""对另一个万户军官契丹人王著(Vancu)谋杀阿合马。"张氏也是以 Vanchu 为王著,音译 Chencu 为张库。④

四、邵循正先生曾在 1943 年的一次学术讲演中论及此事,原文没有发表,后经方龄贵先生将其记录稿整理刊布,收入 1983 年出版的《邵循正历史论文集》,题为《语言与历史》。邵先生说:"据我的看法,这两个字都不是人名。头一个字是千户,第二个字是万户。""我认为'将千人''将万人'即千户、万户两名词的注释,文意甚明显。所以原文 named 一字,其意应是'称呼',而不是'名为'。自 Yule 以下各家读此句似均欠细心,所以都把

---

① 张星烺译《马哥孛罗游记导言》,1924 年,第 216 页。
② H. Yule, *The Book of Ser Marco Polo*, Introduction, 1920, p.99.
③ 冯承钧译,沙海昂注《马可波罗行纪》,1936 年,第 341 页。
④ 张星烺译《马哥孛罗游记》,1937 年,第 163 页。

Vanchu 当作王著,其实 Cenchu 是王著,因为他官千户,所以'将千人'。Vanchu 我疑心是指崔总管(见《元史》阿合马传)。"①

五、牟里、伯希和英译校本收入此条记事,无注释。1959 年韩百诗(Hambis)整理伯希和未完成的遗著《马可·波罗注释》出版。伯希和在 Van-chu 条引据牟里 1957 年的注释,指出 Vanchu 是万户的音译。在阿合马(Acmat)条注释中说:"剌木学的 Cenchu 是千户王著,他的 Vanchu 必是高和尚(Kao Ho sang)。"②

自玉尔以来的一百多年间,中外研究者对马可·波罗所记谋杀阿合马案的两个关键人物 Cenchu 与 Vanchu,曾有过不同的理解,研究在不断深入。邵循正先生指出,两词非人名而是官名"千户""万户"的音译,祛除了前人的误解,实为确论。邵先生与伯希和都认为此千户实指《元史》记为"益都千户"的王著,也是正确的诠释无疑。问题在于:Vanchu 既是万户,不是王著,那么,他是否是崔总管或高和尚。

崔总管其人,仅见于《元史·阿合马传》:"著又遣崔总管矫传令旨,俾枢密副使张易发兵若干,以是夜会东宫前。"崔总管受千户之命,假传太子令旨,使枢密副使发兵,此总管当是枢密系统的军职,即《元史·兵志》所说:"内立五卫以总宿卫诸军,外则万户之下置总管,千户之下置总把,百户之下置弹压,立枢密院以总之。"总管不可能是统领万夫的万户。崔总管记事只此一条,在谋杀阿合马案中作用也并不显著,他不可能是与王著并列的同谋。

高和尚又称高菩萨,在此案中自是重要人物,但他是人们所说的"妖僧"而不是统领万夫的万户。伯希和既同意 Vanchu 为万户之音译,又说其人必是高和尚,是难得通解的。

马可·波罗所记 Vanchu 既不是王著,也不可能是崔总管或高和尚,我以为他应是参与此案的首要人物枢密副使张易。枢密副使是官职,万户是爵秩,官枢密副使而称万户,自无不合。阿合马被杀后,元世祖自上都返回

---

① 《邵循正历史论文集》,1985 年,第 116—117 页。(编者按:已收入本书。)

② P. Pelliot, *Notes on Marco Polo*, 1959, pp.10-11, 870.

大都，亲自处理此事。《元史·世祖纪》至元十九年三月壬午："诛王著、张易、高和尚于市。"本纪此条当据《实录》。壬午为三月二十二日，即王著杀阿合马五天之后。王著手杀阿合马，挺身出首，自是首犯。张易以身居高位、深受世祖倚信的重臣，竟与王著同遭显戮，可见他参预同谋，其事甚彰。马可·波罗时在大都，说是千户（王著）与万户（张易）合谋，不仅符合朝议，也与当时大都朝野的传言相合。下面再就文献有关记事，对此作一些探讨。

《国朝名臣事略》赵良弼传引录姚燧撰家庙碑，《牧庵集》未收。碑称张易"坐擅发卫兵以醢"，这可能是处死张易时的正式罪名。虞集《道园类稿》有《张忠献公神道碑》，文宗天历三年（1330年）奉诏为阿合马事件中领兵平乱的张九思作。碑中记张易事云：

> 枢密副使张易素称有权略，为上信倚，故以宥密留京。贼之入也，传太子令，索兵甚遽，易不能辨其伪，不敢抗，以兵与之，坐弃市。而论者以为易知谋，请传首郡邑。公入告裕皇曰，张易不察贼诈而与之兵，罪至死，宜矣。而为其预贼谋则无也。大臣被罪而死，传首则过矣。裕皇悟，言诸上而从之。

此碑记事称颂张九思入告太子真金，为张易辩解，说他"无预贼谋"，只是"不察贼诈"。果真如此，只是失察之过，何以竟遭显戮，与王著同罪？其为回护之词，显然可见。元世祖处死张易，朝野无异辞，免予传首，则是避免事态扩大，引起不安。所谓"裕皇（太子真金）悟"，大概也是对此会意。碑文记事透露"论者以为易知谋"，没有明言论者为谁，但能以"请传首郡邑"，应当不是一般官员。《元史·张九思传》作"刑官复论以知情"，不知是否另有所据。以张易为"知谋""知情"，是当时"论者"的共识。马可·波罗记为千户、万户合谋，当是来自色目商人群体的传闻。

阿合马被杀后，元世祖追查阿合马一案的奸恶，剖棺戮尸，但并未为王著、张易等人平反。汉人记其事，仍多避忌。直书其书不予隐讳的文字是元至正刊《国朝文类》所收王恽的古乐府体长诗《义侠行》及解题。王恽直称王著为义侠，备加赞颂。诗中有句云："超今冠古无与俦，堂堂义烈王青州，午年辰月丁丑夜，汉允策秘通神谋。"此诗也被收入《秋涧先生大全文集》卷九，

《四部丛刊》影印明弘治刻本"超今"作"至今"，"汉允"误作"汉元"。台北影印明刊修补本同误。汉允系指东汉王允，"汉允策秘通神谋"是用王允、吕布秘谋杀董卓的故事。《元史·秦长卿传》载：宿卫秦长卿曾上书请诛阿合马，说："其事似董卓。"王恽以董卓比阿合马，以王允喻张易，语意甚明。王恽此诗原名"剑歌行"，后又改题"义侠行"，改作年月不详。《元史·王恽传》：至元"十九年春，改山东东西道提刑按察副使，在官一年，以疾还卫（卫州）"。据此，至元十九年三月，王著杀阿合马时，王恽不在大都，故少避忌。《文集》于仁宗延祐六年（1319年）朝议刊播，英宗至治二年（1322年）刊行，上距阿合马案已四十年。阿合马的罪恶早已昭彰于世，王著杀阿合马也已被视为除奸的义举。前引虞集撰张九思碑，记"论者以为易知谋"是想加重其罪。王恽称"汉允策秘通神谋"则是歌颂他的丰功。两者观念不同，目的不同，但都认为张易参预了密谋。

虞集《道园类稿》另有一篇《高庄僖公神道碑》，并见《道园学古录》，题为《高鲁公神道碑》。高即高觿，至元十八年拜中议大夫、工部侍郎、同知五府都总府、领东宫禁卫。碑文记张易事云：

> 日且暮，闻枢密院副使张易以兵来，公与张尚书（指张九思）问易曰：此将何为？易曰：夜二鼓当自知之。又谓易曰：此大事，岂得不令吾二人知。易附耳语曰：得密报，闻太子来诛左相（指阿合马），殆是也。盖易亦不察其伪也。[①]

《元史·高觿传》记此事源出此碑，记事文字有所修改。据此碑记事，"张易以兵来"，实为亲自领兵发难，并对杀阿合马的密谋，先已了如指掌。史传改为"亦领兵驻宫外"不免含混。碑文末称"盖易亦不察其伪"则是虞集的微词。虞集此碑作于文宗至顺二年（1331年），为高觿加赠谥号奉诏而作，首称"受诏退考诸传记而得公之遗事云"。所谓"遗事"即前此未曾披露之事，为称叙高觿业绩，考求而得。前此一年所撰之张九思碑称"张易与之兵"，此碑

---

① 引据《道园类稿》卷四〇，台北影印明初复刻元刊本。《四部丛刊》影印明景泰翻印本《道园学古录》卷一七《高鲁公神道碑》："张易以兵来"作"张易以兵"，脱"来"字。《四部备要》排印本误改"以"为"与"，不可据。又《道园类稿》此本下文"问易曰"，"问"误作"间"，据《道园学古录》校改。

则作"张易以兵来"。一年之隔,一句之差,表明虞集经过"考诸传记",对事件真相有了进一步的了解。这时,已是此案发生的五十年之后,不需再有避忌,事实原委,乃得逐渐披露。据此,张易是王著的同谋或主谋,应是可信的。

张易在此案中参预谋划而不仅是"失察",元世祖在处理此案时,大概也是明白的。《元史·王思廉传》:"帝召思廉至行殿,屏左右,问曰:张易反,若知之乎? 对曰:未详也。帝曰:反已,反已,何未详也。思廉徐奏曰:僭号改元谓之反,亡入他国谓之叛,群聚山林贼害民物谓之乱,张易之事,臣实不能详也。"王思廉的回答很巧妙,意思是说,张易之事不属"反""叛""乱",而是诛杀权奸,但不明说,而是含糊其词,说"臣实在不清楚"。元世祖说是"张易反",王思廉泛称"张易之事",只说此事的性质,可见张易与谋此案已是两人谈话时的共识与前提。同传又记元世祖问:"且张易所为,张仲谦知之否?""思廉即对曰:仲谦不知。帝曰:何以明之。对曰:二人不相安,臣故知其不知也。"由此可见,元世祖此时不仅肯定此案是"张易所为",且已怀疑到其他汉人官员。所以,前引张九思碑说:"狱起,连坐者,祸不测。"马可·波罗记此事说,Cenchu 与 Vanchu 同谋以后,"遂以其谋通知国中之契丹要人,诸人皆赞成其谋,并转告其他不少城市友人,定期举事,以信火为号"云云。①马可·波罗将此事描绘成汉人谋杀蒙古、色目人的反乱,自是色目群体中的夸大的谣传,但说一些汉人要人赞成其谋,当是事实。《元史·高觿传》记元世祖得报后,"帝以中外未安,当益严武备,遂劳使遣急还",可见他已感到事态的严重。王著杀阿合马案并不只是个别的义侠除权奸,而还反映着汉人官员与回回官员长期形成并日益激化的矛盾,反映着汉人传统的文化制度与西域文化制度的相互冲击。元世祖返回大都后,几天之内匆匆结束此案,王著"挺身就义",张易以"擅发卫兵"罪处死,对于此事的谋划过程和知情的汉人官员不再继续追究,随后又暴露阿合马奸恶,处死他的不法的子侄,革罢阿合马党人七百余人官职,以平民愤。元世祖迅速采取的这些果断处置,使一场政治风波得以顺利平息,实不失为明智之举。

---

① 引文据冯译本《马可波罗行纪》,第 342 页;Cenchu、Vanchu 据英译。

《元史·世祖纪》载:王著、张易、高和尚同时处死。高和尚是仅次于王著、张易的要犯。马可·波罗记事中却不见其人。《元史·阿合马传》说他与王著合谋"诈称皇太子还都作佛事",当即同传所说的"伪太子"。传称"独伪太子者立马指挥,呼省官至前。责阿合马数语,著即牵去,以所袖铜锤碎其脑,立毙"。马可·波罗的记述是:"阿合马入宫,见灯光大明,以为据宝座之 Vanchu 是皇太子,前进跪谒,Cenchu 俟其跪,举刀断其首。"①伯希和十分肯定地认为马可·波罗所记的 Vanchu 是高和尚,即是对照上述记载而得出的结论。他甚至说,不管马可·波罗的记忆是否正确,"他所称 Vanchu 其人,必定是高和尚"。我的理解恰恰相反,波罗所称 Vanchu 必是张易,但他误以为张易伪装太子。这并不是由于马可·波罗的误记,而是出于当时流行的一种误传。波斯拉施特《史集》记述此案,说是一位平章(finjan)坐上轿子,说真金来了,"当他们临近宫殿时,异密阿合马出去献杯,他就被捉住杀了"②。拉施特所记的平章即张易,也即马可·波罗的 Vanchu,他同样是以为张易伪装太子真金。阿合马被杀后,伪装太子的高和尚逃走,随后在高梁河被捕,与张易同时处死,见《元史·阿合马传》。马可·波罗记伪装太子的 Vanchu 当场被射死。拉施特也说伪装太子的平章当场被射死,可见两书所记出于同一误传。大抵元世祖处置此案后,事实真相并不为世人所知,一些情节和"遗事",直到文宗时才逐渐披露。马可·波罗所记是依据当时的传闻,拉施特《史集》成书于成宗时,大体也是依据世祖时的传闻。当时社会上只知此案为首者是王著、张易。王著挺身受刑,高呼"为天下除害",自为世人所称道。张易事多有回护暧昧不明,遂误传他伪装太子,同谋作案。这种误解似曾在色目群体中广为流传。马可·波罗是依据这种传说,拉施特也是依据这种传说。其中失实之处,是可以依据汉文文献予以订正的。

(原载《中国社会科学院研究生院学报》1998 年第 5 期,第 91—95 页;收入作者《辽金元史考索》,中华书局,2012 年,第 329—336 页。)

---

① 引文据冯译本《马可波罗行纪》,Vanchu、Cenchu 据英译。

② P. Pelliot,前引书,p.11.

阿合马被刺事件中的"崔总管"

刘　晓

至元十九年（1282 年）三月十八日在大都发生的权臣阿合马被刺事件，是元朝统治集团内部汉人与色目人矛盾的总爆发，是元初政治史上的一件大事。这一事件的前因后果，《元史》、拉施特《史集》及《马可·波罗行纪》等都有较为详细的记载，对这些史料记载的比勘，则有杨志玖、蔡美彪诸先生的论文。①

阿合马被刺事件除主谋王著与高和尚（又作高菩萨）外，还有不少汉人官员如枢密副使张易也牵涉其中，前人对此已多有考察。据《元史》卷二〇五《奸臣·阿合马传》，在刺杀事件发生当天，"及午，著又遣崔总管矫传令旨，俾枢密副使张易发兵若干，以是夜会东宫前"。这个"崔总管"，前人论著虽也屡屡提及，但除邵循正曾怀疑是《马可·波罗行纪》中的 Vanchu 外，②大多一笔带过，没有详加说明，其实，此人在文献中还是有迹可循的。

李图等纂《（道光）平度州志》卷二四《金石》载有时惟敏《元昭武大将军汉军都元帅左都监军崔公神道碑》，此碑立于皇庆元年（1312 年），系为崔世荣所作，其中提到崔世荣第二子崔澍，"至元十三年以材武选隶军籍，从元帅綦公（綦公直——引者注，下同）北征和林，大战获功，钦授宣命，佩金牌，升武略将军、管军镇抚。至元十五年，从刘都元帅（刘国杰）北征红山口，奋战

---

① 杨志玖《〈心史〉中记载的阿合马被杀事件——附论〈心史〉真伪问题》，《元代回族史稿》，南开大学出版社，2003 年。蔡美彪《马可·波罗所记阿合马事件中的 Cenchu Vanchu》，《中国社会科学院研究生院学报》1998 年第 5 期（编者按：已收入本书）；《拉施特〈史集〉所记阿合马案释疑》，《历史研究》1999 年第 3 期。
② 《语言与历史——附论〈马可·波罗游记〉的史料价值》，《邵循正历史论文集》，北京大学出版社，1985 年。（编者按：已收入本书。）

获功,加授宣命管军千户。至元十七年以后累立战功,升授宣命明威将军,佩已降金牌,领侍卫亲军总管。至元十九年,权臣阿合马私窃朝政,蕴蓄祸机,蔽塞中外,公乃仗义与将军王著率步骑百余诛之于柳林之下,叛臣之子诬公而卒,年五十一。呜呼,杀身成仁,真古今之义士也"。又称:"虽明威公(崔澍)舍生取义,而子孙蕃衍益昌,彼奸回之徒遗臭千载,殃及系嗣不旋踵焉,以此见天道福善祸淫之训果不诬矣。"据此可知,《元史》中的"崔总管"应即崔澍,时任明威将军、侍卫亲军总管,故有"崔总管"之称。王著正是通过他矫传真金令旨,才将张易统率的侍卫亲军调出,而且,他还直接参加了刺杀阿合马的行动。

侍卫亲军总管,《元史》卷八六《百官志二》卫军诸条不见此职,但在元初五卫亲军中,任此职者实不乏其人。像移剌元臣为武义将军、中卫亲军总管,孔元为宣武将军、右卫亲军总管,李仁祐为明威将军、后卫亲军总管等。[1]其地位应在都指挥使、副下,千户上。李仁祐在至元十五年由千户升总管,十七年迁后卫亲军总管,"后例减总管,复为千户"。可见,侍卫亲军总管后来已被裁撤。此外,据《元典章》,至元二十一年二月,在确定各级军官品级时,元朝将原来的元帅、招讨、总管、总把四等军职裁撤,[2]而据《元史·百官志二》,至元二十年、二十一年,元朝相继于五卫亲军都指挥使、副下设金事一职,[3]我很怀疑,侍卫亲军总管就是在阿合马被刺后一两年内被裁撤的,而新设的金事有可能是总管的替代职务。

(原载《中国史研究》2005 年第 4 期,第 150 页,收入本集时作者有修订。)

---

[1] 《元史》卷一四九《移剌元臣传》;卷一六五《孔元传》,中华书局标点本。《静修集》卷一六《李公先茔碑铭》,《四部丛刊初编》本。

[2] 《元典章》卷九《吏部三·官制三·军官·定夺军官品级》,天津古籍出版社、中华书局,2011年,第 286 页。

[3] 《元史》卷八六《百官志二》。其中左卫、前卫、后卫置于至元二十年,右卫、中卫置于至元二十一年。

马可·波罗所记大汗乘象史实补释

王　颋

一

令人惊诧,在列名西方"四大旅行家"之一、意大利威尼斯城人马可·波罗(Marco Polo)脍炙人口的著作《马可·波罗行纪》中,竟有关于大汗乘坐"驯象"的描述。冯承钧译沙海昂(H.Charignon)注释本第 92 章《大汗之行猎》、第 78 章《大汗讨伐叛王乃颜之战》:"大汗坐木楼甚丽,四象承之。楼内布金锦,楼外覆狮皮。携最良之海青十二头,扈从备应对者有男爵数人,其他男爵则在周围骑随,时语之曰:陛下,鹤过。大汗闻言,立开楼门视之,取其最宠之海青放之。此鸟数捕物于大汗前,大汗在楼中卧床观之,甚乐;侍从之诸男爵亦然。""比曙,汗及全军至一阜上,乃颜及其众安然卓帐于此,以为无人能来此加害彼等。其自恃安宁不识防卫之理,盖因其不知大汗之至。缘诸道业被大汗遣人防守,无人来报。且自恃处此野地远距大汗有三十日程,不虞大汗率其全军疾行二十日而至也。大汗既至阜上,坐大木楼,四象承之,楼上树立旗帜,其高各处皆见。其众皆合三万人成列,各骑兵后多有一人执矛相随,步兵全队皆如是列阵,由是全地满布士卒,大汗备战之法如此。乃颜及其众见之大惊,立即列阵备战。""大汗鼓鸣之时,乃颜亦鸣鼓。由是双方部众执弓弩、骨朵、刀矛而战,其迅捷可谓奇观。人见双方发矢蔽天有如暴雨,人见双方骑卒坠马而死者为数甚众,陈尸满地。"[①]

① 《马可波罗行纪》,商务印书馆,1936 年,第 372、289、298、299 页。校以 A.C.Moule 和 P. Pelliot 英译本 *The Description of the World* 第 94 节"The Hunt Offices Toscaor and Bularguci"、第 79 节"Here He Begins of the Battle of the Great Kaan and of Naian His Uncle", George（转下页）

安置在"驯象"背上的"木楼",正像伯希和(P.Pelliot)于《马可·波罗行纪注》(*Notes on Marco Polo*)293 条"Naian"注中所指出的:也就是"elephant litters"亦"象轿",已见于《元史》。除外,"Rashīd al-Dīn mentions that Qubilai, old and gouty, traveled in a litter carried on the back of an elephant"①。这后一条,也与合罕忽必烈征平乃颜之役相关。不过,检核余大钧中译本,语意含糊背逆,可能有词的脱误。拉施特《史集》第 2 卷《忽必烈合罕纪》:"当合罕陛下得报之后,他尽管关节酸痛,年老力衰,〔仍然〕坐在象背的轿子上出动了。当接近了合罕军队溃逃的地方以后,载着轿子的象被赶到一个山丘顶上,擂起了大鼓。乃颜那颜和宗王们率军逃跑,合罕的军队就去追赶他们,他们被自己的战友们捉住带给了合罕。"②完整的事情追叙,倒是见于时人的文集。郑元祐《侨吴集》卷一二《岳铉第二行状》:"〔至元〕廿四年,纳延(乃颜)反北方,势张甚。上亲征,命公从军,凡屯行日时,营垒止作,乘机邀利,皆命秉于公(岳铉)。先是,上无意于必杀,故亲御象舆以督战,意其望见车驾必就降。锋既交,两阵矢激射几蔽天。纳延悉力攻象舆,时公已劝上下舆御马矣,平章李牢山(庭)固请以其众陷阵而入,尽歼纳延,非上意也。"③

其实,典籍中提到合罕、即使是元世祖忽必烈一人乘象的记录,也非啻一二。除如前文所引他曾乘象前往哈剌岭即今大兴安岭绥定宗王叛乱外,可能同样令人感到奇怪的是,"驯象"也是他的日常交通工具和巡狩仪仗之

(接上页)Routledge and Sons Limited, London, 1938, pp.231, 197。相关文字如下:"And the great lord always goes on two elephants or one, specially when he goes hawking, for the narrowness of the passes which are found in some places, because two or one pass better than many; but in his other doing he always goes on four elephants, on which he has a very beautiful wooden room, which is all covered inside with cloth of beaten gold and outside it is wrapped round and covered with lion skins, in which room the great Kaan always stays when he goes hawking because he is troubled with the gout." "The great Kaan was on the mound of which I have told you, in a great wooden castle, full of crossbowmen and archers, very well arranged on four elephants all covered with boiled leather very hard, and above were cloths of silk and of gold."

① P. Pelliot, *Notes on Marco Polo*, Paris, Imprimerie Nationale, 1959, p.789.
② 拉施特《史集》,《汉译世界学术名著丛书》余大钧、周建奇中译本,商务印书馆,1985 年,第352 页。
③ 郑元祐《侨吴集》卷一二,《四库全书》本,叶三 b。

一。大概与后来嗣任皇帝的情况一样,当每年春末夏初或秋阑冬迫,他依照"惯例"自大都向上都或自上都向大都,往往是憩息在"驯象"背上的"轿""舆"中,听凭跋山涉水、出宫还阙。《元史》卷七九《舆服志仪仗》:"元初(至元中),既定占城、交趾、真{猎}〔腊〕,岁贡象,育于析津坊海子之阳。行幸则蕃官骑引,以导大驾,以驾巨辇。"①"驯象"毕竟也有不"驯"的时候,特别是遇到意外的惊吓。根据记载提到,这位合罕还曾缘此遇到有惊无险但十分狼狈的局面。虞集《道园学古录》卷一三《贺丞相(伯颜)神道碑》:"又尝校猎还宫,伶人有效兽舞以迎者,驾惊舆象莫能制。乘舆危,公(贺胜)方侍坐舆中,投身当其冲。卫士得绝鞅去象,乘舆安而公创甚。至数月,乃得愈。"②该事件的发生,乃在至元十九年(1282年)的"未几"。《元史》卷一六七《刘好礼传》:"〔至元〕十九年……又改吏部。〔刘〕好礼建言中书:象力最巨,上往还两都,乘舆象驾,万一有变,从者虽多,力何能及。未几,象惊,几伤从者。"③

"驯象"是朝廷典礼,尤其是合罕出巡仪仗的重要部分,在元代格外地突出。即使是在世祖忽必烈之后,历任合罕也都有乘坐"驯象"的习惯。无论是在大都城内,还是在二京巡狩的道路和沿线的"纳宝(纳钵)""行宫",都有它们的踪影。《析津志辑佚》中《岁纪》:"九月登高簪紫菊,金莲红叶迷秋目,万乘时还劳万福。麾幢矗,云和乐奏归朝曲。三后銮舆车碌碌,宝驰象轿香云簇,玉斧内仪催雅卜。天威肃,御人早已笼银烛。"④张昱《张光弼集》卷三《辇下曲》:"当年大驾幸滦京,象背前驮幄殿行。国老手炉先引导,白头连骑出都城。"⑤杨允孚《滦京杂咏》:"纳宝盘营象辇来,画帘毡暖九重开。大臣奏罢行程记,万岁声传龙虎台。""鸳鸯坡上是行宫,又喜临歧象驭通。芳草撩人香扑面,白翎随马叫晴空。"⑥柯九思《丹邱生集》卷三《宫词》:"黄金幄殿载前驱,象背驼峰尽宝珠。三十六宫齐上马,太平清暑幸滦都。"⑦成宗时,还曾以

---

① 《元史》,中华书局标点本,1976年,第1974页。

② 虞集《道元学古录》,《四部备要》校刊明刊本,中华书局,第104页。

③ 《元史》,第3925、3926页。

④ 《析津志辑佚》,北京古籍出版社,1983年,第222页。

⑤ 张昱《张光弼集》,《四部丛刊续编》景印明钞本,叶一三。

⑥ 杨允孚《滦京杂咏》,《四库全书》本,叶一、叶四b。

⑦ 柯九思《丹邱生集》卷三,《仙居丛书》本,叶二b。

精通佛法的胆巴国师乘坐为前导,由此传出了颇为神奇的故事。《佛祖历代通载》卷二二录《胆巴传》:"壬寅(大德六年)三月二十四日,大驾北巡,命师(胆巴)象舆行驾前。道过云州龙门,师谓徒众曰:此地龙物所都,或兴风雨,恐惊象舆,汝等密持神咒以待之。至暮,雷电果作,四野震怖,独行殿一境无虞。"①

二

元将臣最早见识这种巨兽,盖在合罕铁木真乘胜破灭花剌子模沙国之时。李志常《长春真人游记》卷上:"仲冬十有八日,过大河,至邪米思干大城之北。……又见孔雀、大象,皆东南数千里印度国物。"②其后,当都元帅兀良合台自善阐进征安南之际,黎崱《安南志略》卷四《征讨运饷》:"〔是年(宪宗七年)〕十二月,师锡弩原,国主陈王遣士卒乘象迎敌。时{太师}〔大帅〕子阿术年十八,率善射者射其象:象惊奔,反蹂,其众大溃。翌日,陈王断扶卢桥,对岸而陈。师欲济,未测浅深。乃沿江仰空射之,验箭堕水而不浮者,知为浅处。即以骑兵济,马跃登岸;翼而击,安南兵溃。"③合罕最早拥有这种巨兽,则在云南王府怯薛长爱薛自大理平定"金齿国"的至元五年(1268年)以后。《元史》卷一二二《爱鲁传》、卷七《世祖纪》:"〔至元〕六年,〔爱鲁〕再入,定其租赋,平{火}〔大〕不麻等二十四寨,得七驯象以还。""〔至元七年十二月〕金齿、骠国三部酋长阿匿福、勒丁、阿匿爪来内附,献驯象三、马十九匹。"④姚燧《牧庵集》卷一九《李教化神道碑》:"至元五年,诏诸侯王和克齐(火你赤)开国云南,俾〔爱鲁〕将卫士以从,至则责治军旅。〔六年,〕金齿弗率,才将射士五伯人殄其众数千,获驯象七,致贡京师。敕用以驾舆;自是蒐田、征伐,无不乘之,实前古未有者。"⑤

---

① 《佛祖历代通载》,《北京图书馆古籍珍本丛刊》影印至正刊本,书目文献出版社,第459页上。

② 李志常《长春真人游记》,《宛委别藏》,台湾商务印书馆影印本,第43页。《史集》第1卷第2分册《成吉思汗纪》,第286页:"蒙古军开进城(撒麻耳干)里,管理象的人将群象牵到成吉思汗处献给他,向他请领象食。他吩咐将象群放到野地上去,让它们自己觅食。象放走后,流浪在外,〔大〕都饿死了。"

③ 黎崱《安南志略》,《中外交通史籍丛刊》武尚清点校本,中华书局,1995年,第85页。

④ 《元史》,第3012页。

⑤ 姚燧《牧庵集》卷一九,《四部丛刊初编》景印武英殿聚珍本,叶一一。

　　古名别称作"交趾"的"安南国",很早就成为合罕索要这种巨兽的对象。然而,由于种种原因,该处"驯象"的"贡献"到赵氏灭亡后的第二年才得以实现,《元史》卷二〇九《安南传》:"〔至元〕六年十一月,〔陈〕光昺上书陈情,言:……又据忽笼海牙谓陛下须索巨象数头。此兽躯体甚大,步行甚迟,不如上国之马。伏候敕旨,于后贡之年当进献也……七年十一月,中书省移牒光昺,言其受诏不拜,待使介不以王人之礼……且令以所索之象与岁贡偕来……八年十二月,光昺复书言:本国钦奉天朝,已封王爵,岂非王人乎? 天朝奉使复称:王人与之均礼,恐辱朝廷。况本国前奉诏旨,令依旧俗,凡受诏令,奉安于正殿而退避别室,此本国旧典礼也。来谕索象,前恐忤旨,故依违未敢直对。实缘象奴不忍去家,难于差发……〔十五年十二月〕〔陈〕日烜遣范明字、郑国瓒、中赞杜国计奉表陈情,言:孤臣禀气软弱,恐道路艰难,徒暴白骨,致陛下哀伤而无益天朝之万一。伏望陛下怜小国之辽远,令臣得与鳏寡孤独保其性命,以终事陛下。此孤臣之至幸,小国生灵之大福也。兼贡方物及二驯象。"①《安南志略》卷一五《物产》:"至元丙子(十三年),朝廷平宋,驿桂始近,〔兹后,〕安南屡贡焉。"②

　　早在"安南国"首次"贡献"的前一年,征服当局曾从与"缅国"军队的遭遇战中获得这种可用来充当乘座的"驯象"。由于"不得其性",为之伤亡了一个蒙古士兵。《元史》卷二一〇《缅国传》:"〔至元十四年三月〕阿禾告急,忽都等昼夜行,与缅军遇一河边。其众约四五万,象八百、马万匹,忽都等军仅七百人。缅人前乘马,次象,次步卒。象被甲,背负战楼,两旁挟大竹筒,置短枪数十于其中,乘象者取以击刺。""官军负伤者虽多,惟〔一〕蒙古军获一象,不得其性,被击而毙,余无死者。"③《元文类》卷四一《经世大典序录政典征伐》记载同。④两年以后,征服当局再次从经营"缅国"控制区的行动中

---

① 《元史》,第 4636、4639 页。

② 黎崱《安南志略》,第 368 页。

③ 《元史》,第 4656、4657 页。又,《正德云南〔通〕志》卷二六录赵子元《赛典赤赡思丁德政碑》,《天一阁藏明代方志选刊续编》影印原刊本,上海书店,第 120 页:"至元十四年春,蒲甘遣大将释多罗伯,副以裨将五人,士卒、象、马以万数,计剽掠金齿。""蒲甘","缅国"首都,今缅甸曼德勒省蒲甘市。

④ 《元文类》卷四一,《四部丛刊初编》景印至正刊本,叶二八。

获得这种巨兽。《元史》卷一二五《纳速剌丁传》:"至元十六年,迁〔纳速剌丁〕帅大理,以军抵金齿、蒲、骠、曲腊、缅国,招安夷寨三百,籍户十二万二百,定租赋,置邮传,立卫兵,归以驯象十二入贡。有旨赏金五十两、衣二袭,麾下士赏银有差。"①

将"驯象"由"贡献"地"运送"到合罕居住的二京,几乎是一项绵日连月的工作。说是"运送",严格说来,只是"护送"。整个过程,实际上是在驯象者和有关人员"督促"下由"驯象"自身完成的。在道的"驯象",经常引起居民的围观。魏初《青崖集》卷一《观象诗》:"此旧作也,至元十八年,见于并门张巨源家,因录之。皇帝马棰开云南,始得一象来中国。中国传闻未尝见,一日争睹轰霹雳。巨鼻引地六七尺,左卷右舒为口役?耳项垂垂倍数牛,皮毛苍苍艾猳黑。目竖青荧镜有光,背阔隐嶙山之脊。卷发胡奴铁作钩,要将驱使惊九州。吾闻国家方宝贤,异物自至非所求。谁能更上旅獒篇,清风万古追西周。"②艾性夫《剩语》卷下《安南贡象》:"锦鞲宝勒度南云,到处丛观暗驿尘。人喜此生初见象,我忧今世不生麟。半年传舍劳供亿,德色中朝动搢绅。粉饰太平焉用此,只消黄犊一梨春。"③而来自"南诏"亦云南地方的"驯象",还缘一时的发怒而于途中伤害了一名可怜的老军人。王恽《秋涧集》卷八《哀老殷辞》:"至元十七年三月二十日,南诏进象过安肃州,军户老殷,……平时皞皞为王民。荷戈幸不死锋镝,胡为此兽戕其身。……发肤一旦委巨齿,身后名在征南军。朝来棺敛哭过市,惨惨悲动梁台人。"④

三

有元一代"驯象"之所从来,在云南行省辖内有"金齿""彻里""八面""景东"等路、府。《元史》卷一八、卷二〇《成宗纪》,卷二四、卷二五《仁宗纪》,卷二九、卷三〇《泰定帝纪》,卷三五《文宗纪》:"〔至元三十一年六月〕云南金齿

---

① 《元史》,第3067页。
② 魏初《青崖集》卷一,《四库全书》本,叶一五。
③ 艾性夫《剩语》卷下,《四库全书》本,叶二五。
④ 王恽《秋涧集》卷八,《四部丛刊初编》景印弘治刊本,叶一八 b、叶一九 a。

路进驯象三。""〔至大四年五月〕金齿诸国献驯象。""〔皇庆元年二月〕八百媳妇来献驯象二……九月……八百媳妇、大小彻里蛮献驯象及方物。""〔延祐二年十月〕八百媳妇蛮遣使献驯象二,赐以币帛。""〔泰定二年五月〕车里陶刺孟及大阿哀蛮兵万人乘象寇陷朵刺等十四寨……督边将严备之……〔七月〕大小车里蛮来献驯象。""〔泰定三年七月〕八百媳妇蛮招南通遣使来献驯象、方物……〔致和元年五月〕八百媳妇蛮遣子哀招献驯象。""〔至顺二年二月〕云南景东甸蛮官阿只弄遣子罕旺来朝,献驯象,乞升甸为景东军民府……许之。"①暨,周致中《异域志》卷上:"伯夷国,其国近云南,风俗与占城同。从皆以墨刺其腿为号,养象如国养羊、马。"②就是在入明以后,这些地区仍是"驯象"的主要产地,特别是"金齿",当地的豪酋拥有数量可观的"战象"。《明太祖实录》卷一八九:"〔洪武二十一年三月〕西平侯沐英讨百夷思伦发,平之。时思伦发悉举其众,号三十万,象百余只,复寇定边,欲报摩沙勒之役,势甚猖獗。"③

合罕封疆迤南的邻国"安南""潦查""缅",也是"驯象"的主要来源地。《异域志》卷上、卷下:"交州,又曰安南。地产金,出象,出香,风景与两广颇同。""潦查,俗呼老抓,其地产犀、象、金、角,人性至狠,下窝弓毒药杀人。"④《元史》卷一〇、卷一一《世祖纪》,卷一八、卷二〇、卷二一《梁曾传》:"〔至元十六年七月〕交趾国遣使来贡驯象。""〔至元十七年十二月〕安南国来贡驯象。""〔至元三十一年十月〕缅国遣使贡驯象十……〔元贞元年八月〕缅国进驯象三。""〔大德四年四月〕缅国遣使进白象……〔五年六月〕缅王遣使献驯象九……〔八月〕征缅万户曳刺福山等进驯象六。""〔大德六年六月〕安南国以驯象二及朱砂来献。""〔大德七年八月〕缅王遣使献驯象四。""〔至大元年正月〕缅国进驯象六。""〔泰定三年正月〕缅国乱,其主答里也伯遣使来乞师,献驯象方物。""〔后至元四年八月〕云南老告(潦查)土官八那遣侄那赛赍象、马来朝,为立老告〔路〕军民总官府。"又:"〔至元三十年八月〕陶子奇(安南国

---

① 《元史》,第 384、543、550、553、571、656、657、671、686、778 页。
② 周致中《异域志》,《中外交通史籍丛刊》陆峻岭校注本,中华书局,1981 年,第 28 页。
③ 《明太祖实录》,台湾"中研院"历史语言研究所校印本,1961 年,第 2558 页。
④ 周致中《异域志》,第 26、54 页。

使)等见诏,陈其方物象、鹦鹉于庭,而命〔梁〕曾引所献象。曾以袖引之,象随曾转,如素驯者。复命引他象,亦然。帝以曾为福人。"①

与合罕领土隔越的"占城""真腊""马八儿""龙牙门"等国,也是"驯象"的来源地。《异域志》卷上:"〔占城国〕地方三千里,南抵真腊,北抵安南。广州发舶,顺风八日可到。……产名香、犀、象、珍宝,常为岁贡。"②汪大渊《岛夷志略》中《宾童龙》:"宾童龙隶占城,土骨与占城相连,有双溪以间之。……国主骑象或马,打红伞,从者百余人,执盾赞唱曰亚或仆。"③周达观《真腊风土记》卷二四《走兽》:"〔真腊国〕兽有犀、象、野牛、山马,乃中国所无者。"④《元史》卷一〇、卷一一、卷一三《世祖纪》,卷一九—二一《成宗纪》,卷二七《英宗纪》,卷三〇《泰定帝纪》,卷三三《文宗纪》:"〔至元十六年六月〕占城、马八儿诸国遣使以珍物及象、犀各一来献。""〔至元十七年八月〕占城、马八儿国皆遣使奉表称臣,贡宝物、犀、象……〔十八年七月〕占城国来贡象、犀。""〔至元二十一年八月〕占城国王乞回唆都军,愿以土产岁修职贡,使大盘亚罗日加嚃、大巴南等十一人奉表诣阙,献三象。""〔大德三年五月〕海南速古台、速龙探、奔奚里诸番以虎、象及桫罗木舟来贡。""〔延祐七年九月〕遣马扎蛮等使占城、占腊(真腊)、龙牙门索驯象。""〔泰定四年七月〕占城国献驯象二。""〔天历二年四月〕占腊国来贡罗香木及象、豹、白猿。"⑤

"驯象"的"贡献",直到顺帝在位中叶仍持续不断。设于大都的"象房"也迭经变迁。《滦京杂咏》:"聿来新贡又殊方,重译宁夸自越裳。驯象明珠龟九尾,皇王不宝寿无疆。"⑥《析津志辑佚》之《岁纪》《物产》:"丁酉年(至正十七年)正月一日,内八府宰相领礼部、中书省相国,以外国大象进上,并说

① 《元史》,第214、229、388、396、430、435、437、441、454、494、667、845、4134页。又,同书卷一二五《忽辛传》,第3069页:"大德五年,忽辛遣人谕之曰:我老赛典赤平章子也,惟先训是遵,凡官府于汝国所不便事,当一切为汝更之。缅国主闻之,遂与使者借来,献白象一,且曰:此象古所未有,今圣德所致,敢效方物。"
② 周致中《异域志》,第28页。
③ 汪大渊《岛夷志略》,《中外交通史籍丛刊》苏继顾校释本,中华书局,1981年,第63页。
④ 周达观《真腊风土记》,《中外交通史籍丛刊》夏鼐校注本,中华书局,1981年,第154页。
⑤ 《元史》,第214、226、232、269、427、606、680、733页。又,同书卷一九《成宗纪》,第407页:"元贞二年十一月,答马剌一本王遣其子进象十六。"
⑥ 杨允孚《滦京杂咏》,叶八a。

纳粟补官选。自此后常于斡耳朵聚,涓日入中书署事,设大燕,成典也,六部如之。""象房,在海子桥金水河北一带,房甚高敞,丁酉年元日,进大象。一见,其行似缓,实步阔而疾蹄,马乃能追之,高于市屋檐,群象之尤者。庚子年(至正二十年),象房废。今养在芹城北处,有暖泉。"①陶安《陶学士集》卷五《送艾秀才赴京》:"尘散海桥观白象,酒香官务荐黄羔。"②而"驯象"的"护送",增加了沿路站户、弓兵的劳役。《元典章》卷三六《兵部驿站押运》:"皇庆元年九月,江西行省准中书省咨刑部呈济宁路备济州申任城县准捕盗官牒:……又照得:多有海外诸番进呈狮、象、虎、豹、汉马、犀牛、猿猴,并江浙四省押运到年例支持皮货……等物,并海道、屯田递运粮斛饩子等……小料船只,并赴任回还官员老小、自己船只及纸札……拘刷到相扑人等,到来本镇。有押运人员,止凭前路关文,便要正马、弓兵及正官防送,实是生受。"③

四

"驯象"背上的构筑,亦"象轿""象辇""象御""象驾""象背幄殿"以及马可·波罗所说的"大木楼",即有世祖、英宗、泰定帝、明宗四朝的建造记录。而后一次,相关责任的臣子还奉命送到"帖里干"站道由漠北向漠南的要冲砂井路,以备明宗和世剌南下君临的不时之需。《元史》卷一一《世祖纪》、卷二七《英宗纪》、卷二九《泰定帝纪》:"〔至元十七年十月〕始制象轿。""〔至治元年四月〕造象驾金脊殿。""〔泰定二年正月〕造象辇。"④《大元毡罽物记》:"〔天历二年三月六日〕奉旨为明皇帝送二象轿,有损速修油染车包裹之合用物需之,省部命哈儿思兰沙提调沿路所用匠人,留守司发遣修完以付章吉斛持住。于是下修内司计料,章吉斛院使言:二轿鞍及辔绒套结子肚带诸物,皆为造之。其一轿在上都,可移文令彼就修理轿所当用之物。毋以昼夜修染毕,用物包护,差人送至沙静州(砂井路)听候。"⑤此外,还有制作精致、所称

① 《析津志辑佚》,第212、232页。
② 陶安《陶学士集》,《北京图书馆古籍珍本丛刊》影印弘治刊本,书目文献出版社,第92页下。
③ 《元典章》,《海王邨古籍丛刊》影印光绪刊本,中国书店,1990年,第554页下。
④ 《元史》,第227、611、653页。
⑤ 《大元毡罽物记》,复旦大学图书馆藏复印仓圣明智大学刊本,叶十a。

的"象鞲鞍"。《元史》卷七九《舆服志》:"象鞲鞍,五采装明金木莲花座,绯绣攀鞍绦,紫绣襜襦红锦屉,鍮石莲花跋尘,锦缘毡盘,红牦牛尾缨拂,并胸攀鞦。鞦上各带红牦牛尾缨拂,鍮石胡桃铊子,杏叶铰具,绯皮辔头铰具。莲花座上,金涂银香炉一。"①

"驯象"是由"野象"驯化而来;"野象"的捕捉和驯化,大略与前代相似。《安南志略》卷一五《物产》:"〔象〕雄者两牙,雌〔之〕无〔之〕,力〔幸丁〕〔宰于〕鼻。王命人物认斗胜负,〔取〕〔驭〕象者以驱其〔倾〕〔雌〕入山,后以甘〔庶〕〔蔗〕诱其雄至,设阱以陷。初甚咆哮,收教之,渐解人意。过礼节,〔收〕〔牧〕奴以锦覆象背,令〔跎〕〔跪〕拜。国主丧,则被金鞍,流涘成枸。"②熊太古《冀越集记》卷上《象驼》:"人掘坑坎,以草木覆之。或象陷于坑中,饿数日,人以草饲之……即登其身拊摩之,不动,得出坑,终身不敢伤此人。"③在时人的眼里,象即使是"野象",也是极有灵性和知觉稍具人格化的动物。《安南志略》卷一五《物产》:"性极灵,居山林,每雄擅雌四五十以为强。好饮酒以鼻,〔穿〕山〔川〕民壁,饮尽而气不损。若二者行,得一物而均分之。喜浴于江,月〔戏〕夜〔戏〕浮于水〔者〕。象病,首〔以〕〔必〕向南面死。"④《冀越集记》卷上《象驼》:"象能言,有人知其言,故还南方之语者名曰象。一象死,群象哭之,余象后中伤,皆望西而毙,亦有首丘之义焉。"⑤叶子奇《草木子》卷四下《杂俎篇》:"象性久识,见其子皮必泣。"⑥

"野象"一经驯化以后,它们在大自然中的正常"生理"现象趋于减退。由此产生了许多离奇古怪的纷纭之说。《草木子》卷四下《杂俎篇》:"牙生理必因雷声。象胆随四时在四腿,春在前左,夏在前右,如龟无定体也。鼻端有爪,可拾针。肉有十二般,惟鼻是其本肉。恶闻大声,耳后有穴,薄如鼓皮,一刺而毙。胸前有横骨,灰之洒服,令人能浮水出没。食其肉,令人体

---

① 《元史》,第 1974 页。

② 黎崱《安南志略》,第 368 页。

③ 熊太古《冀越集记》,《四库全书存目丛书》影印清钞本,齐鲁书社,第 293 页。

④ 黎崱《安南志略》,第 368、359 页。

⑤ 熊太古《冀越集记》,第 293 页。

⑥ 叶子奇《草木子》,《元明史料笔记丛刊》断句本,中华书局,1983 年,第 89 页。

重。象孕五岁始生。"①无论"野象""驯象"死后,时人藏起它们的"牙"而分食它们的"肉""油";前者作为饰品或入药,后者则留下了口味不佳的记录。《安南志略》卷一五《物产》:"及归林,民{后}从〔后〕击锣鼓,{减}〔喊〕闪惊之。群象争走,径路狭处,陷沟壑不能起,民刺杀之。其牙纹色净丽。自死及退落之牙不{不}〔以〕为贵。肉粗,连皮煮易熟,牙{笔}〔笋〕、足掌肉稍佳。"②《饮膳正要》卷三:"象肉味淡不堪食,多食令人体重。胸前小横骨,令人能浮水。身有百兽肉,皆有分段惟鼻是本肉。象牙无毒,主诸铁及杂物入肉,刮取屑,细研和水傅疮上,即出。"③周密《癸辛杂识》卷下《象油》:"燕京昔有一雄象甚大,凡伤死数人。官吏欲杀之,不得已,乃明其罪。象遂弭帖就杀,凡得象油四十八大瓮。"④

最为神奇的尤数所称"义象"的"故事":当朱氏代祚以后,原饲于大都的"驯象"群被全数驱迁到了长江南岸的新都南京。当其他"驯象"在"象奴"的指挥下向"新主"行"跪拜"的时候,竟有一头"驯象"缘思念"故君"而桀骜"不驯",绝食绝饮。以致惹恼了生杀予夺的"天子",被处极刑。为此,目睹朝代凌替的文士写下了感叹的诗篇。郎瑛《七修类稿》卷三五《白鹇驾象歌行》:"元有驾象,〔明〕太祖登极,不和拜跪,竟死殳下。国初,林卿子羽有《义象行》……有象有象来大都,大江欲渡心咨且。诱之既渡献天子,跪拜不与众象俱。象奴劝之拜,怒鼻触象奴。赐酒不肯饮,哺之亦不铺。屹然十日受饥渴,俛首垂泪愤且吁。天子命杀之,众官束手莫敢屠。侍卫传宣呼壮士,被甲各执丈二殳。象战久不克,兵捷象乃殂。忆昔君王每巡幸,象当法驾行天衢。珊瑚错落明月珠,被服美锦红氍毹,紫泥函封载玉玺,万乐争拥群龙趋。玉玺归沙漠,龙亦归鼎湖。所以老象心,南来誓死骨为枯。嗟尔食禄人,空负七尺躯。高高白玉堂,赫赫黄金符,伊昔冠冕今泥涂。嗟尔食禄人,不若饭豆刍。象何法,尔何污!天子垂衣治万世,俾全家德行天诛。呜呼,象兮古所无。呜呼,象兮古所无。"⑤

---

① 叶子奇《草木子》,第89页。
② 黎崱《安南志略》,第368、369页。
③ 《饮膳正要》卷三,《四部丛刊续编》景印明刊本,叶十a。
④ 周密《癸辛杂识》卷下,《四库全书》本,叶一一四a。
⑤ 郎瑛《七修类稿》,《四库全书存目丛书》影印明刊本,齐鲁书社,第688页上、下。

五

在东亚的漫长文明史上,栖息于南方热带丛林中的象,曾经不止一次进入皇帝的苑囿;但是,作为"万乘之尊"的中国"天子"亲自尝试乘坐"驯象"的经历,却只有孛儿只吉氏一姓的合罕。犹如史卫民先生在《元代社会生活史》第七章《皇帝住房与御用品》中所说:"象辇这种交通工具,给当时的人留下了深刻的印象。象辇虽然舒适,但安全性能较差。""虽然如此,元廷皇帝始终未放弃这种工具。"①这不能不令人赞叹蒙古君主的无畏精神,特别是乘坐"驯象"跋涉山水以克靖内乱的壮举。对于这一事件,幸亏记载没有完全泯灭,不然惯于质疑的人们定会借此断言马可·波罗口授的"不实"。因为就是在波斯史家拉施特的著作里,相关的叙述也是含糊不清。换句话说:大汗乘象乃是元一代重要的"时代象征",而这位旅行家在他的"流寓"期间摄入了这种非到过"Cambaluc""Khanhaliq"亦"汗八里"、大都路城的人士不能耳闻目睹的"时代象征",并使之加盟于那不朽的文字。正像黄时鉴先生在《东西交流史论稿》中的《马可·波罗与万里长城——兼评〈马可·波罗到过中国吗?〉》文中指出的:"怀疑论者因为在马可·波罗的著作中找不到一些中国特有的事物而否定他到过中国。"②那么,难道不能反其道而行之,以他提到的一些当时"特有的事物而肯定他到过中国"?

有元一代"野象"的分布,一言以蔽之,盖在中国的南方。《草木子》卷二〇《钩玄篇》:"谚云:南人不梦驼,北人不梦象,缺于所不见也。"③这些区域:在今中国的版图之内,则云南景东、梁河等县迤南的"金齿、百夷"部族居地。《元混一方舆胜览》卷中:"金齿百夷诸路:产琥珀、犀牛、象、孔雀、紫槟榔、鳞蛇胆。"④除外,广西防城港、上思等市、县境内的"十万山"也是它们的栖息地。《冀越集记》卷上《象驼》:"余(熊太古)在南宁〔路〕,左江黄安抚某出猎,

---

① 史卫民《元代社会生活史》,中国社会科学出版社,1996 年,第 187、188 页。
② 黄时鉴《东西交流史论稿》,上海古籍出版社,1998 年,第 164 页。(编者按:已收入本书。)
③ 叶子奇《草木子》,第 34 页。
④ 《元混一方舆胜览》,元刊本,第 82 页下。

得四十余象。"①解缙《解文毅集》卷一四《黄忽都神道碑》:"洪武丙寅(十九年),十万山象出害民稼穑,诏两通侯率兵二万余驱而捕之,建立驯象卫。"②在今版图之外,"安南""占城""潦查""真腊""八百""速可泰""缅""龙牙门""马八儿",则越南、老挝、柬埔寨、泰国、缅甸、新加坡、印度安德拉和泰米尔纳德邦。除外,《异域志》卷上、卷下:"注辇国,西胡南印度也,自故临易舟而去,有象六万,背立屋,载勇士。"③不过,那实际上不是有元一代的信息。赵汝适《诸蕃志》卷上《志国》:"注辇国,西天南印度也。""欲往其国,当自故临易舟而行,或云蒲甘国亦可往。""与西天诸国斗战,官有战象六万,皆高七八尺。战时象背立屋,载勇士。"④

值得补充说明的是:合罕不仅以"驯象"充作坐骑和仪仗,还用来进行某些特殊的劳作。其中之一,乃是曳拉重物,如石碑。程文海《雪楼集》卷六《杨氏世德碑》:"皇帝嗣位之二年(皇庆元年)夏六月,制开府仪同三司、寿国公燕京闾为云国公。明年,诏以驯象五曳丰碑树其先茔,命词臣〔程文海〕撰文。"⑤有一次用来建造禁园中的高台。《析津志辑佚·古迹》:"南城坊有唐卢龙节度使刘怦碑,颜真卿□□,□颡书丹。其碑至厚,长四尺。至正壬寅(二十二年)二月,凿断作四截,以象舆入内庭为台。"⑥"驯象"于元代颇得"列圣"的宠爱,甚至还有皇帝以兹为像作画,学士以兹为题作赞,太子"承命装潢"的"不世之遇"。《道园录》卷四《大象图赞》:"皇帝(仁宗)画大象二赞,皇太子(硕德八剌)、监察御史、前典宝少监臣忽礼台承命装潢而宝藏之,翰林直学士臣〔虞〕集再拜稽首而作赞曰:有伟驯象,贡自南域。僎革镂锡,路车是服。维皇在舆,游目于式。任重持安,眠力知德。燕闲以思,写之几格。天章龙文,臻妙造极。嗟尔微劳,尚轸宸臆。师武臣能,有不察识。若稽庖牺,受图布画。远取不遗,以启神易。拟兹形容,克配古昔。臣用述赞,

---

① 熊太古《冀越集记》,第 293 页下。

② 解缙《解文毅集》卷一四,《四库全书》本,叶七 a。

③ 周致中《异域志》,第 10 页。

④ 赵汝适《诸蕃志》,《中外交通史籍丛刊》杨博文校释本,中华书局,1996 年,第 74、75、76 页。

⑤ 程文海《雪楼集》卷六,《四库全书》本,叶一九 b。

⑥ 《析津志辑佚》,第 106 页。

与世作则。"①

　　属于哺乳纲、长鼻目的象,现今有两个亚种:"African elephant"亦"非洲象","Asiatic elephant" "Indian elephant"亦"亚洲象""印度象"。合罕拥有的"驯象",以其所来地域判断,无一不是属于后种。《奇异的动物世界》(*Fascinating World of Animals*)第一章《世界上的十个野生生物区域》("Ten Wildlife Regions of the World"):"The Asiatic or Indian elephant shares a common ancestor with the African elephant, but there are marked differences both in physique and in preferred habitats. The smaller Asiatic species has a more rounded shape, and is essentially a creature of the forest. Indian elephants, like African, are gregarious, living in herds that are led by an old female."②说来不信,有些听似荒诞的时人说法,却也有其"合理"的因素。如说象的怀孕期"五岁",那是连着前一胎的哺乳期而言的。陈鹏《世界各地珍奇动物》一《热带森林地带》:"雌象十四五岁成熟产仔,到二三十岁时个子才算长足。每次产一仔,妊娠期19～22个月。刚生下的小象不到1米高,体重不到百公斤,全身有一层细毛,以后这些毛逐渐脱落;哺乳期约二年。"③而人与象不同,哺乳时也能怀孕,怀孕也能哺乳。

　　(原载《元史论丛》第8辑,2001年,第24—32页;收入作者《驾泽抟云:中外关系史地研究》,南方出版社,2003年,第74—91页。)

---

① 《道园录》,第46页。
② *Fascinating World of Animals*, The Reader's Digest Association, INC., Pleasantiville, New York, The Reader's Digest Association (Canada) LTD., Montreal, 1971, p.183.
③ 陈鹏《世界各地珍奇动物》,吉林人民出版社,1980年,第19页。

元代缠足新考与马可·波罗未记缠足问题

黄时鉴

从 20 世纪 80 年代起,中国历史上的女子缠足往事重又引起广泛的关注。对于学术界来说,古代中国女子缠足是社会史、习俗史和服饰史的一个研究课题。90 年代中期英国学者吴芳思(Frances Wood)出版《马可·波罗到过中国吗?》一书,引起学界再次讨论马可·波罗是否到过中国的问题。以吴芳思为代表的否定的一派继续将马可·波罗"漏写"茶、长城和缠足等作为他并未到过中国的主要论据之一,促使我也想将这些问题弄明白些。当时我曾写过两篇文章《关于茶在北亚和西域的早期传播——兼说马可·波罗未有记茶》和《马可·波罗与万里长城——兼评〈马可·波罗到过中国吗?〉》。①在 1998 年发表的后一篇文章中,曾提到缠足问题,但没有展开论述,因为该文写到末尾时已经很长,再说当时在这方面还来不及作出具体研究。这个问题后来一直萦绕脑际,直到从元代女鞋文物得到启示,在 2005 年才完成了《元代缠足问题新探》一文。②有了这个具体的研究,觉得可以再来谈谈马可·波罗"漏写"缠足的问题。

---

① 黄时鉴《关于茶在北亚和西域的早期传播——兼说马可·波罗未有记茶》,《历史研究》1993 年第 1 期,后收于黄时鉴《东西交流史论稿》,上海古籍出版社,1999 年(编者按:已收入本书);其英文译稿"The Early Dissemination of Tea in Northern Asia and the Western Region—Why Marco Polo Never Mentioned Tea", *Social Sciences in China*, 1994:4。黄时鉴、龚缨晏《马可·波罗与万里长城》,《中国社会科学》1998 年第 4 期,后收于黄时鉴《东西交流史论稿》(编者按:已收入本书);其英文译稿"Marco Polo and the Great Wall—Also on *Did Marco Polo Go to China?*", *Social Sciences in China*, 1999:3。

② 先发表于赵丰、尚刚主编《丝绸之路与元代艺术》(国际学术讨论会论文集),杭州,2005 年;后载于浙江省博物馆编《东方博物》第 18 辑,2006 年 3 月。

一、元代鸽子洞女鞋的启示

中国古代女子缠足始于何时,曾有不同的看法。现在比较得到承认的论断是始于五代,此后缠足逐渐流行,自宋元以迄明清。从戊戌变法(1898年)起,后经历清末新政和民国初期,缠足一直是社会改革的一个重要内容,报刊上发表过大量文章,又有人汇编成《采菲录》等书,或演为小说,影响广泛;而那时针对的正是以"三寸金莲"为代表的缠足,不经意之中缠足与"三寸金莲"之间就画上了等号。(见图一)但实际上人们对中国文献中的有关记载,整理和分析也还不够,往往将历代文献中出现"金莲""弓鞋"和"小脚"等词汇,一概同后来才盛行的"三寸金莲"直接联系起来,甚至混为一谈。关于宋元两代缠足,人们所知不多,认识较为模糊。

2002年10月我出席"中国古代纺织品研究国际学术研讨会",会上拿到赵丰主编的《纺织品考古新发现》一书,其中孙慧君的《鸽子洞窖藏》一文引起我的注意。[①]在此窖藏发现的元代物品中有两双女鞋。一双是茶绿绢绣花尖翘头女鞋,书中附有摄影彩图(见图二);另一双是白绫绣花尖翘头女鞋,会议期间与前一双同时展出。这两双鞋共有一个显著的特点,窄而长。当时我就想:一、就两双鞋的长度(底长21厘米和21.5厘米)来看,穿鞋的人当是天足,但它们的宽度又太窄,一般的天足是穿不进去的。可能穿鞋女子的足是缠过的,但只是将足缠得纤窄而已;二、这样的女鞋可能得以说明,女子缠足也有一个发展过程,它们乃是其中某一阶段缠足妇女所穿的鞋。这就是我现在所说的"元代鸽子洞女鞋的启示"。

那么,元代女子缠足的情况究竟如何?下面是元代有关的文献和文物资料的整理和分析。

二、元代文献中关于缠足的资料及其分析

关于元代文献中的缠足资料,笔者认为现在可以考述的是:

---

① 孙慧君《鸽子洞窖藏》,赵丰主编《纺织品考古新发现》,香港艺纱堂,2002年。

1.《辍耕录》"缠足"条的文献分析

过去讲述缠足的文章往往征引陶宗仪《南村辍耕录》卷一〇中的"缠足"条,由于陶氏是元末明初人,无形中造成一种印象,即陶氏所记似乎是元代的事情,但这并非实相。

《辍耕录》原文如下:

> 张邦基《墨庄漫录》云:妇人之缠足,起于近世。前世书传,皆无所自。《南史》:齐东昏侯为潘贵妃凿金为莲花以帖地,令妃行其上,曰:此步步生莲花。然亦不言其弓小也。如古乐府《玉台新咏》,皆六代词人纤艳之言,类多体状美人容色之姝丽,及言妆饰之华,眉目唇口腰肢手指之类,无一言称缠足者。如唐之杜牧之、李白、李商隐之辈,作诗多言闺帏之事,亦无及之者。韩偓《香奁集》有《咏屧子诗》云"六寸肤圆光致致"。唐尺短,以今校之,亦自小也。而不言其弓。惟《道山新闻》云:李后主宫嫔窅娘,纤丽善舞,后主作金莲,高六尺,饰以宝物细带缨络,莲中作品色瑞莲,令窅娘以帛绕脚,令纤小,屈上作新月状,素袜舞云中,回旋有凌云之态。唐镐诗曰:"莲中花更好,云里月长新。"因窅娘作也。由是人皆效之,以纤弓为妙。以此知札脚自五代以来方为之。如熙宁、元丰以前人犹为者少。近年则人人相效,以不为者为耻也。[①]

博学的陶宗仪在这条笔记中实际上抄录了两条记载。一条是宋人张邦基的《墨庄漫录》,笔者核对无误。另一条是《道山新闻》,作者佚名,原书也已佚失无存。此条文字提到"熙宁""元丰"两个年号(1068—1085 年)都是宋神宗一朝的。"熙宁、元丰以前人犹为者少。近年则人人相效,以不为者为耻也。"那是说大约在哲宗(1086—1100 年)、徽宗(1101—1125 年)时代缠足就流行起来了。今尚可读到宋无名氏撰写《道山清话》一书,《四库全书总目提要》曾考其作者,未作认定,但以为"所记终于崇宁五年,则成书当在徽宗时"。崇宁五年是 1106 年。从时间上看,《道山新闻》和《道山清话》可能是同一作者,"道山"或即其号,当时将号写入书名屡见不鲜。不论作者如何,《道山新闻》此条记的当是北宋末年的事。

---

① 陶宗仪《南村辍耕录》,中华书局,1959 年,第 126—127 页。

故从陶宗仪《南村辍耕录》"缠足"条文字,我们可以得知:

(1) 据文献记载,缠足始于五代时南唐的李煜(961—975 年在位),有"宫嫔窅娘,纤丽善舞",李后主"令窅娘以帛绕脚,令纤小,屈上作新月状,素袜舞云中,回旋有凌云之态"。这是人们大体上公认的中国女子缠足之始。此前的一些文字,不能认作后来的缠足。

(2) 入宋以后,在熙宁、元丰以前缠足之人尚少,到了哲、徽时代才得以流行。

(3) 与缠足相关的"金莲""以帛绕脚""屈上作新月状""纤小""纤弓"和"札脚"用字已经出现。但是,它们的含义后来实际上是有变化的,这里先提一笔,下文再述。

前两点认识主要是从《道山新闻》的记载得出的,而这条记载又是凭借陶宗仪的《辍耕录》才得以保存下来。研究历史又喜读笔记的人都知道,在汗牛充栋的中国笔记之中,《辍耕录》是最有史料价值的作品之一,切实的缠足的史料正是从这里开始的。但陶氏的此条文字并未涉及元代的缠足情形。

陶氏著《辍耕录》,时在元代末年,孙作的序写于至正丙午(1366 年),已届元亡之时。上引所记的资料虽然重要,但却未记元时缠足的情形。南宋有一些缠足的记载,而元代又如何呢?

2. 从元代文献缠足资料作出的阐述和需讨论的问题

在元代文献中,涉及缠足的记载,文集中很少见,元曲中较多些。近方龄贵先生《元史丛考》一书中收有《元曲中有关元代市井行业及社会风俗史料初探》一文,其中关于"缠足"写道:"元代缠足之风甚盛,元曲中多有戏咏之者。如贯云石《阳春曲・金莲》,仇州判《阳春曲・和酸斋金莲》,张可久《水仙子・湖上即事》,徐再思《水仙子・佳人钉履》,吕止庵《夜行船・咏金莲套》,无名氏《端正好・相忆套》,《货郎儿・静悄悄幽庭小院套》,《集贤宾・忆佳人套》,《宋元戏文辑佚》所收张浩驻马听佚曲,不具录。又《荆钗记》戏文卷上丑白:'下香阶显弓鞋金莲窄窄,这双小脚却刚刚三寸三分。'"[1]单读这份曲目,就可以感到元时"戏咏之者"是够多的。得此启发,笔者于是

---

[1] 方龄贵《元史丛考》,民族出版社,2004 年,第 111 页。

从元曲文献来搜罗缠足的资料。

今将臧晋叔编的《元曲选》(4 册 1755 页)、隋树森编的《元曲选外编》(3 册 1028 页)、《全元散曲》(2 册 1984 页)以及钱南扬辑录的《宋元戏文辑佚》梳爬一遍,所得资料,粗略计算,近 90 条。方先生上面提到的曲目自然都包括在内了。只是《荆钗记》中的那句戏文,《六十种曲》中的原文作:"下香阶,显弓鞋,金莲窄窄,这双小脚,刚刚三寸三分。"又,该剧第七出还有一段说白:"〔净〕好,连夜就成。朱吉,这妈妈说小姐的脚刚刚三寸三分,这是卖弄金莲,就值一千两。请问妈妈要多少价钱?"这样的资料当然很重要,不过《六十种曲》标明《荆钗记》是"明・柯丹邱著",本文只得置之不用。

根据这些资料,从金莲等若干个关键词入手,可对元代的缠足作如下阐述。

首先,金莲的含义。上引《道山新闻》中的"金莲"一词,可谓一个特筑的舞台,是李后主让"以帛绕脚"的宵娘用来表演舞蹈的,并不指称小脚或女鞋。到了元代,元曲中所见的"金莲"一词,其基本含义是指穿上女鞋的小脚,今可见录的不下三十余例。有时候也用"金莲"单指缠足,当"金莲"与女鞋并用时,单指小脚的含义是十分明显的。中国古代文人写诗填词作曲,常用借代之词来指称原来事物,还喜用典故以示其学问渊博,若一词常被使用,也就约定成俗,但其含义往往发生变化。"金莲"也是一例。后来有人说,称小脚为金莲是因为它形似莲瓣,看来是附会上去的。在元代,金莲和莲步已被文人描写为女人的一种典型的美,如"一步一金莲,一笑一春风"(于伯渊《点绛唇》)[1]。

其次,元代女鞋的称谓及其他。在元代,除了金莲,对女鞋还有其他的称谓。女鞋一般是用丝织品做成,故称罗鞋。绣鞋前加个红字,是为红绣鞋。另一个称谓是弓鞋,其主要特点就在这个"弓"字。"风淅淅,雨霏霏。露湿了弓鞋底。"(杜仁杰《集贤宾・七夕》)[2]"帮儿瘦弓弓地娇小,底儿尖恰恰地妖娆。"(刘时中《红绣鞋・鞋杯》)[3]还有一个名称为凤头鞋。曲词中有将金莲与凤头连在一起的,也有将弓鞋与凤头连在一起的,简单地说,有凤

---

[1] 隋树森编《全元散曲》上,第 314 页。

[2] 隋树森编《全元散曲》上,第 35 页。

[3] 隋树森编《全元散曲》上,第 656 页。

头的女鞋就是凤头鞋。"鱼尾钗,凤头鞋,花边美人安在哉。"(张可久《沉醉东风·春思》)①另有玉钩之称说。玉钩有如金莲,既指称足,又并称足与鞋。玉纤指手,玉钩指足,如同玉笋指手,金莲指足。"露玉纤,捧金瓯,云鬓巧簪金凤头。荡缃裙,掩玉钩,百倍风流。"(王仲诚《粉蝶儿》)②在元曲的描述中,我们可以看到元时女鞋呈现两个显著的特点:窄和弓。

鞋与袜自是连在一起的,鞋是弓的,袜也是弓的。"罗袜翘底样弓弓。"(汤式《客中奇遇寄情》)③又有甚者:"曲弓弓半弯罗袜纤。"(无名氏《柳营曲·风月担》)④"半弯罗袜窄,十指玉纤长。"(无名氏《点绛唇》)⑤可以这样理解,穿这种罗袜的女足也已经被缠曲成"半弯"的程度。曲弓半弯的缠足,那就是下文所谓的"三寸金莲"了。王实甫在《西厢记》中写的崔莺莺,可能有的正是这样的一对小脚。他的赞美之词是:"世间有这等女子,岂非天姿国色乎?休说那模样儿,则那一对小脚儿,价值百镒之金。"(《崔莺莺待月西厢记杂剧》)⑥

元时这些瘦小窄弓的女子小脚,无疑是缠足习俗流行的结果。当然,单凭元曲作家笔下的此类记述,还不能确知此习俗流行的程度,因为他们所描写的妇女大都是比较娇贵的夫人小姐,也有妓女。另外还有一些值得探讨的问题,我们拟在下文中继续展开。

第三,元代"三寸金莲"的出现及需要讨论的问题。前文提及明代杂剧作家柯丹邱在其《荆钗记》中写道:"下香阶显弓鞋金莲窄窄,这双小脚却刚刚三寸三分。"其实从明代中叶起,有关"三寸金莲"的记载是很多的,这里毋庸赘引。这里的问题是,元代是否已有"三寸金莲"之说?笔者迄今查到的相关资料共有五条,今全部引出如下:

(1)双凤衔花弓样弯,窄玉圈金三寸悭。(乔吉《赏花时·睡鞋儿》)⑦

---

① 隋树森编《全元散曲》上,第 933 页。
② 隋树森编《全元散曲》下,第 1140 页。
③ 隋树森编《全元散曲》下,第 1503 页。
④ 隋树森编《全元散曲》下,第 1737 页。
⑤ 隋树森编《全元散曲》下,第 1797 页。
⑥ 隋树森编《元曲选外编》第 1 册,第 261 页。
⑦ 隋树森编《全元散曲》上,第 636 页。

（2）恰嗔人踏破苍苔，不知他行出瑶阶。见刚刚三寸迹，想窄窄一双鞋。（周德清《柳营曲・有所思》）①

（3）藕丝裳翡翠裙，芭蕉扇竹叶榈，衬缃裙玉钩三寸，露春葱十指如银。（吴昌龄《端正好・美妓》）②

（4）料想人如画，三寸玉无瑕。底样儿分明印在沙，半折些娘大。（无名氏《醉中天・咏鞋》）③

（5）想则想蹴金莲三寸弓，启樱桃半点红，想则想整酥体一团玉，露春纤十指葱。（无名氏《忆佳人》）④

在前文陈述的总体背景下，推断这五条文字说的都是三寸金莲是不成问题的，尽管其中只有第五条出现"金莲"一词。但据此五条是否可以再推断：有元一代的女子缠足，就是三寸金莲？这还需要进一步讨论。

要讨论的是元代三寸金莲出现的时间问题。这五条文字的作者，两位是无名氏，其写作年代已无法探究。三位是有姓名的，笔者试加以考述。第一条的作者是乔吉，隋树森在所编《全元散曲》中写有小传：太原人，后长期居于杭州，至正五年（1345年）病卒于家。⑤第二条的作者是周德清，有《中原音韵》（1324年出版）传世，其生卒年代为1277—1365年。⑥第三条的作者吴昌龄，孙楷第《元曲家考略》列有专条，此人延祐七年（1320年）二十五岁，按中国传统计岁，可推知他生于1296年，行年七十有七，则卒于1372年，其时元朝已亡。⑦由此可以认定，这三条资料都出于元代后期，而且多半是在末期。那么，我们似乎可以宽绰地说，在元代缠足逐渐实施的过程中，三寸金莲是在元代后期才出现的。

---

① 隋树森编《全元散曲》下，第 1340 页。
② 隋树森编《全元散曲》上，第 289 页。
③ 隋树森编《全元散曲》下，第 1672 页。
④ 隋树森编《全元散曲》下，第 1832 页。
⑤ 隋树森编《全元散曲》上，第 573 页。
⑥ 参见冀伏《周德清生卒年与〈中原音韵〉初刻时间及版本》，《吉林大学学报》1979 年第 2 期。周德清原生卒年代不详，冀伏从《暇堂周氏宗谱》得知他"宋端宗景炎丁丑十一月生，元至正乙巳卒"。遂可认定其生卒年为公元 1277—1365 年。其同时代学者虞集（1272—1348）、欧阳玄（1275—1358）等均"赞其词律俱优"。
⑦ 孙楷第《元曲家考略》，上海古籍出版社，1981 年，第 106—198 页。

尤其值得注意的是:今犹存世的元代女鞋文物都不是三寸金莲,而是另一种"窄鞋",对此情况应该作出何种解释呢?

三、元代女鞋文物资料及其分析

在得到上述"鸽子洞女鞋的启示"以后,笔者对元代女鞋文物进行了收集和分析。先将笔者收集到的元代女鞋文物资料列表如下:

元代女鞋文物表

序号	年　代	出土(收藏)地点	名　称	底　长	后帮高	后跟最宽处
1	元,1350年	山东邹县李裕庵墓	双花绸地绣花鞋	20厘米	5厘米	
2	元,出土文书下限1362年	河北隆化鸽子洞	白绫绣花尖翘头女鞋	21厘米	4.8厘米	4.7厘米
3	同上	同上	茶绿绢绣花尖翘头女鞋	21.5厘米	4.7厘米	5.5厘米
4	元末	苏州张士诚母曹氏墓	紫酱织锦尖头鞋	25厘米	5厘米	5.5厘米
5	元	江苏无锡元钱裕墓	素绸尖头鞋	19.8厘米	7厘米	5厘米(原文作宽)
6	元	同上	镶边回云纹绸尖头鞋	20厘米	6厘米	5厘米(原文作宽)
7	元	元集宁路古城(内蒙古集宁市东南60公里)	绣花丝鞋	21厘米		
8	元	内蒙古黑城元墓	绣花布鞋	21.5厘米		
9	元	(蒙元文化博物馆藏品)	织锦绣花女鞋	22厘米	6厘米	5.5厘米

上表所据资料来源:山东邹县文物保管所《邹县元代李裕庵墓清理简报》,《文物》1978年第4期;孙慧君《鸽子洞窖藏》、赵丰主编《纺织品考古新发现》,香港艺纱堂,2002年;隆化县博物馆《河北隆化鸽子洞元代窖藏》,《文物》2004年第5期;苏州市文物保管委员会、苏州博物馆《苏州吴张士诚母曹氏墓清理简报》,《考古》1965年第6期;无锡市博物馆《江苏无锡市元墓中出土一批文物》,《文物》1964年第12期;潘行荣《元集宁路古城出土的丝织物及其他》,《文物》1979年第8期;内蒙古文物考古研究所、阿拉善盟文物工作站《内蒙古黑城考古发掘纪要》,《文物》1987年第7期;蒙元文化博物馆藏品。

　　表中所列的九双元代女鞋资料,只是笔者目前已经掌握的,想必会有遗漏。从这九双女鞋的图像和实测数据看,它们的形制是基本一致的,只有尺码的区别。其中鸽子洞女鞋两双的资料最为完整,图像也丰富清晰,它们的详细数据是,序号2:白绫绣花尖翘头女鞋,通长22.3厘米、底长21厘米、后跟最宽处4.7厘米、前脸长2厘米、脚尖宽2.5厘米、后帮高4.8厘米;序号3:茶绿绢绣花尖翘头女鞋,通长22.5厘米、底长21.5厘米、后跟最宽处5.5厘米、前脸长2.4厘米、后帮高4.7厘米。①

　　这九双鞋的主要特征是鞋底长而窄:一、它们的底长在20—25.5厘米即约5.95—7.65市寸之间。②二、它们鞋底的形状都是后跟较宽(均有图像,其中有数据的六双的后跟最宽处分别为4.7厘米、5厘米和5.5厘米),并从后跟最宽处逐渐向前收窄,到脚趾部位已相当窄小。可以推想,穿这种鞋的女子的脚,既不是完全的天足,又不是"三寸金莲",而是仅将前掌和脚趾缠窄了的一种缠足。

　　笔者还注意到,这九双鞋中可以确定年代的是序号1、2、3,年份在1350年和1362年,已是元末;序号4,就墓主的身份来看,也在元末无疑。上文我们说到,从文献记载来说,"三寸金莲"在元代后期已经出现。那么,为什么我们如今见到的元末文物并无"三寸金莲",有的却是长而窄的女鞋呢?当然,人们可以等待元末"三寸金莲"有朝一日得以出土,但我们不妨先对业已呈现于世的这些长而窄的女鞋作出某种解释。

　　就缠足的研究而言,看来过去有点忽略它自身的历史发展过程。后来的"三寸金莲"离我们很近,当代人们回顾历史的时候,往往将各个时代文献中有关缠足的记载,包括一连串相关的词汇,不加分析地同它(三寸金莲)混为一谈。但实际情况要复杂得多。从五代时起,经历宋元明清,中国女子缠足,与其他事物一样,当有一个发展演变的过程。从上面初步整理的资料

---

① 隆化县博物馆《河北隆化鸽子洞元代窖藏》,《文物》2004年第5期,第4—25(10—11)页。序号2数据中的"后跟最宽处4.7",原文作"后帮高4.7",疑排字有误,参考序号3的相应文字作了改动。——笔者

② 本文将厘米折算为今制市寸,与元制(以及宋制、明制)有些出入,下同。容以后再作修订。不过笔者以为,这样的数据对所讨论的问题不会产生影响。

看,可以推测,元代的缠足,其主流还只是将脚的前部缠得窄小(为行文方便,以下称窄足);即使到了元代后期"三寸金莲"已经出现,并引起一些元曲作家的关注,加以描写和赞美,但恐怕尚未成为主要的形制。如果这个推测可以成立,那么上述元代女鞋的发现就是事理之必然,是顺理成章的事。笔者以为,这可能是一种合理的解释。

作为这个推测的佐证,笔者再举述中国丝绸博物馆收藏的两件女鞋文物资料。一件是南宋的,出土于咸淳十年(1274年)江西德安周氏墓,这双女鞋在该馆目录上标为"罗地小脚鞋",底长19厘米、后帮高4.5厘米、后跟最宽处4.5厘米。一件是明初的,无锡大浮乡钱姓女子墓出土,称"钉金绣牡丹花纹缎鞋",底长22厘米、后帮高6厘米、后跟最宽处4厘米。这双明初的鞋,与前面说到的元代女鞋形制,并无不同之处。而这双宋代的鞋,底长稍短一些,但19厘米约当5.7寸,与"三寸金莲"也有不小的差距。这双"罗地小脚鞋"不如更名为"罗地女鞋",以免引出歧义。其实将它们与元代的"窄鞋"联系起来看,这两双女鞋文物也是"窄鞋"无疑。这么看来,窄足窄鞋可能正是元代流行过的女子缠足的时尚款式。

研究历史问题时尽可能掌握利用文献和考古双重资料是非常重要的。新的考古资料往往可以弥补文献记载的不足和缺失,修改以致推翻某些仅仅依据研究文献资料所作出的论断,看来就连深入一步探讨缠足之事也不能例外。

四、大航海时代以来西人对中国女子缠足的报道和评论

大航海时代到来以后,西人渐渐来到中国,他们中间有些人不断将中国女子缠足的习俗传回欧洲。我们在《马可·波罗与万里长城》一文中引述的早期对长城有记载的葡萄牙人、西班牙人和意大利人中,克路士(Gaspar da Gruz)、拉达(Martin de Rada)、门多萨(J. G. de Mendoza)和利玛窦(Matteo Ricci)也都留下了对缠足的描述。

克路士:"她们从小就用布缠足,因此脚长不大,这样做是因为中国人认为女人小鼻小脚才是窈窕淑女。这个做法是有教养人家的习惯,贱民并不

如此。"①

拉达:"女人与外界隔绝而且是贞洁的,我们很少在城市和大镇上看见妇女,除非是老妪,只有在村里,那里看来要单纯些,可以看到更多的女人,他们甚至在地里干活。她们从婴儿时起便习惯缠脚,以致破了脚形,让大脚趾后所有的脚趾都往下弯。"②

门多萨:"她们当中把一双小脚视为优美漂亮,因此从小时起她们就紧紧包裹脚,耐心地忍受,因为谁的脚小,谁就被当作最美的女人。他们说男人劝诱女人这样做,因为把脚缠到几乎变形,成了半瘸,那她们的行动就困难,十分费劲,这就是为什么她们很少外出,极少停止她们干的工作的原因;这仅仅是为同样目的发明出来的。这个习惯已经行了很多年,还将继续下去很多年,因为它有法律保障:凡破坏它和不行之于女儿的女人将被判有罪,还将因此受刑。她们很保守和老实,以致任何时候你在窗门前都看不见一个女人,而如果她的丈夫请人吃饭,她从不露面或在桌上进食,除非客人是亲属好友。当她们出去看她们的父母或亲戚时,她们坐一顶四人抬的小轿,封闭严密,四周的窗格用金丝银线制成,有丝帘子;因此尽管她们看得见街上的人,她们仍不让人看见。她们有很多仆役侍候。所以当你在街上遇到一位贵妇人时,那可是大奇事,确实你会认为城里没有一个女人,她们闭门不出是由她们脚残废所造成的。"③

利玛窦:"女人身材都很矮小,脚小被认为是一种美的标志。为了造成这种效果,她们从小把脚用布条紧紧地裹住以防止它长大,走起路来会使人觉得她们的脚是被截去了一块。这种裹脚布整个一生都在裹着。他们认为女人在街上走来走去很不雅观。可能他们有一位圣人想到了这个主意把她们关在家里。"④

利玛窦以后,17、18 世纪在华的传教士中记述缠足一事者也不乏其人。

---

① 克路士《中国志》,博克舍编注《十六世纪中国南部行纪》,何高济译,中华书局,1998 年,第 103 页。
② 拉达《记大明的中国事情》,《十六世纪中国南部行》,第 200 页。
③ 门多萨《中华大帝国史》,何高济译,中华书局,1998 年,第 31 页。
④ 《利玛窦中国札记》上册,何高济等译,中华书局,1983 年,第 82 页。

总的情况是,对缠足本身的记述由简而繁,对缠足的评论由少而多,同时间或夹杂少许不太确切的文字。这段时间内,看来西方人在不断关注中国妇女缠足,见闻慢慢增多,感到奇异又不好理解,但还没有作深入的考察和研究。下面举述曾德昭(Alvaro de Semedo)和李明(Louis de Comte)的两段文字。

曾德昭:"他们男女的衬衣都一样,只不过女人的鞋很小。人们有理由怀疑,那么小的足怎么能配那么大的成人身子。原因在于,他们把女孩子的脚从小就缠上,不让脚长大,但(并非如我们欧洲所说的)不许她们走路;一般认为小脚表现美。但有知识的中国人则把这种缺陷看成是极大的愚蠢。它的起因是,他们有一位皇后,生有一双畸形的脚,为弥补这一天生缺陷,便把脚缠上,以便让脚恢复正常。于是妇女们就仿效她,把这当作是一种美。所以,后妃应避免成为标新立异的倡导人。"[1]

李明的记述更长一些:"最使她们与所有世界上女人不同的,使她们几乎成为特殊女人的,是她们的小脚,而这正是她们具有魅力的根本所在。这一点令人吃惊而又无法理解。这种不自然的做法有时甚至达到过分的程度,如果不是一个稀奇古怪的,总是对最自然的想法占上风的古老习俗迫使她们,并使她们适应当地的习惯的话,她们真可能被视作发疯。

"女孩子一降生,保姆就精心地把她们的脚紧紧捆扎起来,以免她们的脚长大。女性好像天生就要受这折磨,比人们想象的要容易得多地将就了这一做法,看不出她们的身体受到什么伤害。她们的用金线、银线和丝线绣的缎子小鞋真是纤尘不染。脚虽小,她们走路时却总把它们显露出来。大人,她们是在走路,这是令人难以想象的事,而且她们愿意整天都在走,如果她们能自由地出外的话。有些人确信这是过去中国男人的一项创举,为了使妇女不得不守在家中,他们使裹小脚成为一种时尚。我经常就此向中国人打听,他们自己甚至从未听说过这个说法。其中一人笑着对我说,这是故事,我们的长辈和我们都太了解女人,所以不相信她们的脚削掉一半,就会

---

[1] 曾德昭《大中国志》,何高济译,上海古籍出版社,1998年,第36—37页。

削去她们走路的能力和见见世界的愿望。"①

到了 1792—1794 年英国人马戛尔尼(Macartney)使华,其使团成员和所乘航船成员对中国的记述,又进一步对妇女缠足作了更加详细的报道。其中影响最大的是使团秘书乔治·斯当东(G. L. Staunton)对缠足的描写和评论,并附有缠足的插图(见图三)。其文字较长,但笔者认为值得全文引出:

> 绝大部分妇女的脚,即使是中下层的家庭妇女,都是裹得很小的。看上去好像她们的脚的前半段被切断,只剩下后半残部,将残脚裹绑起来。裹脚是一件很痛苦的事,这种风气主要来自上层社会的妇女。她们从小就裹起,大拇脚趾不动,把其余四个脚趾硬弯到脚面下,逐渐使骨头折断,藏在下面不能分开。

> 虽然在幼年时代人的骨头比较软,但是强迫使它不按自然的规律发展,总要经过一段痛苦难忍的过程。小孩子不了解脚裹小了能使人羡慕,这就需要母亲随时注意防止女儿设法放松脚上的绑带。绑带长时间绑在脚上,最后把它裹成很均匀的小脚。这样裹脚使得年轻的妇女们在一个相当的时期中,除了受人搀扶外自己不能走路。以后她自己走起路来,永远用脚后跟蹒跚跚移动。

> 这样人为地把脚弄小,虽然不致使人残废,但总是戕害人的生机和健康的。有些最下层社会的妇女,主要因为在山区或边远地方,她们未传染上这种违反自然的习惯。但这种妇女受到大家的特别轻视,使她们做最下等的劳动。裹脚的风气如此根深蒂固,据我们的中国翻译讲,以后又为无数事实所证明,同一个家庭的姐妹二人,其他的条件完全一样,假如一个人是裹脚而一个人是天足,后者即被全家所看不起,永远低人一头。

> 很难想象这种奇怪习惯的来源,也不容易想出,男人为什么把它强制性地在妇女中推行。假如男人的目的是把妇女们关在家里不让她们

---

① 李明《中国近事报导》,郭强等译,大象出版社,2004 年,第 124 页。原注译文:这一习俗的来源未经查实,尽管传统的说法把它归于诗人李煜(937—978),说他想要看他的妻妾舞于人造的荷花之上而设想出将其双脚改变成月牙形状。事实上,从公元 950 年宋朝开始,这种裹脚的习俗在社会各阶层是很普遍的。

出去,那么,他们尽可以用其他方法做到这点,而不必残忍地损害到妇女的身体机能。土耳其和印度的妇女比中国妇女更避不见人,但她们并没有裹脚的风气。这样奇怪的风气不是只依靠男人的强迫力量所能维持的,妇女本身也必须对这个习惯抱着积极的态度,它才能行得通,维持得久。男人方面至多是默认或者是间接地鼓励。印度有一种更野蛮的习惯,丈夫死后寡妇得要自己烧死来殉葬。这种牺牲表面上也不是强迫的。但不这样做所得到的耻辱和这样做所得到的荣誉,迫使妇女们不得不牺牲自己的性命。荣誉的可贵和耻辱的可怕,经过长期的渗透弥漫,迫使人们改变天性,由勉强入于自然。假如我们想想英国妇女们束胸的痛苦,但大家在这方面互相竞赛,我们对他们的裹脚就不会大惊小怪了。身材和四肢的苗条纤细一向是爱美妇女的追求目标,男子的爱慕对象。但任何一两个人的号召和提倡,无论她的地位多么高,绝不能驱使全国妇女这样不顾痛苦来摧残自己。全国妇女,无论哪一个阶层,都在这上面竞赛媲美,损害健康在所不顾,这种风气世世代代继续相延,实在是积重难返了。女子由于脚小而得到的一些魅力远远不能抵偿由于裹脚痛苦而损害的健康。无论如何,女子的优美最终在乎她的相貌,而不在乎她的走路的步法。①

上引文字见于其 1797 年在伦敦出版的《英使谒见乾隆纪实》。②乔治·斯当东在这里对缠足作了相当充分而切实的描写和合乎情理的分析评论,从行文也可以看出,他没有心存恶意或偏见。伴随这些文字,斯当东还附有"中国妇女小脚"图,图中包括裸足和穿鞋的足。该书问世后,这样图文兼备的报道在西方得到广泛的传播。

进入 19 世纪以后,渐渐又有更多的入华西人对缠足不断进行考察和研究,甚至做出小脚的骨骼解剖图刊印出来。笔者在这里特别想提到卫三畏(Samuel Wells Williams)。卫三畏是 19 世纪美国著名的中国通,合传教士、

① 斯当东《英使谒见乾隆纪实》,叶笃义译,商务印书馆,1963 年,第 216—218 页。
② George L.Staunton, *An Authentic Account of an Embassy from the King of Great Britain to the Emperor of China*, ... London, 1797. 汉文译本见上注。

外交官和汉学家于一身,他在 1848 年出版《中国总论》一书,以后不断修订再版,最后的修订版出于 1883 年,此版在事隔一个多世纪以后,还在 2001 年重新刊印,可见此书的生命力及其影响之深远。卫三畏在此书中也有关于缠足的论述,他尤其注意到了这种习俗对于身心健康的损害,以及它作为一种时尚而难以得到改正。在行文中,摘要介绍了库帕博士(Dr. Cooper)发表在《伦敦皇家学会会报》的文章,该文报道了这种缠足的实情,提供了它的解剖标本(见图四)。那足长 5¼ 英寸,比最为时尚的尺寸还大了约 1½ 英寸。五个脚趾以及整个脚的骨骼都严重变形。当缠足开始较早时,趾骨尚软,四趾被弯在足底,仅拇趾伸在上端。于是,小腿肚的肌肉生长受到阻碍,膝以下的小腿渐渐变细,尽管大腿不受削弱。①借着库帕的图文,他具体描述了缠足过程的苦楚以及缠足妇女多么行动不便。对于西方人来说,这是令人惊诧的奇风异俗,也是他们在世界其他地方都从未闻知的。

在 19 世纪的西方有关中国著作中,女子缠足几乎成了多数作者不可或缺的描述题目。这些关于缠足的报道影响广泛,久而久之,妇女缠足成了西人心目中印象最深的中国事物之一。到了 19 世纪末叶,西方多少注意中国的人都会知道中国妇女缠足的事。当时甚至在专门描述中国儿童的著作中,也会提到他们的母亲是缠足的,而且也附上题为"金莲"(golden-lilies)的插图。②不过,到这个时候,中国女子缠足的习俗也已临近它的尾声。

1896 年,美国在华传教士、当时已很有名的中国通丁韪良(W. A. P. Martin)在其《花甲忆记》一书中这样评说中国女子缠足:"此俗有百害而无一利,除非将妇女关在家里也能算是个优点。它的残暴性超过了西方任何一种变态趣味,包括对蜂腰和扁头的嗜好。西方的恶习只是偶发性的,或仅限于某一部落,而缠足在中国却是全民性的。整整三十代中国妇女深受'缠足酷刑'的折磨,……当一位备受折磨的女孩试图逃避这种酷刑时,她就会被告知自己必须忍受这一切,否则就会成为笑柄,而且会嫁不出去。"③在 19 世纪末和 20 世纪初,诸如此类的外来评说已渐渐得到国人的认同,国人要

① Samuel Wells Williams, *The Middle Kingdom*, Vol.2, New York, 1848, pp.38-41.

② Mary Isabella Bryson, *Child Life in China*, London Missionary Society, c1889, p.93.

③ 丁韪良《花甲忆记》,沈弘等译,广西师范大学出版社,2004 年,第 8—9 页。

求废除缠足陋俗的呼声日益高涨,废除缠足、提倡天足一直是社会改革的一个重要内容并且终于达成。而令人费解的是,当中国大地上女子缠足已成往事时,一些西方人士却依旧一成不变地将它视作中国的重要特征之一,看来他们对 20 世纪中国的社会变革实在是知道得太少了。

五、关于马可·波罗"漏写"缠足问题之我见

本文一开头就说到,笔者注意缠足问题是从参与讨论马可·波罗"漏写"问题而引起的。经过上面的对元代缠足的考辨,我想现在可以对这个"漏写"问题提出以下的几点看法。

其一,女子缠足在元代肯定已经存在,而且已有相当程度的流行。但中国女子缠足有一个历史发展过程,元代时候缠足的主流是将女足的前掌和足趾缠窄,即缠成窄足,到了元代后期才出现类似"三寸金莲"的记载。笔者这个论述,有别于"元代缠足之风甚盛"或"在中国的蒙元时期,缠足之风没有广泛流行"之类的泛论。

其二,马可·波罗于 1271—1295 年间居留中国,时在元代前期,他不可能闻见"三寸金莲"那样的缠足。那么为什么他没有提到当时已有的缠足——窄足呢? 可能的原因是:马可·波罗在中国时主要与蒙古人和色目人交往,他对汉族妇女将足缠窄的习俗尚未闻知,再说窄足窄鞋深藏于女子长裙之下,他这个洋人也难以得见。

其三,有如长城,中国女子缠足特别引起西方的注意,也是从明代后期才开始的。大航海时代到来以后,西人渐渐来到中国,他们中间有些人不断将中国女子缠足习俗的报道传回欧洲。那时中国已广泛流行"三寸金莲",以迄于清代末年。而西人不断报道和描述的,正是"三寸金莲"那样的缠足,渐渐地,这种摧残女子身心健康的陋习,成了他们心目中的中国的重要特征之一。这种中国形象长期刻印在他们的记忆中,以致直到 20 世纪 80 年代中国再次打开国门时,他们之中有人进入中国旅游,看不到女人的小脚和男人的辫子,还觉得好生奇怪。吴芳思当然不是雾里看花的游客,她是当代英国的汉学家,对中国也很友好。但她所说马可·波罗"漏写"的缠足,其实就是

明清时期才渐渐盛行的"三寸金莲";她要求马可·波罗必须记述这种缠足,否则他就没有到过中国,这实际上是由于受到西人近代东来以后所形成的中国印象影响而提出来的一个很不合理的苛求。

其四,可能有人会提问:是的,我们不再苛求马可·波罗了,但是为什么另一位到过元代中国的意大利人鄂多立克(Friar Odoric)所写的《东游录》却留下了这样的记载:"对女人来说,最美是留小脚;因这个缘故,做母亲的在女儿一生下来就给她紧紧缠脚,以致脚再也不长。"[1]这不就是记的缠足吗?《东游录》中译者何高济明确指出:"妇女缠足的陋习,鄂多立克是西方第一个予以报导者。"[2]而吴芳思更是这般称说:"声称自己进入了上流社会的马可·波罗没有看到妇女缠足,而没有进入上流社会的虔诚的修士和德里(即鄂多立克——引者)却对缠足作了一点详细的描述——在短短的五十年不到的时间里社会风尚的变化竟然如此迅速,这实在是难以想象的。"[3]对这个问题,笔者目前的思考是:鄂多立克在中国旅行的时间约在 1322—1328 年间,即在元代后期,依据本文的上述考证,在时间上,他比马可·波罗更有可能闻知女子缠足事情。不过从上引文字看,他的闻知是不够确实的,即使是"三寸金莲",也不会是"一生下来"就"缠脚"的。当然对他也不必苛求,但这条不够确实的传闻却也能多少印证上述元代后期才出现"三寸金莲"的推断。此外,笔者还另有一点怀疑,以为这条记述仍有可能是后人添加的,不一定就是鄂多立克的本文。中译文现在用的是玉尔(Henry Yule)整理的本子,照说玉尔是一位博洽的大学者,在一般情况下可以信从。但是,玉尔本人说过,鄂多立克《东游录》的各种欧洲语言的抄本多达 76 种;他整理的文本,是根据他自己的判断而定,同时将一些他认为不可靠的但又稀奇有趣的文字保留在方括号之中。这位玉尔生活的 19 世纪中后期,正值西方对中国形象形成某种框架的时期,将茶、长城、缠足等视作中国最具特征的事物就是在这个时期固定化的。他非常熟悉中国,这些特征在他的脑中也会印象很深,这就可能使他对《东游录》某种版本中出现的有关缠足的文字作出正

---

[1] 《鄂多立克东游录》,何高济译,中华书局,2002 年,第 27—96(91)页。

[2] 《鄂多立克东游录》,第 27—96(32)页。

[3] 吴芳思《马可·波罗到过中国吗?》,洪允息译,新华出版社,1997 年,第 98 页。

面的判断而将之收入他所整理的文本。笔者以为,这个问题有可能在仔细研究《东游录》的各种抄本后得到某种进一步的解释。

(2007年5月15日写毕于苦竹斋,初稿载《东方博物》2006年第1期,第6—12页;修订稿见作者《黄时鉴文集》第2卷,中西书局,2011年,第254—272页。)

图一　三寸金莲女鞋图

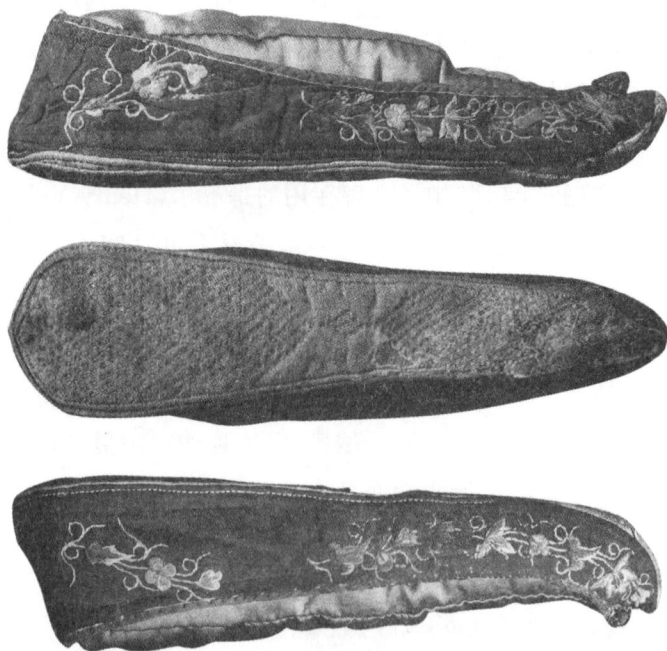

图二　河北隆化鸽子洞元代茶绿绢绣花尖翘头女鞋的侧面和底面

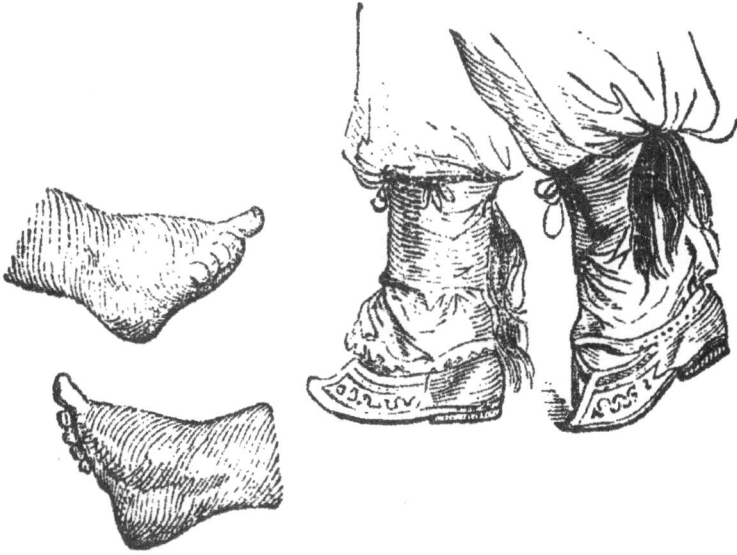

图三　斯当东《英使谒见乾隆纪实》(1797 年出版)书中的小脚插图

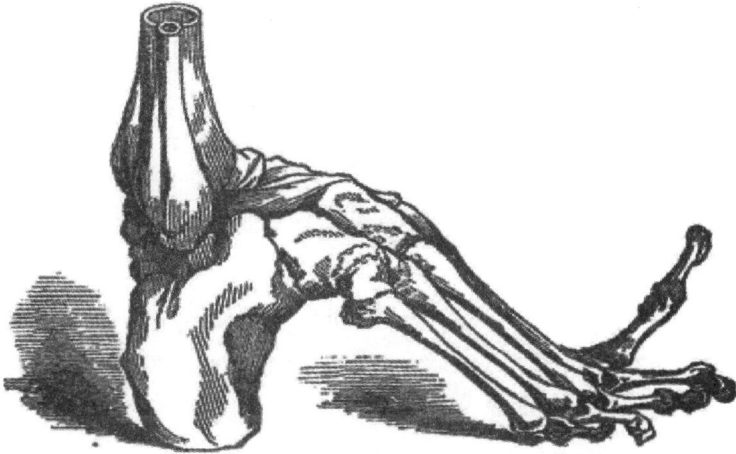

图四　卫三畏《中国总论》一书中的缠足骨骼剖视图

戏出秃打与哈黑义磨

党宝海

本文旨在探究元代汉译圣旨中的两个蒙古语地名,并进而讨论与之相关的历史现象。错谬之处,请师友指正。

一、戏 出 秃 打

河北省赵县柏林寺立有元代圣旨碑一通,上刻汉译元朝圣旨三道。①蔡美彪先生编《元代白话碑集录》全文收录了这些圣旨并作了初步考释。其第二道圣旨全文如下(标点和分段据《元代白话碑集录》):

> 长生天气力里,大福荫护助里皇帝圣旨:
>
> 军官每根底、军人每根底、城子里达鲁花官人每根底、过往底使臣每根底宣谕的圣旨:
>
> 成吉思皇帝、月阔歹皇帝底、薛禅皇帝圣旨里:"和尚每、也里可温、先生每,不拣甚么差发不着者,告天祈福祝寿者。"么道有来。如今呵,依着在先圣旨体例,不拣甚么差发休着者,告天祈福祝寿者么道。属真定路里的赵州有底,但属柏林禅寺里住底圆明普照月溪大禅师元朗长老根底,执把着行底圣旨与了也。这底每寺院里,他底房舍每,使臣每休安下者。铺马祇应休当者,税粮休与者。但属寺家底田地、水土、葡萄、园林、磨房、堂子每、解典店铺,他底不拣甚么休夺要者。

---

① 关于此碑的详细情况,参看照那斯图、哈斯额尔敦《元朝宣政院颁给柏林寺的八思巴字禁约榜》,《内蒙古社会科学》1999 年第 6 期,第 44 页。

更这圆明普照月溪大禅师元朗长老有圣旨么道，无体例勾当休做者。做呵，他不怕那。

圣旨俺的。

猴儿年二月十五日，戏出秃打有时分写来。

碑文中出现了薛禅皇帝（元世祖忽必烈）圣旨，蔡美彪先生据此考证猴儿年为成宗元贞二年丙申年，公元 1296 年。[1]

这道圣旨遵循了元朝通行的体例，在全文最后是圣旨写成的时间、地点。圣旨书写地点"戏出秃打"是一个罕见的地名，如果我们根据汉字读音构拟的话，可以将其还原为 Hičutuda 或 Hičütüde。依照元代圣旨通常的写法，最后一句话可还原为：Bečin jil qabur un dumdadu sara yin arban tabun a Hičutuda（或 Hičütüde）da（或 de）büküi dür bičibei。按惯例，地名后应该有表示方位、处所的格助词 da 或 de。即如果我们把"戏出秃打"当作地名，那它的后面应该还有一个通常并不译写出来的格助词 da 或 de。

笔者借助蒙古语词典查找与 Hičutuda 或 Hičütüde 对应的蒙古语词汇，未能成功。于是改作另一尝试，即把这个词拆分为"戏出秃"和"打"，寻找与"戏出秃"读音相近的词汇。

在元代后期蒙古语词汇集《蒙古译语》"花木门"中收录了"阋车孙"，意为"柳树"。[2]明洪武年间翰林院官员火源洁等人编《华夷译语》"花木门"，"柳"为"希扯孙"。[3]约永乐年间编成的另一种《华夷译语》"花木门"仍用"希扯孙"表示"柳"，但写出了相应的畏兀体蒙古文 ičesün。按照当时的书写习惯，词首的 h 音并不写出。[4]这三处用汉文表示的蒙古语词 hičesün，在 13—14 世纪蒙古语中意为"柳树"。该词在近现代蒙古语里很少使用，普通词典

---

① 蔡美彪《元代白话碑集录》，科学出版社，1955 年，第 37 页。

② 收入陈元靓编《事林广记》，元至顺年间建安椿庄书院刊《新编纂图增类群书类要事林广记》续集卷八《蒙古译语》之"草木门"，中华书局，1963 年影印本，叶十 b。又见至元庚辰年郑氏积诚堂刊《纂图增新群书类要事林广记》庚集卷下《蒙古译语》之"草木门"，中华书局影印元刊本，1999 年，第 189 页下栏。

③ 《华夷译语》，《涵芬楼秘笈》第 4 集，商务印书馆，1918 年，卷一，叶四 a。

④ 《华夷译语》，《北京图书馆古籍珍本丛刊》第 6 册，据明抄本影印，书目文献出版社，1989 年，第 7 页。

多不收录。"戏出秃"应是 hičesün 的形容词形式，末音节-sün 脱落，保留的 hiče-后面加上了形容词词缀-tü，变为 hičetü，意为"有柳树的"，从这个词义又可以引申为"有柳树之地"。该词的发音与"戏出秃"可以对应。而"打"则是地名后表示方位、处所的格助词 de。蒙文圣旨的原文当为：Bečin jil qabur un dumdadu sara yin arban tabun a Hičetü de büküi dür bičibei。翻译这道圣旨的译史把地名 hičetü 与后面的格助词 de 当成了一个完整的词，音写为"戏出秃打"。依元代蒙文汉译并不写出格助词的惯例，此处的翻译是错误的。[①]

　　如果结合颁旨时的历史背景，上述考订能得到进一步证实。元朝皇帝自世祖忽必烈开始，每年年初都离开大都，去大都东南的远郊柳林进行大规模狩猎。"冬春之交，天子或亲幸近郊，纵鹰隼搏击，以为游豫之度，谓之飞放。"[②]柳林春猎一般从二月初开始，持续多日，有时一直延续到二月中下旬。[③]狩猎结束后，皇帝及其随从返回大都，稍作几天休整，又离开大都，去上都驻夏。据《元史》记载，柳林位于漷州界内，其具体位置在今北京通州区的东南部。[④]其地名显示，当地生长着繁茂成林的柳树。《元史》卷二八《英宗纪二》记载，至治三年（1323 年）五月"庚子，大风，雨雹，拔柳林行宫内外大木

[①] 据笔者所知，类似的例子还有一个。前引《元代白话碑辑录》第 85 页为 1335 年辉县颐真宫圣旨碑。圣旨最后一行为"元统三年猪儿年八月二十七日，忽□秃因纳堡里有时分写来"。模糊无法辨认的字用□表示。查法国学者沙畹（Chavannes）论文中的该碑拓片，可以依稀辨认出缺字为"察"。见 Éd. Chavannes, "Inscriptions et pièces de chancellerie chinoises de l'époque mongole", *T'oung Pao*, sér.2, 9, 1908, planche 27. 那么碑文的书写地点当为"忽察秃因纳堡"。纳堡即纳钵，为元代君主往来两都的驻跸之地。忽察秃为两都西路上的一处重要纳钵，元武宗曾在此地附近建设中都。在元代文献中此地又称旺兀察都，位于今河北省张北县境。忽察秃的含意是"有山羊处"，可还原为 Qučatu。详见贾敬颜《五代宋金元人边疆行记十三种疏证稿》，中华书局，2004 年，第 369 页。据此，辉县颐真宫圣旨末尾的地名当为 Qučatu yin nabo，yin 是蒙古语表示领属的格助词，通常并不译出，而辉县颐真宫圣旨却全部音写为"忽察秃因纳堡"，与译写体例不合。

[②] 《元史》卷一〇一《兵志四》"鹰房捕猎"，中华书局，1976 年，第 2599 页。

[③] 柳林春猎有时会提前到一月或推迟到三月开始，但通常是在二月。偶尔也有皇帝临时取消柳林狩猎的情况，不过极为少见。关于柳林春猎的时间，《元史》等史料有大量记载，兹不具引。

[④] 史为乐主编《中国历史地名大辞典》，中国社会科学出版社，2005 年，第 1835 页。邱树森主编《元史辞典》更将柳林的地点进一步确定为北京通州南中堡屯北，见《元史辞典》，山东教育出版社，2002 年，第 574 页。

二千七百"①。元人文集也证实当地柳树成林的景观。程钜夫《程雪楼文集》卷八《太原宋氏先德之碑》:②

> 〔至元〕二十四年,〔宋超〕转将仕佐郎、大都医学教授。距辞亲时十载,既而名闻禁中,方用,丁文康忧,居丧一准于礼。有旨起直尚方,赐以居宅。俾视太师及公主疾,愈,赐衣钞。扈跸柳林,上顾林木不怿,隐几而卧,问侍臣以枯悴故。历十余人皆不惬,独对曰:"柳,水木也。往者河经林间,土润木荣,今河徙益远故耳。"上悦,矍然起坐,称善者久之。

前引文字说明,世祖选择柳林作为皇家猎场之时,当地生长着大量柳树。春猎开始后,在柳林会搭建起皇帝专用的奢华金帐。《庙学典礼》收录了一道至元二十四年(1287年)二月十五日圣旨,当时君臣议事的地点是"柳林里阿勒坦察察尔"③。王颋教授已准确指出,"阿勒坦察察尔"为蒙古语,意为"金帐"。在《元朝秘史》第275节分别出现了阿勒坛(altan)、察赤儿(čačir)两个词。④据此可知,至元二十四年忽必烈在柳林的住所仍是宫帐,而非宫殿式建筑。

柳林狩猎是元朝帝王的一项重要活动,不少重大历史事件曾在柳林发生。南开大学李治安教授将有专文研究柳林狩猎,此不赘。⑤

柏林寺圣旨写毕于"猴儿年二月十五日",即元成宗元贞二年的二月十五日。《元史·成宗纪》只记载他元贞二年三月赴上都,⑥未记载他是否在二月到柳林行猎。但是,按元朝的惯例,除非有重大变故,皇帝此时必在柳林

---

① 《元史》,第630页。同事又见《元史》卷五〇《五行志一》:至治三年五月,"大风雨雹,拔柳林行宫大木。""至治三年五月庚已,柳林行宫大木风拔三千七百株。"见《元史》,第1063、1067页。后一记载数字较《本纪》多一千株,二者必有一误。
② 《程雪楼文集》卷八,《元代珍本文集汇刊》影印明洪武本,台湾"中央图书馆",1970年,第347页。
③ 《庙学典礼》卷二《左丞叶李奏立太学设提举司及路教迁转格例儒户免差》,王颋点校,浙江古籍出版社,1992年,第28页。
④ 《庙学典礼》,第48页王颋校记。按,"察察尔"在《蒙古秘史》中写为"察赤儿",释义为"帐子"。参看阿尔达扎布《新译集注〈蒙古秘史〉》,内蒙古大学出版社,2005年,第718、814页。
⑤ 李治安《关于元大都城郊的柳林行宫春猎》,论文提要见《纪念元大都国际学术研讨会会议手册》,2009年7月,第5—6页。
⑥ 《元史》卷一九《成宗纪二》,第403页。

狩猎无疑。苏天爵《滋溪文稿》卷二三《元故参知政事王宪穆公行状》记载王忱至元三十年拜广西道廉访使，"以疾辞。元贞二年，改使河东"；"改河东，成宗方畋柳林，召诣行宫，抚慰优渥"。①《国朝文类》卷六八字术鲁翀撰《参知政事王公神道碑》记同一事："成宗皇帝即位，元贞二年春使〔王忱〕宪河东，召见柳林，抚慰优渥。"②据此，元贞二年春成宗照常在柳林行猎。那么，柏林寺圣旨中的"戏出秃"（hičetü"有柳树之地"）应是柳林。

通过以上分析，我们初步确定了"戏出秃"的词义和地理位置，同时，还了解到元朝皇家猎场"柳林"在元代的蒙古语称谓。流传至今的元代蒙文圣旨，若写于柳林，汉译时绝大部分使用汉文名称"柳林"。写出它的蒙文名称"戏出秃"（hičetü）的，似仅此猴儿年赵县柏林寺圣旨。

杰出的法国学者伯希和（Paul Pelliot）在研究《元史》时曾敏锐地注意到《元史·兵志三》"马政"中的地名"希彻秃"③。他认为，此处的"希彻秃"可以还原为蒙古语词"hičătü"，意为"有柳树的地方"（the Place of Willows），该词来源于 hičäsün，在蒙古书面语中写为 ičäsün。伯希和指出，《元史》此处的"希彻秃"很可能是"柳林"的蒙古语名称。④"戏出秃"与"希彻秃"读音相近，这两个词都是对同一个蒙古语词 hičetü 的不同音写。尽管《元史》此处提到的"希彻秃"并非大都附近的柳林（详下），但伯希和的还原和释义仍极富洞见。

二、哈黑义磨

山东省济南市长清区灵岩寺立有元代圣旨碑一通，上刻汉译元朝圣旨两道。由于石碑下部残损约四分之一，刻在碑下半部分的第二道圣旨遗失了下端的若干文字，留给今人的是一个残缺的文本。长期以来，这两道圣旨

---

① 《滋溪文稿》，陈高华、孟繁清点校，中华书局，1997 年，第 378、380 页。

② 苏天爵编《国朝文类》卷六八，《四部丛刊》本，叶二三 a。

③ 《元史》卷一〇〇《兵志三》"马政"，第 2555—2556 页。

④ Paul Pelliot, *Notes on Marco Polo*, Book Ⅰ, Paris: Imprimerie Nationale, 1959，p.118.伯希和转写蒙古语时，习惯用 ä 来表示前元音 e，hičătü 相当于 hičetü。

没有得到研究者的关注。1999年出版的《灵岩寺》一书,在附录中收有这两道圣旨的录文。自此,学界对这两道圣旨有了全面了解。①不过,该书录文在文字和标点方面均有瑕疵。日本学者舩田善之博士对灵岩寺现存的残碑作了实地调查,重新辨识了碑上文字,纠正了《灵岩寺》录文、标点的若干错误。本文要探讨的地名见于第二道圣旨,现依据舩田博士的录文,将现存的碑文残文抄录于下。②笔者根据文意给圣旨文字分了段落,省略了圣旨固有的抬头格式,〇内为舩田博士的补字:

长生天气力里,大福荫护助里皇帝圣旨:

管军的官人每根底、军人〔每〕(下阙)赤官人每根底、来往的使臣〔每〕宣谕的圣旨:

成吉思皇帝的、越阙台皇帝的、薛〔禅〕(下阙)也里可温每、先生每,不拣甚(下阙)天祝寿者。么道。如今依着在先圣旨体例里,不拣甚么差发休着,告天祝寿者么道。泰安州长清县灵岩〔禅〕(下阙)桂庵长老根底执把着行的圣旨与了也。这的每寺院里房舍里,使(下阙)应休拿者,税粮休与者。寺里休(下阙)者。不拣阿谁占了的田地,回与(下阙)园林、碾磨、竹苇、山场、解典库、浴〔堂〕(下阙)甚么休要者。

更这桂庵长老道(下阙)圣旨么道,无体例勾当休做者。做呵,不(下阙)。

圣旨俺的。　　　宝

羊儿年二月十三日,哈黑义磨(下阙)。

根据圣旨中提到的薛禅皇帝和灵岩寺桂庵长老的生平,《灵岩寺》的编者和舩田善之把此处的羊儿年判定为元成宗元贞元年(乙未年,公元1295年)。③

依照元代圣旨通行的体例,此处的"哈黑义磨"必然是书写圣旨地点的名称或名称的一部分。由于碑石残损,我们不知道"哈黑义磨"之后究竟写

---

①　王荣玉等主编《灵岩寺》,文物出版社,1999年,第106—107页。

②　舩田善之《蒙文直譯体の展開——〈靈巖寺聖旨碑〉の事例研究》,《内陸アジア史研究》第22号,2007年3月,第6页。

③　王荣玉等主编《灵岩寺》,第107页;舩田善之《蒙文直譯体の展開——〈靈巖寺聖旨碑〉の事例研究》,《内陸アジア史研究》第22号,第14页。

的是什么。但是,基于本文第一节的分析思路,我们可以利用元代文献,推测这个地名的完整名称和大体位置。

上文提到,元朝皇帝通常在每年二月间到柳林狩猎。羊儿年是元成宗元贞元年。《元史·成宗纪》只记载这一年的二月丁酉"车驾幸上都"①。二月丁酉为二月二十二日。②在元代,除非有重大事变,皇帝一般不会取消柳林春猎。那么,二月十三日前后,成宗应在柳林一带打猎。因此,"哈黑义磨"应在柳林附近寻找。

关于世祖春季的狩猎活动,《马可·波罗行纪》为我们留下了最丰富、最全面的记载。我们尝试在《马可·波罗行纪》中寻找线索。关于世祖忽必烈的春猎,《马可·波罗行纪》写道:③

> 君主驻跸于其都城,逾阳历 12 月、1 月、2 月共三阅月后,阳历 3 月初即从都城首途南下,至于海洋,④其距离有二日程。行时携打捕鹰人万人,海青五百头,鹰鹞及他种飞禽甚众,亦有苍鹰,皆备沿诸河流行猎之用。(中略)君主由此路径赴海洋,其地距其汗八里都城有二日程,沿途景物甚丽,世界赏心娱目之事无逾此者。(中略)前行久之,抵于一地,名称火奇牙儿末敦(Cacciar Modun),⑤其行帐及其诸子、诸臣、诸友、诸妇之行帐在焉。都有万帐,皆甚富丽,其帐之如何布置,后此言之。其用以设大朝会之帐,甚广大,足容千人而有余。帐门南向,诸男爵、骑尉班列于其中。西向有一帐,与此帐相接,大汗居焉。如欲召对某人时,则遣人导入此处。大帐之后,有一小室,乃大汗寝所。此外尚有别帐、别室,然不与大帐相接。

---

① 《元史》卷一八《成宗纪一》,第 391 页。

② 洪金富《辽宋夏金元五朝日历》,台湾"中研院"史语所,2004 年,第 397 页。

③ 冯承钧汉译本《马可波罗行纪》,河北人民出版社,1999 年,第 348、351—352 页。

④ 此处的海洋疑指湖泊。春季行猎之地距离大都只有两天的路程,它应位于今北京通州区界内,距离海洋尚远。元代汉语多称大湖为"海子""海",今日北京城内的北海、中南海、什刹海等湖泊称谓,即来源于此。马可·波罗所说的"海洋"似应从这个角度来理解。

⑤ 冯承钧汉译本《马可波罗行纪》第 352 页,此处地名为 Cocciar Modun。伯希和详细征引了该词在《马可·波罗行纪》各主要抄本中的书写形式,前一个单词第一音节的元音均为 a,此处的 o 疑为印刷错误。详见前引 Paul Pelliot, *Notes on Marco Polo*, p.116。

根据伯希和的研究,Cacciar Modun 实为蒙古语词 γaqča modun。在《马可·波罗行纪》中,元音 a 之前的词首 c 多表示舌根音 q、k、γ、g、h;①词中的-cc-常表示-qč-的发音,而词尾的-r 是传抄时误增的衍文。伯希和列出了该词在《马可·波罗行纪》不同抄本中的书写形式,词前半部分的写法包括 cacciar、caczar、cacia、cazia、chaccia、chaz、cachar 等。伯希和认为,该词最可取的书写形式为 caccia modun。它对应的蒙古语 γaqča modun 意为"单独的树""独树""孤树"。早在 1920 年,伯希和就从《元史》中发掘出与 Caccia Modun 近似的珍贵资料。前引《元史·兵志三》"马政"中提到了地名"哈察木敦"。伯希和评论说:这个"哈察木敦"与 Caccia Modun 都是对同一个蒙古语词的不同音写。"木敦"可还原为 mudun,相当于蒙古语词 modun(今音 modon),意为"树"。蒙古语词第一音节中的 o 与 u 在汉文转写时,并不作清晰的区分。"哈察"则是 γaqča,意为"独立的""孤单的"。"哈察木敦"的含义就是"独树"。②13 世纪蒙古语词首带舌根塞音 γ 的音节 γa 词常用"哈"来音写,而音节末尾的辅音-q 在用汉字音写时常被省略。用"哈察"译写 γaqča 符合当时的实际语音和译写惯例。这样看来,蒙古语词 γaqča modun 在元代至少有 Caccia Modun、哈察木敦等不同的记音方法。③

Caccia Modun 意为"独树"。位于原野之上孤立的树木在蒙古文化中具有丰富的象征意义,常被作为自然崇拜的对象。④据《史集》记载,成吉思汗选定自己的墓地,就是由于他喜爱当地的一棵独树。⑤元世祖忽必烈的大帐设置在名为 Caccia Modun 的地方,应不是偶然的。虽然我们目前还不知道它

---

① 如海都 Caidu、汗八里 Cambaluc、哈里发 Calif、哈剌和林 Caracorum、哈剌沐涟 Caramoran、贵由 Cui,类似的例子很多,不具引。

② Paul Pelliot, *Notes on Marco Polo*, pp.116-117.

③ 词的前半部分 γaqča 也可转写为 γaγča,见内蒙古大学蒙古学研究院蒙古语文研究所编《蒙汉词典》,内蒙古大学出版社,1999 年增订版,第 738 页。

④ 色·斯钦巴图《阿尔泰语民族树木崇拜概略》,《新疆师范大学学报》1991 年第 1 期,第 21—26 页,特别是第 24 页。

⑤ 《史集》写道:"有一次成吉思汗出去打猎,有个地方长着一棵孤树。他在树下下了马,在那里心情喜悦。他遂说道:'这个地方做我的墓地倒挺合适! 在这里做上个记号吧!'"见拉施特主编《史集》第 1 卷第 2 分册,余大钧、周建奇汉译本,商务印书馆,1986 年,第 322—323 页。

的准确位置,但它必定在柳林附近,即今北京通州区的东南部。①

《马可·波罗行纪》的 Caccia Modun、《元史》的"哈察木敦"(γaqča mo-dun)应当就是灵岩寺圣旨中的"哈黑义磨",但是,"哈黑义磨"这个写法既有错误,又有阙文(石碑已残)。第一,"义"字当为"叉"字,用来译写蒙语的 ča 音节。在古代文书抄本和碑刻中,"叉"字很容易误写、误刻为"义"。此处误"叉"为"义"并不是罕见的现象。第二,"磨"字的后面当有一个汉字译写"-dun"音,本文拟用"敦"字表示。经过改错和补字之后,灵岩寺羊儿年圣旨的书写地点当为"哈黑叉磨〔敦〕"。与"哈察木敦"写法不同的是,γaqča 第一音节末的-q 用"黑"字写出。"哈黑叉磨〔敦〕"这一音写形式恰当地记录了蒙古语的读音。这样,我们可以尝试把灵岩寺羊儿年圣旨的蒙古文原文重构为 qonin jil qabur un dumdadu sara yin arban γurban a γaqča modun da büküi dür bičibei,可译作"羊儿年二月十三日,哈黑叉磨敦有时分写来"。

据《马可·波罗行纪》,Caccia Modun 行宫实际上是元世祖忽必烈出猎时的大斡耳朵,是春季皇家狩猎活动的大本营,在整个猎场具有举足轻重的地位。灵岩寺羊儿年圣旨就是在这里写毕颁发的。

《马可·波罗行纪》详细记载了 Caccia Modun 大汗宫帐的陈设装饰以及大帐周围的帐幕聚落:②

> 每帐以三木柱承之,辅以梁木,饰以美丽狮皮。皮有黑白朱色斑纹,风雨不足毁之。此二大帐及寝所外,亦覆以斑纹狮皮。③帐内则满布银鼠皮及貂皮,是为价值最贵而最美丽之两种皮革。盖貂袍一袭价值金钱(livre d'or)二千,至少亦值金钱一千,鞑靼人名之曰"毛皮之王"。帐中皆以此两种皮毛覆之,布置之巧,颇悦心目。凡系帐之绳,皆是丝

---

① 笔者在注释《马可·波罗行纪》时,错误地推测 Cocciar Modun 行宫"似当在上都一带",见前引冯承钧汉译本《马可波罗行纪》第 352 页注释 1。这是错误的,应当改正。

② 冯承钧汉译本《马可波罗行纪》,第 352—353 页。

③ 此处的"狮皮"应是虎豹之皮。马可·波罗常用波斯语的 shir 表示"虎"。在波斯语中,虎和狮同用这一个词,根据语境的不同,表示不同的含义。见邵循正《语言与历史——附论〈马可·波罗游记〉的史料价值》,《邵循正历史论文集》,北京大学出版社,1985 年,第 115 页。(编者按:已收入本书。)法国学者沙海昂(A. J. H. Charignon)在注释《马可·波罗行纪》时已经指出,这里的狮"显是虎豹"。见冯承钧汉译本《马可波罗行纪》,第 355 页。

绳。总之,此二帐及寝所价值之巨,非一国王所能购置者也。此种帐幕之周围,别有他帐亦美,或储大汗之兵器,或居扈从之人员。此外尚有他帐,鹰隼及主其事者居焉。由是此地帐幕之多,竟至不可思议。人员之众,及逐日由各地来此者之多,竟似大城一所。盖其地有医师、星者、打捕鹰人及其他有裨于此周密人口之营业。而依俗各人皆携其家属俱往也。

世祖忽必烈留驻在 Caccia Modun 行宫,终日行猎,直到临近前往上都的行期,才返回大都。《马可·波罗行纪》记载:①

> 大汗居此迄于(复活节)之第一夜。当其居此之时,除在周围湖川游猎外,别无他事。其地湖川甚多,风景甚美,饶有鹤、天鹅及种种禽鸟。周围之人亦时时行猎,逐日献种种猎物无算。丰饶之极,其乐无涯,未目击者绝不信有此事也。(中略)大汗居留此距海不远之地,自阳历3月迄于阳历5月半间,②然后携其一切扈从之人,重循来道,还其契丹都城汗八里。

既然元朝皇帝春季狩猎最重要的宫帐在哈黑叉磨〔敦〕(独树),那么,它和戏出秃(柳林)之间是怎样的关系呢?笔者认为,戏出秃并不能包含或替代哈黑叉磨〔敦〕。从地名、植被来看,两地有迥然不同的特征。灵岩寺羊儿年圣旨中的"哈黑叉磨〔敦〕"、柏林寺猴儿年圣旨中的"戏出秃"应当是圣旨写毕的确切地点,并非一地。不过,考虑到元朝皇帝春季狩猎的范围和行程,两地的距离应是相当接近的。哈黑叉磨〔敦〕应位于广义的柳林大猎区之内。

Caccia Modun 与灵岩寺圣旨碑"哈黑叉磨〔敦〕"的互证,无疑凸显了《马可·波罗行纪》珍贵的史料价值。据笔者所知,在《马可·波罗行纪》成书七百年来,对忽必烈 Caccia Modun 行宫的记载,不见于任何其他文献。灵岩寺圣旨残碑的发现,使得东、西史料可以互相印证。通过地名勘同,我们对

---

① 冯承钧汉译本《马可波罗行纪》,第353页。

② 阳历5月半已到阴历的四月,一般说来,元朝皇帝此时已在上都。从京郊春猎之地返回大都,不会迟至此时,疑误。

《马可·波罗行纪》记事的准确性有了新的认识。它关于柳林狩猎和 Caccia Modun 行宫的记载,以其丰富的记事细节和准确的标音,为我们提供了关于元代历史的鲜活记录。如果没有《马可·波罗行纪》的这些记载,我们很难复原"哈黑义磨"的本来面貌并推测它的大体方位。另一方面,如果没有灵岩寺圣旨碑的残缺地名,马可·波罗关于 Caccia Modun 行宫的叙述也许会被人视为别无旁证的一家之言。东、西史料的勘同使我们了解到:马可·波罗关于元世祖忽必烈 Caccia Modun 春猎的记载是准确的;马可·波罗不但了解忽必烈日常活动的细节,还有着惊人的观察力和记忆力。

三、余 论

伯希和认为,《元史·兵志三》"马政"中的牧场"希彻秃"(hičetü)和"哈察木敦"(γaqča modun)指的就是大都远郊的柳林和独树(Caccia Modun)。此论似未安。

为了清楚起见,下面把《元史》的相关文字完整引出:

> 凡御位下、正宫位下、随朝诸色目人员,甘肃、土番、耽罗、云南、占城、芦州、河西、亦奚卜薛、和林、斡难、怯鲁连、阿剌忽马乞、哈剌木连、亦乞里思、亦思浑察、成海、阿察脱不罕、折连怯呆儿等处草地,内及江南、腹里诸处,应有系官孳生马、牛、驼、骡、羊点数之处,一十四道牧地,各千户、百户等名目如左:(中略)

> 一、哈剌木连等处御位下:阿失温忽都地八都儿。希彻秃地吉儿觯。哈察木敦。火石脑儿哈塔、咬罗海牙、撒的。换撒里真按赤哈答。须知忽都哈剌赤别乞。军脑儿哈剌赤火罗思。玉龙黏彻。云内州拙里牙赤昌罕。察罕脑儿欠昔思。棠树儿安鲁罕。石头山秃忽鲁。牙不罕你里温脱脱木儿。开成路黑水河不花。[①]

早在 1920 年,伯希和就注意到这段史料,认为此处的"哈察木敦"可以和《马可·波罗行纪》中的 Caccia Modun 勘同。法国汉学家高第(Cordier)完全接

---

① 《元史》卷一〇〇《兵志三》"马政",第 2555—2556 页。

受了伯希和的看法,并写入他对《马可·波罗行纪》的注释之中。①法国学者
沙海昂(A. J. H. Charignon)在注释《马可·波罗行纪》时提出了不同看法:
《元史·兵志三》"马政"中的"哈察木敦"应在黄河(即文中的"哈剌木连")附
近的"河套之北",不可能在大都远郊。②伯希和坚持己见,认为虽然这些地名
都开列在"哈剌木连等处御位下",但并不都在黄河附近。伯希和举出的例
子是"军脑儿"。他将该词构拟为 Gün-nōr,在蒙古语中意为"深的湖泊"。伯
希和认为"军脑儿"就是《元史·宪宗纪》中的"君脑儿",位于漠北地区。既
然位于漠北的地点能列在哈剌木连御位下,那么,位于大都附近的"希彻秃"
"哈察木敦"置于此处,亦无不可。③

　　《元史·兵志三》"马政"中的"军脑儿"(Gün-nōr)从其含义可知,它只是
一个普通地名,并非宪宗蒙哥驻跸之地的专有名称。这种以标志性地物作
为地名的现象在蒙古地区非常普遍。深湖显然不是漠北地区所独有的,在
黄河附近若存在这样的湖泊,无疑可以使用该名称。类似的例子是《元史·
兵志三》"马政"中的"察罕脑儿"。元代有两个著名的察罕脑儿,一个位于今
河北沽源县,当地建有元朝皇帝的行宫;另一个位于今内蒙古乌审旗,当地
设有宣慰使司都元帅府。《元史·兵志三》"马政"中的"察罕脑儿"显然指的
是后者。④从"哈剌木连等处御位下"已知的地名来看,它们都在黄河附近,如
云内州治今内蒙古土默特左旗,察罕脑儿在内蒙古乌审旗,开成路治今宁夏
固原。⑤有的研究者把"希彻秃""哈察木敦"的地理位置比定为今内蒙古镶黄
旗东南翁格其高勒南黑沙图、内蒙古苏尼特右旗西北格日敖都西北。⑥虽
然我们不知道上述观点的具体依据,但从《元史》"哈剌木连等处御位下"的

---

① Cordier 的原文为:"*Cachar Modun* must be the place called *Ha-ch'a-mu-touen* in the *Yuan Shi*, ch. 100, f'. 2r. (PELLIOT.)."见 H. Cordier, *Ser Marco Polo*; *Notes and Addenda to Sir Henry Yule's Edition*, *Containing the Results of Recent Research and Discovery*, London: John Murray, 1920, p.70。

② 冯承钧汉译本《马可波罗行纪》,第 355 页注释 3。

③ Paul Pelliot, *Notes on Marco Polo*, p.118.

④ 参看周清澍《从察罕脑儿看元代的伊克昭盟地区》,《内蒙古大学学报》1978 年第 2 期;后收入
同作者《元蒙史札》,内蒙古大学出版社,2001 年,第 274—275 页。

⑤ 参看周清澍《从察罕脑儿看元代的伊克昭盟地区》,《元蒙史札》,第 275 页。

⑥ 《元史辞典》,第 393、593 页。

大前提来看,以上看法有其合理之处。

实际上,即使《元史·兵志三》"马政"中的"军脑儿"可以和蒙哥汗驻跸的"君脑儿"勘同,"哈剌木连等处御位下"能够包括漠北的牧场,也无助于证明"希彻秃""哈察木敦"就在大都附近。从元代史料来看,名为"哈察木敦"(独树)之地并非大都附近一处。王祎《王忠文公文集》卷一六《元故弘文辅道粹德真人王公碑》记载:

> 至元甲申,玄教大宗师开府张公之弟子陈真人义高为梁王文学,以事至杭,馆于四圣延祥观。见公(王寿衍)即器爱之,遂度为弟子,年甫十有五。从陈公至京师。乙酉,至上京,入见裕宗于东宫。陈公从梁王北行,公与之俱,止于哈察木敦,驱驰朔漠,备殚其勤。丙戌,还京师。[1]

陈义高在至元二十二年(乙酉)到上都,然后随梁王北行,"止于哈察木敦,驱驰朔漠",至元二十三年(丙戌)返回京师大都。显然此处的"哈察木敦"不在大都以南的柳林一带。

通过上例可知,元代的"希彻秃"和"哈察木敦"应是普通地名,并非元代大都附近的柳林、独树两地所专有。《元史·兵志三》"马政"中的"希彻秃"和"哈察木敦"当在哈剌木连(黄河)附近或更远的地区找寻。

(原载《清华元史》第 1 辑,2011 年,第 124—140 页。)

---

[1] 《王忠文公文集》,《北京图书馆古籍珍本丛刊》第 98 册,据嘉靖元年历城张氏刊本影印,书目文献出版社,1998 年,第 285 页。

三

马可·波罗
与中国北部

Marco Polo
and
North China

《马可·波罗游记》中的陕西地名及陕情记载

贾二强

　　元代来华的意大利旅行家马可·波罗在游历中国时曾行经陕西,在他的《游记》中翔实地记述了沿途的见闻。然而《马可·波罗游记》诸汉译本,包括最有影响的冯承钧译本《马可波罗行纪》([法]沙海昂注,商务印书馆,1936 年,以下称冯译本,引此本者只注页数)及新译本《马可波罗游记》(福建科学技术出版社,1981 年,以下称福建本)关于陕西地名的翻译,多互相牴牾,或含混不清。今试以《游记》本身记载为依据,参稽有关文献和近年的研究成果,对《游记》中的陕西地名作出尽可能合理的解释或推论,并据《游记》所记陕西风物,对《游记》内容的历史真实性略加论证。

一

　　约元世祖至元十四年至十七年(1277—1280 年)间,马可·波罗进行了在中国的首次游历。他从大都首途,经今河北、山西,渡黄河进入陕西境内。马可·波罗从何处渡河是弄清《游记》中陕西东部地名应首先解决的问题。《游记》记载,马可·波罗从"平阳府(今山西临汾市)发足。西向骑行二程,则见名贵堡寨该州(Caigiu)","离此堡后向西骑行约二十哩,有一大河名哈刺木连(蒙古语黑水的音译,指黄河)"(426、429 页)。其原注据《游记》所记方位里程及对音关系,认为只能当吉州(今山西吉县)。据此马可·波罗渡黄河处应为吉县附近的某渡口。按吉县与陕西宜川县间的黄河上虽有渡口,然"无大关梁,其一二津隘,不过濒河晋民布粟往来"[①],不通大路,故马可·波罗

① 吴炳纂修《宜川县志》卷二《关梁》,清乾隆十八年刊本。

247

从这里渡河的可能性甚微。据《游记》提示的前进方向,其渡河处应在下游。北与宜川接壤的陕西韩城县(今韩城市——编者注)境内有龙门渡和少梁渡,历史上即以地当要津兵家必争而著称。马可·波罗极可能从二者中位居上游的龙门渡即今连接秦晋的韩〔城〕河〔津〕公路黄河桥处西渡黄河而至陕西。

"渡此河后,向西骑行二日(福建本作三日),抵一名贵城市,名称哈强府(Caicianfu)。"(429页)关于此城,众译纷纭。福建本从英文本音译作开昌府显然不当,陕西东部从无名此之地。张星烺译《马哥孛罗游记》(商务印书馆,1937年,以下称张译本)作河中府亦误,元代河中府治在今山西永济县蒲州镇。冯译本原注曾予推论,疑为华山府(即华州,今华县〔即今渭南市华州区——编者注〕)或延安府(430、432页),此说也难以自通。若为华州,则与《游记》所述当地特征及道路里程相去甚远;若为延安,揆诸前进方向又不合。综合方位、里程及地名对音等因素,应认为此城即是郃阳(今陕西合阳)。郃阳县城位于韩城西南,距龙门渡约170华里,以马可·波罗在陕西东部日均行进里程计大致相符。据有关学者研究,《游记》中"c"音等于"č",即英语中的"ch",与西域语中的"kh"相通,可与汉语中的"h"互译。[1]又《游记》中他处的阳字原文多作"ian",故Caician应可对译为郃阳。至于fu之译作府则不必拘泥,因《游记》中的行政区划名称多有不确当处。

"离上述哈强府城后,向西骑行八日,……抵一大城,即……京兆府(Quengianfu)。"(431页)京兆府即今西安市。元初仍沿用金代京兆府旧名,至世祖至元十六年(1279年),始改称安西路总管府。福建本径译作西安府有违史实,西安之名起于明洪武二年(1369年)徐达进占关中后。冯承钧曾指出蒙古语尾之n增删无常,[2]因此Quengian即京兆的对音无疑。

"西行三日,沿途皆见有不少环墙之乡村及美丽平原。……行此三日毕,见有高山深谷,地属关中(Cuncun)州矣。"(435页)福建本亦作关中州,并附注"即陕西省"。此译不确。姑不论历史上从无关中州之名,就关于此地《游记》本身的记载,"州境全在山中,道路难行"(432页),亦断非关中之

---

[1] 邵循正《语言与历史》,《元史论丛》1982年第1辑。(编者按:已收入本书。)
[2] 《多桑蒙古史》首《译序》,中华书局,1962年。

地。此地应指今汉中地区。汉中全境多山,与《游记》所述地貌特征适相吻合。福建本此章题"契丹与蛮子的疆界"。《游记》将元朝疆域内原黄河流域金统治区皆称作契丹,而南宋统治下长江流域则称作蛮子。宋金绍兴和议议定,双方以淮河至大散关为界,马可·波罗称所经由的秦岭山地为契丹与蛮子的疆界,亦完全符合这一史实。可以论定,Cuncun 即是兴元的对音。此处应译作兴元府(路),张译本作汉中省尚大致不误。

历史上从关中逾秦岭至汉中有三条主要通道,即子午道、傥骆道和褒斜道。子午道北口在今西安之南,与《游记》所记行进方向相违,马可·波罗取此道的可能性不大。傥骆道在子午道西,其北口在今周至县西南,以《游记》记载的方位及其日均行程推算,马可·波罗似取此道。然此道经五代战乱后渐成荒塞,或《游记》此处记行程时间有误。褒斜道又位于傥骆道西,其北口在今眉县西南,此道的北段亦毁于五代,宋元时其起点已移至今宝鸡市西南的大散关,是宋代以后自关中南至汉中、四川的主要孔道,元代驿路即置于此。故马可·波罗极有可能取行此道。

"骑行关中(汉中)诸山,行二十日,抵一蛮子之州,名阿黑八里(Achba-lec)。"原注谓"只能当今汉中府也"。然又说"惟汉中府境不足以当大州之称,波罗指者,殆是利州路"(437—438 页)。利州路治所在今四川广元。《游记》记述该地"全处平原中,辖有环墙之城村甚众,隶属大汗。……此地出产生姜甚多,输往契丹全境,此州之人恃此而获大利。彼等收获麦、稻及其他诸谷,量多而价贱,缘土地肥沃,宜于一切种植也";"此平原广延二日程,风景甚丽。……行此二日毕,则见不少高山深谷丰林"(437 页)。据此观之,此地非汉中莫属。福建本此处译作汉中府,当是。阿黑八里本非汉语,"阿黑"为突厥语"白"之意,"八里"则是蒙古语的"城"(参见 423、336 页原注),此名若直译应为"白城子"。马可·波罗何以以此称汉中殊不可解,疑其得该名于同行的西域人或蒙古人,而阿黑八里或是这些人对某类城市的泛称,《游记》在记述山西境内某城市时也如此称之。

二

作为一位对中国人民抱有友好情感的西方人士,马可·波罗在其《游记》中如实地记述了他在中国的经历和见闻。以《游记》有关陕西的记载征诸文献及其他材料，绝大多数可以得到直接或间接的证明。

马可·波罗出身于商人，十分留意各地的物产，《游记》中以相当的篇幅记载了这一方面的内容。关于陕西东部一带，《游记》中写道："织造种种金锦不少。"（429页）"这一带盛产丝、生姜和许多药材，这些药材是我们所在的那个世界几乎不知道的。"（福建本135页）

上述诸物都是该地的传统产品。早在汉代即有关中"土宜姜芋"的说法。①《元和郡县图志》卷二《关内道》"同州贡赋"条载"开元贡：……绢、绵。元和贡：麝香、麻黄、地黄、蒺藜子"等。金元时，由于种种历史原因，黄河流域历史上盛极一时的蚕桑业已趋于衰落。②然而这仅是就一般情况而言，实际上在宋代以后，黄河流域某些地区的蚕桑业仍然维持着一定的规模。关中东部郃阳一带就是如此。据文献记载，至明代中叶，郃阳还种植着一定数量的桑树，绢、丝等仍是官府赋税征收的重要内容。③郃阳县的蚕桑业生产一直延续至现代，如今合阳县南黑池镇西休村前几年还在大量养蚕，当地金水沟沿岸尚有成片桑林。马可·波罗关于关中东部丝织业的记述应是可信的。

《游记》中特别提到了汉中一带生姜生产的情况。在元代，汉中确是生姜的集中产地，为全国唯一需纳姜课的地区。④又据《本草纲目·菜部》卷二六记载，生姜"处处有之，以汉、温、池州者为良"。方志中也有相同的记载。⑤

马可·波罗是一个虔诚的天主教徒，所以他也十分注意各地的宗教分布。据《游记》记述，当时陕西的居民主要信奉偶像（即佛教），"此外有少数突厥人，奉聂斯脱里派基督教"（张译本225页）。聂斯脱里派（即景教）在唐贞观年间传入中国，《大秦景教流行中国碑》就是该教的遗物。唐后期动乱，该教派在中国销声匿迹。蒙古大军西征，东西方陆上交通随之发达，聂斯脱里派重新传入中国。然而有关该教派在陕西活动情况的文献材料如凤毛麟

---

① 《汉书》卷六五《东方朔传》。
② 史念海《黄河流域蚕桑事业盛衰的变迁》，《河山集》，生活·读书·新知三联书店，1963年，第253—279页。
③ 孙景烈纂修《郃阳县全志》卷二《田赋》，清乾隆三十四年刻本。
④ 见《元史》卷九四《食货》"额外课"条。
⑤ 沈青崖等纂修《陕西通志》卷四三《物产》，清雍正十三年刻本。

角,《游记》中的记述,虽仅寥寥数语,亦足珍贵。以元代文献的片断记载及金石材料参证之,尚可勾画出该教在陕西活动的大致轮廓。《大元通制条格》卷二九《僧道》"商税地税"条载元大德四年(1300年)的一道诏令,言及陕西等省的也里可温(元代对基督教的称呼,详见陈垣《元也里可温教考》,《陈垣史学论著选》,上海人民出版社,1981年)及其他宗教的僧侣和教徒等利用免税特权夹带商人逃漏商税之事。此外,在陕西关中一些地方尚保存着提到也里可温名称的元代碑刻。①

马可·波罗以赞叹的语气描述了他所见到的元安西王府城:"城外有王宫,即上述大汗(忽必烈)子忙哥剌之居也。宫甚壮丽,在一大平原中,周围有川湖泉水不少,高大墙垣环之,周围约五哩。墙内即此王宫所在,其壮丽之甚,布置之佳,罕有与比。宫内有美丽殿屋不少,皆以金绘饰。"(431页)安西王忙哥剌《新元史》及《蒙兀儿史记》有传。元安西王宫亦见诸我国古代文献,元李好文《长安志图》卷上《奉元城图》及《城南名胜古迹图》在城外东北方向俱标出"安西故宫"。《元史》卷一六三《赵炳传》载:至元九年(1272年),"授炳京兆路总管兼府尹。皇子安西王开府于秦,诏治宫室,悉听炳裁制"。《元史》卷七《世祖纪》、卷一〇八《诸王表》亦提及忙哥剌受封及建造宫室之事。而关于安西王宫最详细的文字资料,则无过于《游记》的这段记载了。《游记》的记载,已得到考古材料的证实。在今西安城东北约三公里的秦孟街之北,东距浐河两公里处,有一古城遗址,即元安西王宫故址。当地居民称之为达王殿,又称斡尔朵。达王殿之名无疑来自古代汉族对北方游牧民族鞑靼的称呼,而斡尔朵则是蒙语宫廷之意。1957年春,中国科学院考古研究所对这处城址进行了勘查。其城垣周长2282米,平面呈南北略长的长方形。城中央有一颇具规模的夯土台基,高出地面约2至3米,台基上散布着大量砖块和黄琉璃瓦残片,应是宫殿基址。②据夏鼐先生研究,这座宫殿的形制可能像故宫的三大殿,其台基规模尚大于元大都大明殿。③可以看出,《游记》的记载除个别数字有误(如城垣五哩显系五里之误)外,是相当真实的。

---

① 见蔡美彪《元代白话碑集录》,科学出版社,1955年。
② 马得志《西安元代安西王府勘查记》,《考古》1960年第5期。
③ 《元安西王府址和阿拉伯数码幻方》,《考古》1960年第5期。

《游记》中还写道:安西王忙哥剌"善治其国,颇受人民爱戴"(432页)。不能认为这纯属溢美之辞,因为在我国史料中于此也有所反映。据《元史·赵炳传》记载:"王府吏卒横暴扰民者,〔炳〕即建白〔安西王〕绳以法。王命之曰:'后有犯者勿复启,请若自处之。'自是豪猾敛戢,秦民以安。有旨以解州盐赋给王府经费,岁久积逋二十余万缗,有司追理,仅获三之一,民已不堪。炳密启王曰:'十年之逋,责偿一日,其孰能堪!与其哀敛病民,孰若惠泽加于民乎!'王善其言,遽命免征。会王北伐,诏以京兆一年之赋充军资。炳复请曰:'所征逋课,足佐军用,可贷岁赋,以苏民力。'令下,秦民大悦。"元世祖时期,为了适应统治需要,曾大力推行所谓"汉法",改变蒙古族以往落后的统治方式。在这种背景下,其子忙哥剌采纳汉族士人的建议,实行一些减轻人民负担、有利恢复发展生产的措施本无足为奇,所谓"善治其国",无非如此而已。

(原载《陕西师大学报》1986年第3期,第89—92页,收入本集时作者有改动。)

宋元时期的敦煌葬俗

——《马可·波罗游记》中的一段史料

霍　巍

　　《马可·波罗游记》(下简称《游记》)广泛涉及宋元时期我国社会生活的各个方面,其中详细地记载了唐古忒省沙州城(敦煌)一带所见丧葬仪式的全部过程。这段史料不仅对了解当时敦煌的民情风俗,而且对考察宋元时期丧葬礼俗的变化,都是弥足珍贵的资料。

　　下面,我们试将《游记》中宋元时期敦煌葬俗的记载加以解析(据福建科学技术出版社 1981 年中译本),可看出当时丧葬仪式的主要程序和内容。

一、殡　丧

　　即死者遗体停柩地面、供生者设奠祭祀哀悼、等待选择时日入葬的阶段。《游记》记载:"他们要求遗体停柩一周或一周以上,有时甚至必须半年之后,才能安葬入土。"我国古代丧仪中,殡丧期的长短,由于各种因素的影响,各个时期有所不同。宋人司马光《司马氏书仪》卷七《丧仪三》载:"古者天子七月,诸侯五月,大夫三月,士逾月而葬,盖以会葬者远近有差,不得不然也。然礼文多云三月而葬,盖举其中制而言之。今五服年月,敕王公以下,皆三月而葬。"然《游记》云宋元时期沙州居民的殡丧期最长可达半年以上,则是"死者亲属为了趋吉避凶,除非星占学家择定的日期,否则决不敢随意殡葬死者",显然这是受了当时迷信选择葬日风俗的影响,这一点,我们在后文将详加讨论。

二、殓　尸

即将死者遗体加以衣衾包裹之后装殓入棺。《游记》记载:"为了防止尸体腐烂,他们用厚度十厘米的木板,为死者制作一副棺材,它像一个长方形的大木箱,制作得十分坚固,木箱外表面涂上一层油漆,接缝处填上沥青和石灰的混合物,然后把整个尸体用绸布包扎起来,放进棺材里面,撒上大量的香树胶、樟脑和其它药物。"这反映出尸体装殓,十分注意防腐措施,包括如下细节:

1. 把尸体包裹绑扎。这在我国古代葬仪中是重要的程序。《仪礼》《礼记》等古代典籍中,曾有若干关于先秦时期死者穿戴和衣衾包扎的具体规定。至迟在汉代,人们已经认识到这是有助于保护尸体的。如《汉书·杨王孙传》载:"裹以币帛,鬲以棺椁,肢体络束,口含玉石,欲化不得,郁为枯腊。"宋以来,殓尸这一程序中含有更多的这方面的内容。如《司马氏书仪》卷五"小敛"条载:"死之明日小敛,又明日大敛……束以绞衾,韬以衾冒,皆所以保其肌体也。"这已明确指出这种做法的目的在于保护尸体。

《游记》记载死者的尸体要用"绸布包扎起来",考古发掘材料中有不少实例可与之印证。如 1973 年 10 月,湖南衡阳何家皂一座宋墓中,曾出土一具保存完好的男尸,尸体周身包裹有近二百件丝麻织物。并出土一件长 27、宽 6 厘米的双层筒状扎带。[1]福州发现的一座南宋墓,墓主黄昇的尸体用夹被包裹,外绑丝带,交错打结略如网状。这也是当时的一种殓尸方式。[2]再如浙江海宁发现的元代贾椿墓,尸体也是用层层布片包裹,再用麻布条扎紧。[3]可见包裹绑扎的习俗在当时颇为流行。

2. 讲究葬具的坚固耐久。上述文字还反映出当时葬具的制作十分讲究。棺材用厚重的木板制作,厚度可达 10 厘米以上。这并非马可·波罗随意估计的。考古发现的宋元时期墓葬出土的大量棺椁木材,鉴定分析资料

---

① 《浅谈衡阳何家皂北宋墓纺织品》,《文物》1984 年第 12 期。

② 福建省博物馆编《福州南宋黄昇墓》,文物出版社,1980 年。

③ 《浙江海宁元代贾椿墓》,《文物》1982 年第 2 期。

表明,许多棺材采用了厚重或整块的优质木料,厚度均在 10 厘米以上。①宋人徐积对这种风俗持有异议,认为:"葬欲其速朽,欲体魄早归于土也,故棺不贵厚。近世用厚木,使体魄隔绝数十年不朽,非礼也。"②这从反面印证了当时这种风俗的盛行,还明白指出目的在于使尸体不朽。

棺木拼合严密,除表面髹漆外,接缝处还填塞"沥青和石灰的混合物"。马可·波罗所说的沥青,实际上是我们今天所说的松香,宋代称为松脂或沥青,明代李时珍《本草纲目》方称松香。

从考古材料看,这种以松脂(香)填塞棺椁的做法,最早在春秋战国时期,③但并不普遍,直到宋元时期,始为流行。《二程全集》"记葬用柏棺事"记载:"因观杂书,有松脂入地,千年为茯苓,万年为琥珀之说,疑物莫久于此,遂以柏为棺而涂以松脂……"考古发现这个阶段墓葬中也多有实例。福州南宋黄昇墓、安徽元代范文虎夫妇墓④以及成都、长沙等地出土的许多南宋墓葬,都用松香填塞灌注棺椁。⑤这种做法,在于增强葬具的密封性,防止空气、昆虫及微生物等钻入棺内,同时起到防潮御湿的作用。至于《游记》所说沥青须同石灰混合使用,按宋人高闶的意见:"伊川先生谓棺之合缝以松脂,涂之则缝固而木坚……松脂与木性相入而又利水,盖今人所谓沥青者是也。须以少蚌粉、黄腊、清油合煎之,乃可用,不然则裂矣。"⑥

3. 在棺内放置香料和药物以防腐。《游记》记载,尸体殓入棺内之后,要"撒上大量的香树胶、樟脑和其它药物"。

我国古史中,有以香药置棺中防腐的零星记载,如《水经·沔水注》:

---

① 参见《江苏金坛南宋周瑀墓发掘简报》,《文物》1977 年第 7 期;《北京市房山县发现石椁墓》,《文物》1977 年第 6 期;《浙江嘉善发现宋墓及带壁画的明墓》,《文物参考资料》1954 年第 10 期;《江苏淮安宋代壁画墓》,《文物》1960 年第 8—9 期合刊;《山东嘉祥元曹元用墓清理简报》,《考古》1983 年第 9 期;《邹县元代李裕庵墓清理简报》,《文物》1978 年第 4 期。

② 徐积《节孝先生集礼》,徐乾学《读礼通考》卷八四引。

③ 《河北怀来北辛堡战国墓》,《考古》1966 年第 5 期。

④ 《安庆市棋盘山发现的元墓介绍》,《文物参考资料》1957 年第 5 期。

⑤ 参见《长沙市近郊杨家山发现南宋墓》,《考古》1961 年第 3 期;《成都跳蹬河发现宋代墓葬》,《考古通讯》1956 年第 6 期;《成都市郊的宋墓》,《文物参考资料》1956 年第 6 期;《略谈成都近郊五代至南宋的墓葬形制》,《考古》1959 年第 4 期。

⑥ 《二程文集》卷一〇"记葬用柏棺事"条注引。

"〔襄阳〕城东门外二百步刘表墓,太康中为人所发,见表夫妻,其尸俨然,颜色不异,犹如平生,墓中香气,远闻三四里中,经月不歇。"卢弼《三国志集解》转引《述征记》载此事则进而言之:"表子琮捣四方珍香数十斛著棺中,苏合消疾之香毕备。"但是,考古材料很少有宋元以前的,宋元时期的材料越来越多。湖南何家皂宋墓出土的那具男尸,就浸泡在一种有香气的褐色液体中;山东邹县的元代李裕庵墓,棺椁内有一种棕红色的液体,"散发出非常浓郁的特殊香味",这具尸体周围填塞素绸包裹的长方形小包,内装药材。①这些香料和药物很难确指。马可·波罗第一次指出主要是香树胶、樟脑,后来出土明代的一些古尸的棺材中,的确发现过檀香、乳香、沉香、丁香等香树胶以及樟脑。②

三、设　奠

《游记》指出:"一般在家中停灵时期,灵前的供桌上,每日必须陈列面食、酒和其它食品,约一餐饭之久,让死者到时享受食物的香气。"

据《司马氏书仪》卷五的"小敛""大敛殡"及卷六的"朝夕奠"等条记载,当时在殓尸入棺之后,人们要"设桌子于阼阶东,用置馔及杯注于其上",而后"祝帅执事者,盥手举新馔,自阼阶升,置于灵座前,祝焚香洗盏,斟酒奠之","自成服之后,朝夕设奠,朝奠日出,夕奠逮日,如平日朝哺之食,加酒果"。司马光认为,这种礼仪是由于"孝子不忍一日废其事亲之礼,于下室日设之,如生存也",即基于儒家"事死如事生"的伦理道德,对死者像生前一样供奉。

四、卜宅兆葬日

《游记》指出:"这些佛教徒,对死去的人有一种特殊的殡葬仪式,当一个有身份的人去世,在等候安葬入土的时候,他的亲属请来一些星占学家,告

---

① 《邹县元代李裕庵墓清理简报》,《文物》1978 年第 4 期。
② 《贵州思南张守宗夫妇墓清理简报》,《文物》1982 年第 8 期。

诉他们死者出生的年月时日,星占学家根据这些来观察天上的星宿,等到确定了星座和标志,即死者出生时的那颗星在星座里面,然后才择定日期举行葬仪。"又言:"死者亲属为了趋吉避凶,除非星占学家择定的日期,否则决不敢随意殡葬死者。"迷信阴阳星占来选择葬日或葬地,大量史实证明,这也是宋元时期丧葬风俗的特征。

《司马氏书仪》卷七的"卜宅兆葬日"条载:"世俗信葬师之说,既择年月日时,又择山水形势,以为子孙贫富贵贱、贤愚寿夭,尽系于此。"宋代官修的《政和五礼新仪》也记载:"墓地、墓日皆前期择日,葬有期。"①约成书于金元时期的阴阳地理书《大汉原陵秘葬经》,还有具体择葬年、葬月、葬日等的专门篇章,专供民间阴阳风水师使用。②

宋元时期,这种笃信阴阳风水,选择葬日或葬地的陋习无论是上层统治阶级或是民间百姓中都很流行。如宋真宗景德三年皇太后李氏崩,就曾诏集众官:"以诸家葬书选定园陵年月③;至于一般士庶之家,"……如士族力稍厚者,棺率朱漆,又信时日,卜葬尝远,且惜殡攒之费,多停柩其家……"④。甚至有多年停柩不葬者,如《元典章》卷三一《葬礼·下》载:"……切见江南民俗率多远丧稽葬,习以成风……停丧不葬,动经一二十年,有一家累至三四柩者,问之,则曰年月未利,卜地未得。"为了限制此风,有时政府不得不干预。如宋哲宗元祐年间,"诏御史台:臣僚父母无故十年不葬,即依条弹奏,及令吏部候限满检查,尚有不葬父母,即未得与关升磨勘,如失检察,亦许弹奏⑤。元泰定二年,还有官员上书朝廷"请颁族葬制,禁用阴阳相地邪说"⑥,希望政府用行政手段统一丧葬礼俗,限制这种迷信阴阳风水的陋习流行过甚。

《游记》的这段记载,反映出当时这种社会习尚的普遍,边远偏僻地区也深受熏染。

---

① 《政和五礼新仪》卷二一九"庶人丧仪"。
② 《永乐大典》卷八一九九。
③ 《文献通考》卷一二六《王礼二一》。
④ 庄绰《鸡肋编》。
⑤ 《续通典》卷八四《礼四〇》"停丧不葬"。
⑥ 《元史》卷二九《泰定本纪》。

五、出　殡

《游记》记载："葬礼一般在城外举行，实行火葬，灵柩送出城外时，在必经之路，每隔一段距离，必须建造一种独木的棚屋，装饰彩绸，作为临时停枢的地方，每逢灵柩停下时，不管时间长短，都必须摆上酒食，停一站摆一站直到棺材到达目的地为止。他们以为这样做，能够让死者的灵魂得到休息，恢复疲劳，有力气跟着前进。同时，他们在殡葬过程中，还有一种风俗，用某种树皮制作的纸，为死者绘制大批的男女、马匹、骆驼、钱币和衣服的图形，和尸体一起火化。他们以为死者在阴间将会享受纸片上所画的人物和器皿。在举行殡葬仪式的时候，所有乐器全部击响起来，霎时吵闹喧嚣，震耳欲聋。"

这段文字提供了宋元时期出殡仪式中几个关键性的细节。

其一，在灵柩所过之处，每隔一段距离就要搭一种"独木的棚屋"，装饰彩绸，供祭酒食。这种习俗不见唐以前的记载，唐代中晚期方始流行。《司马氏书仪》卷七载："自唐室中叶，藩镇强盛，不遵法度，竞其侈靡，始缚祭幄，至高数丈，广数十步，作鸟兽花木与马、仆从、侍女，衣以缯绮，輴车过，则尽焚之。"马可·波罗所说的"独木的棚屋"，大约就是这种祭幄。唐人封演在其《封氏闻见记》卷六"道祭"中，对这种临街设立的祭幄也有生动的描绘："送葬者或当衢设祭，张施帷幕，有假花、假果、粉人、面粮之属，然大不过方丈，室高不逾数尺，议者犹或非之。丧乱以来，此风大扇，祭盘帐幕高至八九十尺，用床三四百张，雕镂饰画，穷极技巧；馔具牲牢，复居其外。"祭幄当中有的还设有"尉迟郑公突厥斗将之戏""项羽与汉高祖会鸿门之象"等，甚至以河船中高大的船桅充作祭幄的幕柱。有的节度使死后，临街设祭幄达"每半里一祭，至漳河二十余里延相次，大者费千余贯，小者犹三四百贯"，极尽侈靡豪华之能事。可见这一习俗肇开其端的是唐代中晚期有势力的藩镇豪强之家。

直至宋元时代，这一习俗看来依然流行不衰。按《游记》所载，当时一般的士庶之家也有行此俗者，已不局限于统治阶级上层。《司马氏书仪》卷七

"亲宾奠"记载:"护丧……若奠于舆所经过者,设酒馔于道左右,或有幄,或无幄。"南宋著名词人陆游记述:"近世出葬,或作香亭、魂亭、寓人、寓马之类。"①他所说的魂亭很可能即为祭幄一类的彩亭,用以迎送死者灵魂去向冥间,这与马可·波罗所言意义在于"让死者的灵魂得到休息,恢复疲劳,有力气跟着前进"正相吻合。

其二,当时还焚烧各种男女人形、马匹骆驼、钱币衣服等纸明器,时代特征相当显著。按唐人封演的意见,焚纸明器之俗可能最早始于魏晋,至唐开始大盛。②从目前考古材料的发现来看,迄今所知最早的纸明器是唐代元和年间(9世纪)以后,宋元时期,才是纸明器真正大兴的时期。司马光在议论当时的丧葬礼俗时,曾说:"……衣衾曰襚,车马曰赗,货财曰赙,皆所以矜恤丧家,助其敛葬也。今人皆送纸钱赠作,诸为物焚为灰烬,何益丧家? 不若复赗襚之礼。"③显然他认为这种焚烧纸明器的做法是对丧家毫无实际意义的陋习,应当恢复古人的赗襚之礼。元人王恽在《论中都丧祭礼薄事状》中,也阐发了与司马光相同的意见:"窃惟送终,人子之大事,今见中都风俗薄恶,于丧祭之礼有亟当救正者,……一切纸作房屋、侍从车马等仪物,不惟生者虚费,于死者实无所益,亦乞一概禁止。"④这些材料都与《游记》所记是一致的。

其三,《游记》还记载当时沙州居民举行殡葬仪式的时候,要击响所有的乐器,以至于"吵闹喧嚣,震耳欲聋"。另外,马可·波罗在谈到他在杭州所见的丧葬仪式时,也再次提到"送葬队伍中有鼓乐队,一路上吹吹打打",在葬地将一些纸明器焚化完毕之后,又是"鼓乐齐奏,喧哗嘈杂经久不息"。⑤殡葬仪式中使用鼓乐队,绝非儒家正统的丧葬礼仪,正史的礼志中均不见载。从当时一些稗官的笔记看,这是这个时期受佛教影响而流行在民间的一种习俗。

宋人王楙《燕翼诒谋录》卷三载:"丧家命僧道诵经设斋,作醮作佛事曰

① 陆游《陆游家训》。
② 封演《封氏闻见记》卷六。
③ 司马光《司马氏书仪》卷五"赗襚"。
④ 徐乾学《读礼通考》卷八六引。
⑤ 《马可波罗游记》第77章,福建科学技术出版社,1981年,第182页。

资冥福也,出葬用以导引,此何义邪? 至于铙钹,乃胡乐也,胡俗燕乐则击之,而可用于丧柩乎? 世俗无知,至用鼓吹作乐,又何忍也? 开宝三年十月甲午诏开封府禁止士庶之家丧葬不得用僧道威仪。前引太平兴国六年又禁送葬不得用乐……"南宋俞文豹《吹剑录》亦载:"今京城(杭州)用瑜伽法事。惟只从事鼓钹,震动惊憾,生人尚为之头痛脑裂,况亡灵乎? ……至出殡之夕,则美少年长指爪之,僧出弄花钹花鼓锤,专为悦妇人掠财物之计。"他还指出,当时这一习俗流行甚广,甚至连最为崇尚理学的江西地区,有人子葬亲欲不用僧道,竟召致"亲族内外群起而排之,遂从半今半古之说,祭享用荤食,追修用缁黄……虽俗礼夷教,犹屈意焉!"此外,陆游在其《家训》中也说:"每见丧家张设器具,吹击螺鼓,家人往往设灵位,辍哭泣而观之,僧徒炫技,几类俳优,吾常深疾其非礼……僧徒引导,尤非敬佛之意,广召乡邻又无益死者,徒为重费,皆不须为也。"

诚如《游记》所述,宋元时期殡葬使用鼓乐之俗虽不见于正史,但的确流行于民间。

这一习俗显然受到佛教仪式的影响。虽然许多封建士大夫斥其为胡俗而不齿,封建政府也曾力加禁止,但是民间仍然广为盛行,甚至迫使一些士大夫不得不妥协让步,"从半今半古之说",让俗礼胡佛参半实行。

此外,僧道直接参加殡葬仪式。马可·波罗叙述他在杭州所见的殡葬仪式时,也指出送殡队伍中有"僧侣一类的人高声念诵经文"[1]。

这反映出了宋元时期丧葬礼俗上的一些显著变化。僧道参加殡葬仪式,唐宋时期官方制定的礼仪中均不见记载,各级官员或士庶葬礼仪式中也都不见有僧侣出场的记载。明确记载僧道参加俗家殡葬仪式的材料,仅见于敦煌出土的唐代写本《书仪》中。

P.2622 写本《书仪》叙述埋葬仪节时云:"三献讫,孝子再拜号踊,抚棺号殒,内外俱哭,则令僧道四部众十念讫,升柩入圹。"[2]周一良先生考证,这种写本书仪是流行在民间的一种礼仪范本,[3]可见僧侣参加俗家葬仪的习俗,

---

① 《马可波罗游记》第 77 章,第 182 页。
②③ 周一良《教煌写本书仪中所见的唐代婚丧礼俗》,《文物》1985 年第 7 期。

唐代还只流行在民间,而且很可能仅仅局限在像敦煌这样的边远地带。

《游记》记载沙州和南宋都城临安(杭州)丧葬中使用胡俗鼓乐,而且有僧人参加送葬,表明宋元时期以儒家礼仪为正统的内地也在葬礼中引入了佛教仪式。我们还可以由此推测,东西交通咽喉之处的敦煌及河西地带,可能是这一习俗较早出现的地区,后渐入内地,与佛教的流行而流行。

《游记》中还有宋元时期的特殊丧葬风俗(如火葬、崖葬、冥婚等)的记载,限于篇幅,本文不论及。

(原载《敦煌研究》1990 年第 1 期,第 44—48 页;收入作者《西南考古与中华文明》,巴蜀书社,2011 年,第 548—558 页。)

关于茶在北亚和西域的早期传播

——兼说马可·波罗未有记茶

黄时鉴

一

马可·波罗未有记茶,这成了某些学者判断他未曾到过中国的主要论据之一。从研究方法而言,这样的论证是不能成立的。对于古代旅行家留下的游记,宜从总体上探讨它的真实性,特别需注意他与前人及同时代人相比,是否正面提供了可以得到印证的新资料。以这样的标尺来衡量,一个多世纪以来马可·波罗研究已经可以证明马可·波罗确实到过中国,他对中国的描述从总体上看是真实的。反之,如果只要指出某部游记没有记载某些内容,就否定它的真实性,那就几乎可以否定全部游记,但这只能是一种对历史的苛求,缺乏逻辑的说服力。福赫伯(Herbert Franke)另有说法,他提出马可·波罗可能看到某种波斯的《导游手册》,也就是说马可·波罗游记可能是以这种手册为蓝本而编造出来的。但这仅仅是一种假设。问题是,迄今为止,谁也没有发现这种手册,因而目前我们只能说这种假设并无根据。所以福赫伯本人也反过来说,在确证马可书有关中国的章节是采自其他(可能是波斯)的资料以前,必须假定和推测他毕竟是在那里。[①]人们总不能假设一个不存在的东西来否定存在的东西。

尽管如此,马可·波罗未有记茶可以引出一个值得研究的课题:17世纪初以前茶在北亚和西域的早期传播。这个课题,特别是关于茶在西域的早

---

① Herbert Franke, "Sino-Western Contacts under the Mongol Empire", *Journal of the Hong Kong Branch of Royal Asiatic Society*, 1966:6.

期传播,研究成果极少。对于茶的历史或传播史进行过研究的著名学者如玉克尔、卜德(Derk Bodde)和王仲荦等,①在这一点上都没有说什么。纳忠说茶是唐代大食商人从中国采购的大宗商品之一,②看来他只是从《中国印度见闻录》的个别记述进行推想,实际上没有什么依据。佐伯富说茶传入中亚"可考虑耶律大石西辽建国对此有大的影响"③,卡特(T. F. Carter)说"茶的食用是元代传出去的"④,但都没有予以实证。

二

唐代时,茶已传入吐蕃与回鹘。

传入吐蕃的时间至迟在公元 8 世纪初。达仓宗巴·班觉桑布所著藏文《汉藏史集》的第十三章题为"茶叶和碗在吐蕃出现的故事",记述"此王(都松莽布支)在位之时,吐蕃出现了以前未曾有过的茶叶和碗"⑤。所述有关故事,十分有趣生动。都松莽布支是松赞干布的曾孙,为吐蕃赞普的年代在 679 年至 704 年。从 8 世纪起,茶在藏语里称作 ja,这个读法正合于《说文》,与"槚"同音。⑥

在汉文文献中,唐人李肇《国史补》记述:"常鲁公使西蕃,烹茶帐中。赞普问曰:'此为何物?'鲁公曰:'涤烦疗渴,所谓茶也。'赞普曰:'我此亦有。'遂命出之,以指曰:'此寿州者,此舒州者,此顾渚者,此蕲门者,此昌明者,此浥湖者。'"当时吐蕃赞普已有好几种茶。

关于唐时茶入回鹘,《新唐书·陆羽传》载:"其后尚茶成风。时回纥入朝,始驱马市茶。"封演《封氏闻见记》载:"始自中地,流于塞外。往年回鹘入朝,大驱名马市茶而归,亦足怪焉。"所谓回鹘入朝,驱马贸易,是回鹘助唐平

① W.H.Ukers, *All about Tea*, New York, 1935;卜德《中国物品传入西方考证》,王森译,《中外关系史译丛》第 1 辑,1984 年;王仲荦《从茶叶经济发展历史看中国封建社会的一个特征》,《蜡华山馆丛稿》,中华书局,1987 年。
② 纳忠《中世纪中国与阿拉伯的友好关系》,《历史教学》1979 年第 1 期。
③ 佐伯富《茶与历史》,《中国史研究》第 3,同朋舍,1977 年。
④ 卡特《中国印刷术的发明及其西传》,胡志伟译,台湾商务印书馆,1980 年。
⑤ 达仓宗巴·班觉桑布《汉藏史集》,陈庆英译,西藏人民出版社,1986 年。
⑥ 王尧《吐蕃饮馔与服饰》,《中亚学刊》第 2 辑,1987 年。

定安禄山叛乱以后的事,始自 8 世纪 60 年代。陆羽以著《茶经》(约 780 年)闻名于世,《封氏闻见记》约撰于 8 世纪末,他们的记载当是可靠的。

在茶入回鹘以后,由于当时"河陇尽陷吐蕃,若通安西北庭,须取回鹘路去"①,而回鹘的贸易活动又大量掌握在中亚粟特商人手中,所以茶可能在那时已传入葱岭东西。但在这一点上,我们还没有找到任何证据。

840 年,漠北回鹘汗国崩溃,大量回鹘迁至河西、天山南北和七河地区,他们的饮茶习惯不可能不带到新的住地。饮茶的好处使他们迫切希望继续获得茶,这就是宋代茶进入西域的主要背景。但是在 840 年以后的一段时间内,由于与中原缺乏联系,唐末中原又处于衰乱状态,西迁的回鹘是难以得到茶的,茶就不大可能在那时经回鹘之手而西传。

在阿拉伯—伊斯兰文献中,佚名《中国印度见闻录》(851 年)最早提到中国有茶:"在各个城市里,这种干草叶售价很高,中国人称这种草叶叫'茶'(Sakh)。此种干草叶比苜蓿的叶子还多,也略比它香,稍有苦味,用开水冲喝,治百病。"②但它未记茶已西传到阿拉伯—伊斯兰世界。

三

"蜀茶总入诸蕃市,胡马常从万里来。"③到了宋代,宋廷在西北边境专营茶马贸易。当时的贸易情况,有如宋臣王韶所说:"西人颇以善马至边,所嗜唯茶。"④

宋代茶马贸易的主要对象是吐蕃。贸易的主要关口设在秦州和熙州,通过茶马贸易,大量蜀茶从这里进入河湟地区,而后转至吐蕃各部。这是人们比较熟悉的。

宋时,茶入西域的资料不多,但还是有一些重要的载录可资考证。在秦州和熙州进行的茶马贸易,除了吐蕃,其对象包括西夏、回鹘和于阗。西夏

① 《册府元龟》卷九九四,武宗会昌三年二月赵蕃奏,中华书局影印本,1960 年。
② 《中国印度见闻录》,穆根来、汶江、黄倬汉译,中华书局,1983 年,第 17 页。
③ 吴曾《能改斋漫录》卷七《蜀越茶马利害》,中华书局,1960 年,第 199 页。
④ 《宋史·食货志下六》。

姑且不论。据《册府元龟》和《宋会要辑稿》，回鹘向北宋贡马，载有确数的即不下 10 次，数量从 3 匹至 1 000 匹不等，这些马肯定换回相当数量的茶。据南宋时期的资料，1 匹马可换茶 1 驮至 3 驮不等。①

于阗得到宋茶可从下述载录确知："元丰元年六月九日，诏提举茶场司：于阗进奉使人买茶，与免税，于岁额钱内除之。"②元丰元年即公元 1078 年，当时于阗已隶属于喀喇汗朝，所以可以认定这是喀喇汗朝派的进奉使。他们买到的宋茶，当已从于阗运至七河流域。据《宋史·于阗传》和《宋会要辑稿》，熙宁（1068—1077 年）以来，宋与"于阗黑汗王"的贸易关系十分密切，黑汗王（即喀喇汗）的进奉使"远不逾一二岁，近则岁再至"。进奉使所贡方物中包括马和驴。按照宋朝茶马贸易的定则，他们必定会运回一定数量的茶，尽管这个"茶"字并没有出现在每一条史料中。

又有一条记载：高宗"建炎三年三月七日，宰臣进呈张浚奏：'大食国遣使进奉珠玉宝贝等物，已至熙州。'上宣谕曰：'大观宣和间茶马之政废，川茶不以博马，惟市珠玉。故马政废缺，武备不修，致胡虏乱华，危弱之甚。今若复捐数十万缗贸易无用珠玉，曷若惜财以养战士？宜以礼赠贿而谢遣之。'"③这条资料似乎透露出川茶传到"大食"的消息。但此"大食国"所指为何，却颇难考定。汉文文献中的"大食"是源自伊朗语的 tazik 一词的音译。这个词的词义有一个演变的过程：它起初指称阿拉伯人；随着阿拉伯势力的向东扩张和伊朗地区的伊斯兰化，它成为阿拉伯人和操伊朗语诸民族（波斯人、呼罗珊人、花剌子模人和巴克特里亚人等）的统称，而且带着这个含义进入了突厥语。这个词义的演变发生在河中萨曼王朝时期（847—999 年），所以辽宋时来自陆道的"大食"所指为何，需具体分析，不一定都是指称阿拉伯。为慎重计，我们姑且将此"大食国"笼统比定在中亚河中地区或其以西某个国家。

另一方面，在阿拉伯—伊斯兰文献中，比鲁尼（Al-Biruni）撰著的《印度志》（约 1030 年）记有茶（ǧa）。④上面已经提到，从 8 世纪起藏语称茶为 ja，这里从

---

① 参见冯家昇等《维吾尔族史料简编》，民族出版社，1981 年；以及前揭王仲荦文。
② 《宋会要辑稿》卷一九七，中华书局影印本，1957 年，第 7721 页下。
③ 《宋会要辑稿》卷一九七，第 7760 页上。
④ 见《中国印度见闻录》第 41 节注 2。

语音关系而言,似可构拟藏语 ja>阿拉伯语 ǧa 的假设。又,次大陆西北的乌尔都语约在 10 世纪时已有茶字(cha),而语言学家认为它是从波斯语借入的。①

根据以上资料,可以推断,茶在 10 至 12 世纪时肯定继续传至吐蕃,并传到高昌、于阗和七河地区,而且可能经由于阗传入河中以至波斯、印度,也可能经由于阗或西藏传入印度、波斯。

四

蒙古兴起后,随着中西陆海交通大开,茶进一步在中亚和西亚得到传播,但这大约是从 13 世纪末才开始的。这同蒙古人饮茶成习的时间有直接联系。

在辽金时代,契丹人和女真人饮茶已成风习。辽设茶酒库。朱彧《萍洲可谈》记:"先公使辽,辽人相见,其俗先点汤,后点茶。至饮会亦先水饮,然后品味以进。"彧父朱服,绍圣年间曾奉命使辽,时在 1094—1097 年。金人用茶,"自宋人岁供之外,皆贸易于宋界之榷场"②。女真人中,上至皇帝、亲王、公主都爱饮。泰和六年(1206 年)尚书省奏:"比岁上下竞啜,农民尤甚,市井茶肆相属。"③但那个时候,茶并未为处于漠北东部的蒙古人同样享用。

在蒙古兴起后的一段时期内,蒙古人也还未饮茶,据中西文献记载,当时其主要饮料是马奶子、葡萄酒、米酒、蜜酒和舍里别。在蒙兴金衰和金亡以后蒙宋对抗的数十年中,南宋境内的茶叶不可能大量北运。1206 年时,为了遏止"耗财弥甚",金廷"命七品以上官,其家方许食茶"。④到了 1233 年,进一步改为"亲王、公主及见任五品以上官,素蓄者存之,禁不得卖、馈,余人并禁之。犯者徒五年"⑤。这样,金代末年,残金域内茶的流通与饮用已极有限。没有资料表明,蒙古人在征服金朝的过程中已有饮茶的习惯。1222 年,耶律楚材在西域向王君玉乞茶还彼此唱和一番,⑥可见当时在嗜茶的汉人、契丹人上层中,茶竟是稀珍之物。元世祖忽必烈在 1268 年开始榷买蜀茶,从 1275 年起逐渐榷江南各地之茶,在 1276 年已设置常湖等处茶园都提举

---

① *Oxford English Dictionary*,Vol.11, 1970, p.123.

②③④⑤ 《金史·食货志四·茶》。

⑥ 耶律楚材《西域从王君玉乞茶因其韵七首》,见其《湛然居士文集》卷五。

司,"采摘茶芽,以贡内府"①。但并无资料表明,在 13 世纪 60—70 年代,蒙古人和回回人已普遍饮茶。

在回回人忽思慧撰于 1330 年的《饮膳正要》一书中,我们看到元廷已享用 19 种茶。其中"炒茶"很有特色,"用铁锅烧赤,以马思哥油、牛奶子、茶芽同炒成"。马思哥油即用牛奶"打取浮凝"的白酥油。元武宗海山(1308—1311 年在位)饮茶,已很讲究用水。又,至大元年(1308 年),"以龙兴、瑞州为皇太后汤沐邑,其课入徽政院"②。据这些资料,可以设想蒙古人和回回人,至少其上层人物饮茶已有一个时期。但我们也很难说在 13 世纪 90 年代以前蒙古人和回回人已经饮茶成风。

在上述情况下,马可·波罗来华(1275—1291 年居留中国),他若一直生活在蒙古人和回回人中间,那就可能得不到茶的信息。所以,他未有记茶是合乎情理的。

杨志玖教授曾推断:"马可·波罗书中没有提到中国的茶,可能是因他保持着本国的习惯,不喝茶。当时蒙古人和其他西域人也不大喝茶,马可·波罗多半和这些人来往,很少接触汉人,因而不提中国人的饮茶习惯。"③以上所述可以说是为这个推断提供了一些历史的论证。

五

进入 14 世纪以后,蒙古人逐渐饮茶成习,历明清以迄于今。根据一些资料,似乎也可以断定,从 14 世纪起,茶经由今新疆地区而不断向西传播。

据穆萨·赛拉米所著维吾尔文《伊米德史》第三编,东察合台汗国的大异密(大臣)忽罗达享有十二项特权,其第二项为:"可汗用两名仆人给自己送茶送马奶;忽罗达用一名仆人给自己送茶送马奶。"④置茶于马奶之前,似可见当时茶颇贵重。忽罗达是在 1347 年以后不久继其父之位而为大异密的。

---

① 《元史·百官志三》。
② 《元史·食货志二·茶法》。
③ 杨志玖《马可·波罗与中国》,《元史三论》,人民出版社,1985 年。
④ 转引自刘志霄《察合台汗国初探》,《新疆社会科学》1986 年第 3 期。

据明代汉文文献，哈密与吐鲁番等地使臣到京，"每人许买食茶五十斤"①。而明人了解到吐鲁番的情况，"其需于中国者曰茶，曰大黄，曰麝香。此三物，吐鲁番用之不甚急，但以西番诸国非麝无以医毒蛇，非大黄则人马大便不通，非茶则郁闷不解。吐鲁番得此欲转货各国以取重利"②。这里的"西番诸国"只能是吐鲁番以西的一些国家，就吐鲁番与西方交往的历史背景而言，肯定越过了葱岭以西。

据苏联考古学家在中亚塔什—卡拉古城的发掘，发现该古城的商队旅舍大门外有一街道，沿街是一个商业手工业区，其间有一个茶室，该古城是遵照帖木儿之命在 1391 年修复的，这说明大致在 14 世纪 90 年代以后，这里的居民已饮茶。③

据盖耶速丁·纳哈昔（Ghiyath al-Din Naqqash）的论述，波斯使者沙的·火者一行于 1421 年 7 月 2 日到达平阳城，"在那里，按照惯例，要打开人们的行李进行检查，看看有没有把违禁品带出中国，例如中国的茶。但使臣们特许不让检查行装"④。这段文字，在《沙哈鲁遣使中国记》的波斯文本中，"茶"字作 cha。⑤这个 cha，也见于《回回馆译语》。那就是说，至迟在 15 世纪初，cha 已是一个波斯语用词。

在西欧，在 1559 年首载"中国茶"的是见多识广的威尼斯人拉木学（G.B. Ramusio），他从一位波斯人哈只·马合木那里闻知作为药用的中国茶。有关文字如下："他（Chaggi Mehomet，即哈只·马合木）告诉我，在中国各地，他们使用另一种植物，它的叶子被彼邦人民称为中国茶（Chiai Catai）；它产于中国的称为 Cachanfu 的地区。在那些地方，它是一种常用之物，备受青睐。他们食用这种植物，不论干或鲜湿，均用水煮好，空腹吃一两杯煎成的汁；它祛除热症、头疼、胃疼、肋疼与关节疼；注意需尽可能热饮；它对其他许多疾病有益，痛风是其中之一，其他的今已不记。而设若某人恰感积食伤

① 《明会典》卷一〇二《礼部六一·诸番四夷土官人等二》，文渊阁《四库全书》影印本。
② 桂萼《进哈密事宜疏》，《皇明经世文编》卷一八一，中华书局影印本，1962 年。
③ 蒙盖特（А.Л.Монгайт）《苏联考古学》，考古研究所资料室译，1963 年，第 247 页。
④ 火者·盖耶速丁《沙哈鲁遣使中国记》，何高济译，中华书局，1981 年。
⑤ *A Persian Embassy to China*，New York，1970，p.119.

胃,若他饮用少许此种煎汁,即可消滞化积。故而此物如此贵重,凡旅行者必随身携带,且不论何时人们愿以一袋大黄换取一盎司中国茶。这些中国人说(他告诉我们),若在我们国家,以及在波斯,以及在拂郎(Franks)地面,据说商人不会再投资于罗昂德·秦尼(Rauend Chini),即如他们所称的大黄。"①

在拉木学以后,大约就是从 1560 年起,茶的信息经由海道不断从中国传到西欧,而且直至 17 世纪 20 年代还都用 cha-chai 来表示。但是我们在这里还要引述一条稍后的资料:1638 年,阿达姆·渥莱留斯(Adam Valerius)与阿勒贝特·冯·孟戴斯洛(Albert von Menddleslow)所写的日耳曼奉使波斯的报告记述,在波斯和在印度西北的苏拉特,饮茶是普遍的。②这里的茶无疑是从陆路输入的。

从以上所引资料大致可以得出如下论断:从 14 世纪起至 17 世纪前期,经由陆路,中国茶在中亚、波斯、印度西北部和阿拉伯地区得到不同程度的传播。而正是经过波斯人,茶的信息首次传到西欧。值得注意的是,在 1559年记下这个信息的拉木学正是马可·波罗的同乡,这位威尼斯学者曾竭力宏扬马可·波罗,却并未因茶事而对马可·波罗来华提出质疑。我们不能不说,拉木学对于中国茶西传的历史感觉实在令人钦佩。

附注:

本文撰写过程中,蒙杨志玖教授寄赠 Hobson-Jobson, *A Glossary of Colloquial Anglo-Indian Words and Phrases* 一书中"Tea"条全文,蒙闻人军学友自美国寄来 G. B. Ramusio, *Navigatoni et Viaggi* 一书记有中国茶事的意大利原文,在此谨致谢忱。

(原载《历史研究》1993 年第 1 期,第 141—145 页;其英文译本"The Early Spread of Tea in Northern Asia and the Western Regions—Also Discussing Why Marco Polo Did Not Record Tea"刊于《中国社会科学》英文版,1994 年第 4 期;收入作者《黄时鉴文集》第 2 卷,中西书局,2011 年,第 226—233 页。)

---

① 主要据 Hobson-Jobson, *A Glossary of Colloquial Anglo-Indian Words and Phrases* 一书"Tea"条中的英译文转译,并参照意大利原文。
② W.H.Ukers, *All about Tea*, Vol.2, p.501;在第 358—359 页上,此事系于 1637 年。

马可·波罗与万里长城

——兼评《马可·波罗到过中国吗?》

黄时鉴　龚缨晏

　　700 年前,意大利威尼斯人马可·波罗在热那亚的一座监狱中讲述他在东方的所见所闻,同狱的作家鲁思梯切洛(Rustichello)将他的口述笔录成书。这本在中国被译作《马可·波罗行纪》的著作为当时的欧洲"提供了关于东方的最广泛、最权威的报道"①,流传极广,到了 20 世纪 70 年代末,"世界各种文字的译本已在 120 种以上"②。同时,这本充满夸张笔调的著作也使许多读者提出这样一个问题:马可·波罗真的到过中国吗?

　　长期以来,一直有人认为马可·波罗并没有到过中国,他所说的内容都是根据某些道听途说而编造出来的。19 世纪末以来,经过英国学者玉尔(Henry Yule)、波伊勒(J. A. Boyle),法国学者伯希和(P. Pelliot),我国学者杨志玖和美国学者柯立甫(F. W. Cleaves)等人的深入研究,许多问题已得到合理的说明。但是,20 世纪中期以后,仍不断有人对《马可·波罗行纪》的真实性提出种种怀疑,如 60 年代德国的福赫伯(Herbert Franke)、70 年代美国的海格尔(John W. Haeger)、80 年代英国的克鲁纳斯(Craig Clunas),对此,国内外一些学者发表文章进行了答复。③尽管如此,还是有人执着地坚

---

① D. F. Lach, *Asia in the Making of Europe*, Vol. I , book 1, The University of Chicago Press, 1965, p.36.

② 黄时鉴《略谈马可·波罗书的抄本与刊本》,《学林漫录》第 8 集,中华书局,1983 年。

③ 国内如杨志玖的《马可·波罗足迹遍中国》(《南开学报》1982 年第 6 期)、《马可·波罗与中国》(《环球》1982 年第 10 期)(以上二文均收入杨志玖《元史三论》,人民出版社,1985 年)、《再论马可·波罗书的真伪问题》(收入陆国俊等主编《中西文化交流的先驱——马可·波罗》,商务印书馆,1995 年);黄时鉴的《关于茶在北亚和西域的早期传播》(《历史研究》1993 年第 1 期[编者按:已收入本书];又英文本载 *Social Sciences in China*, 1994:4)。

持怀疑论的立场,90 年代的代表当推英国图书馆的中文部主任吴芳思博士,她于 1995 年出版了题为《马可·波罗到过中国吗?》的著作,此书最近已被译成中文出版。①

在具体的论证上,迄止吴芳思,怀疑论者的一个主要论据是:由于马可·波罗没有提到一些被认为是中国所特有的事物,其中最为突出的是茶、长城和女子缠足等,所以马可·波罗不可能到过中国。这就是吴芳思所说的马可·波罗的"漏写"问题。在这些所谓"漏写"了的事物中,吴芳思认为长城是"很能说明问题的"②,为此她特地列出一章进行专门的论述。这样,本文就以她所津津乐道的长城为主要事例对"漏写"问题作一探讨。

一

为了便于展开讨论,我们先回顾一下到元代为止的长城建筑史。中国开始修筑长城是在公元前 4 世纪的战国时代,当时的秦、赵、燕等国都曾建造长城。③秦始皇统一中国后,对原来的战国长城进行利用改造,修建了一道"起临洮,至辽东,延袤万余里"的宏伟防御线。④汉朝为了抵御匈奴的入侵,对长城十分重视,特别是在汉武帝时代,在秦长城的基础上又进行了大规模的修建。根据文献记载和考古研究,秦汉长城东起今辽宁阜新市以北,西至玉门关,而烽燧则一直延续到罗布泊。整条长城可以分为东段、中段和西段三大部分,其中东西两段变化不大,中段的位置较为复杂,可以分为三条:"一条自甘肃经宁夏、陕北至内蒙古黄河南岸。第二条位置稍北,在河套以北、阴山南麓。第三条位置在最北,西接居延,横在阴山山脉以北。"⑤

---

① Frances Wood, *Did Marco Polo Go to China*? Secker & Warburg, 1995.中译本:弗朗西丝·伍德(吴芳思)《马可·波罗到过中国吗?》,洪允息译,新华出版社,1997 年。为便于读者查核,本文引用此书时,尽量用中译本,只是在译文不同的情况下,注用英文本。

② 《马可·波罗到过中国吗?》,第 132 页。

③ 中国社会科学院考古研究所《新中国的考古发现和研究》,文物出版社,1984 年,第 400 页。

④ 《史记·蒙恬列传》。

⑤ 《中国大百科全书(考古学)》"秦汉长城遗址"条,中国大百科全书出版社,1986 年,第 376 页。

到了东汉,匈奴等北方民族势力不断强大,并入侵到秦汉长城以内居住,秦汉长城这道对北方民族的防御线也就失去了它本来的意义。魏晋南北朝时期,中国处于分裂之中,北方民族纷纷迁入原秦汉长城以南地区,有的还建立起自己的政权。这时期的北魏、北齐、北周等国也曾修造过长城,但由于这些国家疆域有限,国祚短暂,所以它们所建的长城规模不大,线路不长,而且都位于秦汉长城以内地区。隋代虽然多次修建长城,但"多属对旧有长城之修整,增筑者少,工程规模较秦汉小得多"①。

唐朝国力强盛,版图西抵阿姆河流域,北至贝加尔湖,疆域大大超出秦汉时期,以前历代所筑的长城都已失去了标志疆界和防御外敌的作用。只是在北方的极个别地方,曾修过长城,如《通典》所记:"妫川郡……北至张说新筑长城九十里,……西北到新长城为界,一百八十里。"②宋代仅仅承袭五代十国的规模,它所辖的疆域已在原来秦汉长城乃至北朝长城的以南地区,而秦汉长城则在辽金境内,宋和辽金的统治者当然都不可能去修缮这条长城。

金朝兴起后,为了防止蒙古族的入侵,曾修筑过一条漫长的军事防御线,这条防御线通常被称作"金界壕"(也有人称之为"金长城")。但金界壕主要分布在今内蒙古自治区境内,它的东端起点约在莫力达瓦旗的尼尔基镇北8公里处,沿兴安岭、阴山向西南至现在呼和浩特附近的庙沟。③

金界壕未能阻挡住蒙古的兴起。蒙古不仅灭亡了金朝,而且还统一了中国,建立起一个地跨欧亚两大洲的庞大帝国。蒙古本来是长城以北的游牧民族,过去中原王朝建立长城就是为了防御北方游牧民族的侵扰,现在蒙古族入主中原,原来的长城位于蒙古帝国的内腹之中,蒙古的统治者自然就"没有修筑万里长城的必要。相反地,万里长城对于元朝的统治,还造成一定的障碍。所以终元之世,找不出任何关于修筑长城的记载"④。元朝只是

---

① 罗哲文《长城百科全书》,吉林人民出版社,1994 年,第 5 页。

② 《通典》卷一七八《州郡·古冀州上》。

③ 贾洲杰《金代长城》,《中国长城遗址调查报告集》,文物出版社,1981 年。近代早期研究有王国维的《金界壕考》,《观堂集林》第三册,中华书局,1959 年。

④ 朱偰《万里长城修建的沿革》,《历史教学》1955 年 12 月号。

对个别的重要关隘,如居庸关,加以修整而已。

马可·波罗正是在蒙元时代来到中国的。下面我们就要讨论,他在入华以后能否见到长城?他所能见到的长城会是什么样的?

<h1 style="text-align:center">二</h1>

经过一个多世纪的研究,马可·波罗来华与离华的线路已基本上可以确定。①他在抵达可失哈耳(今新疆喀什)以后,沿着丝路南道到了罗布泊,然后经沙州(今甘肃敦煌),沿河西走廊东行,过天德军抵达元上都,再到大都。如果将马可·波罗的这条入华路线与元代之前的中国长城线路加以对比,就可以发现,他至少在两个地方有可能见到长城:一个是在西部的敦煌地区,另一个是在从上都到大都的旅途上。在河套平原,也有一些长城遗址,如唐代的贾耽曾记:"又经故后魏沃野镇城,傍金河,过古长城,九十二里至吐俱麟川。"②但由于马可·波罗在河套平原的具体旅行路线难以弄清,③我们暂且撇开不论。那么,元代时,在敦煌一带和在从上都到大都的道路上所能见到的长城是什么样的呢?

先来看一看敦煌一带。马可·波罗入华时,敦煌地区的长城,即秦汉长城的西端,早已荒废。近年的考古发掘表明,敦煌马圈湾的汉代烽燧在王莽时期即已全部废弃。④到了唐代,连汉代名关玉门关的关址都已不能确定。⑤唐代敦煌文书说:"长城,在州北六十三里,正西入碛,前汉所置,北入伊州界"⑥,"长城,州北西六十三里。塞城,州东四十五里"⑦。《沙州都督府图

① "Marco Polo", *The New Encyclopaedia Britannica*, 15th eh., 1988, Vol.9, pp.571-573.

② 《新唐书》卷四三下《地理志七下》。

③ 学者们对于马可·波罗从宁夏到天德军的具体路线,目前还有不同的说法。玉尔认为,马可·波罗从宁夏沿黄河北上而达天德,而伯希和则认为马可·波罗应当是从陆路经榆林而至天德。参见 P. Pelliot, *Notes on Marco Polo*, Paris, 1963, p.850.

④ 甘肃省博物馆、敦煌县文化馆《敦煌马圈湾汉代烽燧遗址发掘简报》,《文物》1981年第10期。

⑤ 吴礽骧《玉门关与玉门关侯》,《文物》1981年第10期。

⑥ 《敦煌录》残卷,斯5448号,见王仲荦《敦煌石室地志残卷考释》,上海古籍出版社,1993年,第166页。

⑦ 《沙州城土境》,伯2691号,见郑炳林《敦煌地理文书汇辑校注》,甘肃教育出版社,1989年,第39页。

经》在讲到沙州的"四所古城"时说得更加详细：

> 古长城，高八尺，（其）〔基〕阔一丈，上阔四尺。
>
> 右在州北六十三里。东至阶亭烽一百八十里，入瓜州常乐县界。西至曲泽烽二百一十二里。正西入碛，接石城界。按《匈奴传》汉武帝西通月氏、大夏，又以公主妻乌孙王，以分匈奴西方，于乌孙北为塞，以益广（因）〔田〕。汉元帝竟宁元年，侯应对词曰：孝武出军征伐，建塞起亭，遂筑外城，设屯戍以守之。即此长城也。
>
> 古塞城。
>
> 右周回州境，东在城东卅五里，西在城西十五里，南在州城南七里，北在州城北五里。据《汉书》，武帝元鼎六年，将军赵破奴出（合）〔令〕居，析酒泉置敦煌郡。此即辟土疆，立城郭，在汉武帝时。又元帝竟宁，单于来朝，上书愿保塞和亲，请罢边戍。郎中侯应以为不可，曰："孝武出军征伐，建塞徼，起亭燧，筑外城，设屯戍以守之，边境少安。起塞已来，百有余年。"据此词即元鼎六年筑。至西凉王李暠建初十一年又修，以备南羌北虏。其城破坏，（其）〔基〕址见存。①

敦煌文书所说的"长城""塞城"都是秦汉长城的组成部分。东汉灭亡以后，虽然人们也曾利用过秦汉长城的某些片段加以修缮，②但从整体上说，这条长城已经荒废，成了残破的古迹。而且，在那时，长城并没有被看作是一个延绵万里的统一整体，也没有被看作是特别重要的古迹。如敦煌文书中有《敦煌古迹二十咏》，其中就没有提到长城，但有一首《阳关戍》："万里通西域，千秋上有名，平沙迷旧路，智井（隐）〔引〕前〔程〕，马（素）〔色〕无人问，晨鸡吏不听，遥瞻废关下，昼夜复谁扃。"③唐朝灭亡后，后晋曾于938年向西域派出一个正式使团，其要员高居海在记述他所路过的敦煌时，也提到了阳关等名胜，但同样没有说及长城。④宋辽之后，阳关这座唐代的"废关""终于被

---

① 敦煌文书，伯2005号，参见王仲荦《敦煌石室地志残卷考释》，第132页；郑炳林《敦煌地理文书汇辑校注》，第15页。

② 如《晋书·凉武昭王李玄盛传》说："玄盛乃修敦煌旧塞东西二围，以防北虏之患，筑敦煌旧塞西南二围，以威南虏。"

③ 敦煌文书，伯3929号，参见郑炳林《敦煌地理文书汇辑校注》，第138页。

④ 《新五代史》卷七四《四夷附录第三》。

流沙吞没"了，①这样，如果在元代的敦煌列出一个名胜表，阳关恐怕就榜上无名。

公元 11 世纪，敦煌处在西夏的统治下。当时，辽宋与西域的交通往往不能通过西夏治下的河西走廊，而是经由草原之路、居延路或青海路，敦煌昔日的东西交通枢纽地位有所削弱。即使到了元代，虽然河西走廊又成为东西交通的重要通道，但"由于陆路东西交通路线的逐渐增多，从前由陆路进入汉地，必须经由沙州的时代终于改变了"②。元代名臣耶律楚材在讲到蒙古军队灭亡西夏时说："沙州、瓜州，汉所置也。"③我们不知道他在说这句话时有没有想到汉代在敦煌所筑的长城，但有一点是毫无疑问的，那就是：随着时间的流逝，元代所见到的秦汉长城遗址一定比唐代所见到的更加残破。

下面，再让我们来到连接上都到大都的道路上作一番考察。元代从上都到大都的主要通道有四，④往来于这些通道上的各类人员数量很多，为我们留下了不少记述，其中有些就提到了长城。

早在元代两都制确立之前，张德辉在奉元世祖之召北上漠北的途中，见到在鱼儿泊"之西北，行四驿，有长城颓址，望之绵延不尽，亦前朝所筑之外堡也"⑤。这里所说的"前朝"即金朝，他所看到的实际上是金界壕。略晚于张德辉北行的王恽也说："二十七日戊子，次新桓州，西南十里外，南北界壕尚宛然也。"⑥在元代，此金界壕又作"界墙"，如郝经曾写过一首题为《界墙雪》的长诗，吟道："可笑嬴秦初，更叹金源末，直将一抔土，欲把万里遏。"⑦

在马可·波罗时代，郝经大概是提到长城最多的一位作家，在他的《陵川集》中，明确提到长城的诗作不下五篇。其《白沟行》有句："西风易水长城道，老汀查牙马频倒；岸浅桥横路欲平，重向荒寒问遗老。"⑧其《化城行》有

① 成大林《阳关之谜》，《文史知识》1981 年第 3 期。
② 大岛立子《元代的敦煌》（上）、（下），《民族译丛》1984 年第 2、3 期。
③ 耶律楚材《西游录》，中华书局，1981 年，第 4 页。
④ 陈高华、史卫民《元上都》第二章，吉林教育出版社，1988 年。
⑤ 张德辉《纪行》，《秋涧先生大全文集》卷一〇〇《玉堂嘉话》，《四部丛刊》本。
⑥ 王恽《中堂事记》上，《秋涧先生大全文集》卷八〇。
⑦ 郝经《陵川集》卷三，文渊阁《四库全书》影印本，台北。
⑧ 《陵川集》卷八。

句:"霜净沙干雁鹜鸣,路傍但见棘与荆,只有惨淡万古情,人间城郭几废兴,一抔聚散皆化城。君不见,始皇万里防胡城,人土并筑顽如冰;屈丐按剑将土蒸,坚能砺刀草不生。"①更有一首诗的标题就是《古长城吟》:"长城万里长,半是秦人骨,一从饮河复饮江,长城更无饮马窟;金人又筑三道城,城南尽是金人骨。君不见,城头落日风沙黄,北人长笑南人哭。为告后人休筑城,三代有道无长城。"②除了郝经,还有一些元代名人吟咏长城,如黄潽的诗作《榆林》:"崇崇道傍土,云是古长城;却寻长城窟,饮马水不腥。斯人亦何幸,生时属休明;向来边陲地,见今风尘清。禾黍被行路,牛羊散郊坰;儒臣忝载笔,帝力猗难名。"③等等。

在元代的地理学文献中,也有关于长城的一些记述,如《元一统志》在讲到上都路的古迹时说:"按《山林地志集略》云:望云县有古长城,六国时在此。唐长城广袤接于枪杆山岭,在奉圣州之东六十里。"④在讲到太原路的古迹时说:"古长城(在管州)。在州东七十里下马城东北。又从东北朔州界,入岚谷县界六十里,过西九十里入岚州,经合河县,即秦之长城也";"古长城(在岚州)。从岚谷县东北朔州界,经本州岚谷县界六十里,入岚州及合河县界,即秦之长城也"。⑤

从上面的引述可以看出,元朝之前,中国确实多次建造过长城。但是,当马可·波罗来到中国时,除了极个别的关隘被人们加以修缮利用外,长城的绝大部分都已成为荒芜的遗址。长城只是作为古迹而和一些古寺废庙一起出现在元人诗文和地理文献之中。我们注意到,元人在记述古长城时,有如下的特点:一、只是将长城当作荒废的古迹来看待,而且有时将历代长城混为一谈;二、侧重于描述当年筑城的悲苦,或感叹长城并不能阻挡外敌入侵和王朝兴废;三、有时还借长城废弃、边陲清明的景象来歌颂元朝的大一统;四、往往是在当地人告知以后,他们才认识到所见的遗址是古长城,进而发思古之幽情。显而易见,在元人看来,长城并没有什么

---

① ② 《陵川集》卷一〇。

③ 黄潽《金华黄先生文集》卷四"上京道中杂诗",《四部丛刊》本。

④ 《元一统志》上,中华书局,1966年,第65页。

⑤ 《元一统志》上,第125、126页。

突出的意义,不像明代重建长城后人们所认识的那样;他们更没有将长城看作是中国的一个主要象征,有如后世的国人与世界各国人士所称说的那样。

在上述这种历史背景下,像马可·波罗这样一位不懂汉语的欧洲人进入中国后,当他行经长城遗址时,只有具备以下条件才有可能意识到他所见到的正是长城。一个条件是,在入华之前他已经知道中国有条长城;另一个条件是,在他的同行者中有精通中国历史文化的人会告诉他这就是长城。然而,第一个条件显然是不存在的,在马可·波罗之前,欧洲没有任何一个人在任何一部著作中提到过长城。第二个条件也难以成立,因为没有任何资料表明马可·波罗曾有这样一位同行者。因此,我们认为,马可·波罗入华以后有可能见到长城遗址,但是,他即使见到了它,也并不见得会知道这就是现在众所周知的长城。

总而言之,在马可·波罗时代,长城在欧洲不为人知,即使在中国也不是人们普遍重视的主要景物,更谈不上是中国的重要象征。这样,马可·波罗没有提到长城,乃是合乎情理的,很自然、很正常的。

三

长城被认作中国的一个重要象征,这是从明代开始的。明朝建立后,对北方的防御十分重视。整个明代,几乎没有中断过对长城的修建。明长城东起山海关,西至嘉峪关,是中国"现存历代长城遗迹中最完整、最坚固、最雄伟的实物"[1]。

也就在明朝正德年间,欧洲人开始来到中国沿海活动。从此,中国与欧洲有了日益频繁的直接交往。通过亲自观察以及研究中文著述,欧洲人对中国的认识也在不断地加深。

1549年,一批在中国沿海从事走私贸易的葡萄牙人被明军俘获,他们中的一些人在中国南方度过几年的囚徒生活。后来,有个叫伯来拉(Galeote

---

[1] 《中国大百科全书(考古学)》"明长城"条,第332页。

Pereira)的人将自己在中国的经历写成著作,即《中国报道》。在这部著作中,伯来拉只是说鞑靼"与中国为邻,这两国之间有大山分开"①。但是,另一位在中国做了六年囚徒的匿名传教士却在《中国报道,一个在那里当过六年俘囚的可敬的人,在马六甲神学院向神父教师贝唆尔(Belchior)讲述》中这样说道:

> 在中国与鞑靼交界的边境上,有一座极其坚固的城墙,它的长度可以让人走上一个月,皇帝将大量的士兵安置在堡垒中。当城墙修筑到高山处时,他们就对高山进行劈削加工,从而使高山能作为城墙的组成部分而保留下来,因为鞑靼人非常勇敢,且精于战争。当我们在做囚徒时,他们曾冲破此城墙,进入中国内地达一个半月路程远的地方。但由于中国皇帝准备了大量的军队,这些军队有精巧的装备(中国人擅长此道),赶走了骑马作战的鞑靼人。由于鞑靼的马匹越来越疲乏饥饿,一个中国军官命令将大量的豆子撒在田野上,这样,那些饥饿至极的马匹再也不听主人的使唤而来吃豆子。于是,中国皇帝的军队就将他们打得大溃而归。现在,城墙上监守严密。②

这位匿名传教士讲述的时间是 1554 年,此报告最早在里斯本用西班牙文刊印的时间是 1555 年。这是我们目前所知的欧洲人关于长城的最早记述。

1563 年,曾在印度生活过的葡萄牙历史学家巴洛斯(João de Barros)在他的《第三十年》中说,在一幅关于中国的"完整地图中绘有此城墙,据说此地图系中国人所作,上面形象地表示所有山河城镇,标出其中文名称。……而在我们获得此地图以前,我们也已得到一小卷宇宙志著作,附有一些标明地貌和注明旅程的地图。上面即使没有绘出此城墙,但我们已得知它的信息。而且我们原来从它们那里知道的是,此城墙不完全是连绵不绝的,仅仅

---

① C. R. 博克舍(C. R. Boxer)编注《十六世纪中国南部行纪》,何高济译,中华书局,1993 年,第 26 页。

② Juan Gonzalez de Mendoza, *The History of the Great and Mighty Kingdom of China and the Situation Thereof*, edited by Sir George T. Staunton, with an introduction by R. H. Major, London, printed for the Hakluyt Society, reprinted in Peking, 1940, pp. xliv-xlv.

是建在某些险峻山脉的关口。但我们现在已经看到他们如何将它绘成延绵的整体,在这一点上我们大为惊奇"①。巴洛斯还认为,中国的长城当在北纬43度到北纬45度之间,并指出中国人修筑长城的目的是为了防御鞑靼人的入侵。②

1570年,克路士(Gaspar da Cruz)的《中国志》出版,作者曾在中国沿海活动过几个月。该书这样叙述长城:"一般肯定说,在中国人和鞑靼人之间有一道100里格长的墙,有人说它超过100里格";"据说这道长城不是连续的,其间被一些山脉和山头隔断,一位波斯主人向我肯定说,波斯某些地区也有类似的工程,中间也隔着山头和山脉"。③

1575年,以传教士拉达(Martin de Rada)为首的一个西班牙使团来到中国,在福建逗留了两个月,并携带大量中文图书返回马尼拉。拉达后来将自己在中国的见闻写成报告,他这样描述:"〔中国〕北面是一道雄伟的边墙,那是世界上最著名的建筑工程之一。它必定有差不多700里格长,7呵高,底部6呵宽,顶部3呵,而据他们说全盖上瓦。根据他们史书说,这道边墙是将近1800年前由秦始皇所建。"④

与巴洛斯、克路士等人相比,拉达明显地更了解中国的历史,更了解明长城的雄伟规模。但也正是从他开始,西方人将历史上记载的秦长城与实际上存在的明长城混为一谈。克路士和拉达的著作后来成为门多萨(Juan Gonzalez de Mendoza)《大中国史》的主要资料来源。门多萨的这部名著出版于1585年,他在书中这样记述长城:

> 在这个国家中有条防线或城墙,它有500里格长,始于Ochyoy城,⑤此城位于高山上,由西向东延伸。建造这道城墙的该国国王名叫

---

① C. R. Boxer, *João de Barros*, *Portuguese Humanist and Historian of Asia*, New Delhi, 1981, pp.106-107.一般认为,巴洛斯是第一位记述长城的欧洲人,但我们发现上文提到的那位匿名传教士更早一些,可惜他的名字没有留传下来。

② D. F. Lach, *Asia in the Making of Europe*, Vol. I, Chicago and London, 1965, p.739.

③ C. R. 博克舍编注《十六世纪中国南部纪行》,第49、60页。

④ 《十六世纪中国南部行纪》,第187页。

⑤ 英译者注Ochyoy即陕西的Ho-chow。明长城西起嘉峪关,当时隶陕西肃州。Ho-chow的中文地名,吴孟雪作"河州",见其《明清欧人对中国舆地的研究(二)》,《文史知识》1994年第2期。但河州位于明长城以南,并不在长城线上,故Ochyoy所指向地,尚待续考。

Tzintzon,①建造此城墙的目的是为了防御鞑靼人,因为他与鞑靼人多次发生战争;这道城墙防卫着与鞑靼交界的所有边境线。但你要知道,这道城墙有 400 里格都是天然的岩石构成,这些岩石既高大又坚固,紧挨在一起;另 100 里格的城墙则跨越在这些岩石之间的空地上,这部分城墙是秦始皇命令人们用坚硬的石头筑成的,城墙的底部有 7 噚宽,高度也是 7 噚。它始于 Canton 省的海边,②经 Paguia 和 Cansay,终于 Susuan。③此国王为了完成这一伟大工程,在全国每三丁中抽征一人,每五丁中抽征二人。筑城的劳工们远行到各个不同的地方(尽管由最接近长城的各省提供大量的劳力),但他们后来几乎都死于筑城。

建造如此雄伟坚固的城墙,导致了整个国家都起来反对这个国王,在他统治四十年后,他被杀死了,他的一个名叫 Agnitzi(二儿子?——引者)的儿子也被杀死了。关于这个城墙的报道是千真万确的,因为所有来到菲律宾群岛、广州、澳门的中国人都这样说,因为他们亲眼见过它,所以他们说的是事实:由于它位于这个王国的最远处,所以至今为止我们中谁也没有到过那里。④

这样,在门多萨的著作中,秦长城与明长城被进一步混淆在一起,而且,由于门多萨的《大中国史》是"16 世纪突出的一部'畅销'书,……也许可以不夸张地说门多萨的书在 17 世纪初被大多数受过良好教育的欧洲人读过"⑤,所以,门多萨的这种混淆在欧洲人中间产生了广泛的影响。

从 16 世纪末的利玛窦开始,欧洲人终于直接进入到中国内地,并有可能亲眼目睹长城。但是那时他们所看到的长城只能是明长城。在利玛窦的《中

① 拉达的原著记长城为 Cincio 所筑。Tzintzon 与 Cincio 当指秦始皇,或即"秦始皇"的对音异写。吴孟雪将 Tzintzon 译为"嬴政",见上揭她的论文。
② 在大航海以来的西文文献中,Canton 一般指称广州,但此处的 Canton 当指"关东"。参见上揭门多萨书英译本第 28 页注 2。
③ Paguia,当指北直隶,参见上揭门多萨书英译本第 22 页注 1。Cansay 和 Susuan,门多萨英译本和博克舍书均认为是江西和四川,但此处用以记述长城,显然不协,有待继续研究。
④ J. G. de Mendoza, *The History of the Great and Mighty Kingdom of China and the Situation Thereof*, ed. by S. G. T. Staunton, London, 1853, pp.28-29.
⑤ 《十六世纪中国南部行纪》,第 1 页。

国札记》中有两次提到长城。他说："中国南部以北纬 19 度为界,终于他们所称的海南岛,这个字即南海的意思。由此伸展至北纬 42 度,直达北部长城,中国人修建长城作为与鞑靼的分界,并用以防御这些民族的入侵。"他又说:"著名的长城终止于中国西部边疆的北端。这里是一片大约 200 平方英里的开阔地面,被阻于长城脚下的鞑靼人惯于从这里侵袭中国。"在记述 17 世纪初鄂本笃(Bento de Goes)从印度到中国的那次著名的陆上之旅时,他还写道:"离哈密以后九天,他们就到达中国著名的北部长城,进抵一个叫嘉峪关的地方。"[①]鉴于利玛窦的此项记述所依据的是鄂本笃的随从以撒(Issac)凭鄂本笃一些手稿的回忆,我们在此难以分辨称嘉峪关一带为"中国著名的北部长城"的是利玛窦还是鄂本笃,但这里指称的是明长城则是毫无疑问的。

由于进入了中国内地,传教士们还得以确定长城的准确位置。与利玛窦同时代的传教士庞迪我(Diego de Pantoja)在 17 世纪初出版的一部著作中,"告诉欧洲的会友,经他用星盘实测,北京的正确位置应在北纬 40 度一带。中国北方的边境距北京两个纬度,赫赫有名的长城就横亘在北纬 42 度一带"[②]。正是由于从 16 世纪起传到欧洲的对长城的报道不断增多,并且为传教士亲眼目睹的经历所证实,长城日渐被欧洲人视作中国所特有的事物,甚至是它的重要特征。但与此同时,在他们的认识里,历史上的秦长城与现实中的明长城渐渐混为一谈,而且成了一种定式。

秦长城与明长城之间的混同也反映在欧洲的地图学上。长城出现在欧洲人绘制的地图上,可以追溯到 1561 年,当时梵勒霍(Bartholemeu Velho)根据欧洲所得到的关于中国的新知识,在中国与鞑靼之间标上了一道长城。[③]在 16 世纪及 17 世纪前期有关中国的新知识中,除了欧洲人自己所写的各类行纪、报告、书信等之外,还有一个很重要的部分,即流入欧洲的中文地图。不少欧洲人通过各种途径将一些当时中国所刻印的明朝地图带

---

①　《利玛窦中国札记》,何高济、王遵仲、李申译,第 7、558、559 页。

②　庞迪我《一些耶稣会士进入中国纪实以及他们在这一国度看到的特殊情况与该国固有的引人注目的事物》,塞维利亚,1605 年,第 56 页。转引自张铠《16 世纪欧洲的中国观——门多萨及其〈大中华帝国史〉》,黄时鉴主编《东西文化论谭》,上海文艺出版社,1997 年。

③　D. F. Lach, *Asia in the Making of Europe*, Vol. I, book 1, p.224; book 2, p.817.

回欧洲,①欧洲人就是以这些中文地图为主要依据而绘制有关中国与东亚地图的,因此,在这些西文地图上所出现的长城自然就是明代的长城。例如普切斯(Samuel Purchas)所绘的中国地图就是完全以中文地图为蓝本的,他只是将图上的中文地名去掉,再根据耶稣会士提供的材料而填上西文的拼写,但图的顶端还保留着《皇明一统方舆备览》的中文字。后来在欧洲出版的中国地图上所标绘的长城也都是明长城。在1993年出版的拉赫(D. F. Lach)名著《亚洲在欧洲形成中的作用》第三卷第四册中,就附有一些这样的地图,如1652年巴黎出版的达贝维叶(Nicolas Sanson d'Abbeville)的亚洲地图、1662年阿姆斯特丹出版的布洛(Johan Blaeu)的亚洲地图、1655年卫匡国(Martino Martini)绘制的中国地图、1687年柏应理(Philippe Couplet)《中国哲学家孔子》一书所附的中国地图、1670年阿姆斯特丹出版的基旭尔(Athanasius Kircher)《中国图说》一书中的中国地图以及1666年巴黎出版的纽霍芬(Johan Nieuhof)访华报告所附的中国地图,等等。②

16、17世纪的欧洲强国是西班牙、葡萄牙和荷兰等,英国还比较落后。当时英国关于中国的种种知识主要是从这些大陆国家获得的,其中包括那种将明长城与秦长城混为一谈的长城观。18世纪,英国兴起,成为世界上最强大的殖民帝国。也正是在这个时候,英国首次向中国派出了以马戛尔尼(Macartney)为首的外交使团,于是英国人第一次亲眼见到了中国长城。使团的主要成员回国后纷纷介绍自己所见到的长城,随行的一位画家亚历山大(W. Alexander)还画下了一幅长城的雕版画。马戛尔尼使团对英国公众进一步了解中国、了解中国的长城起了极其重要的作用。这里且不说有关著作在英国的出版与流传,我们只要看看亚历山大那幅长城画的影响,就可以管窥到这一点。亚历山大的这幅画作于1793年,在将近半个世纪后的1841年,阿隆(T. Allom)所画的长城图,其总体背景竟然与它完全一样,只是将画面上作为陪衬的人物换了一下而已。③

---

① 李孝聪《欧洲所藏部分中文古地图的调查与研究》,《国学研究》第三卷,北京大学出版社,1995年。

② D. F. Lach, *Asia in the Making of Europe*, Vol. Ⅲ, book 4,图版284—292。

③ James Orange, *The Chater Collection: Pictures Relating to China, Hongkong, Macao, 1655-1860*, London, 1924, Section Ⅲ, No.10; Section Ⅺ, No.4。

但是,也正是这个马戛尔尼使团进一步混淆了明长城与秦汉长城。安德逊(Aeneas Anderson)在其《英使访华录》一书中写道:"一位官员告诉我,当我们一起在城墙上行走时说:根据他的国家的历史所载,长城是在二千年前建筑完成的;那就早在耶稣纪元前好几个世纪了。"①斯当东(G. L. Staunton)在《英使谒见乾隆纪实》中写得更多:"这条防线的最初建筑年代无从查考,但它的建成年代在历史上则是信而有征的。这个时候,相当于西历纪元前三百年代。从这个时候起,中华帝国历代相沿下来,当中没有任何空白。世界上任何其他国家没有中国那样注意历史材料,也没有中国学者那样认真地把历史当作一门专业来研究。⋯⋯在这种情形下,我们没有理由怀疑到这个牵涉到千百万人所造的长城的历史年代的可靠性。"②初读起来,这样的报道似乎没有什么问题;但实际上,它仍隐含着一种对读者的误导,使读者以为他们所描述的明长城就是秦汉长城的沿存,有如前面已引述的拉达和门多萨的记述那样。现在我们发现,这种误导的影响是十分深远的,它似乎深深地扎根在一些人的心中。

在这里,我们也想说一说斯当东分析马可·波罗未提长城的事。当时的问题是,由于马可·波罗未提长城,一位意大利作家竟怀疑当马可·波罗来华时,"是否有这条长城"。斯当东论说:"这一事件绝不能抵消这么多证明它的存在的信而有征的文件。"同时,他指出,马可·波罗也可能"把长城遗漏掉"。但他根据被发现的马可·波罗到中国的路线图,说明"他事实上并没有穿行长城线"。③可惜的是,斯当东所据的路线图本身并不可靠,因而他的结论也就难以成立。事实上,情况要复杂得多;但斯当东想到用马可·波罗来华路线与长城的关系来探究他是否经过长城,这倒是一条值得称道的思路。有趣的是,现在的否定方向倒了过来,长城是无可置疑的了,那么,马可·波罗未记长城,他是否到过中国就值得怀疑了。我们的答疑已如上述。现在我们颇想问,坚持提出这种疑问的人是否实际上对中国长城建筑的历史还缺乏了解,同时他们是否受大航海以来从拉达、门多萨到安德

① 爱尼斯·安德逊《英使访华录》,费振东译,商务印书馆,1963 年,第 119 页。
② 斯当东《英使谒见乾隆纪实》,叶笃义译,商务印书馆,1963 年,第 342—343 页。
③ 《英使谒见乾隆纪实》,第 344 页。

逊、斯当东诸人的误导的影响实在太深了。在我们看来,吴芳思在其著作的附图上仍然画着明长城,正是这种影响的一个新的明证。

四

今天,对于普通公众来说,要他们将实际上看到的明长城与历史上的秦汉长城区别开来,这是一种苛刻的要求,即使是一般的中国人也并不是人人都清楚这种区别的。但对于吴芳思来说,那就不同了,因为她是专门研究这一问题的,她理当通过自己的研究而将这种区别告诉给读者。事实上,她对这种区别是有所了解的。她在书中也写到,秦汉以后迄于元代,中国的统治者们并没有大规模地去修建长城;但她还是坚持说:"我的感觉是,尽管没有重大的建造或修缮长城的活动,在 13 世纪定会残留着许多夯土城墙;而如果从西部进入中国,就不大可能会对这些城墙不加注意。"①而且她正是凭着这种感觉来大谈特谈诸如马可·波罗未记长城之类的"漏写"问题。吴芳思的这种做法无疑就会进一步误导读者。我们现在已经在她为其书中文版所作的跋文中读到,"英文版出版后读者的评论大都围绕马可·波罗的书有漏写这个问题"②。显而易见,如果人们在研究马可·波罗的时候竟将注意力集中在所谓"漏写问题"上,那么这项研究还能取得多少学术性进展呢?

关于吴芳思的这部《马可·波罗到过中国吗?》,正如它的中译者所说的那样,其"内容主要是一些持类似的学者的论点的综合,书中并没有作者本人很多独创的新见解"③。其实,通观国内外学术界的马可·波罗研究史,怀疑论者否定马可·波罗到过中国的主要论据也就是两点:一是在元代的中文文献中找不到一个名叫马可·波罗的欧洲人,二是马可·波罗漏写了若干中国所特有的事物。

怀疑论者的第一个论据实际上并没有什么说服力,因为一方面,并非所

① F. Wood, *Did Marco Polo Go to China?*, p.101.
② 《马可·波罗到过中国吗?》,第 202 页。
③ 《马可·波罗到过中国吗?》,第 4 页。

有来华的外国人都会被载入中文文献,例如吴芳思说中世纪"越过中亚"的传教士"多如牛毛"(nose to tail),但在中文史料中能找出几个人的姓名呢?另一方面,来华的外国人即使被载入某一中文文献,但随着历史的变迁,它可能已经佚失。对此,我们想再多说几句。

如果马可·波罗的名字在中文文献中被发现了,这当然可以作为他到过中国的重要证据。现在的问题是,他的名字不见于存世的中文文献,那是否即可确证他并未到过中国? 换句话说,是否只要人们提供不出这方面的史料,就可以否认马可·波罗到过中国?

在这个问题提出来进行讨论的时候,有的人的大前提是中文文献十分丰富,而且记载详细,马可·波罗这样一个有名的人物,一定会被记录下来,不会漏记。在这个时候,他们是十分看重中文文献了。可是这个大前提是否可以成立呢?

诚然,中国的历史学从来十分发达,中文文献的丰富与连贯是无与伦比的。但这不等于说,中国的历史文献一定会记下任何事情和人物,而且一个不漏地流传下来。对于外人入华,如果说当时未加载录,或者载录后佚失了,那么这位外人的名字就不可能再在中文文献中找到。

在蒙元时,入华的外人很多,其中包括中亚、西亚、南亚、东南亚、东欧、西欧和北非的各种人士,但是在元代文献中,留下名字的实在是太少了,马可·波罗并不是一个特殊的例外情况。例如,吴芳思提到的鄂多立克(Friar Odoric),他的游记的确比马可·波罗多记了缠足与鸬鹚捕鱼,看来,吴氏是首肯他到过中国了;可是他的大名在中文文献中也是找不到的。还可以举出一批欧洲人士,他们元时来华在西文文献中可谓有据,但他们的名字同样在中文文献中查不出来。

我们都知道,元代的中文文献保存下来的实在很是有限。例如,在明初编成《元史》以后,元代的历朝实录佚失无存,更不用说各种档案资料了。这样,即使马可·波罗的名字曾经被记载下来,在文献大量佚失的情况下,他的名字也就可能消失。正是在其他学者从中文文献中确实找不到马可·波罗名字的时候,杨志玖教授发现了一条史料,据此可以证明马可·波罗真的到过中国。但杨教授从"站赤"中发现的这条珍贵的史料,现在也只见于明初编纂的《永乐大典》的残本之中,如果当年英法联军将《永乐大典》毁灭得更加彻底,那么,今天谁还能发现它呢?

为了说明这个研究方法上的问题,我们在这里再举一个中英关系史上的显例。1792—1793年间,英国马戛尔尼使团访华的事,这是双方都有文献记录的。但是如果单凭中文文献,使团中的一些扈从人员的名字已经找不出来。例如,上文提到的亚历山大,他是一位画家,访华时绘了许多关于中国的画,其作品与声名一直流传至今。可是亚历山大这个名字,如今遍查有关的中文文献,包括大量档案资料,却无一见。

不仅是这一位亚历山大,即使是其他一些使团成员的名字,如果没有迄今保存的军机处档案和内务府档案,单凭《清实录》和《东华录》,就不可能找到了。《清实录》记有关马戛尔尼使团之事,共57处,但提到名字的只有2处,一处记"正使吗嘎咏呢、副使嘶哰唻",另一处记"使臣吗嘎咏呢等"。而《东华录》则只有一处提到"吗嘎咏呢"。在《清史稿》中,也只有3处存下了"吗戛尔尼"(一处作"吗戛尔")的名字。如果上述清代档案和《清实录》不存,那么,连斯当东副使这样重要的使团成员也就在中文文献中找不到了。①这样的话,也许有的研究者同样会由于这种"漏记"而否定他到过中国了。在这里我们可以发问,这样做是否将历史研究看得过于简单了一些,是否在历史研究中投入了太多的主观任意性?

也许是由于怀疑论者多少意识到他们的第一个论据缺乏说服力,所以他们更喜欢在第二个论据上大加发挥,即吴芳思所说的"漏写"问题。对此,我们在《关于茶在北亚和西域的早期传播》一文中曾经说过:"从研究方法而言,这样的论证是不能成立的。对于古代旅行家留下的游记,宜从总体上探讨它的真实性,特别需注意他与前人及同时代人相比,是否正面提供了可以印证的新资料。以这样的标尺来衡量,一个多世纪以来马可·波罗研究已经证明马可·波罗确实到过中国,他对中国的描述从总体上看是真实的。反之,如果只要指出某部游记没有记载某些内容,就否定它的真实性,那就

---

① 上段与本段的文献资料,请参考中国第一历史档案馆编《英使马戛尔尼访华档案史料汇编》,国际文化出版公司,1996年。

几乎可以否定全部游记,但这只能是对历史的一种苛求,缺乏逻辑的说服力。"不知吴芳思以为然否?

怀疑论者因为在马可·波罗的著作中找不到一些中国特有的事物而否定他到过中国,如果根据这种逻辑进行推论,那么,人类的许多重大历史活动就可能都被宣布是不存在的。正如玉尔早已指出的那样,在巴塞罗那的档案中找不到欢迎哥伦布入城的记载,在葡萄牙的档案中没有关于亚美利哥为国王而远航的文件,[①]我们难道可以据此而否定这两个人到过美洲吗?在我们前面的论述中也可以看到,在元代,周伯琦等人都没有记载长城,难道我们可以说他们这些人都没有在大都与上都之间旅行过吗? 显然不能。因此,怀疑论者的这种论证方法显然是不合逻辑的。

当怀疑论者以上述逻辑否定马可·波罗到过中国时,他们似乎忘记了一个最重要的基本事实,这就是:马可·波罗固然"漏写"了一些中国的事物,但与这些事物相比,书中更多的则是对中国的正确描述。如果否定马可·波罗到过中国,那么,怀疑论者就必然会面临着这样一个难题:如何合理地解释马可·波罗著作中关于中国的大量记述的正确性,特别是那些具体细节的正确性? 对此,怀疑论者很少有人给予正面讨论,只有福赫伯提出过马可·波罗游记可能是从某个波斯导游手册中抄来的。但这里的关键是,迄今为止,谁也没有发现过这样一本导游手册,这样一本导游手册根本是不存在的。假设一种不存在的东西来否定业已存在的东西,这当然不能成立。所以,福赫伯本人又回过来说,在确证马可·波罗书有关的章节是采自其他(可能是波斯的)资料以前,必须假定和推测他毕竟是在那里。我们感到,福赫伯是在认真地探讨有关的课题。

据说马可·波罗临死前,有人要他声明他在书中所说的都是些无稽之谈,但马可·波罗却回答:我所说出来的还不到我所见到的一半。长期以来,许多人都用马可·波罗的这句临终遗言来解释马可·波罗为什么没有提到那些所谓"漏写"的事物,也就是说,马可·波罗还没有来得及将这一切

① *The Book of Ser Marco Polo the Venetian Concerning the Kingdoms and Marvels of the East*, translated and edited, with notes, by Colonel Sir Henry Yule, Revised by Henri Cordier, London, 1926, pp.110-111.

说出来。①也许,就有些中国事物而言,马可·波罗确实看到了但没有来得及告诉世人。但是,另有一类中国事物,马可·波罗或者根本就看不到,或者即使看到了也不会留下特殊的印象。我们以为,怀疑论者所列举的那些"漏写"的事物,大都属于这一类。例如,关于茶的问题,我们早已说过,迄止13世纪70年代,并无资料证明蒙古人与回回人已普遍饮茶,即使到了90年代初,也很难说蒙古人与回回人已饮茶成风,长期生活在蒙古人与回回人中间的马可·波罗自然就不一定能得到茶的信息,或者将饮茶当作什么中国特有的重要事物。这样,他在书中未有记茶也可以说是合乎情理的。在本文中,我们又讨论了马可·波罗为什么未记长城的问题,不知怀疑论者以为如何?

我们认为,要说明为什么马可·波罗会"漏写"一些关于中国的事物,首先就必须考察这些事物在当时是否存在;如果存在的话,又是什么样子的;它们当时是不是已成为中国的重要标志,是不是必然会引起外来旅行者的特别注意。只有在进行这样的考察和研究之后,才能合理解决所谓"漏写"问题。诸如茶、长城和缠足等"漏写"问题,都当作如是观。

最后,我们再稍微谈一下怀疑论者颇感兴趣的另一个"漏写"的事物,即女子缠足。吴芳思说:"在这些争论中,最奇怪的一点是,马可·波罗没有记述缠足,因为这几乎是后来的旅行者首先看得入迷的习俗。"②由于篇幅的限制,本文不可能对此问题展开讨论。好在吴芳思自己的这句话已在一定程度上对这个问题作了回答。在她的这句话中,"后来的"这一定语正是问题的关键。也就是说,对于缠足,西方"后来的旅行者首先看得入迷",但马可·波罗是否就一定能见到这种习俗呢?吴芳思不仅不能证明马可·波罗时代缠足已成为普遍流行的习俗,相反,她已经意识到"在波罗氏一行正在中国的蒙元时期,缠足之风没有广泛流行,外国旅行者有可能见不到那些不能走远路的缠足妇女","妇女居家不出户使马可·波罗看不到几个汉族上层妇女"。③遗憾的是,对于这样一个至关重要的问题,吴芳思并没有深究下

---

① Nigel Cameron, *Barbarians and Mandarins*, Oxford University Press, 1989, pp.63, 65.
② 《马可·波罗到过中国吗?》,第 99 页。
③ 《马可·波罗到过中国吗?》,第 97 页。

去,而是将它轻易地回避过去了。她只是一味坚持马可·波罗应当看到并且记下女子缠足,就像"后来的旅行者"那样。吴芳思的这种要求岂不是过于强人所难了吗?

关于缠足,吴芳思在讨论杨志玖教授的论文时还说过这样一段话:"他在论文中没有解答为什么书中漏写缠足问题,虽然他可以通过再次强调马可·波罗与汉人隔绝(而与长着两只大脚片的蒙古人接近)的办法给予回答。他没有把这个问题提出来无疑主要是因为当代中国人对这种古代的习俗极为反感,并把西方人对这种习俗的兴趣视为一种侮辱。"①确实,缠足是中国历史上的一种陋俗。但是,只要稍微了解一些中国近代妇女解放运动史的人,就会清楚地知道近代中国人对这种陋俗进行了何等坚决彻底的批判与否定。同时,我们也明白,当西方人对这种习俗表现出强烈兴趣时,并不见得他们个个都是出于善意。现在,吴芳思就一位中国学者未提缠足问题发表上述议论,所据又何在呢?杨志玖尚未对所谓马可·波罗"漏写"缠足问题发表己见,这是事实;然而,吴芳思凭什么说这"无疑主要是因为当代中国人对这种古代的习俗极为反感,并把西方人对这种习俗的兴趣视为一种侮辱"呢?在这里,我们且不说别的,至少吴芳思再一次表现出她的过于强烈的主观揣测。用这种乱加臆测的学风怎么能对复杂的历史问题进行认真的研究呢?

《马可·波罗行纪》自问世以来,引起了人们的种种争议。在各个时代,争议的内容以及造成争议的原因是不同的。中世纪的欧洲,对东方充满了种种荒诞的观念,由于对东方的知识十分有限,人们对马可·波罗的许多说法都表示怀疑。但是,他所描述的东方毕竟使欧洲人眼界大开,并促使他们去寻找奇异的东方。随着时间的推移,近代的学术研究使马可·波罗其人其书的真实性被逐渐认知;同时,人们也发现他的描述确有不少不实与夸张之处。也有人继续怀疑其书的真实性;甚至进而认为他没有到过中国。问题在于,认为马可·波罗没有到过中国的人,既不能否定可以说明马可·波

---

① 《马可·波罗到过中国吗?》,第183页。

罗确实到过中国的论说,又不能提出确立己说的真正有力的论据。我们认为,怀疑论者之所以如此,是因为他们在研究方法上存在着三个问题:一是他们的两个主要论据缺乏逻辑上的说服力;二是他们对其论说的中国事物缺乏历史的了解,对中文文献的掌握也尚欠深入;三是他们对中国的看法多少有一种定式,在不同程度上尚未摆脱大航海以来在欧洲逐渐形成的中国形象,尤其是在"中国特征"方面。凡此种种,我们进行了一些分析。本文旨在促进对马可·波罗其人其书的研究走向深入,不当之处,尚祈方家与读者指正。

1997 年 6 月 30 日完稿

附记:

　　本文写毕,正拟寄出,恰好读到《历史研究》1997 年第 3 期上刊出的杨志玖教授撰写的《马可·波罗到过中国——对〈马可·波罗到过中国吗?〉的回答》一文,见他已作全面的学术性的回答,十分钦佩。考虑到拙文的视角与杨先生的论文有所不同,且又着重讨论关于马可·波罗"漏写"长城的问题,故仍将它封函付邮。惟本文写于杨先生论文发表之前,已来不及参读该文进行修改,故请读者鉴谅。

　　(原载《中国社会科学》1998 年第 4 期,第 147—171 页;收入作者《黄时鉴文集》第 2 卷,中西书局,2011 年,第 234—253 页。其英文译本"Marco Polo and the Great Wall—Also on *Did Marco Polo Go to China?*"刊于《中国社会科学》英文版 1999 年第 3 期。)

马可·波罗与长老约翰

——附论伍德博士的看法

杨志玖

马可·波罗《寰宇记》中几次提到长老约翰其人,与马可·波罗前后来华的西方传教士也提及此老。长老约翰是何许人,为什么人们对他饶有兴趣,津津乐道?①

长老约翰是欧洲在十字军时期(1096—1291年)出现的一个传说人物。约在1145年前,叙利亚的嘎巴拉(Gabala,今黎巴嫩的Jubayl,朱拜勒)主教于格(Hugh)致书罗马教廷,报告说,不久前在远东有一个既是国王又是教长的聂思脱里教派(景教)的人名叫约翰,他富有而有权势,是在耶稣初生时从东方来朝见他的三个贤士(Magi,汉译基督教《新约》经译为博士)的后裔。长老约翰为了恢复被穆斯林夺取的圣地耶路撒冷,他进击波斯,攻陷其国都埃克巴塔那(Ecbatana,今伊朗哈马丹)。但在为援助十字军而西进时,却为底格里斯河所阻。其军队也遭到病伤,攻取圣城的计划未能完成而退兵。

这只是一个传说中的人物,是一个子虚乌有型先生。但在当时,却引

---

① 长老约翰英文作Prester John,法文作Prêtre Jean,张星烺汉译《马哥孛罗游记》、冯承钧汉译《马可波罗行纪》俱译长老约翰,但也有别种译法。如郝镇华汉译英人阿·克·穆尔的《一五五〇年前的中国基督教史》译为铎德约翰,汉译《简明不列颠百科全书》第4卷第238页"Prester John"条译为祭司王约翰,其祭司英文则为Priest。查《英汉辞海》,Prester本是个拉丁语,其义为毒蛇、灼人的旋风、因愤怒而青筋暴胀等,对英语只是废语与古语(《英汉辞海》下,第4138页,Chambers Marray拉—英字典第574页同)。法文Prêtre与英文Priest、Clergyman同义,Priest有牧师、祭司等义,又是近代拉丁文Presbyter的变体,Presbyter通译为新教长老会的长老,Prester John西方人习惯上称他为Presbyter John,又称之为Priest(亨利·玉尔注本上册,第233页),Prester可能是Presbyter的简称。

传说中的长老约翰画像

起西欧基督教徒的极大兴趣而欢欣鼓舞，因为这符合、满足他们从信奉伊斯兰教的塞尔柱突厥人手中收回圣地的愿望，这一传说人物也因之为他们所熟知。可是，当人们认真追究这个传奇人物的确实身份时，却遇到难题。有人认定他是建立西辽的耶律大石，因为他在1141年曾打败了波斯塞尔柱王朝的苏丹（国王）桑贾尔（Sandjar），而耶律大石当时被称为葛儿汗（亦作菊儿罕或古儿罕、局儿罕，义为众部或全体之主），此名转为拉丁文为Gurkhan，在西突厥语音中则读如Yurhan，与约翰（Yochanan 或 Johannes）相似；有人则认为是指谷儿只（格鲁吉亚）国王太子约翰·奥尔伯连（John Orbelian）；此外还有指亚美尼亚或印度、埃塞俄比亚国王诸说，甚至认为是指成吉思汗的。①众说纷纭，足证此老之来历不明。但有一点是共同的，即他们拟定的人物是反对或征服伊斯兰国家的，或长老约翰所在的国家是信仰基督教，特别是聂思脱里派基督教的。

公元1206年成吉思汗统一蒙古后，即以优势的兵力向外扩张，消灭了中亚的花剌子模国，侵入了俄罗斯；继起的窝阔台汗又派遣拔都西征，征服了俄罗斯，侵入波兰、匈牙利、奥地利等国，这使西欧的基督教世界大为震惊。为此，他们多次派遣教士出访蒙古，一方面是探听蒙古国力虚实，一方

① 关于长老约翰，亨利·玉尔（Henry Yule）*The Book of Ser Marco Polo*（《马可·波罗游记》）注释本1929年版上册，第231—237页注4言之较详，本文即据之。伯希和（P. Pelliot）的 *Notes on Marco Polo*（《马可·波罗注》）《成吉思汗》第304—305页，在"作为大维王的成吉思汗"标题下，转述西方传说，以成吉思汗为大维王（King David），而后者则为约翰王的四代孙。

面是劝蒙古息兵修好。同时,因传闻东方有基督教徒,也有寻找长老约翰踪迹、证实其人的存在和劝蒙古信奉基督教的意图。其中有代表性的使节应推柏朗嘉宾(John of Plano Carpini,直译约翰·普兰诺·加宾尼)和鲁布鲁克(William of Rubruck,直译威廉·鲁不鲁乞)。

柏朗嘉宾于 1245 年 4 月奉罗马教皇英诺森四世(Innocent Ⅳ)之命从法国里昂启程出使蒙古,1247 年 11 月返回里昂。在他的称为《蒙古史》的报告中,他说,成吉思汗派他的一个儿子率兵进攻大印度的基督教徒,被大印度的国王长老约翰用称为希腊火的铜制武器所击退。注释家认为,这可能是据 1221 年 11 月间成吉思汗追赶花剌子模王子札阑丁于印度河畔的史实附会而成。①

1253 年 5 月,法国方济各会修士、鲁布鲁克村人威廉奉法王圣路易九世之命出使蒙古,次年 1 月到 5 月,曾见到蒙古皇帝蒙哥。当年 8 月离开哈剌和林,于 1255 年 8 月到达的黎波里(今非洲利比亚国首都),写出他的东行报告,称《东行纪》(或译《东游记》)。他也提到长老约翰。他说,有一个乃蛮人的贵族是聂思脱里派基督教徒,"在古儿汗(Coir Chan)死去以后,他自立为王,聂思脱里派教徒称他为约翰王"。鲁布鲁克认为教徒们对他的传说是夸大其词,无中生有。又说,这个约翰王有一兄弟名汪罕(Unc),是一个称为哈剌和林小城的君主,他统治的人民叫克烈(Crit)和蔑儿乞惕(Merkit)族,都是聂思脱里派教徒,但汪罕却不信基督教而崇拜偶像和巫师。鲁布鲁克还叙述了汪罕与成吉思汗的冲突和结局。在另一处,他讲到乃蛮人时则称约翰王为长老约翰。②

按,上述的古儿汗即西辽耶律大石称帝后的尊号,此号为其继承人所沿用。"自立为王"的约翰王则是乃蛮王屈出律(《元朝秘史》作古出鲁克),他为蒙古所逐,逃至西辽,西辽王直鲁古妻以孙女,不久即为屈出律篡位。这样,传说中的长老约翰便从拟定的契丹人耶律大石变为乃蛮人屈出律了。至于汪罕,并非屈出律的兄弟而是克烈部的部长,克烈(或克烈亦惕)部也是

---

① 耿昇译《柏朗嘉宾蒙古行纪》,中华书局,1985 年,第 49 页正文,第 131 页注 58。
② C. Dawson, *The Mongol Misson*, pp.122—123, 147;吕浦译,周良霄注,道森编《出使蒙古记》,中国社会科学出版社,1983 年,第 139、165 页。

信奉聂思脱里教派的,说汪罕不信此教而崇拜偶像与巫术,可能因这一地区的聂派教徒对基督教义已不甚理解与遵从而受了当地流行的萨满教的影响吧。

马可·波罗书中的长老约翰故事,比前述两位教士所记不尽相同而有其特点。他从哈剌和林城讲起,说这里有一强大的王,名曰王罕(Uncan, Unc Can),用法语讲即长老约翰,鞑靼人(即蒙古人)向其纳什一之税。长老约翰见鞑靼人生殖日繁,恐其为患,谋分散之,并在其内部挑拨离间。鞑靼人识其谋,遂举族北迁,后推成吉思为王。1200 年,成吉思遣使往长老约翰所,求娶长老女为妻,遭其痛斥,成吉思大怒,遂集军于约翰长老所属地之天德(Tenduc)平原,与之战而胜之,长老约翰死于阵中。[①]

这里,马可·波罗把长老约翰认定为王罕,与鲁布鲁克把王罕作为长老约翰的兄弟不同。王罕或汪罕本名脱里(《元朝秘史》旁译作脱斡邻勒,To'oril),是克烈部部长。他受金主封为王,罕亦王义,重言则称王罕或写为汪罕,此音与约翰发音有相同处,而克烈部人又是聂思脱里派信徒,因此西方人把王罕称为长老约翰,这在马可·波罗以前已有先例。[②]至于因求婚未遂而引起战争,也有事实根据。《元史·太祖纪》说:"岁壬戌(1202 年)……帝欲为长子尤赤求昏于汪罕女抄儿伯姬,汪罕之孙秃撒合亦欲尚帝女火阿真伯姬,俱不谐。自是颇有违言。"《圣武亲征录》《元朝秘史》及拉施特《史集》俱有记载,《秘史》言之较详。马可·波罗记此事于 1200 年,与 1202 年相差只二年,很接近实情。[③]但说长老约翰死于阵中则是错误的。这就不如鲁布鲁克所记汪罕逃到契丹(误,应是逃到乃蛮),其女儿(误,应是其弟之女)

---

① 见 A. C. Moule and Paul Pelliot, *Marco Polo: The Description of the World*, pp.161-167;冯承钧译《马可波罗行纪》,第 216—235 页;张星烺译阿尔多利治英译本《马哥孛罗游记》,第 100—106 页。

② 据《出使蒙古记》编者道森在其《绪言》中所引庄维尔(Joinville,或译儒安维尔,约 1224—1317 年)的《圣路易传》记载,定宗贵由汗的皇后斡兀立海迷失于 1248 年末或次年初写给法国国王圣路易的信中有"如果你不同我们保持和平,你就不能获得和平。长老约翰起而反对我们……都已被我们杀死"(Dawson, p. XX;《出使蒙古记》汉译本,第 15 页)等语。此处的长老约翰显然是指王罕。

③ 伯希和《马可·波罗注》在"成吉思汗与王罕之女"(第 303—304 页)标题下认为,马可·波罗记此事于 1200 年虽有偏差,但与事实相距不远。

被俘,嫁于成吉思汗之子,生子蒙哥的记载较确。鲁布鲁克到过和林,较之未到和林的马可·波罗理应所闻所记更准确细致些,但仍有遗漏和错误,马可·波罗记到这种程度也就不容易了。

把双方战场说成天德平原也不正确,但也有来由。在讲到天德省时,马可·波罗说,此省的王是长老约翰的后裔,名乔治(Giorge, Giorgians),为长老约翰后的第六代领主,他们历代皆娶大汗女或大汗同族女为妻。又说,这里是长老约翰当年的首都,人民大部信基督教,这里即吾人所称的葛格(Gog)与马葛格(Magog)之地,但他们则自称曰汪古(Ung)与蒙古(Mongul, Mungul)。汪古人是土著,蒙古人则是鞑靼人,因而鞑靼人常称蒙古人。

这里的天德,即辽、金时的天德军,元时改称丰州,属大同路,城址在今呼和浩特市东郊的白塔镇。马可·波罗称之为天德,可见其时旧名仍存,马可·波罗一定是听当地人说的。乔治即《元史》的阔里吉思,他是汪古部人,汪古部是信奉聂思脱里教派的基督教徒。阔里吉思的曾祖名阿剌兀思·剔吉·忽里,世代为金朝守卫净州(今内蒙古四子王旗附近一带,治所在天山县,今四子王旗西北城卜子村)北的新长城(界壕)。成吉思汗兴起后,阿剌兀思献出界壕关口并作向导,使蒙古军队顺利南下,立了大功,成吉思汗以女儿阿里黑(即阿剌海)妻之,仍令为汪古部主。阿剌兀思为内部异议者所害,其侄镇国继立,成吉思汗妻以其女阿剌海别吉。镇国死后,阿剌兀思次子孛要合继立,其妻仍是阿剌海别吉。继孛要合者为镇国之子聂古鳎(台),其妻是睿宗皇帝(拖雷)之女独木干公主。继聂古鳎者为孛要合的次子爱不花,其妻为忽必烈(元世祖)女月烈公主。继爱不花者即阔里吉思,先娶裕宗(忽必烈子真金)女忽答的(迭)迷失,再娶成宗女爱牙失里。从阿剌兀思到阔里吉思为六代,且俱与皇室女结婚,这和马可·波罗所记完全相同,若非亲历其境,亲听人说,何能如此巧合?只是,他把乔治(阔里吉思)作为长老约翰的后裔,显然是把阿剌兀思当成长老约翰,这和他前面把汪(王)罕作为长老约翰的说法自相矛盾。但这也不妨。如前所述,长老约翰本是个虚无缥缈的人物,只要是有名望的聂思脱里派教徒,甚至连征服过伊斯兰国家的民族首领,都有资格入选,无需费力考证。①

马可·波罗还提到,在天德有一种名曰 Argon 的人,其义犹如法文中的混血儿,是当地的偶像教徒与摩诃末教徒所生的子女。他说的 Argon,即《元史》和元代其他文献中的阿儿浑人,他们是信奉伊斯兰教的,但说他们是混血儿,则是从字面上望文生义的误解。《元史·哈散纳传》说:"哈散纳……后管领阿儿浑军,从太祖征西域……至太宗时,仍令领阿儿浑军并回回人匠三千户驻于荨麻林。"荨麻林即今张家口西的洗马林,与天德相距非遥。从马可所记,可知天德亦有阿儿浑人居住。②总之,马可·波罗所记之天德情况,从人物、宗教信仰、民族几方面,都足以证明他确实到过此地,也就证明他确实到过中国。至于他叙述的长老约翰是否准确、有无矛盾,倒无关大体,无需深究。

英国不列颠图书馆中国部主任弗兰西丝·伍德博士在其《马可·波罗到过中国吗?》一书中,全面否定了马可·波罗到过中国的事实,对马可·波罗关于约翰长老的记载也未放过。在《长老约翰与贤士》("Prester John and the Magi")一章中,她说,马可·波罗降低了长老约翰的基督教方面的

① 关于天德(Tenduc),见 *The Description of the World*,pp.181-183;冯承钧译本,第 265—266 页;张星烺译本,第 121—122 页,Tenduc 张译为天德军,不妥。天德旧虽称军,但原文对音并无军字。关于乔治即阔里吉思的世系及历史,见《元史》卷一一八《阿剌兀思剔吉忽里传》及《元文类》卷二三阎复撰《驸马高唐忠献王碑》,后碑即前传所本。周清澍教授《汪古部统治家族》(刊《文史》第 9 辑,中华书局,1980 年,第 115—141 页)对此研之颇详审。对马可·波罗的六代领主说,周先生断定为阿剌兀思剔吉忽里—不颜昔班—镇国—孛要合—爱不花—阔里吉思(第 138—139 页注 54)。不颜昔班为阿剌兀思长子,阎碑说他与其父同被害,周先生据南宋人等记载证其未死。冯译本《马可波罗行纪》第 273—274 页注 3 据《元史·阿剌兀思剔吉忽里传》定其次序为:(1)阿剌兀思剔吉忽里,(2)镇国,(3)聂古台,(4)孛要合,(5)爱不花,(6)阔里吉思。按,马可·波罗所谓六代系指汪古部领主的次序排列,非以血统次序,从阔里吉思是阿剌兀思的四代孙(曾孙),镇国是其侄,聂古台是镇国之子等关系可知。周先生所列世系中无聂古台,但承认其曾为汪古部领主,只是将其置于孛要合位后。如将聂古列入领主世系中,则自阿剌兀思至阔里吉思为第七代领主,似与马可六代说不合,但相差无几,也可理解为从阿剌兀思后继承人为第一代,皆无关大体。周先生之文考证详审,本文仅在证明马可所言乔治世系大致不差,未能完全利用周先生成果,希周先生与读者鉴谅。周先生另有《汪古部与成吉思汗家族世代通婚的关系》一文(《蒙古史论文选集》1,第 129—154 页,呼和浩特,1983 年,《内蒙古大学学报丛刊》)对两族通婚关系言之甚详,末附《联姻表》,尤便观览,证明了马可·波罗的记载。其中阿剌海别吉(别吉是妇女称号)出嫁四次。乃当时蒙古习俗,不足为异。

② 拙稿《元代的阿儿浑人》之(三)《马可·波罗书中的阿儿浑人》,《元史三论》,人民出版社,1985 年,第 232—234 页。

意义,而仅叙及成吉思汗与约翰婚姻纠纷引起的战争,而此事前人已经说过。又说,马可·波罗把长老约翰的国土置于内蒙古的东侧,认为此地即葛格与马葛格之处,却没有说明这是阿拉伯地理学家早已指出的,这是被亚历山大大帝围在城墙内的两个巨人的名字,而那座城墙常被人认为是中国的长城。至于乔治(阔里吉思)为长老约翰后裔一说,伍德博士指出,这是事实与传说的奇异混合物,因为乔治确有其人,是信奉聂思脱里教派的汪古人的领主。而在确有其人后面,她加括号说:但显然是一个传说中人物的后代!①

从上可知,伍德博士所指摘的,只是些细微末节,而且也不尽恰当。马可·波罗既然提到葛格和马葛格,当然知道有关他们的来历的传说,无需多提。况且在讲到谷儿只一章时,他已述说了亚历山大大帝把鞑靼人关在铁门关的故事,并纠正说,其时并无鞑靼人,只是些库蛮人。②可见他对此传说并不陌生。他把住在天德的汪古人和蒙古人比为葛格和马葛格也有根据,因为,如阿拉伯地理学家阿布尔菲达所记,这两个民族就住在中国的北方。③至于把他们被围的城墙当作中国的长城,马可·波罗书的注释家亨利·玉尔即有此说,笔者对之有不同看法,④暂可不论。问题是,伍德博士是把马可书中未提长城作为他未到中国的证据之一的,现在又因葛格和马葛格问题谈到中国的长城,究竟她是赞同亨利·玉尔的说法还是坚持马可·波罗未提长城呢?

再说乔治即阔里吉思问题。说他是长老约翰的后裔,当然是传说,不足为凭。但在承认乔治确有其人后,又说他是一个传说中人物的后代,不知何意。如我们前面所说,阔里吉思的世系是很清楚的,马可·波罗说他是长老约翰的第六代王位继承人也是确切的,足以证明马可·波罗到过天德这一

---

① Frances Wood, *Did Marco Polo go to China?* pp.23-28.其就 Prester John 指责马可·波罗文字仅第 25 页中之两段。

② *The Description of the World*,p.98;冯译本《马可波罗行纪》上册,第 55 页;张译本《马哥孛罗游记》,第 28 页;亨利·玉尔《马可·波罗游记》上卷,第 50 页,第 53—57 页注 3 谓此即传说中亚历山大大帝禁锢葛格与马葛格之壁垒而讹为中国的长城。冯译本第 59 页注中已引此注。

③ Henry Yule, *Cathay and the Way Thither*, Vol.1, p.255;张星烺《中西交通史料汇编》第二册,第 241 页。

④ 参看拙稿《马可·波罗到过中国》。

带。伍德博士可以不知道元人阎复的《驸马高唐忠献王碑》,似乎连《元史·阿剌兀思剔吉忽里传》也未寓目,不然,何以连乔治的先人是谁都表示怀疑呢? 但是,不管她对马可·波罗关于长老约翰的叙述如何指责挑剔,并不能由此证明马可·波罗未到中国,正如不能以马可以前到达中国的欧洲教士对长老约翰的叙述也离奇纷纭就断言他们未到中国一样。相反,在我们研究了马可·波罗关于长老约翰在天德的传说及乔治王的世系和其他叙述后,却为其到过中国增添了又一佐证。

(原载《南开大学历史系建系七十五周年纪念文集》,南开大学出版社,1998 年,第 74—77 页;转载于《元史论丛》第 7 辑,江西教育出版社,1999 年,第 186—190 页;收入作者《马可·波罗与中外关系》[《杨志玖文集》],中华书局,2015 年,第 123—130 页。)

马可·波罗天德、宣德之行

杨志玖

马可·波罗《寰宇记》中,叙述在赴上都之前,途经今内蒙古和河北省的两座城市——天德和宣德的见闻。移译其要点如下:

天德(Tenduc)是东方的一省,有许多城市和村镇,是驰名世界、拉丁人所称的长老约翰(Prester Johan)大王常驻的一省,现则臣属大可汗(忽必烈——引者),因长老约翰子孙皆臣属大可汗也。此省省会名天德,其王为长老约翰后裔,名乔治(Giorge),为基督教之长老,因称为长老乔治。本省绝大部分居民亦为基督教徒。乔治王所辖者仅为长老约翰旧时辖区之一部而非全部。昔时长老约翰在战斗中为成吉思所杀,成吉思娶王罕(Uncan,即吾人所称之长老约翰)之女为妻,大可汗及其他贵胄皆此女所出,大可汗与其皇族多以其女嫁长老约翰后裔诸王,此族遂为显贵世家……

国王既为基督徒,全省统治权遂为此教徒所掌。但亦有不少偶像教徒及某些摩诃末信徒(穆斯林——引者)。另有一种自称为阿儿浑(Argon)的人,其意如法兰西语之伽思木勒(Guasmul),即天德之偶像教徒与摩诃末信徒所生的混血儿。此种人较土著居民面貌秀美,聪明而善经商,因而有权势。

当年长老约翰统治鞑靼人及其周边各大省与国家时,即驻此省,今其后裔仍驻此地。乔治为长老约翰第六代继承人,也被认为该系最伟大的君王。

此省即吾人所称的葛格(Gog)与马葛格(Magog)之地,当地人则自称为汪格(Ung,即汪古)与蒙古勒(Mongul,即蒙古)。每省种族各不相

299

同。汪格部住土著人，蒙古勒住鞑靼人，鞑靼人因而有时称蒙古人。①

这里有几个问题需要解释。

一、天 德 沿 革

天德一名，肇自唐代。《新唐书》卷三七《地理志一》"丰州九原郡"所属之"中受降城"下注云："……可敦城……西二百里大同川有天德军……天宝十二载置（《唐会要》卷七三'安北都护府'谓天宝八载置）。天德军，乾元后徙屯永济栅，故大同城也。"可敦城在今内蒙古乌拉特中旗西、阴山北麓，大同城在今内蒙古乌拉特前旗东北，位于内蒙古呼和浩特市西部、河套东北部。辽代天德军仍为丰州所属军区。《辽史》卷四一《地理志五》于"丰州天德军"下称，唐代之丰州"后唐改天德军"，似以天德军代丰州之名；至辽仍称丰州，谓其境内有"大盐泺、九十九泉……青冢——即王昭君墓"等地，即今内蒙古呼和浩特市、集宁市（即今乌兰察布市集宁区——编者注）、锡林浩特市一带，而天德军仍置于永济栅，作为管理兵事的西南面招讨司。

金代仍沿辽代，称"丰州，下，天德军节度使"，"皇统九年（1149年）升为天德总管府……以天德尹兼领之。大定元年（1161年）降为天德军节度使，兼丰州管内观察使……并隶西南路招讨司……县一、镇一：富民（今内蒙古磴口县北、布隆淖村西南古城）、振武（今内蒙古集宁市和林格尔县［今为呼和浩特市所辖旗县——编者注］）"（《金史》卷二四《地理志上》）。可注意的是："天德"可不连"军"字；其地域自西迄东，相当广袤。《元史》"丰州"称："金为天德军，元复为丰州"（卷五八《地理志一》），未言何年改。而同书卷四《世祖纪一》："〔中统二年（1261年）〕冬十月庚子……昂吉所管西夏军，并丰州、荨麻林、夏水阿剌浑皆备鞍马甲仗……"可见至迟此年已不称天德军之名。

综上所述，天德军与丰州密不可分。天德军本为丰州之一军区，但有时又可概括丰州全境，到元代，天德军的名称才为丰州所代替。马可·波罗仍

---

① 此据 A. C. Moule and Paul Pelliot, *Marco Polo：The Description of the World*, London, 1938, chap.74 "Here he tells of the great province of Tenduc", pp.181-183.

称天德旧名,可证他是在当地听人讲的。旧名一时难改(特别对本土人),这是中国人的习惯。天德或丰州领域甚广,包括今内蒙古阴山北、南一带,其州治所当今呼和浩特市东之白塔镇。

二、长老约翰

长老约翰是西欧基督教徒传说并相信的一位极具权威的聂斯脱里派大师。因实无其人,其原型为谁亦众说纷纭。马可·波罗及在其前来华的教士把他认作蒙古克烈部的部长王(汪)罕,可能由于克烈部信奉聂斯脱里教派,"王罕"和"约翰"对音相近之故。据《元朝(蒙古)秘史》,王罕曾受成吉思援助于危难之中,与之结为父(王)子(成)之交。成吉思欲亲上加亲,求王罕女与其子拙赤为妻,而将其女与王罕子桑昆之子换亲。桑昆自大不许,成吉思不怿,遂生嫌隙。桑昆受人挑唆,双方战起,桑昆父子失败,王罕在逃走时被乃蛮部人所杀。王罕之弟札合敢不以长女亦巴合送成吉思为妻(后成吉思赐功臣主儿扯歹),以次女莎儿合黑塔泥送成吉思四子拖雷,此女后生蒙哥(元宪宗)、忽必烈(元世祖)。可见,马可所说王罕之死和王罕以女妻成吉思之事皆不太准确,但从王罕弟之女所生的两位皇帝及其后人来看,马可所说却有根据。这是他记事的一个特点:既有根据,又不完全贴切,特别对他非亲见只是传闻的事物。[①]

三、乔 治 其 人

乔治确有其人,元代史书称其名为阔里吉思。法国汉学家伯希和认为,此名是从 Giwargis(Georges)的名称转为突厥同蒙古语的。[②]他是突厥语系

[①] 关于长老约翰,参看拙稿《马可·波罗与长老约翰》,《南开大学历史系建系七十五周年纪念文集》,南开大学出版社,1998 年,第 74—78 页(编者注:已收入本书)。成吉思汗与王罕的关系,见《元朝秘史》第 164—186 节。

[②] 伯希和《唐元时代东亚及中亚之基督教徒》,冯承钧《西域南海史地考证译丛》,第 57—81 页译并改名。此题原名《中亚及远东之基督教徒》,刊于 1914 年《通报》(*T'oung Pao*)第 623—644 页。本文所引见冯译本第 69—70 页。

的汪古部人,不是王罕属族的克烈部人;但汪古部也是聂斯脱里派教徒,马可因而混而为一。这倒无关大体,因为长老约翰本无其人,说他是谁都可以。汪古部原散居内蒙古阴山以北一带,为金朝防守净州(今内蒙古四子王旗乌兰花)北部的边墙(界壕)。成吉思汗南征,汪古部长阿剌兀思·剔吉·忽里开边墙为向导有功,死后追封高唐王。阔里吉思为其曾孙,但在王位继承次序上有两代为阿剌兀思之侄及侄孙袭位,阔里吉思则是第六代。高唐王是从他封起,其他都是追封的。自阿剌兀思尚成吉思汗女阿里黑为妃始,至阔里吉思尚忽必烈太子真金(裕宗)女忽达的迷失公主、成宗女爱牙失里公主为妃及阔里吉思子术安尚晋王(真金长子)女阿剌的纳八剌公主为止,皆与皇室女为婚。马可·波罗所说无误。①

四、阿儿浑人

阿儿浑在元代文献上又写作阿鲁浑、阿鲁温、阿儿温、阿剌温、阿鲁虎、合鲁温等名,是信奉伊斯兰教的回回人的一种。其居地当今吉尔吉斯斯坦全部及其北邻的哈萨克斯坦的一部分地区,是突厥语系族。蒙古军西侵,阿儿浑人也被迁往东土。《元史》卷一二二《哈散纳传》说:"哈散纳,怯烈亦氏……后管领阿儿浑军,从太祖征西域,下薛迷则干、不花剌等城。至太宗时,仍命领阿儿浑军,并回回人匠三千户驻于荨麻林。"荨麻林在今张家口市西的洗马林,元时属兴和路,此路与属于大同路的丰州接壤,到元世祖时,阿儿浑人当亦有在丰州地区定居者。阿儿浑军与回回人匠并举,说明在元代他们被视为同种人。

马可·波罗说天德有摩诃末教信徒是可信的。元太宗时,回回人赛典赤赡思丁即曾在丰、净、云内三州任都达鲁花赤,这是回回人在天德的较早记录,其后当有大部回回人来此。但他把阿儿浑人当作回回人与土著居民的混血儿则是误解,而这一误解却非他个人所臆造。马可·波罗书的注释家,如英国学者亨利·玉尔、法国学者伯希和都认为,阿儿浑确有混血儿的

---

① 参看上页注①拙稿。

含义。他们举出,在拉达克(Ladak)一带,尚称维吾尔人或克什米尔人与拉达克妇女结婚而生的子女为阿儿浑人(Argoon，Argand，Arghun)。伯希和指出,喀什噶里(Kashghari)的《突厥语词汇》中有 arqun 一字,其义为"野雄马与家牝马所生之驹",马可·波罗所理解的混血儿即是此字。伯氏又指出,《突厥语词汇》中此字又为部落名,指在怛逻斯(Talas)与八剌沙衮(Bala-saqun)地区的居民。还举许有壬《至正集》卷五三《西域使者哈只哈心碑》和《元史·哈散纳传》为证,认为,马可·波罗虽知道阿儿浑是信奉伊斯兰教的穆斯林,但又知此字在突厥语中有混血儿的含义,因而有此误解。①

　　另一方面,阿儿浑人虽非两种人的混血儿,但阿儿浑人与当地土著居民通婚的事例却并不少见。即以许有壬《西域使者哈只哈心碑》为例:哈只哈心在成吉思汗西侵时被迫投降,后为成吉思汗孙旭烈兀陪臣。他初到和林(全称哈剌和林,元太宗时建都。遗址在今蒙古国后杭爱省厄尔德尼召北之哈尔和林)时,"元帅苟公奇之,妻以女。生二子"。苟氏所生次子阿散先娶回回女,此女死后,继娶汉人女张氏。阿儿浑人与汉人女通婚,回回人及各种色目人与蒙古及各族人通婚的事例也在所多有。②据许文,哈只哈心在从和林南下时还因"目疾,留丰州"。虽不知其居留此地之久暂,但他在至元五年(1268 年)死于燕京,享年一百一十七岁,远在马可·波罗抵华以前。马可·波罗在天德见到阿儿浑人与汉人或其他族人通婚所生后裔有无可能性也未可知。但这并不应断定阿儿浑人即是混血儿,尤其不应从字面上解释其含义。

五、葛格与马葛格

　　这是在基督教的《圣经》和伊斯兰教的《古兰经》中的两个魔鬼式的种

---

① 参看拙稿《元代的阿儿浑人》,《元史三论》,人民出版社,1985 年,第 226—236 页,其(三)"马可·波罗书中的阿儿浑人",在第 232—234 页。

② 参看拙稿《元代回汉通婚举例》,《元史三论》,第 156—162 页。1988 年 5 月,杭州大学黄时鉴教授的硕士研究生鲍志成先生毕业论文《元代各族的杂居和通婚》(打印稿)对此有详细论述。洪金富先生《元代汉人与非汉人通婚问题初探》(二),表 14"汉人娶色目人"、表 20"汉人嫁色目人"(台湾《食货月刊》第 6 卷第 12 期,1977 年 3 月,第 21、34、37 页)亦有列举。

族。汉译《圣经》中作"歌革"和"玛各",汉译《古兰经》中作"雅朱者"和"马朱者"(Yajuj,Majuj)。在《圣经·旧约·以西结书》第三八、三九章中,把玛各作为歌革的源出地而非人名。两章叙述歌革对以色列人的暴行,预言以色列人将起而反击并埋葬他。在《新约·启示录》第二十章中则把玛各当为人名,说他们曾被释放后又做坏事而被天火烧灭。《古兰经》第十八章《山洞》第93—97节说,具有极大权势的左勒盖尔奈英(Dhu al-Qarnayn)在行经两山之间地方时,当地人向他诉说雅朱者和马朱者人在地方捣乱,请他建一座壁垒以阻隔之。他在居民协助下用铁和铜熔化的液汁倾注于壁垒上。[①]此人据西方人的传说是古希腊马其顿国王亚历山大,至于壁垒所在地则一致认为是在今俄罗斯里海西岸的杰尔宾特(Derbent,Derbend)。此地面海靠山(高加索山),地狭而险,仅有一小平原,壁垒(或称城墙)即建在此处。它是在公元前438年由波斯阿契美尼德王朝(Achaemenidae)的阿尔塔薛西斯一世(Artaxerxes I)国王(公元前465—前425年在位)所建,但公元后来华的西方人如鲁布鲁克和马可·波罗等人仍笃信为亚历山大所筑。

此壁垒或城,突厥人称为铁门(Demir-kapi),波斯人称为打耳班(Derbend,波斯语关或守关者)。打耳班一名,在《元史》卷六三《地理志·西北地附录》中为不赛因(伊利汗国王)领地。铁门关在《元史·太祖纪》《圣武亲征录》及《长春真人西游记》中亦有此名,但所指为中亚另一关口。

应该指出,马可·波罗在叙述天德地区时仅提及葛格与马葛格之名,并未说明他们的来历。但在此前他记录古儿只国(Giorgianie,Georgiania,今称格鲁吉亚)时,却提及亚历山大在此滨海靠山的狭窄而险要的地段修筑一壁垒及高塔以防御外敌入侵,因称铁门关。马可说,传说亚历山大把鞑靼人关在里面,事实上关的不是鞑靼人而是库蛮人(钦察 Comain,Comainians)及其他种人,当时还没有鞑靼人。注释家亨利·玉尔对此章作了详尽的诠释:他引证多种典籍(其中有《古兰经》)及传说,认为马可此处所指被关者实即葛格与马葛格。至于马可为何又将此二种人移于蒙古的天德地区,则由

---

① 《圣经》(《新旧约全书》)据全国基督教协会1988年版。《古兰经》据中国社会科学出版社1981年出版的马坚译本。

于蒙古的西侵使欧洲人误以为即是
被封锁于铁门关的鞑靼人的后代子
孙的复出（玉尔引神圣罗马帝国皇
帝、德意志国王腓特烈二世致英格兰
国王亨利三世信为证），遂使蒙古人
（鞑靼）成为葛格与马葛格的后裔。①
但马可·波罗到达天德后，发现此地
有汪古与蒙古人，遂以汪古为葛格，
以蒙古为马葛格，可能因对音较为接
近吧。欧洲人一般称蒙古为鞑靼，马
可·波罗也不例外，此章称蒙古，为
全书所仅见，甚可注意。是否也可作
为他到过中国的一证呢？

附带说一下：把葛格与马葛格的
位置定于中国北部的人，除马可·波
罗外，阿拉伯地理学者阿布尔菲达

传为亚历山大所筑的铁门关——打耳班

（Abulfeda，1273—1332 年）的《地理书》中也有类似记载。他说："中国西界
陆地（沙漠）与印度为邻，南界大海，东界东大西洋（东海），北界葛格
（Yadjudj，雅朱者）与马葛格（Madjudj，马朱者）。"②可见在蒙古兴起后，此说
已为西方一些人的共识。

关于宣德的译文如下：

> 离天德省东骑行七日，向契丹（Catai）边境进发。此七日行程中，见
> 有不少城市与乡镇。居民有摩诃末信徒及多数偶像教徒，也有些聂斯
> 脱里派突厥人基督教徒。他们以经商和手工业为主，织造名为纳失失

---

① Henry Yule, *The Book of Ser Marco Polo*, Book I, chap. IV, note 3, 1929 年第 3 版, pp.56-57.

② 此据 Henry Yule, *Cathay and the Way Thither*（《契丹及往契丹路程》，张星烺译名为《古代中
国闻见录》）1915 年版第一卷第 255 页译出。张先生《中西交通史料汇编》朱杰勤校订本第二
册第 241 页引此文谓在该书第一卷第 145 页（见其书第 246 页），实则该页仅有 21 行对阿布书
的评价，张书第 241 页亦简译之，其他译文则在原书第 255—258 页。

(Nascici)及纳克(Nac)的金丝锦缎,和我国人织造各种毛织品一样。他们臣属大可汗。此省中有城名宣德州(Sindaciu),有各种手工业,而以制造皇家军队之精美武装(甲胄、马具)为著。其山区中有地名易德府(Ydifu),有一极佳银矿,产银甚多。又有多种飞禽野兽,可供狩猎。

对 Sindaciu 地名的勘同,俄国东正教修道院长帕拉第乌斯(Palladius)于1876 年即指出其为宣德州(清代之宣化府)译音。①这是正确的。但和马可书中的许多中国名词在各种版本中有多种拼写法一样,此地名也有几种写法。法人沙海昂(A. J. H. Charignon,汉名为加入中国籍后改)在其《马可波罗行纪》(此为冯承钧译名,原名 Le Liver de Marco Polo)此章中即写为Suydatui(冯译本作 Suydatuy,Syndatny,最后之 n 字疑为 u 字之误——引者)。冯先生译为申达州,在此译名下加"(注五)"。此注一方面引帕拉第乌斯的对宣德州(Sindacui)即宣化府的考证,一方面又对帕拉氏关于从宣德到上都的路线的说明与马可所记不同提出疑问。最后说:"复次,宣德州仅在金代有此称,元代则名顺宁府,则波罗之申达州不得为后之宣化府矣。"沙氏结语认为,此申达州即金、元初期的抚州,"金人曾建一宫,1263 年(元世祖中统四年)亦于此建一行宫,名其地曰隆兴路,已而改名兴和路,地距今张家口西北约五十公里……波罗之申达州,疑指此兴和城也"。抚州为金置,治柔远县(今张北县),辖境当今河北省张北县西,内蒙古自治区集宁市(即今乌兰察布市集宁区——编者注)以东地区。

在此注以前,沙氏之"(注一)"注天德时已引帕拉氏所计算之自天德城西界之胡坦和硕,亦即库库和屯(今内蒙古呼和浩特)西界至宣化府之路程为九百五十里而其行程为七日,沙氏说:"然则不止七日行程,本书之申达州,不得为宣化府矣。"②

---

① 此据 Henry Yule 书第一卷第 295 页注 7。Henri Cordier 补注所引 Palladius 文"Elucidatios of Marco Polo's Travels in North China, Drown from Chinese Sources", *Jour. N.C. Br. R. As. Soc.*, X, 1876, pp.1-54(《马可·波罗华北行程疏证》,《亚洲皇家学会华北分会杂志》1876 年第 10 期)。

② 冯译本《马可波罗行纪》上册,第 267—269 页注(一),注(五)在第 275—276 页。原书 *Le Liver de Marco Polo* 注 1 在 pp.242-244,注 5 在 pp.255-256。

案，沙氏两注从行程日数或方向否定帕拉氏的勘同是徒劳的，因为这些是马可·波罗事后多年的回忆，不能完全准确，况且（如沙氏所说），各种版本也不尽一致。至于说宣德州仅在金代有此称，元代已改名顺宁府，看似有理，实则是沙氏为所据之《元史》版本所误导。武英殿版《元史》卷五八《地理志一》"上都路·顺宁府"载："顺宁府……金为宣德州。元初为宣宁府……中统四年改宣德府……至元三年，以地震改顺宁府。"似在元世祖即位后不久（1266 年）已不称宣德，而"百衲本"《元史》却是"仍至元三年，以地震改顺宁府"。即元顺帝在位时的至元三年（1337 年），相差七十余年！而且，在《元史·世祖纪》于至元三年后有关宣德府的记事还有不少。沙氏以外国人且是业余者著书，未及细读《元史》因而致误，冯先生未能及时纠正，未免遗憾。也有可能是，冯先生未看到"百衲本"。

其实，即令宣德府已改称顺宁府，但宣德之名依然保留。上引《元史·地理志》在顺宁府下说："领三县、二州。三县：宣德，下，倚郭。宣平，下。顺圣，下。"可见，宣德虽改称县，但仍为顺宁府的治所。马可·波罗行经其地，称宣德州，和他经丰州称天德时的原因一样。

宣德州或府在当时辖地甚广。除直辖三县外，二州一为保安州，领一县：永兴（今河北省涿鹿县）。一为蔚州，领五县：灵仙（今河北省蔚县）、灵丘、广灵（二县今属山西省大同市）、飞狐（今河北省涞源县）、定安（今蔚县东北 20 公里之代王城）。另外，宣德府直辖的顺圣县（今河北省阳原县之东城镇）下附注说："本隶弘州，今来属。"而同卷之大同路所辖之弘州则说，此州"唐为清塞军，隶蔚州。辽置弘州，金仍旧。旧领襄阴、顺圣二县。元至元中，割顺圣隶宣德府，惟领襄阴及司候司，后并省入州"。因此，弘州仍有一部在宣德府辖区之内。总之，元代的宣德州或府是一个很大的区域，当今河北省张家口市的绝大部分及山西省的二县。

至于 Idifu 一地，从对音上不好勘同。张星烺《马哥孛罗游记》音译为易德府（商务印书馆 1937 年版，第 123 页），冯承钧音译为伊的非儿（Ydifir，《马可波罗行纪》，第 226 页），俱非实地。帕拉第乌斯首先认为，这可能是蔚州（Yuchou）一名抄写之误。他引《元史》1323 年（英宗至治三年）"罢上都、云州、兴和、宣德、蔚州、奉圣州及鸡鸣山……诸金银冶，听民采炼，以十分之

三输官"为证。亨利·考狄埃首先承认此说,沙海昂注中虽不承认 Sindacui
为宣德州,但对帕拉氏之蔚州说则引之而未指摘,等于默认。

马可·波罗所记自天德到宣德的旅途中所见居民织造的纳失失和纳
克,都是波斯—阿拉伯文用兽毛配以金丝的织物,可称金锦或织金锦缎。这
有元代史籍可证。《元史》卷一二〇《镇海传》:"先是,收天下童男童女及工
匠,置局弘州。既而得西域织金绮纹工三百余户及汴京织毛褐工三百户,皆
分隶弘州,命镇海世掌焉。"金绮纹即是纳失失与纳克等织品。此是元太宗
时事,其时弘州原为蔚州辖地。西域指中亚花拉子模国,亦称回回国,其人
为信奉伊斯兰教的回回人,即马可·波罗所称的摩诃末信徒。

弘州之有纳失失织工,《元史》卷八九《百官志五》所记甚明:"弘州、荨麻
林纳失失局,秩从七品。二局各设大使一员、副使一员。至元十五年,招收
析居放良等户,教习人匠织造纳失失,于弘州、荨麻林二处置局。十六年,并
为一局。三十一年,徽政院以两局相去一百余里,管办非便,后为二局。"此
与《镇海传》元太宗时已在弘州置局所记不同,可能太宗时虽名"置局",而庶
事草创,未暇制订官品及管理规程,或"置局"二字是事后史臣追记(《镇海神
道碑》为元中后期许有壬所撰),当时并未设局。

纳失失又译纳石失或纳失思,为元代皇帝御用或赏赐功臣。《元史》卷
七八《舆服志》:"天子冕服……玉环绶,制以纳石失,金锦也。""质孙,汉言一
色服也……天子质孙,冬之服凡十有一等,服纳石失,金锦也。""百官质孙,
冬之服凡九等,大红纳石失一……夏之服凡十有四等,素纳石失一。"可见纳
石失有不同颜色。卷九《世祖纪》:至元十四年十二月,"赏拜答儿等千三百
五十五人战功,金……银……钞……及纳失失……衣帽有差"。卷一三二
《拔都儿传》:"从征李璮……世祖嘉其能,赏纳失思段九。"《元史》中有关此
词的记载还有一些。

但纳克或其类似的译音却不见于《元史》。俄国学者布莱特施奈德
(E.Bretschneider)在《元朝秘史》(《蒙古秘史》)第 274 节蒙古征服巴黑塔惕
(巴格达)后所得的物品中,指出其汉文译音中的蒙语"纳忽惕"(旁译浑金)、
"纳赤都惕"(旁译织金)二词即是蒙语对 Nakh(即马可书中的 Nac)和
Nachid(即马可书中 Nascici)的多数形式。他把前者还原为 Nakhut,译为

"一种金（丝）织品"，后者还原为 Machidut，译为"一种用金（丝）织的丝织品"，这二者其实都差不多。①这可能是纳克不见于《元史》的原因。

据上引《元史·百官志五》，除弘州设纳失失局外，尚有距弘州百余里外的荨麻林亦设。荨麻林，今称洗马林，在张家口市万全县（今万全区——编者注）西，其时应在弘州辖区，也即在宣德府辖区之内。《元典章》卷七《吏部·官制·从五品〈匠职·提举〉》内有"荨麻林人匠"，从七品，《匠职·局大使》内有"荨麻林纳失失"，从八品，《匠职·副使》内有"荨麻林纳失失"与"弘州锦院"。锦院也是织造金锦（纳失失）的场所。②

荨麻林又见于波斯人拉施特（Rashīd al-Dīn，或译拉失德丁、拉施都丁）所著《史集》中。该书说，从大都至开平府（Kemin-Fu，即上都）有三道，一道取 Joju（旧译涿州，伯希和认为应是 Fuju 之误，即抚州），"地多葡萄及其他果品。其旁有小城曰荨麻林城（Simali），城中泰半为撒麻耳干人，循撒麻耳干习俗，多辟园林"③。撒麻耳干（Samarqand）是中亚花剌子模的大都市，《元史》称寻思干、薛迷斯干、邪米思干等，这里的人多是信奉伊斯兰教的回回人，和马可·波罗及《元史》卷一二二《哈散纳传》"至太宗时，仍命领阿儿浑军并回回人匠三千户驻于荨麻林"所记相符。

马可·波罗说宣德州制造军队武器也有根据。《元史》卷九〇《百官志六》武备寺（原称军器监，至元二十年改为武备监，二十一年改监为寺）所属有"宣德府军器人匠提举司""蔚州军器人匠提举司"。至于蔚州之有银矿，除上引帕拉第乌斯据《元史·英宗纪》至治三年资料外，尚有《元史》卷五《世祖纪二》："〔中统三年（1262 年）八月〕甲午，博都欢等奏：请以宣德州、德兴府

---

① E.Bretschneider，*Medeaval Researches from Eastern Asiatic Sources*，Vol. Ⅱ，pp. 124-125. Henry Yule 注本上卷第 65 页已引用此说，还引鲁布鲁克、伊本·白图泰及裴格洛蒂（Pegolotti）等人对此二词的记载。

② 伯希和有"Une Ville Musulmane dans la China du Nord Sous les Mongols"（《蒙古时代华北一穆斯林城镇》刊于《亚洲报》1927年下册第 261—278 页，冯承钧译名《荨麻林》，刊于《西域海南史地考证译丛三编》第 60—78 页，对元代荨麻林的有关资料作出详细的引录和阐述。此文开始即引剌失德丁（即拉施特）所述 Simali 城。并认为其中的 Joju 一名非涿州而为 Fuju 即抚州（冯译本第 73—75 页）。

③ 此据周良霄所译波义耳英译《史集》第二《成吉思汗的继承者》，第 328—329 页。周先生并据《元史·哈散纳传》及耶律楚材《湛然文集》诸书证实《史集》所说。

(金置,至元三年改称奉圣州,隶宣德府)等处银冶付其匠户,岁取银及石绿、丹粉输官。从之。"

综上所述,可见马可·波罗所记天德、宣德之行,是他亲历二地的见闻而非抄自他书(如波斯文《导游手册》)或听人转述。怀疑甚至否定马可·波罗到过中国的论调是没有根据的。

(原载《文史》第 48 辑,1999 年,第 83—90 页;收入作者《马可·波罗与中外关系》[《杨志玖文集》],中华书局,2015 年,第 131—143 页。)

马可·波罗书中的阿儿浑人和纳失失

周清澍

本文主要探讨马可·波罗书中提到的阿儿浑人和纳失失,是对杨志玖教授和伯希和教授有关研究的补充。马可书载天德军有一种人名 Argon,他俩皆引《元史·哈散纳传》,以哈散纳曾领阿儿浑军驻于荨麻林作证明。本文据《世祖纪》中统二年令丰州、荨麻林、夏水阿剌浑人从军的记载,确证天德军(丰州)也有 Argon。附带考定夏水的地望。马可从天德东行,于沿途城镇曾见生产 Nascisi,伯希和引《元典章》等书说明汉籍中的纳失失即 Nascisi,马可所说的城镇即纳失失局所在的荨麻林,亦即《史集》所载的 SY-MALI。本文从《元史》《元典章》和《永乐大典》佚文举出伯希和遗漏的有关荨麻林人匠提举司和纳失失局的记载,发现荨麻林的匠局与弘州的匠局本属一体,蠡测这批善织 Nascisi 的 Argon 人,是西征时的俘虏,由克烈部人镇海和哈散纳等人统领,先在岭北,再迁弘州和荨麻林。

意大利威尼斯人马可·波罗,元世祖时旅华十七载,回国后口述著名的《寰宇记》。这本书开拓了欧洲人的眼界,引起了他们对神秘的东方、伟大的中国的向往。近两个世纪以来,由于东西方交流日益频繁,西方学者更重视对此书的研究,有关马可·波罗书的译本、校本、考证和研究已不计其数,伯希和的遗著《马可·波罗注释》三卷是集大成的研究成果。马可·波罗所叙述的经历,已得到中国史料充分的证明;而他以一个外国人的眼光,记述了许多为本国人当时忽略的事实,还可补充元代史料的不足。他的书中难免有记忆错乱、叙事不确之处,研究者也有类似考证丞相孛罗即马可·波罗的错误,终究马可·波罗的回忆绝大多数可得到证实。特别是我国学者杨志玖先生从《永乐大典》中发现一段记载,提到前往阿鲁浑大王处三位使者的

311

名字,和马可·波罗自述他离华时同行的阿鲁浑三位使者的名字完全一样,他所叙说的离华原因和时间从而也在汉文史料中得到实证。本文拟就偶然接触到的几条史料,对伯希和、杨志玖两位马可·波罗研究权威曾探讨过的问题,作一点小小的补充。

一、关于阿尔浑人

1983 年,杨志玖先生在《南开史学》发表了《元代的阿儿浑人》一文,①引用了马可·波罗途经天德军(Tenduc,丰州,今内蒙呼和浩特)的一段话:

> 此州由基督教徒统治,我已言之;惟亦有不少之偶像教徒及摩诃末信徒,又有一种名曰 Argon 者,其意犹法文之 Guasmul,换言之,混血儿,盖天德州之偶像教徒与摩诃末教徒所生者也。其人较土著人为美,技能较高,故颇有权势,且善于经商。②

伯希和曾对此 Argon 作过专门研究,③同杨先生一样,为证明此 Argon 就是元代史籍中常见的阿儿浑,都举出《元史》卷一二二《哈散纳传》的一段文字为证:

> 哈散纳,怯烈亦(Kereyit)氏,太祖时从征王罕有功,命同饮班朱尼河之水,……管领阿儿浑(Argun)军,从太祖征西域,……至太宗时,仍命领阿儿浑军并回回人匠三千户,驻于荨麻林,……

可是,马可·波罗只提到天德军有阿儿浑人,而《哈散纳传》是说"阿儿浑军……驻于荨麻林",说的还不是同一地方。所以伯希和解释说:"马可·波

---

① 《元史三论》,人民出版社,1985 年,第 226—236 页。

② 杨先生指出:冯承钧译《马可波罗行纪》"系根据一种讹误的版本",张星烺译《马哥孛罗游记》又"作了错误的汉译",所以译文据亨利·玉尔及亨利·戈耳迭本《马可·波罗游记》1929 年第 3 版英译本第 1 卷第 59 章第 284 页重译。此处借用杨先生的译文。可参看牟里(A. C. Moule)、伯希和(P. Pelliot)汇校英译本《马可·波罗寰宇记》(*Marco Polo: The Description of the World*, London, 1938),第 182 页。

③ 伯希和《蒙古时代华北的一个回回人的城市》,《亚洲报》(*Journal Asiatique*)1927 年刊,下册第 261—279 页。冯承钧译文《荨麻林》,《西域南海史地考证译丛三编》。又见 *Notes on Marco Polo* (Paris, 1959), 32. Argon,第 48—51 页。

罗所指者仅为〔天德的〕伊斯兰教杂种人，而恰在经过哈散纳管领阿儿浑军并回回人匠三千户之荨麻林地方说到此种人。"①杨先生也说："荨麻林与丰州相距非遥，……荨麻林是在他的东行范围之内，他所见到的 Argon 人，当即荨麻林或其附近的阿儿浑人，当然也不排斥在丰州有阿儿浑人的存在。"接着又说："从上节所引马可·波罗书和《元史·哈散纳》两段记载可以看出，在北方的天德州（丰州）和荨麻林一带，都有阿儿浑人的踪迹，而且人数不会太小。否则不会引起马可·波罗的注意。"②这段话反映出杨先生眼光之敏锐，因为在常见的《元史·世祖纪》中，就有史料证明杨先生的推测。在忽必烈与阿里不哥争夺汗位，进行军事部署时，曾经调动过丰州和荨麻林的阿剌浑军：

> 〔中统二年（1261 年）冬十月庚子〕昂吉所管西夏军，并丰州、荨麻林、夏水阿剌浑皆备鞍马甲仗，及孛鲁欢所管兵，凡徒行者市马给之，并令从军，违者以失误军期论。

"昂吉"就是《元史》卷一二三附其父《也蒲甘卜传》中的昂吉儿，卷一三二还有重出的《昂吉儿传》，两传都说张掖人也蒲甘卜领西夏军从木华黎出征，病卒，昂吉儿袭领父军。昂吉儿传记中的具体记事从至元六年（1269 年）开始，这段记载可补本传的缺漏。

"阿剌浑"就是阿儿浑。钱大昕《元史氏族表》卷二《色目》人有："阿鲁浑氏，亦称阿儿浑氏，亦称阿剌温氏。"杨先生经过认真研究，指出"除称阿儿浑外，又有阿鲁浑、阿鲁温、阿剌温、阿儿温、阿鲁虎、合鲁温等名"，从正史、别集、方志、金石中查出该族人达六十七人。既然阿儿浑可译作阿鲁浑、阿剌温（突厥词 Arɣun，元朝汉译常在舌辅音 r 之后加以前后音节的元音，故将儿读成鲁或剌），故阿儿浑也可读成阿剌浑（Araɣun）或阿鲁浑（Aruɣun）。为何杨先生竟漏掉此《元史》开头就出现的阿剌浑。此次征调军队，证明丰州即马可·波罗所说的天德军（Tenduc）有阿儿浑人存在；也佐证《哈散纳传》所载，确有阿儿浑军"驻于荨麻林"。

两地之中还有一个"夏水"，夏水又作下水，就在丰州附近，累见于元代

---

① 《西域南海史地考证译丛三编》，第 65 页注 5。
② 《元史三论》，第 233、234 页。

文献。还在太宗四年壬辰(1232年)六月,就曾颁发过在"西京、下水、弘州三处置立马站"的圣旨。①

元朝建立中书省以后,丰州、下水、西京等处属于腹里大同路。当时"中书省所辖腹里各路站赤",其中"大同路所辖站二十六处"包括"牛站二处",即下水站和白登(今山西阳高县东南)站。②而《大都东西馆马步站》的名单中,其中"牛站所"就有"下水、木大祖、丰州"等处。③

丘处机应成吉思汗之邀赴中亚,1223年返回时,六月二十二日"至丰州",停留数天后,"七月朔,复起,三日至下水。元帅夹谷公出郭来迎,馆于所居。……有鸡雁三,七夕日师游郭外,放之海子中,少焉翔戏于风涛之间。是月九日,至云中(今大同)"。④

从今呼和浩特市往东南方向的大同走,按当时行程三日计,正是经今凉城县的岱海。除此以外,在此范围内,再没有相当"海子"的地方。故可以断定,下水就是今天的岱海。关于下水,王国维还注出几条有关的史料。一条见于《辽史》卷二九《天祚帝纪》:

〔保大四年(1124年)秋七月〕上遂率诸军出夹山,下渔阳岭,取天德、东胜(托克托县旧城)、宁边(清水河县下城湾)、云内(托克托县古城乡白塔村)等州,南下武州,遇金人战于奄遏下水。复溃,直趋山阴(山西山阴)。

这里所说的奄遏下水,地理位置同岱海相当,也就是下水。

在下水迎接丘处机的"元帅夹谷公",他侄子的《墓志》尚存,记载他的故里就在下水,是西京所辖的一个镇。《墓志》说:

公讳唐兀歹,小字奠住,……有居西京下水镇深井村,因以为家……父灰邻,伯通住……会天兵起朔方,遂相与归命太祖承吉嗣皇帝,因署通住为千夫长,灰邻副焉。……累立大功,太祖愈加奖重,擢通住为山西路行省兼兵马都元帅。⑤

---

① 《永乐大典》卷一九四一六《经世大典·站赤》。
② 《永乐大典》卷一九四二二《经世大典·站赤》。
③ 《永乐大典》卷一九四二六引《析津志》。
④ 《长春真人西游记》卷下。
⑤ 李庭《故宣授陕西等路达鲁花赤夹谷公墓志铭》,《寓庵集》卷六。

到了明朝，下水仍叫"奄遏下水海"，在大同"府城西北二百里，今在边外，水潮无常，纳大洞、小洞、大汇、小汇四海及银海水诸细流"。①地理位置和描述正是今天的岱海。"奄遏下水"似是少数民族地名，汉人略称为下水或夏水，都是译音。从中统二年调动军队的命令得知，除荨麻林以外，丰州和夏水镇都有乔迁于此的阿儿浑人。

马可·波罗还说天德"有质量很好的用骆驼毛制成的驼毛呢"②。《元史》卷八九《百官五》有管领诸路怯怜口民匠都总管府，至元七年（1270 年）立。它的下属在丰州有两个匠局：丰州毛子局，秩正七品，大使、副使各一员，典史、司吏各一人；管理丰州捏只局，头目一员，掌织花毯。至元十七年置。毛子局和捏只局很可能就是生产马可·波罗描述的那些毛织品的地方。

马可·波罗其余有关天德的记述，除了他把传说中的长老约翰—克烈部的王罕，与汪古部的首领阿剌兀思剔吉忽里混为一人外，都有史料可以证明。如他说："所有长老约翰的后裔都是大汗的臣民，首府城市名天德军。长老约翰家系的后嗣之一是这省的王，……他的名字叫 George。"③ George 就是阎复为他撰写碑文的高唐忠献王阔里吉思。④又说："这些领主们（阔里吉思等），被成吉思汗的后裔大汗看成是贵族的血统。……他们常将自己或同族的女孩，嫁给统治那地区的诸王——长老约翰血统的后嗣。"马可来华时，的确已有成吉思汗之女阿剌海、拖雷女独木干、忽必烈女月烈、贵由女叶里迷失、真金女忽答迷失、宗王阿只吉女回纥等，下嫁给汪古部的首领。"他（George）仍是一个基督教长老，所以这里的大部分人民也都是基督教徒。"这也在来华传教的孟帖·戈维诺 1305 年致教皇的信中有同样报道，他也将阔里吉思写作 George，说他是长老约翰的后裔。并称 George 王及其臣民原来都信仰聂斯脱里派基督教。⑤马可还说 George 王是长老约翰以后第六代领主。如长老约

① 《寰宇通志》卷八一《大同府》，《玄览堂丛书续集》第 68 册。
② 牟里、伯希和《马可·波罗寰宇记》，第 182 页。
③ 牟里、伯希和《马可·波罗寰宇记》，第 181 页。
④ George 是基督教徒常用名，George 在叙利亚语中读作 Giwargis(Georges)，聂斯脱里派基督教由叙利亚传入蒙古高原，在突厥—蒙古语中读成 Körgüz 或 Görgüz。伯希和《唐元时代中亚及东亚之基督教徒》，见冯承钧译《西域南海史地考证译丛》，第 69 页。
⑤ 张星烺编注《中西交通史料汇编》第 1 册，第 220 页。

翰是指阿剌兀思,再传长子不颜昔班,三传侄镇国,四传次子孛要合,五传孛要合子爱不花,爱不花六传子阔里吉思,恰好是六代。他还知道 George 及其子民被称为汪古(Ung),有别于称为忙豁勒(Mongul)的鞑靼人(Tartar)。①

二、关于荨麻林和纳失失

拉施特书在介绍忽必烈合罕的"夏季驻所开平府城"时说:"有三条道路从驻冬地(大都)通往该处。……另一条是向抚州(误译为涿州)去的路,……在此城附近有另一城,名为 SYMALI,此城大多数居民为撒麻耳干人,他们按撒麻耳干的习俗,建起了很多花园。"②

伯希和《蒙古时代华北的一个回回人的城市》一文,是专为考证拉施特提到的此 SYMALI 城而作。为了证明 SYMALI 就是荨麻林,他检出元代有关荨麻林的五条史料作证,其中:

(二)《元史》卷八五《百官志》云:"兴和路荨麻林人匠提举司,提举一员,同提举一员,副提举一员,照略案牍一员。"

(五)《元典章》,成于 1331 年者也。其卷七官制门从五品内,有荨麻林人匠提举。又从七品内,有荨麻林纳(尖尖)〔失失〕局大使。又从八品内,有荨麻林纳失失副使。

今细检《元史》和《元典章》,伯希和对荨麻林匠局的引用还有遗漏。《元典章》他引自《吏部·官制·职品》,从五品《匠职》除"荨麻林人匠"提举司"提举"外,据文意应还有荨麻林人匠"提举司达鲁花赤"。《元史·百官志》明言兴和路荨麻林人匠提举司有提举、同提举、副提举各一员,《元典章》此处正是说明这些匠职的职品。但他只举出从五品的提举,在正七品《匠职》中,还有弘州、荨麻林两处人匠提举司"同提举"。在正八品《匠职》三十七处"副提举"中,还有弘州、荨麻林两处人匠提举司"副提举"。③

伯希和所引《元史》卷八五《百官志》只记载兴和路荨麻林人匠提举司,

① 牟里、伯希和《马可·波罗寰宇记》,第 181—183 页;参看周清澍《汪古部事辑之——之五》,《文史》第 9、10、11、12、14 辑,中华书局。
② 余大钧、周建奇译,拉施特《史集》第 2 卷,第 234 页。
③ 《元典章》卷七,台北故宫博物院,1976 年影印本,叶一二 a、叶一六 b、叶二一 b。

《元典章》所载荨麻林纳失失局并无交待。《元史》卷八九《百官五》"昭功万户都总使司""宫相都总管府"所辖"织染杂造人匠都总管府"属下,记载着荨麻林纳失失局的组织情况和设置经过:

> **弘州荨麻林纳失失局** 秩从七品。二局各设大使一员、副使一员。至元十五年(1278年)招收析居放良等户,教习人匠织造纳失失,于弘州、荨麻林二处置局。十六年并为一局。三十一年,徽政院以两局相去一百余里,管办非便,后为二局。

现存的《永乐大典》还保留一条珍贵史料,正是《百官志》这条记载的原始根据。

> **弘州荨麻林纳失失局** 至元十五年(1278年)二月,隆兴路总管府别都鲁丁奉皇太子令旨,招收析居放(浪)〔良〕等户,教习人匠织造纳失失,于弘州、荨麻林二处置局。
>
> 十六年十二月奉旨,为荨麻林人匠数少,以小就大,并弘州局,秩从七品,降铜印一颗,命忽三乌丁通领之,置相副四员。
>
> 十九年,拨西忽辛断没童男八人为匠。
>
> 三十一年,以弘州去荨麻林二百余里,轮番管办织造未便,两局各设大使、副使一员,仍令忽三乌丁总为提调。
>
> 大德元年(1297年)三月,给从七品印,受荨麻林局。
>
> 十一年,徽政院奏改受敕,设官仍旧制,各置大使一员、副使一员。①

马可·波罗在离开天德军之后,接着说:

> 经过该省,朝东向契丹国骑行七天。沿途发见许多城市同村落。那里有崇拜摩诃末的人,也有偶像教徒,以及一些聂斯托里派基督教徒。他们依靠做买卖和手艺为生,制造精美的叫做纳失失(nascisi)同纳克(nac)两种金丝织的锦,还有许多种丝织品。正如我们有许多种羊毛织物一样,他们也有多种金和丝线织的丝织品。②

---

① 《永乐大典》卷一九七八一局字韵《荨麻林局》引《元史·百官志》。此《元史·百官志》较今本《元史》增加不少内容,类似档案,当系《经世大典》之误。
② 牟里、伯希和《马可·波罗寰宇记》,第183页。

伯希和认为此 nascisi 即波斯语的 nasij，汉译为纳失失。这是由回回人传入中国的一种金丝织物，《元史》卷七八《舆服志》或作"纳石失"，注释说"金锦也"；又说"红组金，译语曰纳石失"。因此他根据上引史料得出结论：纳失失"应为荨麻林人匠之特制品，质言之，从撒麻耳干徙此之回回人匠所制之品。此种考证又可阐明马可·波罗之文。马可·波罗昔从天德，质言之，从归化城(今呼和浩特)赴宣化府之道中，曾言有伊斯兰教侨民纺织名曰 nasich 及 naques(nasij & nah)之金锦。案从归化至宣化，其行程恰须经过荨麻林也"①。

前引《元典章》记载：正七品匠职，有人匠提举司"弘州、荨麻林两处"同提举；正八品有"弘州、荨麻林两处"副提举；从八品匠职除荨麻林纳失失局副使外，还有弘州锦院副使。《元史》卷八五《百官志》工部尚书管下，除兴和路荨麻林人匠提举司外，又有"弘州人匠提举司"，同样设"提举一员，同提举一员，副提举一员，照略案牍一员"。下辖"纳失失、毛段二局，院长一员"。《经世大典》所载，匠局名干脆叫弘州荨麻林纳失失局，两地的纳失失局是联成一体的，并详述起初如何分设二局，后并为一局，再分两局的过程。文牍中出现的主事人别都鲁丁、忽三乌丁、忽辛都是穆斯林惯用名。弘州和荨麻林两地都有回回人，擅长织造波斯特产的金锦——纳失失。这使我联想起太宗时中书右丞相镇海"置局弘州"的事：

> 镇海，怯烈台氏(Kereyitei)，初以军伍长从太祖同饮班朱尼河水。……拜中书右丞相。……先是，收天下童男童女及工匠，置局弘州。既而得西域织金绮纹工三百余户……皆分隶弘州，命镇海世掌焉。②

所谓"收天下童男童女及工匠，置局弘州"说得很笼统，在镇海的《神道碑》中则说明了这些工匠的来历：

> 丞相名镇海，……破曲出〔律〕(即乃蛮王子屈出律，篡夺西辽末主位)国、汪国鲁国(Uiγur—Ui'ur畏兀儿?)……征塔塔儿、钦察、唐兀、只温、回回……皆有功。承命辟兀里羊欢地为屯田，且城之，因公名名其

---

① 《西域南海史地考证译丛三编》，第77页。
② 《元史》卷一二〇《镇海传》。

地,曰镇海,又曰称海,俾公守焉,局所俘万口居作,后以其半不能寒者移弘州,孙塔哈察袭监弘州长及其局。……为设提举以司之,亦以公子孙世其职。①

《神道碑》是至正年间许有壬应镇海的五世孙的请求而作,事隔久远,所述征战的地区、民族难免时、地错乱。但能肯定他曾征伐西辽、回回等地,掠回不少俘虏。因此其领地称海,有来自"西域"回回地区的阿鲁浑等族"织金绮纹工",善织西域的特产金锦——纳失失。他同回回的关系颇深。《黑鞑事略》称:〔太宗时〕其相四人:曰……,曰镇海,回回人,专理回回国事。王国维在此加注说:

> 《西游记》又言,至回纥昌八刺城,其王畏午儿与镇海有旧,是镇海与回纥素有渊源。……余颇疑《〔蒙鞑〕备录》之回鹘人田姓,即镇海矣。此书云镇海回回人,决非无根。②

从镇海和哈散纳两人的传中可以看出,他俩都是克烈部人,都随成吉思汗从征王罕有功,同饮班朱尼河水。《镇海传》说他当时是"军伍长",可能哈散纳是他麾下的"军伍"之一。《黑鞑事略》说蒙古的"军马将帅"有"十七头项",其中虽没列镇海之名,但他的《神道碑》则明确说:"公旧部及降虏千人……世所谓十七投下,此其一也。""头项"就是投下。可以推想,哈散纳所部属于镇海的投下,称海的人匠"其半不能寒者"南迁,可能就分迁在弘州、荨麻林两地。弘州由镇海"孙塔哈察袭监弘州长及其局。……为设提举以司之",由他的"子孙世其职"。"设提举以司之"应即后来的"弘州人匠提举司"。所谓"局",应是本传所说由"西域织金绮纹工三百余户"所设的局,也就是纳失失局。还有哈散纳"领阿儿浑军,并回回人匠三千人驻于荨麻林",可能也是从称海南迁的另一部分人,他们分驻在另一个地方。这纯属大胆假设,能否定论,尚有待具体史料证明。

(原载《元史论丛》第 8 辑,2001 年,第 1—6 页;收入作者《周清澍文集》〔中〕,广西师范大学出版社,2020 年,第 97—108 页。)

---

① 许有壬《元故右丞相怯烈公神道碑》,《圭塘小稿》卷一〇。
② 《黑鞑事略笺证》,《王国维遗书》本,叶二 a—叶三 a。

真实还是传说:马可·波罗笔下的于阗

荣新江

《马可·波罗行纪》是欧洲大航海时代到来之前欧洲人获取中亚和中国知识的重要源泉,但是它的记载是真实的,还是充满了传说? 这个问题一直争论不休,直到今天仍未停止。然而,大多数讨论都集中在马可·波罗关于中原的记载上,其实西域部分也是我们认识马可·波罗记载真实性的一个重要方面。本文通过有关于阗的传世文献记载和出土文书的记录,来看看马可·波罗关于于阗地区的描述到底是有关 13 世纪中叶西域地理的宝贵资料,还是不值得信任的无稽之谈。

关于《马可·波罗行纪》中 Cotan 一名的不同写法和相互关系,伯希和(P. Pelliot)有非常详细的讨论。①此地,传统的汉文史料多数写作"于阗",《元史》作"斡端"(Odon),《西北地附录》作"忽炭"(Hotan),这是来自伊斯兰史料的写法。②马可·波罗的 Cotan 和"忽炭"比较符合,但本文较多使用汉文史料,所以视所用材料的来源而用不同称呼,一般则采用"于阗"或"斡端"两种写法,所指都是古代于阗的范围,即今天塔里木盆地西南地区,包括今和田、皮山(Guma,固玛)、墨玉(Karakash)、洛浦、策勒(Qira)、于阗(Keriya)、民丰(Niya,尼雅)等县市。

一、马可·波罗经过时的于阗

《马可·波罗行纪》第 54 节讲述忽炭大州,文字如下:

---

① P. Pelliot, "Cotan", *Notes on Marco Polo*, Ⅰ, Paris, 1959, pp.408-425.
② P. Pelliot, *Notes on Marco Polo*, Ⅰ, p.417.

忽炭(Cotan)州位于东方与东北方之间,广八日行程。其人属大汗统治(V)。该州之(LT)百姓皆崇拜摩诃末。它有众多城市与美好的(VT)村庄,及高贵的居民(TA)。最宏伟之城市叫忽炭,乃该区之首府,亦为全(TA)州之名称。其土地肥沃且(L)富有人们生活所需之(R)全部物产。该州盛产棉花,亚麻、大麻、油料、小麦(VL)、谷物、葡萄酒(VL)及其它物产,则皆与我们这里相同(L)。他们拥有很多葡萄园、园圃和花园,又(V)居民以贸易和手艺为生,而不是武士,然而吝啬十足且非常怯懦(VB)。关于此州,别无可述(V),现在我们将离开该地,向你讲述另一州,名曰培因(Pem)。①

马可·波罗经过忽炭时,蒙古"大汗"对当地的统治情况和统治形式是怎样的呢?

马可·波罗经过于阗前后的中亚形势颇为复杂,经过学者的多年努力,已经大致上可以勾勒出一个轮廓,这里特别是借助刘迎胜教授有关察合台汗国史的研究,②来提示相关重要的事件如下。

于阗(斡端)原为西辽(哈喇契丹,1124—1218年)控制,哲别攻占据有西辽故地的乃蛮残部时,蒙古汗国占领其地。

中统元年(1260年),忽必烈在开平称帝,不久,阿里不哥在和林地区即位,蒙古汗国内部展开激烈的内战。至元元年(1264年),忽必烈将开平升为上都(Xanadu),称燕京(北京)为中都。原本支持阿里不哥的察合台之孙阿鲁忽(Alghu)与之反目,受到攻击,退守南疆,控制了于阗地区,称"于阗宗王"。③1265年,察合台兀鲁思汗阿鲁忽死,木八剌沙(Mubarak Shah)为汗。借助阿里不哥之乱后中亚的短暂和平,1265年,马可·波罗之父尼柯洛·波罗与叔父马菲奥·波罗随伊利汗国使者到达元廷。

---

① A. C. Moule and P. Pelliot, *Marco Polo: The Description of the World*, London, 1938, p.146.本译文遵循原书体例,插入部分用斜体并注明版本信息(缩写词的含义见该书 pp.509-516),译文初稿由北京大学"马可·波罗读书班"郑燕燕完成,荣新江校对,后经读书班成员集体讨论校改完稿。
② 刘迎胜《察合台汗国史研究》,上海古籍出版社,2006年,第277—307页。
③ 《元史》卷一三三《暗伯传》,中华书局,1976年,第3237页。

1266 年,元朝置"忽丹八里(Khotan Baliq)局",表明斡端归元朝管辖。[1]忽必烈派大将忙古带(Mughultay)帅元军驻守其地。[2]后来,察合台兀鲁思汗八剌(Baraq)夺取了斡端。其时,忽必烈全力攻打宋朝,无力西顾。

1271 年,八剌死。其后,塔里木盆地周边绿洲逐渐回归元朝统治。同年六月,元朝"招集河西、斡端、昂吉呵(英吉沙 Yengi kat)等处居民"[3]。正是在这同一年,马可·波罗等一行启程来华。1272 年,中都改称大都,成为元朝的统治中心。1273 年六月,元朝派遣玉工李秀才往可失哈儿、斡端等地采玉,并且命令镇守官忙古觯拔都儿(即忙古带)用官物支付运费。[4]

大约 1273 年末或 1274 年初,马可·波罗一行到达斡端,[5]此时这里正是在忽必烈大汗的统治之下,与马可·波罗所记相符。《元史》卷八《世祖纪》记载:至元十一年(1274 年)正月,"立于阗、鸦儿看两城水驿十三,沙州北陆驿二。免于阗采玉工差役"[6]。刘迎胜以为这次所设驿站,是取道沙州,经合迷里(哈密)、火州(吐鲁番),再经曲先(库车),沿塔里木河的三条主要上源向西南或西行最便捷的水路。[7]同年四月,元朝又下诏,"安慰斡端、鸦儿看、合失合儿等城"[8]。可见,马可·波罗经过斡端的时候,正是元朝对塔里木盆地的统治最为稳固的时段。到 1275 年七月以后,与忽必烈对敌的窝阔台后裔宗王禾忽(Khokhoo)控制河西走廊,切断汉地与西域的交通,斡端、可失哈儿也为其所占。[9]景教僧列班·扫马(Rabban Sauma)西行时,正好目睹

[1] 《元史》卷八五《百官志》,第 2149 页。

[2] 刘迎胜《忙古带拔都儿及其在斡端的活动》,马大正等编《西域考察与研究》,新疆人民出版社,1994 年,第 331—342 页。

[3] 《元史》卷七《世祖纪》,第 136 页。

[4] 《经世大典·站赤》,《永乐大典》卷一九四一七《站赤二》,叶七 a。参看刘迎胜《察合台汗国史研究》,第 255 页以下。

[5] P. Pelliot, *Notes on Marco Polo*,I,p.423. 有关马可·波罗到达之前西域的形势,参看党宝海《元代火州之战年代辨正》,《欧亚学刊》第 3 辑,中华书局,2002 年,第 217—229 页。任荣康认为 1275 年年底或 1276 年年初,马可·波罗一行才抵可失哈儿,见所撰《元初的元一伊联盟与中亚交通——兼考马可·波罗抵忽炭三地之年限》,《中亚学刊》第 3 辑,中华书局,1990 年,第 184—198 页。似不可取。

[6] 《元史》卷八《世祖纪》,第 153 页。

[7] 刘迎胜《察合台汗国史研究》,第 256 页。

[8] 《元史》卷八《世祖纪》,第 154 页。

[9] 《元史》卷九《世祖纪》,第 177 页;卷一三四《昔班传》,第 3247 页。

了当时的战乱情形:"抵达忽炭时正赶上众王之王忽必烈与禾忽(Oko)王之间爆发战争。禾忽被忽必烈赶入〔此〕国,杀了当地数千人,商道遂被切断,粮草(?)短少,难以见到,许多人因饥馑而死。六个月后,二位僧人自该地前行至可失哈儿地。他们看到该城空旷无人,因它已被敌人所劫掠。"①马可·波罗一行恰好是在一段元朝直接统治斡端的时候经过这里的。

二、马可·波罗对于阗玉河的错误记载

斯坦因(Marc Stein)在他考察和田之后说到:"马可·波罗有关于阗和于阗人的记录使得早期中文史料的记载和我们现在观察所得的图景两者之间十分吻合,文字虽然简略,但在所有细节方面都很准确。这位威尼斯人发现当地人都'属大汗统治'而且'皆崇拜摩柯末'。"②的确,马可·波罗在"斡端"一节中所说的当地政治倾向、宗教信仰、物产风俗等方面,从我们目前所能见到的文献和考古材料上来看,大体上是可信的。但马可·波罗有关斡端的记录,也有让我们无法接受的地方,这就是他把于阗著名的玉河,不是放在斡端的部分来叙述,而是移到了下面一节 Pein 的部分,即唐朝文献中的媲摩,位于策勒达玛沟北方的乌宗塔提,这里已经偏离玉河很远了。

马可·波罗在 Pein 一节中关于玉河和玉石的记载也很简单,他写道:

> 有一条河流经其地(Z),河中可以找到数量极(V)大的珍贵(LT)宝石,人们称之为碧玉(jasper)和玉髓(chalcedony)。③

于阗的玉,实际上是于阗最为重要的产品,这一点似乎没有被马可·波罗充分认识到,我们有必要把史籍中可以补充马可·波罗的最重要史料,以及敦煌文书中的相关记录检出,来提示于阗玉的重要性,这些属于公元10世纪的文书大概是与马可·波罗时代最为接近而详细的玉石记录。

---

① *The Monks of Kubilai Khan Emperor of China*, tr. by B. A. Walis Budge, London, 1928, pp.138-139.

② M. A. Stein, *Ancient Khotan*, Ⅰ, Oxford: Clarendon Press, 1907, p.139.

③ A. C. Moule and P. Pelliot, *Marco Polo: The Description of the World*, p.147. 译文初稿、订稿情形同上。

　　早在汉代张骞通西域以后，于阗玉就广为中原人所知。《史记·大宛列传》记："汉使穷河源，河源出于寘，其山多玉石，采来，天子案古图书，名河所出山曰昆仑云。"①中原历代王朝都喜欢于阗玉，甚至在某些方面离不开它。因为皇帝所用之玺印一定要用于阗玉制作，皇帝的妃子也都要佩戴于阗玉制作的配饰，这是礼制的规定，王公贵族以下也都喜欢各种玉制佩饰，所以中原对于于阗玉的需求持续不断。薛爱华(Edward H. Schafer)认为，唐代玉工所需要的白玉、碧玉，都是来自于阗的。②

　　至于玉河的位置，从来的记录都说是在于阗都城的东西两面。《梁书》记："于阗国，西域之属也。……有水出玉，名曰玉河。"③和田麻札塔格出土文书《唐开元九年(721年)于阗某寺支出簿》有"西河"之称，④推测也有与之相对的"东河"，两者应当是"西玉河"(喀拉喀什河 Kara kash)和"东玉河"(玉龙喀什河 Yurung kash)的简称。⑤吐蕃统治时期(公元9世纪)，大概因袭唐朝的称呼，分别用藏文写作 Shel chab gong ma(西玉河)和 Shel chab'og ma(东玉河)。⑥至五代时，敦煌的《瑞像记》和瑞像壁画题记仍有"西玉河"之称。⑦记录最详的可能要数五代时后晋使者高居诲(一作平居诲)出使于阗的《行程记》，他是以河流所产玉的颜色而加以命名的，并给出了距离于阗都城

---

① 《史记》卷一二三《大宛列传》，中华书局，1959年，第3173页。

② Edward H. Schafer, *The Golden Peaches of Samarkand: A Study of T'ang Exotics*, p.224, 吴玉贵译《唐代的外来文明》，中国社会科学出版社，1995年，第490页。

③ 《梁书》卷五四《诸夷传》，中华书局，1973年，第813页。

④ É. Chavannes, *Les documents chinois découverts par Aurel Stein dans les sables du Turkestan oriental*, Oxford, 1913, pp.209, 215, n.6.

⑤ 朱丽双《唐代于阗的羁縻州与地理区划研究》，《中国史研究》2012年第2期，第73—76页。

⑥ F. W. Thomas, *Tibetan Literary Texts and Documents Concerning Chinese Turkestan*, II, London: The Royal Asiatic Society, 1951, pp.167-169; III, 1955, pl. XIX; T. Takeuchi, "*Tshar*, *srang*, and *tshan*: Administrative Units in Tibetan-ruled Khotan", *Journal of Inner Asian Art and Archaeology 3*, Brepols, 2008/2009, pp.145-146; Zhu Lishuang, "A Preliminary Survey of Administrative Divisions in Tibetan-Ruled Khotan", in B. Dotson, K. Iwao and T. Takeuchi (eds.), *Scribes, Texts, and Rituals in Early Tibet and Dunhuang: Proceedings of the Third Old Tibetan Studies Panel Held at the Seminar of the International Association for Tibetan Studies, Vancouver 2010*, Wiesbaden: Reichert Verlag, 2013, pp.48-50.

⑦ 张广达、荣新江《敦煌"瑞像记"、瑞像图及其反映的于阗》，作者《于阗史丛考(增订本)》，中国人民大学出版社，2008年，第175页。

的里数:

> 玉河在于阗城外,其源出昆山,西流一千三百里至于阗界牛头山,
> 乃疏为三河:一曰白玉河,在城东三十里;二曰绿玉河,在城西二十里;
> 三曰乌玉河,在绿玉河西七里。其源虽一,而其玉随地而变,故其色
> 不同。①

白玉河即今玉龙喀什河,源出昆仑山;绿玉河即今喀拉喀什河,源出喀拉昆仑
山;乌玉河为其支流。玉龙喀什河是出玉的主要河流,有白玉,也有青玉和墨
玉。乌玉河多出碧玉,风化后外表漆黑,油光发亮,人们视若墨玉。②

至于更具体的出产地,宋人张世南《游宦纪闻》卷五说道:"玉出蓝田、
昆岗。"③这里的昆岗,就是于阗出产玉的重要地点。新近公布的大阪武田科
学振兴财团杏雨书屋所藏敦煌写本羽686号文书,是于阗国皇帝尉迟苏拉
(Viśa' Śūra,967—977年在位)致沙州归义军节度使曹元忠(944—974年在
位)的书信,其中给他的这位舅舅致送的礼品有:

> 2　东河大玉壹团,重捌拾斤。
>
> 3　又昆岗山玉壹团,重贰拾斤。
>
> 4　又东河玉壹团,重柒斤。
>
> 5　又师子大玉秋辔壹副。
>
> 6　又密排玉秋辔壹副。④

文书年代在944—977年之间。礼品中包括出自于阗东河(玉龙喀什河)的
重八十斤的大玉一团,出自昆岗山的重二十斤的玉一团,出自东河的重七斤
的玉一团;还有用玉制作的秋辔两副。东河与昆岗山无疑是于阗出产玉石

---

① 唐慎微《重修政和经史证类备用本草》卷三"玉屑"条,《四部丛刊》本,叶八 b。按高居诲《行程
记》有关玉河部分的文字,又简单引录于宋人张世南《游宦纪闻》卷五,中华书局,1997年,第46
页;《新五代史》卷七四《四夷附录》"于阗"条,中华书局,1974年,第918页。

② 殷晴《两宋之际西域南道的复兴——于阗玉石贸易的热潮》,《西域研究》2006年第1期,第
39—40页。

③ 张世南《游宦纪闻》卷五,第46页。

④ 武田科学振兴财团杏雨书屋编《敦煌秘籍　影片册》第9册,武田科学振兴财团,2013年,第65
页。参看荣新江、朱丽双《从进贡到私易:10—11世纪于阗玉的东渐敦煌与中原》,《敦煌研究》
2014年第3期(敦煌研究院成立七十周年纪念专号),第191—193页。

的主要地点,其中的昆岗山,应当是指于阗南边之昆仑山。

敦煌文书 P.5538 有用于阗语写的《天尊四年(970 年)于阗王尉迟苏拉致沙州大王曹元忠书》,其中包含一份尉迟苏拉另一次送给曹元忠的礼物清单:

> 一是中等玉石一团,重四十二斤;
>
> 二是纯玉石一团,重十斤;
>
> 三是玉石一团,重八斤半;
>
> 总计玉石三团,六十斤半。①

这件于阗文文书提到一团"中等玉石"重 42 斤,据上引羽 686 号文书,于阗的玉团至少可分为一团重 80 斤的"大玉"和一团 20 斤以下的"玉"两种,"中等玉石"正好介于"大玉"和"玉"之间,可以让我们得知于阗的玉石根据重量可以分为大、中、小三种。

P.2958 有几封于阗语书信的草稿,其中第 6 封信是一位"朔方王子"Hva Pa-kyau 上于阗朝廷的书状,其中提到一位于阗使者 Hvaṃ Capastaka 根据于阗朝廷的指令,用 30 斤玉与归义军官府换取了 200 匹丝绸(śacu)。在第 7 封信中,朔方王子希望母后能多给他一些玉石,以便换取更多的丝绸。②

在大约 1006 年于阗佛教王国被疏勒信奉伊斯兰教的喀喇汗王朝灭掉以后,于阗作为喀喇汗王朝的一部分,继续向中原王朝提供玉石。宋朝曾经要制作一方新的玺印,"因诏于阗国上美玉焉。久而得之,为玺九寸",1118 年元会时,于大庆殿正式接受之。③

元朝也很重视于阗的玉石,上面提到 1273 年六月派遣玉工李秀才往斡端等地采玉,"必得青、黄、黑、白之玉"。元人周密(1232—1298)《癸辛杂识续集》上记载了一件事:

---

① H. W. Bailey, "Śrī Viśạ Śūra and Ta-uang", *Asia Major*, new series, XI.1, 1964, p.19.

② H. W. Bailey, "Altun Khan", *Bulletin of School of Oriental and African Studies*, XXX.1, 1967, pp.97-98.

③ 蔡絛《铁围山丛谈》卷一,中华书局,1983 年,第 8—9 页。又见《游宦纪闻》卷五,第 46 页;周辉《清波杂志》,中华书局,1994 年,第 250 页。

伯颜丞相尝至于阗国开省,于其国中开井,得白玉佛一身,高三四尺,色如截肪,照之皆见筋骨脉胳,已即贡之上方。又有白玉一段,高六尺,阔五尺,长一十七步,即长八尺五寸也,以重不可致。[1]

马可·波罗提到的于阗玉的品种有碧玉(jasper)和玉髓(chalcedony)。于阗玉主要是一种软玉(jade),马可所谓碧玉(jasper),即指于阗玉。从上面提示的有限史料可以看出,于阗玉的种类有不少,斯坦因曾在和田购买过玉髓(chalcedony)或灰白色石英岩的图章戒指(B. D. 001.c)。[2]马可·波罗只提到两种玉,可见他对玉的认识很有限,作为一个商人,对于于阗最重要的输出品如此无知,这是难以理解的。或许因为他是欧洲人,对玉不像中国人那样重视;或许是他在于阗停留时间不长,对当地的了解还是非常有限的。总之,马可·波罗虽然记载到了于阗最为重要的玉河和玉石,但很不准确,没有带给欧洲正确的地理信息。

三、媲摩的重要性

《马可·波罗行纪》有关于阗部分的一个重要的特征,就是把媲摩(Pein)作为一个州单独加以叙述,而且文字比它原本附属的大州斡端还要多,虽然这中间有关玉河的部分或许是误置,而且有相当一部分是讲述一种特殊的婚俗。无论如何,这种突出 Pein 的做法和唐代的情形不符,但它反映的可能是一个事实。

除了有关玉河和婚俗的记录,《马可·波罗行纪》第 55 节有关 Pein 的文字如下:

培因(Pem)乃一小(TA)州,广五日行程,位于东方与东北方之间。此州(LT)居民崇拜摩诃末,且同样(P)臣属于大汗。治下(VB)有众多城镇和乡村,全州(V)最宏伟的城市名"培因",乃该地区之首府。……此州(Z)百姓拥有极为(VB)丰富的一切必需(V)品。该地也(V)盛产

---

[1] 周密《癸辛杂识续集》上,中华书局,1988 年,第 132—133 页。
[2] Stein, *Ancient Khotan*,I, p.219.

棉花。人们更多地(VB)以贸易和手艺为生。……或许你知道,上述自可失合儿至此地之所有诸州,即可失合儿、忽炭、培因,以及前方直至罗不(Lop)城之诸州,皆属大突厥。现在让我们离开此州,我将向你讲述另一州,名曰车尔成(Ciarcian)。①

Pein 即"媲摩",应当是来自于阗语的 Phema。其地点,应当在今克里雅河流域(今于田县境内),斯坦因比定为克里雅河流域下游沙漠中的乌宗塔提(Uzun-Tati)遗址,②可备一说。

在唐代,这里是 675 年所设立的十个羁縻州之一,应当说规模也不一定比东玉河、西玉河、六城州以及固城、皮山、尼壤(蒲城)等城镇要大。但这里位于于阗国的东部边境,较其他羁縻州有更大的发展空间。根据学者们的研究,于阗文的 Phema 一名,原指克里雅河流域一片广阔的地域,692 年唐朝加强安西四镇的军事实力,大概此时以 Phema 的中心城镇设立守捉城,汉文称作"坎城",此名可能来自于阗当地原有的 Kaṃdva 一名。③ 此后,坎城守捉又发展成镇级军事单位,④成为于阗王国东境最大的城镇。根据和田出土的 Hedin 24 汉语于阗语双语文书,坎城和 Phema 可以勘同,汉文部分用"坎城",于阗文部分用 Phema。⑤ 从整个当地出土文书来看,也是"坎城"一名为汉文文书所使用,而 Phema 则更多地为于阗语文书所用。

藏文文献也记有媲摩和坎城,前者见《牛角山授记》(’Phags pa ri glang ru lung bstan pa):"如来瑞像名垢朗(Ki’u lang)者将来于东方媲摩

---

① A. C. Moule and P. Pelliot, *Marco Polo*: *The Description of the World*,p.147.译文初稿、订稿情形同上。

② M. A. Stein, "Hsüan-tsang's Notice of P'i-mo and Marco Polo's Pein", *T'oung Pao*, second seris, Ⅶ/4, 1906, pp. 469-480. 修改后收入斯坦因第一次中亚考古探险报告集: Stein, *Ancient Khotan*, Ⅰ, pp.452-457.

③ 此名见于多件于阗语文书,最能说明 Kaṃdva 地位的是 Or. 12637/14.1,转写和翻译见 P. O. Skjærvø, *Khotanese Manuscripts from Chinese Turkestan in the British Library*, London: The British Library, 2002, p.124. 看看文欣《于阗国"六城"(kṣa au)新考》,《西域文史》第 3 辑,科学出版社,2008 年,第 109—126 页。

④ 参见荣新江《于阗在唐朝安西四镇中的地位》,《西域研究》1992 年第 3 期,第 58 页。

⑤ H. W. Bailey, *Khotanese Texts*, vol.4, Cambridge: Cambridge University, 1961, pp.135-136.

(Phye ma)城住,守护边境。"①Phye ma 当来自于阗语 Phema。后者见《于阗教法史》(*Li yul chos kyi lo rgyus*),作 Kham sheng②或 Kam sheng③,以及《于阗国授记》(*Li yul lung bstan pa*),作 Kam sheng④,应当来自汉语的"坎城"。

晚唐、五代敦煌莫高窟壁画上,有媲摩城瑞像,敦煌文书 S.2113、P.3033《瑞像记》称:"此像从憍赏弥国飞往于阗东媲摩城,今现在,殊灵瑞。"⑤莫高窟第 231、237 窟这尊瑞像旁还保留了榜题:"于阗媲摩城中琱檀瑞像。"⑥按敦煌所出的"瑞像记"和莫高窟的瑞像榜题上同样有坎城瑞像,S.2113《瑞像记》:"释迦牟尼佛真容,白檀香为身,从汉国腾空而来,在于阗坎城住。"⑦其图像也见于莫高窟第 231、237 窟。⑧两者并列表明来源不同,逐渐形成两个瑞像,一个来自印度,一个来自汉地,这也比较符合两个名称的一胡一汉背景。

五代时,敦煌于阗文行记(钢和泰藏卷)中的 Phimāña Kaṃtha 即坎城。⑨我们在 938 年前往于阗册封的后晋使者高居诲的行纪中,又见到坎城的名字:

〔自仲云界〕又西,渡陷河,伐柽置冰中乃渡,不然则陷。又西,至绀州,绀州,于阗所置也,在沙州西南,云去京师九千五百里矣。又行二日,至安军州,遂至于阗。⑩

绀州,学者一般把它比定为坎城。⑪我们从高居诲行纪中可以看到,从仲云部

---

① F. W. Thomas, *Tibetan Literary Texts and Documents Concerning Chinese Turkestan*, I, London, 1935, p.24, n. 6.

② R. E. Emmerick, *Tibetan Texts Concerning Khotan*, London: Oxford University Press, 1967, pp.88-90.

③ Emmerick, *Tibetan Texts Concerning Khotan*, p.91.

④ Emmerick, *Tibetan Texts Concerning Khotan*, pp.72-75, 90f.

⑤ 张广达、荣新江《敦煌"瑞像记"、瑞像图及其反映的于阗》,第 169—170、173 页。

⑥ 张小刚《敦煌壁画中的于阗装饰佛瑞像及其相关问题》,《敦煌研究》2009 年第 2 期,第 8 页。

⑦ 张广达、荣新江《敦煌"瑞像记"、瑞像图及其反映的于阗》,第 200 页。

⑧ 孙修身主编《敦煌石窟全集》第 12 册《佛教东传故事画卷》,香港商务印书馆,2000 年,第 106 页。

⑨ H. W. Bailey, "The Staël-Holstein Miscellany", *Asia Major*, new series, II.1, 1951, pp.2, 10.

⑩ 《新五代史》卷七四《四夷附录·于阗》,第 917—918 页。

⑪ J. Hamilton, "Autour du manuscrit Staël-Holstein", *T'oung Pao*, XLVI, 1958, pp.117-118.

族所在的且末以西,①到于阗都城之间,就只有绀州和安军州两地,安军州应当在于阗都城不远处,所以到了安军州,就到了于阗都城,而绀州无疑是公元 10 世纪上半叶于阗国东部地区的最大城镇,表明从唐朝到五代,媲摩的重要性日渐突出。

到了 10 世纪后半叶,俄藏敦煌文书 Дх.2148(2) + Дх.6069(1)《于阗天寿二年(964 年)弱婢祐定等牒》说到居留敦煌的于阗太子、公主等要在莫高窟开凿石窟,致信于阗国皇后、宰相,请求寄三五十匹"绀城细緤"来,沿窟使用。这里的"绀城",即指"坎城"。②这也透露出媲摩一地在 10 世纪时仍然是于阗国的重镇,很可能是从唐朝遗留下来的一个重要的州。"绀城细緤"指的是媲摩地区生产的精细棉布,应当是其他地方织不出来的特别的一种棉布,这和马可·波罗所记"该地也盛产棉花","人们更多地以贸易和手艺为生"相吻合。

尽管马可·波罗描述的于阗不是非常准确,比如玉河的位置,但有关于阗和媲摩的大部分描述是元朝初年这些地方真实情况的写照。这是非常重要的,因为有关那段时间的于阗我们知之甚少。

(原载《西域研究》2016 年第 2 期,第 37—44 页。)

---

① 关于仲云,参看 J. Hamilton, "Le pays des Tchong-yun, Čungul, ou Cumuḍa au Xᵉ siècle", *Journal Asiatique*, 265, 1977, pp.351-379.
② 张广达、荣新江《十世纪于阗国的天寿年号及其相关问题》,《于阗史丛考(增订本)》,第 292—293 页。V. Hansen, "The Tribute Trade with Khotan in Light of Materials Found at the Dunhuang Library Cave", *Bulletin of the Asia Institute*, new series, 19 (Iranian and Zoroastrian Studies in Honor of Prods Oktor Skjaervo), 2005 (2009), pp.42-43.

四

马可·波罗
与中国南部

Marco Polo
and
South China

关于马可·波罗在扬州的时间

彭　海

威尼斯人马可·波罗在 13 世纪的元代,先后居留中国十七年。在他口述的游记里,说他在扬州任了三年官职,并扼要描述了元代扬州的情况。由于叙述简略,元代史籍和扬州地方志对此又缺乏明确记载,对于他是否在扬州担任过总督、太守之类官职,史学界历来存有争议。对于他在扬州的时间,国外史学工作者经过一百多年来的探讨已经逐步明确,但缺乏具体论证。①

马可·波罗回意大利时四十一岁,他追叙十多年前在扬州一带活动的经历,记忆是清晰的。马可·波罗在"这里讲扬州城"的一节里说道:

> 离开泰州我们向东南(按:系西南之误)走一天,经过一段很好的地方,有许多城市和村落。我们以后到了一个很大而繁华的城市名叫扬州。还有你们要知道,这城是极大、极有权力的,共有二十七个别的城市附属于他。一齐皆是广大富庶,商业兴盛。这城被选为十二省城之一,所以大可汗的十二个总督之一是驻在这城里。人民崇拜偶像,用纸币,臣服大可汗。这书所讲的马可·波罗(按:张星烺原译为马哥·孛罗)先生曾亲受大可汗的命令治理这城三年之久。人民以经商和手艺为生,有许多马兵和军士用的武器是在这里制造的。你们要晓得在这城里和四邻各地驻有许多军队。(见张星烺译本,商务印书馆版,第 288 页。)

---

① 1864 年法国颇羯称马可·波罗 1277 年至 1280 年在扬州(见《忽必烈枢密副使博罗书》绪言,北京图书馆藏法文版)。他在扬州一章注释中,又说这三年是 1276 年至 1278 年。1910 年版《英国百科全书》称马可·波罗 1282 年至 1285 年在扬州。1929、1947、1953、1973 年各版均同。1924 年华籍法人沙海昂称马可·波罗是"忽必烈远征失败预备报复之际"在扬州(见冯承钧译《马可波罗行纪》绪言)。1975 年版《美国百科全书》第 29 卷称马可·波罗 1282 年至 1285 年在扬州。

马可·波罗关于扬州就说了这么多。这些叙述和《元史》记载是基本吻合的。他的叙述主要有这样几点:

第一,"这城是极大、极有权力的,共有二十七个别的城市附属于他"。

扬州在元代是扬州路的首府,也时常是江淮行省的所在地。当时元朝把全国区分为一百八十五路。至元二十年(1283年),定十万户以上者为上路,十万户之下者为下路。扬州路不仅是辖区大、人口多的上路,而且在全国的上路中占第四位,有二十四万多户,一百四十七万多人。第一位是吉安路,四十四万多户;第二位是杭州路,二十六万多户;第三位是南昌一带的龙兴路,二十七万多户。

"共有二十七个别的城市附属于他"是怎么回事呢?这就是元初的扬州,曾经有两次设置了淮东道宣慰司的机构,这个司所属城市的具体情况是:扬州路所属江都、泰兴、扬子、六合、清流、来安、全椒、海陵、如皋、静海、海门、崇明等十二城,淮安路所属山阳、盐城、桃园、清河、朐山、沭阳、赣榆、临淮、虹县、五河、盱眙、天长、安东等十三城,高邮府所属高邮、兴化、宝应等三城,总共二十八城。

《元史·地理志二》"淮安路"条:"二十年,升为淮安府路,并淮安、新城、淮阴三县入山阳,兼领临淮府、海宁、泗、安东四郡,其盱眙、天长、临淮、虹、五河、赣榆、朐山、沭阳各归所隶。"至元二十年正是1283年。淮东道宣慰司设在扬州,才有二十七个城属于他。

这个"二十七个别的城市附属于他",按照《元史》的说法,就是:"统本路并淮安二郡,而本路领高邮府及真、滁、通、泰、崇明五州。"马可·波罗1275年来华,1291年离华,在华十七年间,淮东道宣慰司随着江淮行省的迁杭州和又回扬州,立了又废,废了又立。

第二,"这城被选为十二省城之一,所以大可汗的十二个总督之一是驻在这城里"。

元初,忽必烈在1283年后,把当时的疆域分为十二个行省。此后尽管行政区划不时变动,行省的总数总是在十二左右。扬州是江淮行省的所在地,元朝官员有时就直接称呼江淮行省是扬州行省。(见《永乐大典》"站赤"条,至元十九年和二十年的官员奏文。)

马可·波罗是 1291 年离华的。他讲的十二省，既不是《元史·地理志》所讲的十一个行省，也不是《刺失德书》里所讲的那十二个省（《多桑蒙古史》第 4 章，第 327 页）。而是指的 1275 年至 1290 年这一时期实际存在的十二个行省，即甘肃、陕西、四川、河南、江淮、江西、福建、荆湖（又称鄂州、湖广）、辽阳、云南、征东、占城。这就不包括《元史·地理志》里所说的其后建立的岭北行省，也不包括中统期间设立过的山东行省、益都行省。

行省的全称是"行中书省"。省里的主管官是平章政事，辅佐官是左丞、右丞，并没有总督的职称。在元初也曾经出现过一些都督的职称，但并没有在十二行省普遍设置总督。《马可·波罗游记》里所说的"大可汗的十二个总督之一是驻在这城里"，这个总督的译称，可能是指的省里的平章政事。

第三，"马可·波罗先生曾亲受大可汗的命令治理这城三年之久"。

马可·波罗所说的"三年之久"，正是当时元朝官员三年一任的官制。《元史·百官志》"迁官之法"一节里说："其理算论月日，迁转凭散官，内任以三十月为满，外任以三岁为满，钱谷典守以二岁为满，而理考通以三十月为则。"《元史·世祖纪》至元十九年（1282 年）记载："定内外官以三年为考，满任者迁叙，未满者不许超迁。"这两则史料都记载了元代的外官三年一任的官制。

第四，"用纸币"。

扬州是至元十三年（1276 年）被元军攻占。忽必烈的元朝用币是纸币，而宋朝用的主要是铜钱银锭。扬州是宋朝在江北的根据地，元军攻占扬州初期，铜钱等宋币仍有流通。而至元十七年（1280 年）六月，江淮行省颁发了流通元钞的规定，禁止宋代铜币流通。

第五，马可·波罗所谈的运河粮运。

马可·波罗在谈到扬州附近瓜州的情况时说：瓜州"这城位在江边，有大量的谷米聚集在这城里，从这城里由水路运到汗八里大城（按：即元代大都北京）。大可汗的朝廷就在那城里。我讲水运并不是说由海运，只是由河湖而已"（张星烺译本，第 295 页）。这些叙述和《元史》记载吻合。

元代，每年要从江南通过运河运粮一二百万石，送到北方的大都，称为漕运。至元十九年（1282 年），这种漕运由两个机构主持，这就是江淮都漕运司由江淮行省的浏河太仓一带运到中滦,再由京畿漕运司负责运到大都。在《马可·波罗游记》里,说粮食"由水路运到汗八里大城"一句未免太简略,实际上在 1282 年前后,这种漕运却是很费周折的。《元史》说:"运粮则自浙西涉江入淮,由黄河逆水至中滦旱站,陆运至淇门,入御河,以达于京。后又开济州泗河,自淮至新开河,由大清河至利津河入海。因海口沙壅,又从东阿旱站运至临清,入御河。又开胶、莱河道通海,劳费不赀,卒无成效。"(《元史》卷九三《食货志·海运》)至元二十年(1283 年),元廷一面吸取了 1276 年从杭州由海路运送宋代图籍的经验,设立海运机构,一面仍在扬州、中滦两处运粮,命令济州河附近的三省造一千艘大船,以备粮食漕运之用。至元二十一年二月,元廷疏浚扬州漕河,至元二十二年二月,停止在胶莱河开凿新河,由江浙行省组织海运。在 1283 年至 1285 年,每年运粮数是:四万余石、二十七万余石、九万余石。从 1286 年至 1290 年是:四十三万石、二十九万石、三十九万石、九十一万石、一百五十一万石。《马可·波罗游记》中所说的"我讲水运并不是说由海运,只是由河湖而已",应当指的是至元二十二年(1285 年)组织海运以前的漕运。

从上面提到的马可·波罗对扬州的叙述,可以看出马可·波罗在扬州活动时间的一些线索。

第一,从"二十七个别的城市附属于他"和扬州"被选为十二省城之一"来看,马可·波罗所谈的扬州,可能是 1282 年至 1284 年时的扬州。因为:1276 年江淮行省设在扬州;1278 年行省移杭州、淮东道宣慰司设扬州,有二十七个县隶属于它;1282 年行省又移扬州,这时扬州路直隶行省;1284 年行省又由扬州移杭州,复于扬州立淮东道宣慰司(《元史》卷五九《地理志二》)。马可·波罗说扬州是十二省城之一,又说有二十七个别的城市附属于扬州,这是在扬州由江淮行省直接统管的时期,这段时间是在 1282 年至 1284 年。

第二,从马可·波罗说他治理扬州三年之久来看,可能是 1282 年元世祖忽必烈钦定"内外官以三年为考"以后的事。

第三,从"用纸币"来看,那是 1280 年江淮行省颁发流通元钞规定以后的事。

第四,从马可·波罗说的在瓜州组织漕运的情况来看,这是 1285 年以前的事。

从马可·波罗叙述的他在中国整个的时间次序来看，1282 年至 1285 年期间，他在扬州一带活动是可信的。《马可·波罗游记》里记录了许多事件的年代，有不少并不准确。可是，他三次见到忽必烈的记述中，第二次、第三次见到忽必烈时的情况，和元代史料可以印证。马可·波罗第二次见到忽必烈，是忽必烈战胜乃颜以后，1287 年复活节在大都会见基督教徒的时候。第三次是马可·波罗离华前得到忽必烈的批准回国。在这里，与判定马可·波罗在扬州的时间有关的是，他在 1287 年以前的活动。1277 年前后马可·波罗出使哈喇章，了解了元军与缅军在云南永昌的大战。1282 年三月忽必烈处死阿合马时，马可·波罗在元都（《游记》没有提到 1280 年阿合马陷害杀戮江淮行省主管官员的事）。1282 年三月以后马可·波罗在扬州一带活动。1284 年江淮行省由扬州迁到杭州，马可·波罗随后也到了杭州，并南下福建出海。1285 年马可·波罗在占婆。1286 年马可·波罗在北方了解了忽必烈与乃颜的大战。

1287 年以后，马可·波罗出使印度。1290 年波斯阿鲁浑遣使来迎蒙古公主阔阔真。这时，阿鲁浑的使者遇到了马可等，邀约马可等一齐去波斯。马可叔侄三人也就在出使波斯后回到威尼斯。

对于马可·波罗记述的有关亚洲的情况，当时欧洲多数人是陌生的。于是有人说他的书是胡编乱造。在他临终前，教士要他忏悔一生的罪孽。马可·波罗拒绝忏悔，确认他的记述是真实的。只是以记述还很不完全为遗憾。七百年来，各国对《马可·波罗游记》的研究，已经弄清了他的记述有些是传闻之误，有些追述的年月不准，但是他的游记的总体、绝大部分内容则是真实的。他的游记对于欧亚交通史有重要历史价值，对于了解我国元初的社会风貌、政治、经济、宗教、文化等情况也是宝贵史料。这部著作还有不少问题有待探讨，这里提出的考证仅是该书中值得研讨的一项而已。

（原载《历史研究》1980 年第 2 期，第 160—162 页。）

马可·波罗对杭州的记述

龚缨晏

要研究浙江与欧洲的历史关系,首先就要讲到马可·波罗(Marco Polo,1254—1324年)。因为就现有的历史记载而言,他是最早来到浙江的欧洲人,而且第一次将杭州介绍给了欧洲,并以极大的热情来描述和盛赞它的美丽与富饶。

一、马可·波罗和他的游记

700年前,在意大利热那亚的一座监狱中,有个叫马可·波罗的威尼斯人讲述了他在东方的所见所闻,同狱的作家鲁思梯切洛(Rustichello 或 Rusticiano)将马可·波罗的口述笔录成书。这本著作原来的书名应当是《寰宇记》(*Divisament dou Monde*),但它在意大利通常被称作《百万》(*Il milione*),在英语中大多译作《马可·波罗旅行记》(*Travels of Marco Polo*),中文则普遍称之为《马可·波罗行纪》或《马可·波罗游记》。

《马可·波罗行纪》写成后,很快受到人们的欢迎,16世纪的意大利地理学家拉木学(G. B. Ramusio)说"它在几个月内就风靡了整个意大利"[1]。人们争相传抄,于是形成了各种手抄本,[2]并被译成各国文字出版。到了本世

---

[1]　A. C. Moule and Paul Pelliot, *Marco Polo: The Description of the World*, London, 1938, p.40.

[2]　1981年,福建科学技术出版社出版了新的《马可·波罗游记》中译本,中译者在"译后记"说:"直至今天不同的版本据说多达八十多种。"余士雄很快指出这种说法是不对的,他在《谈新译〈马可·波罗游记〉》(《读书》1982年第10期)中说:"国外《马可·波罗游记》的版本也不止八十种,据向达一九五六年统计,就有一百多种,现在恐怕就更多了。"黄时鉴在《略谈马可·波罗书的抄本与刊本》(《学林漫录》第8集,中华书局,1983年)中说:"到了二十世纪七十年代末,已发现的抄本共约有一百四十种。"这一数字在80年代没有什么变化,参见 *The New Encyclopaedia Britannica*,第15版(1988年),"Marco Polo"条。

纪 70 年代末,"世界各种文字的译本已在 120 种以上"①。

《马可·波罗行纪》最初是用一种当时流行的法语—意大利语混合语言写成的,随着它的流传,出现了各种文字抄本,传抄的过程中还有意无意地被删略、篡改和加工,这样,各抄本的内容就互不相同了。马可·波罗在生前的 20 年中可能也对有些抄本作过增订和修改。②因此,考订各版本的源流,对于恢复《马可·波罗行纪》的原貌,对于确定马可·波罗所说的事实,都是极其重要的。

通过几个世纪艰苦的研究,特别是意大利学者贝内戴托(L. F. Benedetto)在本世纪二三十年代所进行的工作,人们基本上弄清了《马可·波罗行纪》的流传情况。

总的说来,所有的抄本可以分为甲、乙两大系统。甲系统包括:

F 本:即巴黎国立图书馆所藏著名的 B.N.fr.1116 抄本,抄于 14 世纪上半期,所用语言为法语—意大利语的混合语,也就是鲁思梯切洛最初写作《马可·波罗行纪》时所用的语言。1824 年,法国地理学会(Société de Geographie)将这个抄本作为《旅行记与回忆录文集》(*Recueil de Voyages et de Memoires*)的第一种刊印出版,所以中文也常将 F 本称作"地学本"或"地理学会本"。与其他抄本相比,"F 本的篇幅最长,在某些方面还是最好的"③。但有人说:F 本"可能确为马可·波罗在热那亚狱中自其口语而笔录的原本,未经后人的修改"④。这种说法就不对了,因为马可·波罗在狱中形成的原作早已不知去向,而且,F 本也不是最早的抄本。

法文本(Court French),简称 FG 本,共有 16 种抄本,都用这种法文抄写。有的抄本只有两页。法国学者颇节(Pauthier)于 1865 年出版的所谓 G 本,实际上是根据 FG 本编辑而成的。⑤英国学者玉尔(H. Yule)的名著《马

---

① 黄时鉴《略谈马可·波罗书的抄本与刊本》。

② *The New Encyclopaedia Britannica*,第 15 版,"Marco Polo"条。

③ A. C. Moule and Paul Pelliot, *Marco Polo:The Description of the World*, p.42.

④ 邱克《中国交通史论》,人民交通出版社,1994 年,第 48 页。

⑤ A. C. Moule and Paul Pelliot, *Marco Polo:The Description of the World*, p.509;戴尼森·罗斯《马哥孛罗游记》导言,张星烺译《马哥孛罗游记》,"万有文库"第十二集,商务印书馆,1939 年简编本,第 8 页。

可·波罗游记》(*The Book of Ser Marco Polo*)则将颇节的著作作为主要依据。①

意大利托斯卡纳(Tuscan)方言本,简称 TA 本,共 12 种抄本,除了 1 种(LT)用拉丁文抄写外,都用托斯卡纳方言抄写。

威尼斯方言本,简称 VA,约有 30 种抄本,抄写所用文字多为威尼斯方言,也有用托斯卡纳方言、德文、拉丁文等。VA 本还包括 14 世纪传教士庇庇诺(Pipino)根据 VA 本而译编的拉丁文本,此种拉丁文本被称作 P 本,这是最通行的拉丁文本。②

乙系统,都来源于一种比 F 本还要早的、更接近原作的、现在已佚失了的抄本,包括著名的拉木学本(简称 R 本,它不是手抄本,而是印刷本)和才拉达(Zelada)本(简称 Z 本)。

再往上追根溯源,上述甲、乙两系统的抄本都来自一种已佚的抄本(简称 O_1),O_1 又是从原稿(简称 O)抄录而来的。这样,我们可以用一种简图来说明《马可·波罗行纪》各种抄本的流传关系:③

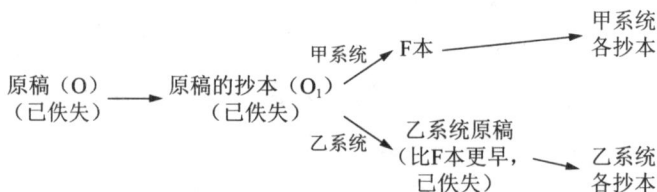

在所有这些抄本中,最为重要的抄本是 F 本、R 本和 Z 本。对于这三个抄本,黄时鉴先生的《略谈马可·波罗书的抄本与刊本》一文,对此已有全面

① H. Yule, *The Book of Ser Marco Polo*, revised by H. Cordier, Book 1, London, 1926, pp.141-142.张星烺于 1922 年将此书的导言译成中文,后以《〈马哥孛罗游记〉导言》为书名作为"受业堂丛书"第一种出版。

② 这里所说的 P 本即庇庇诺所译的拉丁文本,它与邱克在其《中国交通史论》第 48 页所说的"P氏本"完全不同。邱克所说的"P 氏本",实际上是指法国人颇节(G. Pauhier)于 1865 年根据 FG 本而编辑出版的法文本。以前人们曾根据颇节的姓氏将他的译本称作 G 本,邱克称之为"P 氏本",不知何据。而且,颇节的著作也根本不是像邱克所说的那样,是对 F 本"进行了校订"后而形成的。

③ 此图据 A. C. Moule 和 Paul Pelliot 所著 *Marco Polo: The Description of the World* 的导言和附录中的"手稿分类表"。

的介绍,这里仅就与本文关系较为密切的 Z 本再作些补充。

Z 抄本是 1470 年左右用拉丁文抄写而成的。18 世纪,这个抄本为大主教才拉达(Zelada,1717—1801 年)所有,大概在才拉达去世前两年,这个抄本又与其他一些图书一起被转赠给在西班牙托莱多(Toledo)的一所著名的教会图书馆。1759 年,有人用拉丁文将 Z 本又抄写了一份,这份新抄本简称 Z_1,现收藏在米兰的一个图书馆中。1932 年,西班牙托莱多所藏的 Z 抄本被发现,后来,摩勒(A. C. Moule)和伯希和(Paul Pelliot)将 Z 本与其他抄本进行了汇校,并于 1938 年用英文合著出版了《马可·波罗寰宇记》(*Marco Polo: The Description of the World*)。

人们普遍认为,在《马可·波罗行纪》的所有各类版本中,摩勒和伯希和一起校订的这个英译本"是最好的本子"[1]。特别值得指出的是,在摩勒和伯希和所合校的这部《马可·波罗寰宇记》中有一个极其重要的"导言",它详细地考证了马可·波罗的生平及其游记的流传情况,是研究马可·波罗不可不读的基本文献。下面,本文以《马可·波罗寰宇记》中的"导言"为主要依据,就马可·波罗的生平事迹作一些说明。

马可·波罗是意大利威尼斯人,"马可"是他的名字,"波罗"是姓。16 世纪,拉木学曾搜集整理过关于马可·波罗的传说与材料。根据他的说法,马可·波罗的祖父叫安德列·波罗(Andrea Polo),他有三个儿子:马可(Marco)、尼古罗(Nicolo)、马菲奥(Mafio)。马可·波罗是尼古罗的儿子。拉木学说,老马可死后,为了纪念他,尼古罗的妻子将自己的儿子起名叫马可;方豪也说"老马可卒于 1260 年"[2]。这种说法并不对,老马可 1280 年所立的遗嘱还保存着,1295 年他可能还活着。[3]

波罗一家是商人,他们在君士坦丁堡及克里米亚都有自己的生意。最早来到中国的是马菲奥和尼古罗两兄弟。他们大概于 1265 年到达元朝的上都,并受到忽必烈的接见,又于 1269 年回到地中海东岸的阿克尔(Acre)。1271 年,马菲奥和尼古罗带着年轻的马可·波罗再次前往中国。1275 年,

---

① 《中国大百科全书(中国历史卷)》"马可·波罗"条。

② 方豪《中西交通史》(下),岳麓书社,1987 年,第 517 页。

③ A. C. Moule and Paul Pelliot, *Marco Polo: The Description of the World*, p.15.

他们抵达元上都。此后,他们在华生活了 17 年。马可·波罗在中国曾到过大都(北京)、扬州、杭州、泉州等许多地方。

1291 年,马可·波罗一行离开中国回国,1295 年回到威尼斯。①关于马可·波罗等人回到威尼斯的情形,流传着一些富于戏剧性的说法。拉木学说:马可·波罗等人离家多年,他们的亲人以为他们已客死他乡;回来时,他们"形容憔悴,沾染鞑靼人之习俗,忘威尼斯之土语,操鞑靼人之口音,衣鞑靼人之服装,粗陋槛楼(褴褛)",所以被拒之门外。后来的巴巴罗(Barbaro)则说得更离奇:马可·波罗回家后,妻子就将他穿的破衣衫送给了一个乞丐,而马可·波罗从东方带来的珍宝都藏在这些旧衣服里。第二天,当马可·波罗得知妻子已把这些旧衣服送给一个乞丐后,就来到一座桥头边,假装发疯,引起众人围观。最后那个乞丐也来观看,马可·波罗认出了乞丐身上所穿的自己的旧衣服,于是将这些衣服取了回来。②

这类说法也经常出现在国内的出版物中。③其实,这类流传甚广的故事只不过是传说而已,缺乏根据,"得不到任何一件早期文献典籍的支持"④。

马可·波罗回国后不久,威尼斯与热那亚之间爆发海战,马可·波罗参加了这场海战,并被热那亚人俘获。关于这场海战的时间,人们曾根据拉木学的说法将之定在 1298 年,⑤国内后来也有许多人也都采用了这个说法。⑥但经国内外专家的研究,认为致使马可·波罗被俘的那场海战事实上应发生在 1296 年,而且,关于这场海战并没有留下多少记载,拉木学则将这场海战与 1298 年的海战混在了一起。⑦

① 关于马可·波罗行程的一些年代问题,参见《中西文化交流先驱——马可·波罗》,商务印书馆,1995 年,第 349—357 页。
② 张星烺译《〈马哥孛罗游记〉导言》,第 67—68 页。
③ 尚铭《马可·波罗和〈马可·波罗游记〉》,《马可波罗游记》,福建科学技术出版社,1981 年;沈立新《中外文化交流史话》,华东师范大学出版社,1991 年,第 78 页。
④ A. C. Moule and Paul Pelliot, *Marco Polo: The Description of the World*, p.33.
⑤ 张星烺译《〈马哥孛罗游记〉导言》,第 70—71、145、180—185 页。
⑥ 如唐锡仁《马可·波罗和他的游记》,《世界历史》1979 年第 3 期;尚铭《马可·波罗和〈马可·波罗游记〉》;郭圣铭《马哥·波罗》,《旅游天地》1980 年第 3 期;朱杰勤、黄邦和主编《中外关系史辞典》,湖北人民出版社,1992 年,第 703 页。
⑦ A. C. Moule and Paul Pelliot, *Marco Polo: The Description of the World*, pp.34-35;《中西文化交流先驱——马可·波罗》,第 355—357 页。

马可·波罗在狱中口述了他在东方的经历,并于1299年被释放。1324年,马可·波罗去世。去世前,他立下了一份遗嘱,这份遗嘱保留至今。根据这份遗嘱统计,马可·波罗去世时留下的财产,如果按照本世纪20年代的比价进行折算的话,约相当于3 000英镑。①

马可·波罗生前被称为“百万”(Milione),他的游记在意大利一般也被称作“百万”(*Il milione*),他的住宅则被叫做“百万宅”(Corte del Milione)。关于“百万”之名的来源,有着不同的说法。有人认为马可·波罗从东方回来,带来了百万财富,所以人们称之为“百万”,但从他的遗嘱来看,很难证明这一点。有人说,这是由于马可·波罗回到故乡向人们讲述东方的富有时,喜用“百万”一词来形容;也有人说,人们之所以叫他“百万”,是因为他的书中充满了成千上万的离奇之事。后来,贝内戴托提出了另一种说法:所谓的“百万”,并不是马可·波罗的绰号,而是他的拉丁文真名,即Aemilione(大艾米尔)。总之,至今为止,我们还不清楚“百万”的真正意义。②

二、马可·波罗对杭州的记述

在《马可·波罗行纪》中,杭州被称作“行在”(Quinsay、Quinsai、Kinsay等)。关于杭州的记载约占全书的十五分之一,是这部游记中“最精彩、最重要的一个章节”③。因此,英国的玉尔、法国的摩勒与伯希和、日本的藤田丰八与桑原骘藏等著名学者都对《马可·波罗行纪》中关于杭州的记述进行过研究。

但是,如前所述,《马可·波罗行纪》的抄本与版本很多,其中关于杭州的记述也各不相同。④而且,这些关于杭州的不同记载成了对《马可·波罗行

① A. C. Moule and Paul Pelliot, *Marco Polo*: *The Description of the World*, p.31.
② A. C. Moule and Paul Pelliot, *Marco Polo*: *The Description of the World*, p.33.
③ A. C. Moule and Paul Pelliot, *Marco Polo*: *The Description of the World*, p.499.
④ 这一点很重要,有的研究者就是由于不清楚《马可·波罗行纪》不同版本间的关系而得出了一些不正确的结论。参见方如金《〈马可·波罗游记〉质疑》,《未定稿》1985年第16期;沙舟《马可·波罗所见杭州初考》,《未定稿》1986年第7期。

纪》进行版本学研究的一个重要资料。摩勒与伯希和曾就此作过专门的讨论,他们说:关于杭州的"这一章可以根据主题分成长短不一的 60 节。在这 60 节中,F 本有 31 节,Z 本有 24 节,R 本有 57 节。F 本中有 12 节不见于 Z 本;Z 本中有 5 节不见于 F 本,有 3 节不见于 R 本。R 本中有 26 节不见于 F 本,有 34 节不见于 Z 本。Z、R 拥有 2 个相同的短节,而这 2 节不见于 F 本。在次序上,Z 本除了 5 个多出来的小节外,都严格依循 F 本的次序,这两个稿本在用词上也十分相近。而 R 本的次序则与 F 本、Z 本大不相同,特别是在第 54 节中,即讲述皇宫的那一节。F 本的这一节约为 265 个法文词,Z 本与此相似,约为 168 个拉丁文词。R 本的这一节则多达 690 个意大利文词,它在内容上与其他各个本子是如此不同,致使贝内戴托将 R 本这一节的全部内容附加在 F 本后面刊印出来,他这样做是很正确的。①〔关于杭州的〕这一章很长、很重要,R 本的这一章有许多很有意思的增加部分,对于这些增加的部分,Z 本除了两个小段外,似乎知道得很少或根本一无所知。同样,有三段颇有意思的内容只出现在 Z 本中,R 本对于这三段则是毫不知晓"②。F 本、R 本、Z 本在版本学上的这些差异说明了《马可·波罗行纪》早期抄本的多样性与复杂性,同时还说明 R 本尚有其他的来源,这些来源至今还没有被发现。

　　大约从 1874 年开始,我国已有人介绍马可·波罗的事迹。③后来,我国出版过好几个《马可·波罗行纪》的中译本。④在这些中译本中,较为重要的有两种。一种是冯承钧依据沙海昂注释本所译的《马可波罗行纪》,1936 年初版,1954 年重印;另一种是张星烺根据贝内戴托 Z 本的英译本而翻译的《马哥孛罗游记》,1936 年初版,1939 年又出简编本。冯承钧的《马可波罗行纪》是国内流行最广的中译本。在这些中译本中,都可以找到关于杭州的记述。此外,有人还专门将关于杭州的内容单独译成中文,如向达在 1929 年

---

① 在冯承钧所译《马可波罗行纪》(中华书局,1954 年)中,R 本的这节内容也作为独立的一章出现,标题为"补述行在"。

② A. C. Moule and Paul Pelliot, *Marco Polo: The Description of the World*, p.499.

③ 李长林《国人介绍与研究〈马可·波罗游记〉始于何时?》,《世界史研究动态》1990 年第 10 期。

④ 关于《马可·波罗行纪》在中国的出版情况,除参阅上述有关引文外,还可参见张跃铭《〈马可·波罗游记〉在中国的翻译与研究》,《江淮论坛》1981 年第 3 期。

以玉尔的著作为依据,把《马可·波罗行纪》中有关杭州的部分译出,并根据中文资料进行了比较研究。①1990年,贺起再次将玉尔著作中的这部分内容单独译出。②还有人就《行纪》中的这些内容写过专门的文章。③

这样,在《马可·波罗行纪》的各种中译本及关于杭州的著述中,除了张星烺1936年翻译的《马哥孛罗游记》外,其他的都没有吸收Z本的内容。而如前所述,Z本在《马可·波罗行纪》的各种抄本中是最为重要的一种。因此,本文的主要目的,就是根据摩勒与伯希和合校的《寰宇记》,介绍一些关于杭州的记述,特别是Z本所特有的这方面的内容。

为了便于叙述,我们以冯承钧所译的《马可波罗行纪》作为底本(因为这是国内目前最流行的译本),然后将这个中译本中所没有的内容从《寰宇记》中译出,作为这个中译本的补充,为其他研究者提供一些必要的资料。大体上说来,中译本中所没有的关于杭州的记述可以分为三类。

其一,对中译本中已有的内容作进一步的补充说明。

我们可以就此列举几个实例(以下前面引号里的内容都出自冯承钧的这个译本的两个第151章,而后面的内容则出自《寰宇记》所引的Z本或其他本子)。

杭州城"内有一万二千石桥"。Z本说杭州城内的这"一万二千"座桥梁"大部分是石头建造的,也有一些则是木造的"。

"此城完全建筑于水上。"VA本补充说:"犹如威尼斯。"

杭州城的富人们"其起居清洁富丽,与诸国王无异"。Z本说:"与诸国王及贵族无异。"这样,就更明确地表明了这里所说的应当是指民间的富人。

"城中有一大湖。"Z本补充说,这是个"美丽的、了不起的大湖"。

元朝在原来南宋的城市里驻扎重兵进行防卫,"最少者额有千人,有至一万、二万、三万人者"。Z本接着说,各地驻兵的多少"取决于当地的状况及力量的大小"。

---

① 向达《元代马哥孛罗诸外国人所见之杭州》,《东方杂志》1929年第26卷第10号。
② 贺起《世界上最美丽华贵的城市》,《元明清名城杭州》,"杭州历史丛编"之五,浙江人民出版社,1990年。
③ 除前面已引述者外,还有唐锡仁《马可·波罗杭州纪游》,《地理知识》1980年第6期。

"此城尚有出走的蛮子国王之宫殿。"Z本说：蛮子国王的名字叫"Facfur"。①

杭州城内的占星术士很多，"一切公共市场中为数甚众。未经星者预卜，绝不举行婚姻"。Z本说："如果任何人要想举行婚礼，都先要请占星师查考新郎新娘的星座是否相配，如果相配，那就完婚，如果相克，那就告吹。"

"其旧王虽命居民各人子承父业，第若致富以后，可以不必亲手操作，惟须雇用工人，执行祖业而已。"这一段其他本子的文字相差较多，根据 Z 本、TA 本、VA 本等，应当为："我还要告诉你们，以前统治这个城市与这个王国的国王，当他在位时，曾颁布命令，要求每个居民必须从事他父亲及其祖先的职业。即使他拥有几十万比生的黄金，②他也只能从事他父亲的职业。但你们不要以为他们真的会被迫去亲手工作，前面已经讲过，他们只是被迫雇人继续从事祖业。现在，大君主再也不要求他们去遵守这条法令了，因为，如果一个匠人富到已经可以并且愿意放弃他的职业的话，那么，无论是谁都无法强迫他继续从事这个职业。因为大君主很明白这个道理：如果某人因为贫穷而不得不从事某个职业（否则他无法活下去），后来他财运亨通，他完全不必再去从事这个职业就能过上尊贵的生活，那么，如果他已不想再去从事这个职业的话，为什么还要强迫他去干呢？如果神使某人大获成功，而人却要对此人横加干涉，这是不明智的，也是不公正的。"

其二，对中译本中的某些内容有不同的说法。

这方面最为重要的实例是 Cianga，F 本又作 Caiugan 或 Ciangan，TA 本又作 Cianghin 或 Cinghan，Z 本作 Cangan 等。

马可·波罗在说到从苏州到杭州的途中，路过一个叫 Cianga 的地方。根据 F 本等的说法，马可·波罗从 Cianga 出发，骑马行走三天才到杭州。有

---

① "蛮子"是对南宋的称呼。Facfur，又作 Faghfur 或 Baghbur，来源于古波斯语的 Bagaputhra，在阿拉伯语中转为 Baghpou，都是对汉语"天子"一词的意译，这里实际上是指南宋皇帝。冯承钧将此词音译为"法黑福儿""范福儿"等。参见冯承钧译《马可波罗行纪》，第 529 页；H. Yule, *The Book of Ser Marco Polo*, revised by H. Cordier, Book 2, p.148。

② 比生（besant 或 bezant），古代金币单位，按照本世纪 20 年代的比价，一个比生略少于 11 个苏（sou）。见 H.Yule, *The Book of Ser Marco Polo*, revised by H. Cordier, Book 2, p.592。

人认为，Cianga 应当是"长安"的对音，即今天浙江省海宁市的长安镇。确实，在宋元时代，长安镇是个交通要道，而且就位于运河边。据《永乐大典》记载，元代的长安镇设有站赤："长安站，船三十只，正户三十户，贴户三百三十一户。"①但是，据南宋《咸淳临安志》记载，盐官县在杭州"东一百二十九里"，长安镇又在盐官县城的"西北二十里"。②现在长安镇距杭州还不到 50公里。如果骑马的话，从长安镇到杭州一天即可到达，根本不需要三天。冯承钧早在 30 年代就指出："元代固有长安县，在运河上，但距杭州仅数小时航程，与本书所志三日程之距离不合也。"③这样，人们提出了各种说法，如颇节认为此地名应当是指松江，冯承钧认为这种说法是不对的，因为松江在元代叫华亭；玉尔认为这应当是"嘉兴"的对音；④冯承钧自己认为应当是"长兴"的对音。但这些说法多多少少都存在着一些问题。

Z 本发现后，人们在 Z 本上所找到的记载是从"Cianga 到杭州骑马行走一天"，这样，终于解决了这个问题。现在，我们可以确定 Cianga 就是海宁市的长安镇，马可·波罗说从这里到杭州骑马走一天，与实际路程相符。⑤

其三，有些内容是中译本中完全没有的。

《寰宇记》中的有些内容是中译本中完全没有的。比如，各个译本说到由于杭州的房子多用木头建造，所以易遭火灾，但只有 Z 本说杭州城有"六万名消防队员"。

在讲到泛舟西湖之乐时，R 本说西湖上的游船"有窗可随意启闭，由是舟中席上之人，可观四面种种风景"。Z 本紧接着说道："最好的美酒上来了，最佳的糖果上来了。这样，游湖的人们一起同乐，因为他们已经忘却了一切，只是尽情地享受人生之乐，只是尽情地享受共宴之乐。要知道，西湖带给人们的娱乐与快乐是任何其他东西都无法做到的。"

下面几段中译本中所没有的部分，是较为重要的。

---

① 《永乐大典》卷一九四二二，中华书局，1986 年，叶一四 b；卷一九四二六，叶九 b。

② 《咸淳临安志》卷一六图、卷一七、卷二〇，《宋元地方志丛书》第七册。

③ 冯承钧译《马可波罗行纪》，第 569 页。

④ H. Yule, *The Book of Ser Marco Polo*, revised by H. Cordier, Book 2, p.185.

⑤ P. Pelliot, *Notes on Marco Polo*, Paris, 1959, p.257.

蛮子国(南宋)的人对死者有种种送葬仪式,他们认为人死后会投生到另一个世界中去重新开始生活。"因为有这种信仰,所以他们不怕死,也不在乎死,只要死了以后别人能用前面所说的那些方式对死者表示尊敬,他们坚信在另一个世界中也一定能得到同样的尊敬。这样,蛮子国的人比起其他地方的人来要更容易感情冲动,有些人会因为愤怒或悲伤而常常自杀。如果某人打了别人一下,或者抓了别人的头发,或者给别人造成某种伤害,如果这个冒犯者有权有势,而这个被害者又根本没有力量去进行报复,那样就要发生自杀了。这个受害者会出于极度的悲愤而在夜里吊死在那个冒犯者的门上,以此来表示对冒犯者的谴责与蔑视。如果邻居揭发了这个冒犯者的话,人们就要对这个冒犯者作出处罚:当受害者的尸体火化时,这个冒犯者要根据葬礼习俗向死者表示祭奠,这就是前面所说的奏乐、供上纸绘的仆人等。受害者之所以要上吊的原因也正在于此,即他死后会受到这个有财有势的人的敬重,这样,他在另一个世界也就会得到同样的敬重了。"

Z本关于杭州一章的最后一段内容,也是冯承钧译本中所没有的:"通过打听得知,杭州城每一天要消耗的胡椒达四十三担,每一担重二百二十三磅。你可以由此而推算出这里每天要消费掉多少其他香料,也可推算出每天所需的全部生活必需品是多么巨大。我还要说一件奇事,它发生在伯颜围攻这座城市的时候。当国王 Facfur 逃走的时候,这个城市里的许多人也乘坐在一条船上逃命,船在一条既宽又深的河流中航行,这条河就在此城的旁边流过。正当他们在这条河上逃跑时,河水突然全部干涸了。伯颜得知此事后,就来到这里,强迫所有那些逃命的人都回到城里去。在干涸的河底上,横卧着一条大鱼。那条大鱼看起来十分奇怪,它长达百步,但它的体积与它的长度实在不相称。这条鱼还全身长毛,许多人将这条鱼的肉拿来吃了,在那些吃鱼的人中,有许多死了。据马可·波罗说,他在一个偶像教的庙宇中亲眼见到过这条鱼的头。"

在马可·波罗的笔下,杭州成了一个美丽、富饶、神奇的人间天堂,它使中世纪的欧洲人对东方产生了种种幻想,正是这种幻想促使后来的哥伦布等人要远航到东方去,从而揭开了新的历史篇章。如果将马可·波罗所说的杭州与当时中国实际的杭州认真作一番对比,我们相信一定会有一些意想不到的收获,但这已超出了本文的主题与范围,这项工作当容以后再做。

附记:

本文所依据的外文文献,主要由黄时鉴师提供,特此致谢!

（原载《杭州大学学报》1998 年第 1 期,第 34—40 页;收入作者《求知集》,商务印书馆,2006 年,第 188—202 页。）

Choncha 与马可·波罗入闽路线

高荣盛

马可·波罗从浙江进入福建后抵达泉州之前所经过的几个地名学界已有考述,因此,所谓"入闽路线"似无须再专文论证。然而,这段行程中出现的"Choncha 国"这一指称却颇费索解。本文认为,伯希和等人的考订并不准确,Choncha 应指今闽北的崇安。不过要说清这个问题就不得不涉及泉州逶迤北上至赣浙诸地的驿道。以此,一可为马可·波罗的"入闽路线"提供一定的背景,二可证实 Choncha 即崇安这一结论,印证它们就是由赣入闽的首达之地与"入闽路线"中关键段落中的关键地名。

一

从福建北上进入赣浙诸地的通道由来已久,本文着重论述宋元时期官道的设置情况。《宋会要》载录了绍兴二年(1132 年)南宋臣僚的一段奏文:

> 信州铅山、建州崇安县旧因福建纲运并钱监搬发铜货,遂于两县置摆铺兵级十营,共一千人。近来福建纲运多由海道,兼钱监铜货阙少,其摆铺人兵仅成虚设。传闻崇安县摆铺人兵建州已刺填阙额厢军,其铅山摆铺兵级亦恐合行刺填。乞下本州勘会,如委合减罢或量行存留外,其余并刺行邻近州军缺额厢军。诏令福建、江南东路转运司相度申尚书省。①

此段文字涉及了两个问题,一是"上供"物品,二是搬运要道的设置。先看一。从"近来福建纲运多由海道"一语看,所谓的"福建纲运"主要指海外贡

---

① 《宋会要辑稿》方域一〇之五〇。

物,即从南宋海外贸易主港泉州"抽解"的"上供"物品;"铜货"主要指铜币。福建是铜的主要产地之一,①两宋时代注重铜钱的铸造,仁宗年间设"提举坑冶铸钱司"统辖货币的铸造,下辖五个"铸钱监"(后又设司分领诸监)。其中,真宗咸平三年(1000 年)设置的福建路建州的"丰国监"最高年铸额曾达二十五万贯,它与江、池、饶三州一起,成为宋代铸造"上供钱"的四大基地。②南渡以来,由于铸钱原料锐减,铸钱业亦陡然衰落,③丰国监原有工匠(役兵)五百人,绍兴二年(1132 年)仅余数十人,以上引文之"钱监铜货阙少"指的就是这种情况。不过,从引文中可以看出,南宋政府也曾力图采取措施,以改变铜钱铸造业的不景气局面,因此,直至元代至元后期,仍见有"亡宋运铜钱及铺兵"(见后)的文字,福建当时仍是南宋政权的铸钱基地之一。

福建建州既然是铸造"上供钱"的重要基地,那么,它与政治中心间驿道的设置便备受关注。宋代置馆驿供使臣居止往来,④又于水陆交通要道置"递铺"以供邮传、转运,其中"急递铺"主要负责转送"机密军马事",即官府重要文书,同时转运"上供钱物",即纲运(如宣和三年曾有铺兵每人约担"官物"六十斤的规定)。"递夫"原由百姓充役,太祖建隆二年(961 年)诏诸道州府代以军卒。南渡前后,因"兵火残破",铺兵或被"调发",或纷纷逃逸,于是建炎三年(1129 年)始于杭州路"冲要控扼去处""摆铺斥堠","专一传递日逐探报斥堠文字"。"摆铺"即设置递铺(因而所设铺递,亦称"斥堠铺"),后诸处多有设置,为此,"摆铺"无形中成为习语,多与递铺混称。因战乱而缺失的铺兵,亦由地方厢兵"刺填";递铺设"铺分营房",后亦称"摆铺屋";"兵级"之类的文字多见于南宋后的载录。政和三年(1113 年)二月二十九日尚书省的一份文件中说:"急脚马递铺除依旧每二十人差置节级一名外,并无将校

---

① 《宋史》卷一八四《食货志下七·坑冶》与《宋会要辑稿》食货三三之一一——一二记载,北宋初铜的产地共三十五场,英宗、神宗时又扩大到四五十处,其中,福建与江西为主要产地,福建地区的产地分布在福、建、汀、漳、南剑、泉诸州与邵武军。

② 《长编本末》卷一三六《当十钱》直称四监为"上供钱监",《山堂考索》后集卷六〇"亦设监之所"条引《长编》文,称四监铸钱为"上供钱"。另福建路又是全国提供"上供银"最多的一路(详《太平寰宇记》卷一〇一,《宋会要辑稿》食货三三之九)。

③ 王禹偁《小畜集》卷一七《江州广宁监记》;《两朝圣政》卷一一"绍兴二年四月乙丑"条。

④ 《宋会要辑稿》方域一〇之一三——一七《驿传杂录》。

等催促,转送部辖。欲令逐路转运司除旧人数差置节级外,诸州每及百人置十将一名,每二百人仍置都头一名,五百人更置将校一名部辖及往来催赶递角(即紧急文书)、官物。其合置人数仰转运司将逐铺见管人兵立定合如何排转,具状申兵部类聚措置,合转阶级申尚书省……"可见,"节级"为递铺中管领二十名铺兵的低级兵官,转义即指某递铺(或摆铺),诸如"递铺兵级""兵级铺夫""递铺曹级""曹级兵士""逐铺节级收管"与"斥堠铺兵级曹司"之类的表述亦与此意相合。①

引文中提到的信州(治江西上饶)铅山与建州(治今福建建瓯)崇安两县之间的武夷山,实为闽江、信安诸水的分界山,其"分水岭"之名沿用至今。因此,十级"摆铺"承担的搬发纲运与铜币的事务是繁重的。文献对这段"摆铺"设置的记录无形中透露了宋代闽、赣之间官道的一段关键段落。同时,从建州向南,铺道可延伸到福州、泉州、漳州诸地,②南宋以后,包括建州铜监在内的诸处钱监铸造的铜币,则"泛江入漕渠,输之内帑焉"③。就是说,建州诸地生产的铜货由铅山北上进入长江,东行达江南运河北端的镇江后,转达临安。这样,从泉州诸地逶迤北上,至福州、建州,经崇安越武夷山,中经十级"摆铺"的搬发、递运,进入江西铅山后北达长江,再从镇江南下经运河达杭州,形成了一支完整的水陆转运通道,我们不妨称之为"贡道"。

元代基本不铸铜钱,建州钱监丧失了原有作用,而泉州作为海外贸易主港的地位则得以强化,中外使臣、商旅与海外贡物大量向泉州集结或发散,因此,以泉州、福州为出发点,福建与政治中心以及与东南大省省会杭州的运道必将作出相应调整,发挥更大作用。

承袭了宋代的惯例,元代首先注重海道对转送海外贡物的功用。至元二十六年(1289年)二月,尚书省臣提出,行泉府司④统领的一万五千艘海船

---

① 详《宋会要辑稿》方域(急递铺)一〇之一八—五三,方域(急递铺)一一之一一三九。
② 《宋会要辑稿》方域一一之三八载录的嘉定六年(1213年)的一份文献提到,因江西至广州再达潮州"其路为迂",故有人建议,福建路的漳、泉州乃与广东路潮、梅州的"递铺官"相协调,至广东潮州诸地的文书改由福建路转达。可见,潮州向东至泉州、福州诸地必有官道相通。
③ 《建炎以来系年要录》卷一九五"绍兴三十一年末"。
④ 行泉府司是元代最高斡脱机构泉府司的分司机构,初立时统辖了"防御海道""督饷京师""兼点军旅"等东南沿海地区的诸多要务,后来又成为管领海外贸易的重要机构。详拙文《元代海外贸易的管理机构》,载《元史论丛》第7辑。

均由"新附人"驾驶,很不可靠,宜另召乃颜及胜纳合儿的"流散户"为军,从泉州至杭州立"海站"十五处,每站置船五艘,水军二百名,"专运番夷贡物及商贩奇货,且防御海道"。当年四月,从乃颜反叛的一批蒙古军人的父母妻子获准迁往江南,充当这批"海船水军"。①不久,鉴于"下番使臣进贡物货盖不常有,一岁之间,唯六、七月可以顺行,余月风信不便",故将海站船只分南、北两段拨归福建的管军万户府和浙东的沿海管军上万户管领,"遇有使客进贡物货",则自泉州发舶,"上下接递,以致杭州",使防卫与常规性驻守、海防有机统一起来。②于是,至元二十八年"罢泉州至杭州海中水站十五所"③。

与此同时,内地水陆贡道的设置也在积极筹措之中。至元二十八年福建道宣慰司新任官员的一段呈文表述了设置这支贡道的缘由:

> 近于至元二十八年三月内钦授宣命充前职,前去福建开司之任。为见驿路百姓房屋十室九空,访问耆老人等,俱称因为递运官物,拖夫挑担,拿船递运,不能存住,俱各逃移山林。卑职想着,海外诸番进呈的官物,都把这福建地面里投北去。为不曾立起递运水旱站赤,所在官司因而差夫科扰,以致百姓不能安居。为此,议拟福建泉州诸番船只稍泊马头去处,为头设立水旱站赤,接高过分水岭。江淮行省地面铅山州管下车盘立旱站一处,于沴口立水站一处,随路依上设立,经由江东道饶信地面,直至真州,迤北赴大都下卸,专一递运官物。

> 每处〔驿传〕用夫二百五十人,所以放罢亡宋运铜钱及铺兵充站夫,又于福建怀安县水口、南剑各置水站以达建宁……④

在此前后,主领海外事务的主要官员亦黑迷失与沙不丁已循前代通道进行了考察。⑤次年年初,元廷命通政院差官会同福建、江浙行省予以设置。这支贡道以分水岭(武夷山)为界,分南北两大段落:

① 《元史》卷一五《世祖纪一二》。
② 《经世大典·站赤》,载《永乐大典》卷一九四一九。
③ 《元史》卷一六《世祖纪一三》。
④ 《经世大典·站赤》,载《永乐大典》卷一九四二三、一九四一九。
⑤ 《经世大典·站赤》,载《永乐大典》卷一九四二三。当时亦黑迷失任泉府司(行泉府司为其分支)的首领官泉府大卿,沙不丁则为行泉府司的主领官。

（一）福建段（由泉州逶迤向北）共 16 站（旱站 10，水站 6）：

泉州路——旱站 2：在城站、惠安站。

兴化路（治今莆田北）——旱站 2：在城站、枫亭站。

福州路——水站（沿闽江西北向）3：大兴站、怀安站、泇口站；旱站 2：蒜岭站、宏沙站。

南剑路（治今南平市）——水站 1。

建宁路（治今建瓯市）——水站 2：水西站、建阳站；旱站 4：水西站、建阳县站、崇安县南站、大安站（进入武夷山区）。

（二）江淮段：

铅山州所属车盘站（旱站）、泇口站（今铅山市，今亦作河口，水站），北上入长江，中经水站六处，东下达真州（今江苏仪征市），接入运河。①与宋代不同的是，元代泉州至杭州的十五所海站被取消后，海上通道转运海外贡物的作用并未丧失，然而，主要功能无疑被内地水陆贡道所取代。

二

在考察马可·波罗入闽路线前，我们结合几位著名行旅的踪迹，着重探讨一下上列驿站中"福建段"与浙江地区相衔接的情况。

在我们看来，"福建段"下段的关键之处是闽江上游北支建溪之上三溪（崇溪、东溪与建溪）的汇流地建宁州（今建瓯市）。此处生产的"建宁锦"频频见载于汪大渊《岛夷志略》。可见，它与泉州的关系紧密。另一方面，往北亦有二途进入浙江：（一）从建宁往东北，循南浦溪经枫岭关入仙霞岭进浙江，但黄巢开辟的这条七百里山路崎岖险峻，不利商旅通行，且宋代以来亦不见有驿道的设置；（二）往北循崇溪经武夷山即循上述"贡道"抵泇口，再往东经信州（今上饶市）进入浙江的信安江（富春江上支）后，或往东北循桐江、富春江，或从兰溪折向东南，再往东北循华江、浦阳江，即循这两支水道的自

---

① 从大安逶迤南下，尚有涪田、茶洋、营项、小若、白沙诸站；从福州逶迤向西，尚有梁山、太平、兴化诸站之设。（详《经世大典·站赤》，载《永乐大典》卷一九四二六）

然走向抵达杭州〔元代于信安江、富春江一线设有玉山、衢州、龙游、兰溪、桐庐、(福)〔富〕阳等水陆驿站〕。从现存史录中我们甚至可以得出这样的结论：中外行旅似乎更乐于通过内地水陆驿站，往来于杭州与泉州之间。

元中期从福州至杭州的鄂多立克说，他离开福州旅行十八天，其间曾"到达一座大山"。在山的一侧，"所有居住在那里的动物都是黑的，男人和女人均有奇特生活方式"。在另一侧，"所有的动物都是白的，男女的生活方式和前者截然不同。已婚妇女都在头上戴一个大角筒，表示已婚"。[1]可以肯定，他所说的大山就是武夷山，循行的极可能是上述水陆通道。元后期来华的伊本·白图泰如果也到过杭州的话，那么他的记述也是有趣的。他在泉州准备赴杭州时被告知，"可沿河乘船，否则便走旱路"，他选择了前者，就是说，他未走泉州至福州这段水陆兼行的"贡道"，而很可能循晋江而西北，再迤逦东北。[2]他说十天后抵达的"干江府"，张星烺译为"康阳府"(Kanyanfu)。如果这种译法可信，我们根据他描述的规模判断，他所指的或许就是建宁路治(今建瓯市)；译音亦差可比拟，至少 J("建"之声母)闽语应作 K("康"之声母)。[3]这样，他四日后抵达的小城拜旺·古图鲁(张星烺据玉耳书之 Beiwan Kutlu 译作拜旺克脱鲁)可能就指崇安(自此十七天后达杭州)。

因为这是能提供良好服务的官道，由此可以肯定，从大都南下入闽的使者或其他奉公人员必循此道。如成宗初年的福建闽海道肃政廉访副使说过，福建行省所辖八路，每遇朝廷遣使颁降圣旨诏条前来本省，"必须经由建宁、南剑二路"；按例于福州"开读圣旨"的使臣亦多设法赴泉州开读，原因就在于"泉南乃舶货所聚之地，不无希望"。[4]无疑，这些使臣经行的就是这条"贡道"。

著名诗人萨都剌的记述更为具体。他于(后)至元二年(1336 年)春南行入闽，就任福建闽海道肃政廉访司(治福州)知事。在浙江，他从杭州逆富春江而上，游桐庐、兰溪至仙霞岭，但未循岭至枫岭关入闽，而是西行进入"贡

---

① 何高济译《海屯行记·鄂多立克东游录·沙哈鲁遣使中国记》，中华书局，1981 年，第 66 页。
② 张星烺编注、朱杰勤校订《中西交通史料汇编》第 2 册，中华书局，1977 年，第 83 页。
③ 但这个读音更近于建阳府。按建阳属建宁路，二名是否因此相混，尚难确知(如赵汝适《诸蕃志·渤泥》之"建阳锦"在汪大渊《岛夷志略》中作"建宁锦"，而锦的产地却在建宁。这是二者相混称的一条实例)。
④ 《经世大典·站赤》，载《永乐大典》卷一九四一九。

道"，即从车盘进入武夷山。在这里，他以"度闽关"为题，吟诗二首描述越岭时的观感。诗曰："晓度分水岭，身在云雾中"，"振衣度闽关，洒作山下水"。此处之"分水岭"即闽江、信江诸水之界山，具体指车盘与大安之间的武夷山的一段山岭；过岭之"度岭舆"显然是贡道提供的。他说，乘舆越岭后，至崇安"方命棹之建溪（即指闽江上游分支，由东溪、南浦溪与崇溪三水汇流而成）回流，环合如束带"；他登武夷山（分水关）时的感受是："山高人蚁旋，下视舟一芥。"①

三

尽管马可·波罗入闽的时间早于元人正式设置"贡道"将近一年，但由于这条通道至少在宋代已设置得比较完备，并且入元以来并未中断运行，因此，他在至元二十八年循此"贡道"入闽的客观可能性完全存在。我们进行上面的论述，目的也在为马可·波罗循此"贡道"入闽提供某种历史背景。

马可·波罗从杭州出发，经塔皮州、武州、衢州、强山，②抵达所谓"行在"所辖的最后一个城市信州城（今江西上饶市），③以下有可能至信州所辖铅山，从车盘越武夷山（"分水关"）进入福建。依据《寰宇记》（莫莱、伯希和本）提供的线索，以下所历地名依次是 Choncha、Quenlinfu、Vuguen、Fugiu 与 Zaitun。显然，关键在前三个地名。

（一）Choncha/Changha，Chonka，Concoa

伯希和认为，将 Choncha 比对为"江浙""建国""诸家""泉州"等地是没有根据的。他说 Choncha 很可能是 Fugiu（福州）的误写。④

我们认为 Choncha 就是指闽北武夷山区的崇安县。为明此说，这里先将《寰宇记》中四处涉及此词的文句摘引出来。

---

① 《天锡雁门集·度闽关》，见《元诗选》初集戊集。
② 诸地名、诸本音写不一，兹译名暂从冯承钧。其中，武州或即金华（婺州路治）；衢州如可确定，则"强山"或即江山（今同名）。
③ 信州在元代属江浙行省浙东道宣慰司，马可·波罗理解为"行在"所辖的最后一个城市并不奇怪。
④ P. Pelliot, *Notes on Marco Polo*, pp.245-246.

① When one leaves the last city of the kingdom of Quinsai which is called Cugiu，then he enters immediately into the kingdom of Choncha，and the chief city is called Fugiu.句中地学会本(F 本,《游记》的底本)的大意是：离开信州(Cugiu)这个"行在管内的最后一个城市，然后进入福州(Fugiu)国"。而将 P、R 本的内容填入则为：〔然后〕直接〔进入〕主要城市为福州的 Choncha 国。

② 行旅进入福建境骑马行进,依次达 Quenlinfu、Vuguen(见后),从 Vuguen 出发达下一个目标 Fugiu(福州)前插入了这段文字：And the said city is on the borders of the kingdom，still in Mangi，which is called Choncha.(155 节末)大意为：所说的城市(指福州)在 Choncha 国的边地,仍在"蛮子"境内。

③ Now you may know that this city of Fugiu is the head of the kingdom which is called Choncha，which is one part of the nine of the province of Mangi.(F 本,即《游记》正文)(156 节节首)大意为：福州(Fugiu)是 Choncha 国的首府,此国为"蛮子"境内九部之一。

④ 进入泉州后,马可·波罗又强调"福州国"是"蛮子"九大部之一,而他只讲了九省中的三个省即扬州、行在与福州；不过,其他六省所听所闻也不少,他也将认真介绍出来,下文是：but because he was not in any of them as he was in Quinsai & Choncha，and because he did not travel over them he would not have been able to tell so fully as about the others.大意：当他在"行在"与"Choncha"时,他不在其他六省,没有游历那些地方,因此不能多说什么。

在研读以上文字(包括涉及 Choncha 与 Fugiu 相关的其他内容)时,我们不难得出一个基本结论："Choncha 国"与"Fugiu 国"的涵指是一致的(如《寰宇记》所言,它们都作为"蛮子"境内九大部之一,指福建地区),但两者在《寰宇记》中的地位却有很大差别。此点可以从以下两方面予以考察。

其一,Fugiu 以及与"Fugiu 国"相关的文字在 F 本这样的版本中均未脱漏,而"Choncha 国"则相反,在我们摘出的四处中,仅③留存下来,其余均已脱漏。而且我们发现,①、②、④之脱落,③之留存,似乎都有一定缘由,显

357

露出该类版本的意向,其中,①最为典型。为明其说,这里不妨看一段紧挨①(155 节节首)前(154 节末)的文字:

> And it is the last city of the domain of Quensai, because [it is] a kingdom whose head is the city of Quinsai, for from this onward it is nothing to do with Quinsai, [69d] but the second kingdom, that is one of the nine parts of the realm of Mangi, begins, which is called Fugiu.

此段大意:信州(Cugiu)是"行在"辖地内的最后一个城市,后者因其首府为"行在"而称为国(行在国)。"行在"已无事可述,而作为"蛮子"九大部之一的第二国则为福州(福州国)——显然,因首府为"行在"(杭州)而称"行在国",同样,下一个"福州国",也是因为其首府在福州的缘故,这就是马可·波罗通常的表达方式。既然如此,紧接着(被编排为 155 节,节首文字已见上引①)所到达的地域便应顺理成章地表述为"福州国"。然而,问题就在这里,本应将以下所经之地称为"福州国"的《寰宇记》偏偏使表述"复杂化"了——他在"福州"前加入了"Choncha 国"这一新概念。这显得如此地突兀,以至像 F 本这类版本不得不将有关 Choncha 的文字删去,这样一来,本来是〔离开信州〕"然后直接进入主要城市为福州的 Choncha 国"转为〔离开信州〕"然后进入福州国"了。我们从中确能感到,《寰宇记》F 本选择的技术性改动手段(仅仅删削或增加文字而不修改文字)背后实际包含的意图是,通过删落以与上文(154 节节末)文义相呼应;另一类情况体现在②、④中——因为涉及 Choncha 的文句本身是独立的,所以直接予以删除,处理起来也没有难度。第③倒可能不同,它作为一个完整的文句既难以作出像①那样的处理,更不可能像②、④那样整句删除,故 Choncha 国作为唯一的特例,在 F 本这样的版本中保留了下来。在我们看来,Choncha 的脱漏不是偶然的,其中或许体现了 F 本这类版本的明显意图。这种意图表明,与 Fugiu 相比,Choncha 明显处在可有可无的位置上。

其二,如同"扬州国""行在国"那样,因为主要城市(或首府)为福州,故福建地面称为"福州国",这是《游记》一贯的、确定的表述方式。因而,它可以说"进入主要城市为福州的 Choncha 国"和"福州是 Choncha 国的首府",

也可以说(①例以后的文字),进入 Choncha 国后骑行六日,"土地皆隶属于福州",然而却绝不能将上列事例中的福州与 Choncha 的位置互换。

固然,第一种情况本身可以用版本的主观倾向性或诸版本在传衍过程中可能出现的某种特殊情况作解释,但将两种情况结合起来考察,Fugiu 与 Choncha 的差别是相当明显的,后者作为"国"这一指称,总使人感到带有明显的不确定性与随意性。

当然,不确定性与随意性并不意味着空穴来风。《寰宇记》中数次出现的 Choncha,肯定名有所指。

首先,这一地名既然可以用"国"这一概念与"福州"交替使用,那么,最合乎情理的可能便是,它是"福州"的另称——这也是伯希和的意见。然而,"进入主要城市为福州的 Choncha 国"这一表述足可说明,此论是站不住脚的。此点既已排除,那么,我们便特别注意到《寰宇记》中首次出现的那个 Choncha,即"主要城市为福州的 Choncha 国"中的那个 Choncha——可以确认,它指的就是闽北武夷山区的崇安县。理由可归纳为二:

1. 崇安作为宋元时代的"贡道"所必经的"分水岭"(武夷山区)南侧最近的县级治所,是由浙或由赣入闽的行旅必经之地与首达之地。

2. 可以设想,马可·波罗从信州(包括可能从信州所辖的铅山)发足越武夷入闽时,他可能首先获知并实际经过的地名之一便是崇安。因此,在这段两地交界的关键行程中,崇安是可以凸显为令人印象颇深的地名。于是,马可·波罗根据自己的判断与表达方式,他可以将崇安泛化并指代为大山之南的地域(国)。应该说,这种随意性发生在一位语言、国情均有隔膜的西方人身上并不奇怪。这里再次予以强调的是,相对"Choncha 国"而言,"福州国"作为正称、确称这点在《寰宇记》中始终是明确的。

确定 Choncha 系指崇安后,笔者还想就 Choncha 与"崇安"的音对谈点不成熟意见。

在诸多版本中,Choncha 尚有 Chonka、Concoa、Changha 等多种译写(伯希和主 Choncha)。显然,这些译写与"崇安"比对起来,前一部分(Chon 对"崇")问题不大,关键在后一部分。

《广韵》中"安"属"影"母。有人主张把"影"母拟为喉塞音[ɔ]。按照我们的推想,如果这个喉塞音被强调了的话,它可能被讹化为舌根闭塞音 g,这就是说,"安"字到了马可·波罗那里有可能变成 gha、coa 或 ka)(尾音 ṅ 脱落)。另一种可能是方言的影响。闽北方言分东西两片,崇安属西片(但就"崇安"这一具体音读而言,它与东片甚至与闽南方言都可能区别不大),"崇安"读作 zong uing。Uing 与《寰宇记》的音写虽然难以对上,但闽北西片方言习惯将东西、物品叫做"嘻",因此,建瓯人便将武夷山区的崇安人戏称为"崇安"(zong uing xia)。① 这种现象当时如果比较通行,那么,zong xia(uing 音略去)与 Choncha 几乎可以完全对应。

话说回来,事实上我们并不可能弄清马可·波罗接受的是何种音读,更何况,诸版本的译写也很不一致。我们在这里试图说明的是,虽然以上比对难免削足适履之嫌,但这种努力多少可以得到一定启示:单就对音而言,Choncha(包括其他译写)与"崇安"一致的可能性是存在的。

相对 Choncha 而言,以下两处地名的分地要明确一些。兹作简要说明:

(一) Quenlinfu

可能就是伊本·白图泰所说的"干江府"。包括伯希和在内的学者多认为就是建宁(今建瓯)。此处生产的"建宁锦"(见汪大渊《岛夷志略》。赵汝适《诸蕃志》作"建阳锦")名扬海外。此种盛况《寰宇记》中有相应描述。

(二) Vuguen

与这一音写最相近的是远在福州南面(略偏东)的福清。但我们无从推想行旅会先到这里再折回福州,也无从推想马可·波罗会将途经地名的顺序记错(先福州后 Vuguen)。另一种兼顾读音与行程(从 Vuguen 骑行 15 英里达福州)的结论是侯官。② 看来,伯希和坚持的意见(Vuguen)指南剑,今作南平,③ 是值得商榷的。"侯官说"确有一定道理。

---

① 见《现代汉语方言大词典》。李荣主编《建瓯方言词典》,江苏教育出版社,1998 年,第 210 页。

② 王颋《〈马可·波罗游记〉中的几个地名》,《南京大学学报》1980 年第 3 期。

③ P. Pelliot, *Notes on Marco Polo*, p.875.虽然马可·波罗对进入福建地区行程与行期的记载比较具体(骑马行进 6 天,其间从 Quenlinfu 出发,3 天又 15 英里达 Vuguen,Vuguen 至 Fuigiu 为 15 英里),但伯希和坚持认为 Vuguen 为南剑(宋代称南剑州,元至元十五年升南剑路,后改延平路。今作南平),并否定了闽清、永春、尤溪诸说。他认为,Nan-chien(→Nam-kiem)转为 Namguem,再转为 Naguem,Vuguen 可能由此而来。

　　行旅离福州后所渡过的一条河,实指闽江。按闽江福州段亦称螺女江,简作螺江。《经世大典》称,福州渡螺江南至梁山站。① 以下骑行五日后抵达泉州(刺桐)。此段行程无须另证。

　　综合上述可知,马可·波罗一行从浙江西进,在信州越武夷山之"分水关",首达闽北的崇安,再依次经过建宁、侯官、福州,抵达泉州。显然,走向与基本路线与我们所谓的"贡道"完全相合。此外也可以大致看出,这支行旅骑马行进,大概走的是陆路,这与元代"贡道"之水陆驿站的设置不符。然而,这恰恰足以说明,行旅循行的是宋代以来业已形成的驿道,而不是一年左右后元代已经完善起来的、能提供良好服务的"贡道"。

　　　　　　　　(原载《元史论丛》第 8 辑,2001 年,第 54—61 页。)

---

① 《经世大典·站赤》,载《永乐大典》卷一九四二六。

马薛里吉思任职镇江原因考

——一种外来饮品舍里八生产与消费的本土化过程

刘迎胜

马薛里吉思其名虽不见于《元史》,但却是一位不但为《马可·波罗游记》提及,且在元代史料中亦可找到相当丰富记载的人物。《至顺镇江志》卷九保留了梁相撰写的《大兴国寺记》详细摘要,[1]记录了薛迷思贤(Semizkent)[2]人马薛里吉思祖先在成吉思汗征西时代,因以一种名为"舍里八"的饮品治愈了皇四子拖雷的病,被蒙古军带至汉地,受命世守其业,而马薛里吉思本人曾随赛典赤赴云南,后在镇江路任副达鲁花赤,修建基督教堂等事迹。

有关马薛里吉思与"舍里八"这种饮料,国内已经有过一些研究。[3]在交通不发达的时代,外来饮品万里迢迢从西域运至汉地,由于运输成本高,因而变得极为珍贵。如南宋使臣彭大雅、徐霆出使蒙古时,在宴饮中,"又两次金帐中送葡萄酒,盛以玻璃瓶,一瓶可得十余小盏,其色如南方柿漆,味甚甜。闻多饮亦醉,但无缘得多耳"。其行记中专门注明,此系"回回国

---

① 《至顺镇江志》,"江苏地方文献丛书",江苏古籍出版社,1999 年,第 365—366 页。关于梁相其人,参见拙文《〈大兴国寺记〉的作者梁相》,收于《纪念王钟翰先生百年诞辰学术文集》,中央民族大学出版社,2013 年,第 830—837 页。

② 这个地名在元代有多种音译,如"寻思干""邪迷思干"等,其中"薛迷思"(semiz)为突厥语,意为"肥""脂肪",而"贤"(kent)则指"城",故薛迷思贤意即"肥城",是撒麻耳干(Samarqand)的突厥语名称。耶律楚材《怀古一百韵寄张敏之》:"天马穷渤澥,神兵过月氏。感恩承圣敕,寄住到寻偲。"下注:"寻偲虔,西域城名。西人云,寻偲,肥也;虔,城也,通谓之肥城。"谢方校记,"渐西本"在"肥城"下有小字夹注:"寻偲干今名斜米思干,有水道灌溉之利,在七河之中,故为肥城。"见《湛然居士文集》卷一二,中华书局,1986 年,第 261 页。

③ 其中较重要者有陈高华《舍儿别与舍儿别赤的再探讨》,原刊于《历史研究》1989 年第 2 期,收于《陈高华文集》,上海辞书出版社,2005 年,第 300 页。

贡来"。①当时即使用于招待外国使臣,亦只能少量供应,可见其消费者仅限于蒙古国统治者上层。

一种外来饮品的本土化,除掌握其生产技艺的外来人员入华之外,发现并使用本地原料以及被本地人民所接受是关键因素。本文拟从以上视角,探寻史料中记载的马薛里吉思的活动,以求教于方家。

成吉思汗西征结束后,蒙古军东返,随之而来的撒麻耳干人很多。如曾与成吉思汗同饮班朱尼河之水的克烈人哈散纳(Hasan),曾从征"薛迷则于(干)、不花剌等城"②。至太宗时,"领阿儿浑军,并回回人匠三千户驻于荨麻林"③。荨麻林,在元代文献中有时又写作寻麻林。《元典章》列举从五品官职的"匠职"时,在"诸路提举司达鲁花赤、提举"项下,有"荨麻林人匠";④同书在列举从七品官职的匠职时,在"局大使(三百户下,一百户上)"项下,有"荨麻林纳(尖尖)〔失失〕";⑤同书在列举从八品官职的匠职时,在局"副使"项下,有"荨麻林纳失失"。⑥据此可知,哈散纳所带来的三千户回回人匠,后来在荨麻林人匠提举司和荨麻林纳失失局的管理之下。荨麻林,即今河北张家口之洗马林。可以想见,当年成吉思汗从西域回师时,携带了大批投降和掳获的西域人口,包括工匠、奴隶、军人、教士和掌握各种专门技能的人员,马薛里吉思的祖父可里吉思与外祖撒必当为其中成员。至于其家族是否与其他撒麻耳干人一起被安置在荨麻林,不得而知。不过,其家族既然受命为皇室制作"舍里八",那么他们必定待在华北某地。我们首先要问,马薛里吉思为何要赴云南呢?

我们知道,舍里八是一种果汁饮料,其主要原料是优质果品与砂糖(或蜜)。马薛里吉思家族入华后制作舍里八的原料,只能取自汉地本土。那

---

① 王国维《〈黑鞑事略〉笺证》,《王国维全集》(11),浙江教育出版社、广东教育出版社,2009年,第388页。

② 这里与不花剌并列的"薛迷则于",《元史》中华书局1976年标点本已经改正为"薛迷则干",见校勘记〔二五〕,第3016、3019页。《元史地名考》认为"则"字为"斯"字之误,不足取。

③ 《元史》卷一二二《哈散纳传》,第3016页。

④ 陈高华、张帆、刘晓、党宝海《元典章·吏部一·内外文武职品》,中华书局、天津古籍出版社,2011年,第205页。

⑤ "纳尖尖",《元典章》点校本已校改为"纳失失",第215页;并见校勘记〈54〉,第226页。

⑥ 《元典章》点校本,第221页。

么,当时在蒙古国的统治中心——东亚地区,是否有宜于制作舍里八的水果呢?《饮膳正要》卷三"果品"条、王桢《农书》卷三二至三四《果属》与《农桑辑要》卷五《果实》所记,既有北方常见的枣、梨、桃等,也包含橙、荔枝等南方的水果,故应均为元朝全境之水果。那么如何考察灭宋之前,蒙古国在汉地的统治区中产于淮北的果品呢? 今存之元末熊梦祥《析津志》遗文提供了元代华北地区果品的两个目录,其一在"草花之品",其二在"果之品"。其中"草花之品"的文字曰:

> 桃乡桃、拳桃、冬桃、山桃、麦熟桃、鹦哥嘴桃,梅江南本,杏拳杏、桃杏、小杏、山杏,御黄子如江西苏山李,核小,惟黄不红味者甘,李似江南小李,红青,林檎,花红,奈子似小李,青黎,频婆结子最晚,在御黄子陵,大如桃,味佳,樱桃含桃,大如珠,石榴⋯⋯枣龙瓜枣、金丝枣、小菜、胖菜。[1]

而"果之品"部分提及的水果有:

> 葡萄有如马乳者进上而紫,小核。 频婆大如桃,上京者佳。 桃络丝桃、麦熟桃、大拳桃、山红桃、鹦嘴桃、御桃、九月桃、冬桃。 栗西山栗园、斋堂栗、寺院栗园、道家栗园、庆寿寺栗园。 祖师以《华严经》为字号种之。 当身迷望,岁收数十斛,为常住贡。 紫荆关下有栗园,尤富,岁收栗数十斛,今为官军占据之。 瓜进上瓜甚大,人止可负二枚。 又有小者。 西山产,亦佳。 西瓜、甜瓜、苦瓜、冬瓜、青瓜、黄瓜。 胡桃、香水梨、大梨小山梨。 榛汉榛、胡榛。 枣牵丝枣、胖小,密龙瓜,圌。 山桃可取打油,香甘腴美,小山梨尤佳。 山杏不食肉,取其仁,味香,甘如把耽。[2]

---

[1] 《顺天府志·土产》,北京大学出版社,1983年影印本,第240页。引文中林檎即今之花红,海棠果。龙瓜枣即下文所引密龙瓜,胖菜即胖小。参《析津志辑佚·物产》,北京古籍出版社,1983年,第227页。

[2] 《顺天府志·土产》,第241页。引文中的频婆,多认为即今之苹果;胖小,即上引之胖菜;密龙瓜即上引之龙瓜枣。把耽为波斯文بادام(bādām)之音译,唐代称婆淡,段成式记:"偏桃出波斯国,波斯呼为婆淡。 树长五六丈,围四五尺,叶似桃而阔大,三月开花,白色,花落结实,状如桃子而形偏,故谓之偏桃。 其肉苦涩不可啖,核中仁甘甜,西域诸国并珍之。"《酉阳杂俎》卷一八,中华书局,1981年,第178页。《回回药方》残本卷一二《众风门》所载之"少尼子油方"中提到一味药"山把耽仁",其下注波斯文بادام كوهي(bādām-i kūhī)。كوهي(kūhī)是كوه(kūh)"山"的派生形容词。参见拙文《〈回回药方〉与中国穆斯林医药学》,《新疆社会科学》1990年第3期,第97页。"把耽"在汉文文献中有时写为巴榄。今称为"巴旦杏""巴达木",俗称"大杏仁"。参《析津志辑佚》,第228页。

除却"果之品"中坚果类之外,上述两个目录中属于水果的果品为:葡萄、濒婆、桃、瓜、梨、枣、李等。此外,该志在论及大都八月时令风俗时,又记道:"市中设瓜果、香水梨、银丝枣、大小枣、栗、御黄子、频婆、奈子、红果子、松子、榛子诸般时果发卖。宣徽院起解西瓜等果,时蔬北上,迎接大驾还宫。"[1]这些水果大致代表了当时淮北地区的果品种类,与今日华北主要水果为桃、梨、枣、柿、花红(海棠)、山楂等的情况大致相似。因而,对于入居中原的以制作舍里八为业的马薛里吉思先人们来说,寻找原先在西域时所熟悉的制作舍里八的果品,使其产品的口味、疗效与西域原产者相近,是一件不容易的事。

马薛里吉思家族成员这类西域"技术官僚"中不乏精明人物,入华之后并非待在社会上层碌碌无为,而是勤于了解他们的新家乡——东亚的地理与物产。他们必定是通过在云南的回回人如赛典赤等人,得知当时蒙古国区域内,唯有忽必烈南征时所控制的云南所产水果的品质,符合他们煎造舍里八的要求。

云南虽然盛产马薛里吉思所需的优质果品,但其最终产品舍里八的消费地却在遥远的大都和上都。按马可·波罗的记载,从云南赴大都要花费六个月时间。而制好的舍里八装在瓶罐一类容器中后,在向北方运输的过程中,十分容易损坏。因此,我们可以想象,马薛吉思至元九年(1272年)到达云南后,在生产并向大都发运舍里八同时,必定密切关注蒙宋战争的进程与蒙古国疆域的变化,希望能找到更适合的生产地区。

一、江南的果品

南宋统治下的镇江,是水果的出产地,这一点应当是马薛里吉思任职镇江的主要原因之一。《至顺镇江志》卷四《土产》在"果"条中记录了镇江本地出产的近二十种果品,如:

(1)梅,其品种"有圆消梅、葱管消梅、金定梅、苦梅。未熟曰青梅,熟曰黄梅。惟千叶者花而不实"。(2)杏,"实有大小两种"。(3)桃,"其实之小而

① 《顺天府志·土产》,《析津志辑佚》,第221页。

先熟者,曰御爱桃,曰红瓢、离核。桃品之佳者曰金桃、饼子桃、细叶红桃、水蜜桃、油桃;黑黄曰昆仑桃;曰毛桃者,品之下也"。《至顺镇江志》的编者俞希鲁认为,这种"金桃"就是唐贞观九年(635年)康国,即撒麻耳干进贡的品种,并引《唐会要》证明之。(4)李,"其实之品目亦夥,颗大而色朱,或紫者,有相公、金沙、紫灰、水蓏等称,抗条其最下者。白李出茅山,展仙人遗种";"又有名早传根者,俗呼为麦熟李,实小而脆"。俞希鲁认为此即《本草》所提及的"麦熟李"。(5)樱桃,"实最先熟,红者曰朱樱,正黄明者曰膢樱"。(6)枇杷。(7)来禽,"俗呼林檎",即今之花红,又称海棠果。(8)石榴。(9)蒲萄,有马乳蒲萄,其品种"有青紫二种,形亦有圆锐之异,青者名水晶蒲萄,其味尤胜"。这是煎制舍里八的主要原料之一,俞希鲁特别提及,"今本路所贡舍利别,即其所造也,详见《土贡》门"。(10)木瓜,"实小而酢,人家园馆中或种之",但其质地"比宣城则为劣矣"。(11)梨,品种"有磬口梨、水蜜梨、消梨、青梨、芝麻梨、糜梨"等。(12)柿,"大者曰方柿,就树熟者曰树头红。有以火熰而熟者曰烘柿,以石灰汤焯而熟者曰烂柿,小而圆者曰火珠,椭者曰牛奶。一种生山野中,仅如拇指大,不可食"。(13)枣,"有数种,实大味美而色莹白者,名牙枣。锐其两端者,名梭枣。小而圆者,名羊矢枣。丛生山径间,实小而酢者,名酸枣"。(14)橙,其品种有"脆橙、锦橙可食。一种径三寸许,理粗而皮厚者,名木橙,不可食,或络而流苏,或置之几席,赏其香韵而已,又名香栾"。(15)西瓜,"其形有圆有椭,子有红、黑、黄三种。剖之子稀而肌理若卷云者,名云头瓜,味尤甘甜。瓜种有大小,小而黄者曰金瓜;白者曰银瓜;碧者曰香瓜,又名一握青。其大而青,质斑纹者曰华瓜"。(16)楱楂,"今此土所产者不过如桃杏,大与木瓜殊"。(17)棠球,"生山野间,有红黄二色,土人谓山里果子,一名毛楂子,一名小石榴"。(18)无花果,"不花而实,其甘如饴"。①

在上述镇江路出产的水果中提到的"金桃",如果真是唐代自康国输入的遗种的话,就是一个非常重要的资讯,因为唐之康国,即元之撒麻耳干,也即马薛里吉思的故乡薛迷思贤。很可能马薛里吉思知道这种中亚品种的桃

---

① 《至顺镇江志》卷四,第134—138页。

子,也可能其家族原先所造之舍里八,就是用这种桃。

马薛里吉思曾在杭州建十字寺一所,可见除了镇江之外,杭州也是他常去的地方。杭州为南宋故都,《咸淳临安志》提及当地出产的果品二十余种,有:(1)橘,"富阳王洲其地宜橘"。(2)橙,"有脆、绵、木数种"。(3)梅,"有消、硬、糖、透数种"。(4)桃,"有金、银、水蜜、红瓤、细叶红等种"。(5)李,"有蜜、透明等种"。(6)杏。(7)柿,"有方顶、牛心、红椑、牛奶、水柿、火珠等种"。(8)梨,"有雪麋、玉消数种"。(9)枣,"盐官者最著名,然不甚大"。(10)莲,"聚景园后湖中者,名绣莲,极贵"。(11)瓜,"有青、白、黄等色类,有金皮、沙皮、蜜瓮、算筒等名。土人尤称周家青瓜,皆不若谢村栎林者,酥白而大"。(12)藕,"钱塘有西湖、下湖者,仁和有北新桥、北护安村,旧名范堰,产扁眼者最著名"。(13)菱,"初生嫩者,名沙角;硬者名馄饨,湖中生,如栗样者极鲜。秋末古塘产大红菱,尤甘脆"。(14)林檎,"土人以邬氏园者贵,谓之花红"。(15)木瓜。(16)枇杷,"无核者名椒子。……出于潜黄岭前、乌巾山、小锡塘坞者尤珍。白色者上,黄次之"。(17)樱桃,"紫者反不若淡红之甘"。(18)杨梅,"旧载杨梅石坞,今在烟霞岭、瑞峰寺侧、金姆家者佳。东墓岭、十八涧亦盛。皋亭山产者尤甜"。(19)银杏,"以三棱者为上"。(20)鸡头,"古名芡,又名鸡壅。今钱塘之梁渚、窑头,仁和之藕湖、临平湖所产特佳。西湖者尤胜,然不多也,可筛为粉"。(21)蒲萄,"有黄、紫二色。紫者稍晚,黄者名珠子御爱。其圆大透明者,名玛瑙"。(22)甘蔗,"旧贡,今仁和临平、小林多种之,以土窖藏至春夏,可经年,味不变。小如芦者,曰荻蔗,亦甘"。①

可见,镇江与杭州两地出产的水果品种大致相同。《大兴国寺记》提到,"舍里八,煎诸香果,泉调蜜和而成"。那么,具体来说,所谓"诸香果"是哪些水果呢?《至顺镇江志》记载元代镇江路的"土贡"时,提到"舍利别,四十瓶,前本路副达鲁花赤马薛里吉思备蒲萄、木瓜、香橙等物煎造,官给船马入贡"②。这里提到了马薛里吉思在镇江煎制舍里八的三种水果:蒲萄、木瓜、

---

① 《咸淳临安志》卷五八《风土》,《宋元方志丛刊》(4),中华书局,1990 年影印本,第 3872 页下—3873 页上。

② 《至顺镇江志》卷六《土贡》,第 251 页。

香橙，全部为华北稀见品种，但均见于上述《至顺镇江志》与《咸淳临安志》所提及的土产水果。①

前引《大兴国寺记》提到，"舍里八，煎诸香果，泉调蜜和而成"。可见，除水果之外，糖与蜜也是煎制舍里八的重要原料。南宋统治下的江南不但宜于水果生长，且出产蔗糖。关于这一点，笔者在其他论文中已经讨论过，这里不再重复。总而言之，马薛里吉思制作舍里八所惯用的原料，都可在镇江、杭州当地获得。这应当是吸引马薛里吉思在元灭宋之后，放弃云南，而立即将舍里八的制作地转到江南的主要原因之一。

二、其他几个有关舍里八的问题

（一）闽粤产地

舍里八为中亚与西亚传统饮品，宋时江南并不出此物。但元中期以后，福建泉州却成为舍里八的产区之一。据明《八闽通志》卷二〇记载，元代泉州土贡品有"砂哩咧金樱煎"。这里的"砂哩咧"即前述之"舍里八"，而"金樱煎"则指以"金樱"果熬制的舍里八。此外泉州还要岁贡金樱子十石。②

福建距大都路途遥远，将当地生产的舍里八送往北方，是要付出巨大社会代价的。《元典章》中保留了大德七年（1303 年）福建宣慰司收到的通政院咨文，提到成宗"御位下"人员回回人马速忽遣燕帖木儿"为煎造舍里别勾当"前往江浙行省，因行程安排过紧，途中将负责照看马匹的兀剌赤打成重伤，且累死驿马之事。③可见当时朝廷与江南之间，为舍里八事务往来很是密切，而为皇家服务的御位舍里八赤，在地方也有很大的特权。舍里八的煎造法，还从福建传至广东。《〔大德〕南海志》卷七提到：

> 宜母子，一名黎檬子，状如橘，味酸。大德三年泉州路煎糖官呈，用里木榨水煎造舍里别。舍里别，蒙古语曰解渴水也。凡果木之汁皆可

---

① 见上列《至顺镇江志》所录第 9 种、第 10 种与第 14 种果品及《咸淳临安志》所录第 1 种、第 15 种与第 21 种果品。

② 《〔弘治〕八闽通志》卷二〇食货、土贡"泉州"条，明弘治刻本，叶九 a。

③ 《元典章·兵部·违例》，第 1298—1299 页。

为之,独里木子香酸,经久不变。里木即宜母子。今本路于番禺县城东厢地名莲塘,南海县地名荔枝湾创置御果园共二处,栽植里木树大小共八百株。大德七年罢贡。①

这里提到的宜母子,又名黎檬子、里木,而在《古今图书集成》卷一三一一,则写为"李木子"②,从其"状如橘,味酸"来看,很像是柠檬。考其名称,光绪《香山县志》称"黎檬,俗呼柠檬"③。"里木"当为波斯语 ليمو(līmū)之音译,而"黎檬"则当为阿拉伯语 ليمون(laimūn)之音译,均指柠檬。波斯人虽然亦使用 ليمون(laimūn),但为借词。但阿拉伯语则不使用 ليمو(līmū)。足见里木/黎檬这种植物是从伊斯兰世界直接传入的。

《南海志》虽然记大德七年罢贡舍里八,但连质文所撰之《代祀南海王记》中却有泰定初"御位下舍里别赤、承德郎、崇福院经历毕礼亚"赴广州事,④似乎说明当地的舍里八生产此后并未停止。

广州的舍里八生产技术系从泉州传入。马薛里吉思在任职镇江之前,曾于至元十二年(1275年)赴闽。前已提及,马薛里吉思曾与赛典赤一同赴云南。而赛典赤家族确有人在闽浙。《元典章》记,大德三年速古儿赤在向成宗的奏报中提到:"又赛典赤教〔奏〕:'俺根脚里是昔博赤来,我的兄弟乌马儿在福建省里有。放鹰的,交奏有。'奏呵:'教放鹰者。'圣旨了也。"⑤人们不禁会问,他赴闽浙与赛典赤家族有关吗?此时赛典赤已去世,这里的赛典赤当为其子纳速剌丁之长子伯颜,官居中书平章政事,乌马儿为其弟。乌马儿后来还出任江浙行省平章。但乌马儿在福建时,马薛里吉思当已不在彼处。故结论是,马薛里吉思赴闽浙与赛典赤家族没有什么直接关系。

马薛里吉思此行是否到过泉州,史无明文。不过有三点线索值得研究者重视:其一是,从植物种属上看,柠檬与橙皆柑橘类,而由泉州传入广州的

① 《〔大德〕南海志》卷七,《续修四库全书》第713册,上海古籍出版社,2002年,第14页下。
② 《古今图书集成》(16),中华书局、巴蜀书社,1985年影印本,第19654页上。
③ 《〔光绪〕香山县志》卷五,《续修四库全书》第713册,第104页下。
④ 《〔道光〕广东通志》卷二一四,《续修四库全书》第673册,第524页上。参见陈高华《舍儿别与舍儿别赤的再探讨》,第300页。
⑤ 《元典章·兵部·飞放》,第1321—1322页。

舍里八制作法选料为柠檬,与《至顺镇江志》所记相近。陈高华先生提及的元中期诗人吴莱《岭南宜濛子解渴水歌》,其中有句"阿瞒口酸那得梅"①,也说明其口味似马薛里吉思所传者。其二,马薛里吉思曾赴福建。其三,泰定初朝廷派往广州祭南海王的使臣舍里八赤毕里亚为基督教名,此人既供职于崇福院,很可能与掌管回回汤药馆的爱薛认识,因此也可能与镇江的马薛里吉思有关。所以,泉州与广州的舍里八生产,很可能与马薛里吉思家族世传之舍里八煎造法有关。

(二) 舍里八非舍剌必辨

陈高华先生在元朱震亨所撰之《局方发挥》中,拣出一段医家回复咨询的文字,②曰:

> 或曰舍利别者,非诸汤之类乎? 其香辛甘酸,殆有甚焉? 何言论弗之及也?

> 予曰:谓之舍利别者,皆取时果之液,煎熬如饧而饮之。稠之甚者,调以沸汤,南人因名之曰煎。味虽甘美,性非中和,且如金樱煎之缩小便,杏煎、杨梅煎、蒲桃煎、樱桃煎之发冒火积,而至久湿热之祸,有不可胜言者。仅有桑椹煎无毒,可以解渴。其余味之美者,并是嬉笑作罪,然乎? 否乎?③

这段文字提到,所谓舍里八不过是"取时果之液,煎熬如饧而饮之。稠之甚者,调以沸汤,南人因名之曰煎"。联系到《南海志》称舍里八为"解渴水",这样几条史料就将文献中所记舍里八的各种译名,与"解渴水"、某某"煎"联系在一起,其中"舍里八"为番名,"解渴水"为意译,而某某"煎"则是根据其原料与制法所起的汉名,这一发现非常有意义。这样,舍里八就从一种外来饮品转变为中土所常见的饮料。如《〔道光〕广东通志》引《舟车闻见录》:"黎朦子,又名宜濛子,又名宜母,果似橙而小。二三

---

① 吴莱《渊颖集》卷二,《四部丛刊》缩印本第 303 册,第 19 页上。陈高华论证见《舍儿八与舍儿八赤的再探讨》,第 302 页。

② 陈高华《舍儿八与舍儿八赤的再探讨》,第 304 页。

③ 朱震亨《局方发挥》,《丛书集成》第 1450 册,第 22 页。有关这段文字中提到的各种"煎"(即舍里八)的讨论,详见下文。

月黄色,味极酸,妇人怀妊不安,食之良,故有宜母之名。制以为浆,甘酸辟暑,名解渴水。"①

上述记载的重要之处在于,提供了以舍里八＝解渴水＝某某水果"煎"的语汇联系,不但说明舍里八这种伊斯兰世界的饮品入华后,产生了"解渴水"/"渴水"和某某水果"煎"的汉化名称,而且是学者进一步查找舍里八在中国本土化以后的资料的线索。为进入下一步讨论,我们宜先清理有关舍里八的译名问题。

除了元代各种史料中提及的舍里八的译名以外,陈高华根据宋岘先生的意见,提出西亚一种名为شراب(šarāb)的饮料也是舍里八,并从《回回药方》残存卷三〇《杂证门》中,拣出"沙剌必摩儿的"(即是桃金娘饮剂)、"沙剌必木失其"(即是麝香汤方)、"舍剌必笋卜黎"(即是甘松汤方)与"舍剌必安只儿"(即是无花果汤)等四种饮品,而其中与"舍剌必""沙剌必"对应阿拉伯文旁注均写为شراب(šarāb)。②殷小平先生受此启发,并据宋岘先生、《阿拉伯通史》与日本学者前嶋信次所撰《舍利别考》,从《回回药方》残卷中更拣出十余种以舍里八兑制而成的汤剂,以说明舍里八种类之多。③

上述《回回药方》中提到的舍剌必果真就是舍里八吗?

在阿拉伯语中,"舍里八"的语源为阿拉伯语شربة(šarbat),指果汁饮料,至今在中亚尚存,为波斯语接受后改写为شربه(šarba)或شربت(šarbat),而在突厥语中则按元音和谐律改造,读为 šārbät,并使用至今。④"舍里八"شربه(šarba)或شربت(šarbat),源于三母原形动词شرب(šarib),意为喝、饮,⑤其在

---

① 《〔道光〕广东通志》卷九五,《续修四库全书》第 671 册,第 200 页上。
② 陈高华《舍儿八与舍儿八赤的再探讨》,第 307—308 页。
③ 殷小平《元代马薛里吉思家族与回回医药文化》,《西域研究》2011 年第 3 期,第 42—43 页。
④ 如:шäрбäт[شربت(Osm.)],奥斯曼突厥语,ein Getränke aus Wasser. Zucker (Syrop) und Citronsaft, Limonade"一种含水、糖与橙汁的饮料,柠檬水"——拉德洛夫《突厥语方言辞典》,圣彼得堡,1893—1911 年(В. В. Радлов, Опыть словаря Тюркскиф наречий, Versuch eines Wörterbuches der Türk-Dialecte von Dr. W. Radloff, Санкт-Петербург, 1893-1911),参见第 1009 页左列。维吾尔语,شه ربه ت(šärbät);"橘子汁"جويزه شه ربتى(jüizä šärbiti);"柠檬汁"شه ربتى لمون(limun šärbiti)——彭宗禄、依不拉音·阿合买提主编《汉维词典》,新疆人民出版社,1989 年,参见第 2400 页左列。šärwät,汁,汁水;üzüm šärwiti,葡萄汁;miwä šärwiti,果汁——新疆大学中国语言系编《维汉词典》,新疆人民出版社,1982 年,第 575 页。
⑤ 王培文主编《新阿拉伯语汉语大词典》,商务印书馆,2005 年,第 1023 页。

元明时代汉文史料中的译名虽不统一,有舍里八、舍儿八、舍里别、舍利别、砂哩别、摄里白等,但其第二个音节均音译为"里""儿""利""哩"等,按元、明两代汉语音译外来术语的译例,其所代表的原音应为-r-,与شربه(šarba)或شربت(šarbat)完全对应。在汉文文献中,此物译名中间的那个字从未写为"剌",这证明这种饮品名称词中的-r-之后没有开口母音。我们下面讨论各种制作舍里八的方子中许多提到,须加糖或蜜,要煎煮至汤汁浓稠,否则会生霉,换而言之,舍里八是不发酵、不含酒精的饮品,饮用前要加水稀释。

阿拉伯语中另有شراب(šarāb),指果酒、葡萄酒,并为波斯语所接受,其所对应的汉语音译就是前述《回回药方》中的"沙剌必"或"舍剌必",亦源于前述阿拉伯语三母原形动词شرب(šarib)"喝""饮",其拼法与舍里八شربه(šarba)或شربت(šarbat)的最重要区别在于,词中-r-之后均加有开口长母音ā,在音译时取汉字"剌"以表示之。因此,舍里八与舍剌必名称不同。它们虽均以水果制成,且名称有共同词源,但沙剌必则往往含有酒精。"沙剌必"或"舍剌必"中的"必"字均含有齐齿母音,当为波斯语"耶札菲"(-i),其后的词修饰它。当舍去"耶札菲"(-i)时,当音译为"沙剌卜"或"舍剌卜"。

因此,舍里八与舍剌必是两种不同的饮料,不可混为一谈。①而据笔者查证,舍里八未见于《回回药方》残卷。

---

① 笔者为此曾于 2013 年 1 月 8 日致信北京大学在伊朗访学的博士生陈春晓女士咨询:"元代资料常提及一种水果饮料,名舍里八(舍儿八、舍里别、舍利别、砂哩别、摄里白等不同译写法),源于阿拉伯语شربت(šarbat),指果汁饮料。这种饮品至今在中亚尚存,波斯语接受后改写为شربه(šarba)或شربت(šarbat),而在突厥语中则读为 šärbä。我从前在塔吉克斯坦和乌兹别克斯坦曾饮用过它。另在《回回药方》中提及一种汤剂,阿拉伯语写为شراب(šarāb),查其意义为果酒、葡萄酒(波斯语亦有),其所对应的汉语音译是'沙剌必'或'舍剌必'。希望你有便时,向伊朗老师或同学问一下,شربه(šarba)或شربت(šarbat),与شراب(šarāb)究竟是不是同一种东西? 如果不同,这两种饮料的区别在哪里。"次日便得以下回复:"关于这两个词,我请教了老师和同学,他们的看法是:شربت是一种糖浆,用水果或其他植物制成,有些黏稠状,现在波斯语中多指药用糖浆(例如止咳糖浆)。شراب是一种酒,用水果制成的果酒,比如葡萄酒、石榴酒等。伊拉克的同学说شراب一词在阿拉伯语中的形式为مشروب。因此,这两个词代表的不是一种饮品,其最大的区别在于شربت不含酒精,而شراب含酒精。"此外陈春晓还提供了《德胡达大词典》(لغت نامۀ دهخدا)与比鲁尼的 Kitab al-saydana (الصَّيدنه فى الطَّب)中有关شراب的内容。录此谨志谢意。

（三）本土化生产的舍里八种类

前已提及，马薛里吉思在镇江所造的舍里八的主要原料是柑橘、木瓜与葡萄三种水果。这大概是他们家族祖传秘方，但并不意味他所造者是唯一的或标准的舍里八。舍里八是西域很常见的饮品，随其原料所用果品不同，制出的舍里八也不同。今波斯语中尚有شربت نارنج（šarbat-i nārinj）"橘子水"、شربت آلو（šarbat-i ālū）"李子果味水"等。①

舍里八制法入华后，汉文文献中也出现了各种不同的舍里八/煎/渴水的称名。陈高华在其论文中已经列举了《局方发挥》《饮膳正要》和《居家必用》等书中提到的品种，此外，在元人倪瓒撰的《云林堂饮食制度集》及明代医书《竹屿山房杂部》等中也可找到一些。几相对照，可使我们对舍里八这种外来饮品本土化的过程有大概的认识。今先录《饮膳正要》卷二中提到的十种"煎"，即舍里八的内容，再论《居家必用》所记未见于《饮膳正要》者，后述《局方发挥》所提及但未见于前面二书所记者，逐一补以其他史料，以资比对。

> 木瓜煎：木瓜十个，去皮，穰取汁，熬水尽，白沙糖十斤，炼净。右件一同再熬成煎。②

至顺间的《事林广记》刻本中，有"诸品渴水"一节，录"木瓜渴水"，其方为：

> 〔木瓜渴水〕：木瓜不计，去皮瓢核，取净肉一斤为率，切作方寸大薄片。先以蜜三斤或四五斤，于砂石、银器内慢火熬开，滤过，次入木瓜片同煎，如滚起泛沫，旋旋掠去，煎两三个时辰，尝味，如酸，入蜜，须要甜酸得中，用匙挑出一匙，放入瓷楪内候冷，再挑起，其蜜稠硬如丝不断者为度。若火紧，则焦，又有涌溢之患，其味又不佳，则焦煳气，但用慢火为佳。③

《居家必用》所记与此基本相同。④《竹屿山房杂部》记录内容略有小异，当源

---

① F. Steingass，*A Comprehensive Persian-English Dictionary*，2nd impression（斯坦因嘎斯《波英大字典》），第 740 页左。

② 忽思慧《饮膳正要》卷二，《四部丛刊续编》第 50 册，叶七 a。

③ 陈元靓《新编纂图增类群书类要事林广记》（下简称《事林广记》元至顺刻本），别集卷七《茶果类·汤水果》，中华书局，1963 年影印本，叶五 b。

④ 《居家必用事类全集》已集，明刻本，《北京图书馆古籍珍本丛刊》(61)，书目文献出版社，1991 年影印本，第 228 页下—229 页上。

于同一祖方：

〔木瓜渴水〕：木瓜铜刀去皮瓢核，洁肉一斤为率，切为方寸大薄片，用蜜先熬，次入木瓜，再慢火同熬二三时，掠去上沫，尝味酸甜得宜，滤洁，先挑于瓷碟内冷，试稠硬不断为度，沸汤调饮。①

至于这种"木瓜煎"所用的原料"木瓜"，笔者拟在下文进一步讨论。

香圆煎：香圆二十个，去皮，取肉，白沙糖十斤，炼净。右件一同，再熬成煎。②

元末倪瓒也制过这种饮品，他记录的煎制法是：

香橼煎：用香橼，旧者亦皆去穰及囊，切作丝，入汤内煮一二沸，取出沥干，别用蜜，入水少许。每蜜一两，入水一钱。于银、石器中，熳火熬，蜜熟以稠为度。入香橼丝于内，略搅，即连器取起。经一宿，再熬，略沸即取起，候冷再一沸，取起，俟冷，入瓷器贮封之，即可。少入蜜作荐酒用，作汤则旋入别蜜。③

其制法与《饮膳正要》显然不同。

株子煎：株子一百个，取净肉，白沙糖五斤，炼净。右件同熬成煎。

紫苏煎：紫苏叶五斤，干木瓜五斤，白沙糖十斤，炼净。右件一同熬成煎。

金橘煎：金橘五十个，去子取皮，白沙糖三斤。右件一同熬成煎。④

以上三种舍里八，笔者未见其他史料提及。

樱桃煎：樱桃五十斤，取汁，白沙糖二十五斤，同熬成煎。⑤

在前引《局方发挥》所录医者意见中，樱桃煎与杏煎、杨梅煎、蒲桃煎一样，均

---

① 宋诩《竹屿山房杂部》卷二《养生部二》，《文渊阁四库全书》第 871 册，第 148 页上。同书卷一四《尊生部二》内容与《居家必用》同。
② 《饮膳正要》卷二，叶七 a。
③ 倪瓒《云林堂饮食制度集》，《续修四库全书》第 1115 册，第 614 页下。
④ 《饮膳正要》卷二，叶七 a—b。
⑤ 《饮膳正要》卷二，叶七 b。

属于"发冒火积,而至久湿热之祸,有不可胜言者"。

> 桃煎:大桃一百个,去皮切片,取汁,白沙蜜(糖)二十斤,炼净。右件一同熬成煎。①

我们在汉文史料中未查到其他有关以桃煎制的舍里八的记载。桃与李、杏为同属植物,故而桃煎可能与前面提及的《局方发挥》中罗列的"杏煎"及伊朗本土的شربت آلو(šarbat-i ālū)"李子果味水"有几分相似。

> 石榴浆(煎):石榴子十斤,取汁,白沙糖十斤,炼净。右件一同熬成煎。

> 小石榴煎:小石榴二斗,蒸熟去子,研为泥,白沙蜜十斤,炼净。右件一同熬成煎。②

此两种以石榴煎造成的舍里八,笔者未见其他史料提及。

> 五味子舍儿别:新北五味十斤,去子,水浸取汁,白沙糖八斤,炼净。右件一同熬成煎。③

五味子是中国传统药材之一,以此为主要原料,加其他药物和蜜煎为膏药的方法,元以前已有之。宋人所编《全生指迷方》卷四记:

> 五味子煎:五味子五两,桂取心一两,川乌头炮去皮脐一两,右为末,水五升,煎至一升,绞取汁,用好蜜二两,再熬成膏。温酒化,弹子大,食前服。④

这种膏药与元以后西域传来之舍里八,完全是不同的东西。

至顺间的《事林广记》刻本中,有"诸品渴水"一节,亦录"五味渴水",但其方不同,曰:

> 〔五味渴水〕:北五味子肉一两为率,衮汤浸一宿,取汁同煮,下浓黑豆汁对,当的颜色恰好,同炼,熟蜜对入,酸甜得所,慢火同熬一时许,凉

---

① 《饮膳正要》卷二,叶七 b。
②③ 《饮膳正要》卷二,叶八 a。
④ 王贶《全生指迷方》,《丛书集成》第 1438 册,第 52 页。

　　热任意用之。①

《居家必用》与此基本相同。②《竹屿山房杂部》所记小异,但显然源于同一祖方:

　　　　五味渴水,北五味子肉一两,作沸汤渍一宿,取汁,别煮,下浓黑豆汁对,当颜色恰好,用炼熟蜜对入,酸甜皆宜,慢火同熬一时许,凉热任意调用。③

未见于《饮膳正要》,但为《居家必用》所记,称为"渴水,番名摄里白"者有五种,今先录其文,再补以其他资料,以资对比:

　　　　〔御方渴水〕:官桂、丁香、桂花、白豆蔻仁、碯砂仁各半两,细曲、麦蘗各四两,右为细末,用藤花半斤,蜜十斤炼熟,新汲水六十斤,用藤花一处锅内,熬至四十斤,生绢滤净,用小口甏,一个生绢袋盛前项七味末,下入甏,再下新水四十斤,并已炼熟蜜将甏口封了,夏五日,秋春七日,冬十日熟。若下脚时,春秋温,夏冷冬热。④

《竹屿山房杂部》卷一四《尊生部二》所录内容与《居家必用》上引文相同。

　　　　〔林檎渴水〕:林檎微生者,不计多少,擂碎,以滚汤就竹器放定,擂碎林檎,冲淋下汁滓无味为度,以文武火熬,常搅勿令煿了,熬至滴入水不散,然后加脑、麝少许,檀香末尤佳。⑤

《竹屿山房杂部》所记与上述《居家必用》录文小异,很可能源于同一祖方:

　　　　〔林檎渴水〕:林檎微生者,不计多少,擂碎,以滚汤就竹器略定,旋擂碎林檎,冲淋下汁滓无味为度,以文武火熬,常搅,勿令煿了,熬至滴入水不散,然后加麝、脑少许,檀香末尤佳。

　　　　又法:将林檎破开,去心核,用净器内捣碎,布绞取汁,再将滓重捣

---

①　《事林广记》别集卷七《茶果类·汤水果》,元至顺间刊本,叶六 a。
②　《居家必用》己集,第229页上。
③　《竹屿山房杂部》卷二,第148页上;同书卷一四《尊生部二》所录内容与《居家必用》上引文相同。
④　《居家必用》己集,第228页上—下。
⑤　《居家必用》己集,第228页下。

极烂，放竹器中以滚汤冲淋，尝滓无味。煎法同上。①

林檎与苹果同属，今俗称花红，或海棠果。上述方中要求果品须用"微生者"，可能是希望煎出的制剂有足够的酸味。

〔杨梅渴水〕：杨梅不计多少，探（揉）搦，取自然汁，滤至十分净，入砂石器内慢火熬浓，滴入水不散为度。若熬不到，则生白醭。贮以净器，用时每一斤梅汁，入熟蜜三斤，脑、麝少许，冷热任用，如无蜜，球糖四斤入水，熬过亦可。②

至顺间的《事林广记》刻本之"诸品渴水"一节，亦录"杨梅渴水"，文字与此大致相同，但在"脑、麝少许"之后，多出"掩（搅）匀以冰澱饮之，大能醒酒。沸汤点，亦得只有些涩味，终不及冷饮"③几句。《竹屿山房杂部》所记与上述《居家必用》录文小异，当源于同一祖方，但窜入一句有关《饮膳正要》中制石榴舍里八的文字，或系错简：

〔杨梅渴水〕：《饮膳正要》有安石榴子取浆熬之。杨梅揉搦，取自然汁，滤滓须尽，入砂石器内慢火熬浓，滴入水不散为度。若熬不到，即生白醭。瓷器贮之，加蜜、脑、麝少许，沸汤调饮，冷则不涩。④

在明代医书《普济方》中，提到另一种以杨梅制取舍里八的方子：

杨梅煎：取熟杨梅于瓦器内，淹一宿即烂，用绢袋滤出，慢火熬成膏，瓦罐盛贮。每用入蜜少许，沸汤点服。⑤

在前引《局方发挥》所录医者意见中，杨梅煎与杏煎、蒲桃煎、樱桃煎一样，均属于"发冒火积，而至久湿热之祸，有不可胜言者"。杨梅是中国特有的植物，故而这种杨梅煎无疑是制舍里八法传入后，由中国人自创的，是中国特

---

① 《竹屿山房杂部》卷一四，第293页下；同书卷二《养生部二》所录内容与《居家必用》上引文基本相同。
② 《居家必用》己集，第228页下。
③ 《事林广记》别集卷七《茶果类·汤水果》，叶五b。
④ 《竹屿山房杂部》卷二，第147页下—148页上；同书卷一四《尊生部二》所录内容与《居家必用》上引文基本相同。
⑤ 朱橚《普济方》卷二六七"诸方香煎门"，《文渊阁四库全书》第755册，第816页上。

有的品种。《居家必用》所记方子专门提到,在煎制过程中,必要煎至浓汤,以提高其糖分,防止生霉变质。也就是说,舍里八是不发酵的饮品,这一点是区别于舍剌必的非常重要之处。

〔蒲萄渴水〕:生蒲萄不计多少,擂碎,滤去滓,令净,以慢火熬,以稠浓为度。取出收贮净磁器中。熬时切勿犯铜铁器。蒲萄熟者,不可用,止可造酒。临时斟酌,入炼过熟蜜,及檀末、脑、麝少许。①

方中要求盛以瓷器,避用铜铁容器,说明它的酸度相当高。《竹屿山房杂部》所记内容与此大同小异,但窜入一句《饮膳正要》中有关"蒲萄渴水"的"樱桃渴水"的文字,或系错简:

《饮膳正要》有樱桃取汁熬之。生蒲萄研碎,滤去滓,慢火熬浓稠为度。贮瓷器中,切勿犯铁器,太热(熟)者不可用,加脑、麝少许入,炼蜜点饮。②

明代医书《普济方》提到另一种制取葡萄汁舍里八的方子:

葡萄煎方,治热淋、小便涩少、磣痛、沥血。葡萄绞取汁五合,藕汁五合,生地黄汁五合,蜜五两,右相和煎如稀饧,每于食前服二合。③

这一种葡萄汁舍里八配有其他原料,当是中国本土新创的。在前引《局方发挥》所录医者意见中,葡萄煎与杏煎、杨梅煎、樱桃煎一样,均属于"发冒火积,而至久湿热之祸,有不可胜言者"。

〔香糖渴水〕:上等松糖一斤,水一盏半,藿香叶半钱,甘松一块,生姜十大片同煎,以熟为度,滤净,磁器盛入,麝香绿豆许大一块,白檀末半两,夏月冰水内沉,用之极香美。④

至顺间的《事林广记》刻本中,有"诸品渴水"一节,亦录"香馕渴水",文字与

① 《居家必用》已集,第 229 页上。
② 《竹屿山房杂部》卷二,第 147 页下。
③ 《普济方》卷二五九"诸方香煎门",第 539 页上。
④ 《居家必用》已集,第 229 页上—下。

此大致相同。①《竹屿山房杂部》中所记"香馐渴水"是另一个方子：

> 〔香馐渴水〕：白砂糖一斤，水一盏半，藿香叶半钱，甘松一块，生姜
> 十大片，同煎，以熟为度，滤洁入麝香如绿豆一块，白檀香末半两，瓷器
> 盛冰水中沉，用之。②

除了上述各书所提到的舍里八品种之外，《局方发挥》中所罗列的舍里八与
他书不重复者还有两种，一曰金樱煎，二曰桑椹煎。这种药用饮品元以前就
有，宋代所编之《证类本草》引《孙真人食忌》：

> 金樱子煎，经霜后以竹夹子摘取，于大木臼中，转杵却刺，勿损之，
> 擘为两片，去其子，以水淘洗过烂，捣入大锅，以水煎，不得绝火。煎约
> 水耗半，取出，澄滤过，仍熏煎似稀汤。每服取一匙，用暖酒一盏调服，
> 其功不可具载。③

金樱煎在汉地世代相传。明代所修之《普济方》除抄录一段与上述内容大致
相同的文字之外，④还记录了另一种制作法：

> 金樱煎：用候霜时取金樱子，先擦去刺，然后去穰，捣烂用，鱼酢取
> 汁，绢帛滤过，慢火熬成膏后，入檀香、诸香，在内瓦罐收贮，沸汤点服，
> 酒调能驻颜。⑤

金樱子，拉丁学名为 *Fructus Rosae Laevigatae*；英文名为 cherokee rose
fruit。从其拉丁学名可知为蔷薇科植物。在中国各地有不同称呼，如刺榆
子、刺梨子、金罂子、山石榴、山鸡头子、糖莺子、糖罐、糖果、蜂糖罐、槟榔果、
金壶瓶、糖橘子、黄茶瓶、藤勾子、螳螂果、糖刺果、灯笼果、刺橄榄、刺兰

---

① 《事林广记》别集卷七《茶果类·汤水果》，叶五 b。
② 《竹屿山房杂部》卷二，第 147 页下；同书卷一四《尊生部二》所录内容与《居家必用》上引文基本
　 相同。
③ 唐慎微《重修政和经史证类备用本草》卷一二，《四部丛刊》缩印本第 87 册，第 326 页上。
④ "金樱子煎：用金樱子经霜后者，以竹挟子摘取。于大木臼中，转杵去刺，勿损之，擘为两片，去
　 其子，以水淘洗过烂，捣入大锅，以水煎，不得绝火。煎约水耗半，取出，滓滤过，仍重煎以稀
　 汤。每服取一匙，用暖酒一盏调服，其功不可尽述。"《普济方》卷二六七"诸方香煎门"，第 819
　 页下—820 页上。
⑤ 《普济方》卷二六七"诸方香煎门"，第 816 页上。

棵子。

桑椹煎,《局方发挥》所录之医者的意见认为它"无毒,可以解渴"①。

三、有关一次过量饮用木瓜舍里八致病的个案

元初的太医罗天益撰有《卫生宝鉴》,记录了他在蒙古与元前期作为太医为皇家及高官司治病之事,其中提到一则因大量食用木瓜煎而致病的病例,题曰《酸多食之令人癃》,内容为:

> 至元己巳,上都住夏月。太保刘仲晦使引进史柔明来曰:"近一两月作伴数人,皆有淋疾。是气运使然? 是水土耶?"予思之,此间别无所患,此疾独公所有之,殆非运气水上使然。继问柔明:"近来公多食酸物?"曰:"宣使赐木瓜百余对,遂多蜜煎之。每客至,以此待食,日三五次。"予曰:"淋由此也。《内经》曰:酸多食之令人癃。可与太保言之,夺饮则已。"②

这里记的是至元己巳(六年,1269年)在上都驻夏时,太保刘仲晦派史柔明见罗天益求医。刘仲晦即刘秉忠。简言之,这件事的经过是:据史柔明自述,当时在上都,刘秉忠、史柔明等一些近两个月互相经常往来的人,突发"淋疾",即尿不畅症。由于其时聚集于上都的其他人中并未流行此病,罗天益怀疑刘秉忠等进食了过量酸物。史柔明果然告称,说他们受赐木瓜二三百个,于是用大量蜜熟煮之,凡有客来便以此分食招待,每日饮食多达三五次。罗天益据《黄帝内经》中有关"酸多食之令人癃"的经验,诊断他们因多食蜜煎木瓜而导致尿缩,要史柔明转告刘秉忠等人,停食木瓜即可自愈。

(一) 主角史柔明其人

这件事的主角之一"引进史柔明"中的"引进",是"引进使"官衔的简称,史柔明为其名。此人是谁呢? 元人夏文彦的《图绘宝鉴》有"史杠,字柔明,

---

① 《局方发挥》,第22页。
② 罗天益《卫生宝鉴》卷二,《续修四库全书》第1019册,第77页下—78页上。

号橘斋道人,官至行省左丞。读书余暇,弄笔作人物、山水、花竹、翎毛,咸精到"①的记载,提供了查找线索。

至元十三年(1276 年)冬灭宋后,为接收南宋皇室所藏珍贵字画,世祖派专员处理此事,"故左丞相忠武史公子杠为之贰"②。可见史天泽的确有子名史杠。前引夏文彦《图绘宝鉴》提到,史杠"弄笔作人物、山水、花竹、翎毛,咸精到",应是派他办理此事的主要原因。

另外,史天泽《家传》还提到,至元十一年元军自襄阳南下时,天泽染疾北归,至真定,"上又遣其子杠与尚医驰视,及赐蓡糖等物"。③陈高华先生从《卫生宝鉴》中搜罗到罗天益至元五年与至元七年两次为史天泽治病之事,④同时在追寻罗天益的行踪时,陈先生还注意到,至元十年他为真定华严寺上座和"代史侯出家"的僧人问诊;⑤而次年又为路过真定的"南省参议官常德甫"诊治;⑥同年秋向他求治的还有"真定一秀士";⑦可见这两年罗天益一直在真定。因此,前引《史公家传》中提到的此年史天泽至真定,忽必烈"遣其子杠与尚医驰视,及赐蓡糖等物"的"尚医",很可能是罗天益。因他恰在真定,且与史天泽、史杠父子两人都很熟悉,世祖命史杠与之同往,驰视其病,是很自然的。

查史天泽"子男八人,曰格,荣禄大夫、湖广行中书省平章政事;曰樟,真定、顺天两路新军万户;曰棣,嘉议大夫、卫辉路总管;曰杠,资德大夫、湖广行中书省右丞;曰杞,嘉议大夫、淮东道肃政廉访使;曰梓,奉议大夫、澧州路同知;曰楷,奉训大夫、南阳府同知;曰彬,资德大夫、中书左丞"⑧。《元史·史天泽传》基本抄录这一段内容。史杠为史天泽第四子还有其他旁证,如王

---

① 夏文彦《图绘宝鉴》卷五,《中国书画全书》(2),上海书画出版社,1993 年,第 886 页上。

② 王恽《书画目录序》,《秋涧先生大全集》卷四一,《四部丛刊》缩印本第 289 册,第 423 页下。

③ 王恽《开府仪同三司中书左丞相忠武史公家传》,《秋涧集》卷四八,第 503 页下。

④ 见氏撰《罗天益与〈卫生宝鉴〉》,初刊于《文史》第 48 辑,收于《陈高华文集》,第 281—282 页。

⑤ 《卫生宝鉴》卷二《肺痿辨》,第 77 页上。

⑥ 《卫生宝鉴》卷六《阳证治验》,第 97 页下。

⑦ 《卫生宝鉴》卷一六《葱熨法治验》,第 170 页下。

⑧ 王磐《中书右丞相史公神道碑》,《国朝文类》卷五八,《四部丛刊》缩印本第 425 册,第 643 页下。在此文初稿中,笔者以王恽《秋涧集》卷四八所收《史公家传》比对史天泽本传,经北京大学张帆先生指正,改用王磐所撰《史公神道碑》,谨志谢意。

恽《中堂事记下》"时丞相史公第四子杠,侍上人于此"①的记载。故史柔明即史杠,为史天泽第四子。

清代学者彭蕴璨归纳为:"史杠,字柔明,号橘斋道人,燕之永清人,官至湖广行省右丞。读书余暇,弄笔作人物、山水、花竹、翎毛,咸极精到。"②1994年5月,石家庄市北郊后太保元墓群M4出土了史杠墓志。其志文曰:

> 公讳杠,字柔明,姓史氏,大兴永清人。曾大父成珪……生一子秉直,行北京等路六部尚书。生三子,伯天倪,河东东西路兵马都元师;仲天安,宣权真定等路万户;季天泽,开府仪同三司、平章军国重事、中书右丞相、赠太尉、谥忠武。公太尉公四子也。③

(二) 过量饮用木瓜舍里八原委小考

考清史柔明的身份之后,我们不禁会问,史杠当时与刘秉忠在上都做什么? 他们为何大量食用蜜煮木瓜?

史杠有同事赵秉温,曾长期共事。苏天爵在赵氏行状中记:

> 至元五年,两都成,赐名曰大都,帝定都焉;曰上都,巡狩居焉。于时国家以干戈平定海内五十余年矣,而公卿多武力有功之臣,未遑文治。四方来朝贡者,礼尤简易。太保奏起朝仪。诏公及史公杠等十人,共讨论之。又选近侍二百人肄习之。公颇采古礼,杂就金制度,时所能行者,习之月余。帝临观焉,大悦,命立侍仪司,拜公中顺大夫、礼部侍郎,兼知侍仪事,杠以下授官有差。④

其时赵秉温与史杠一起,在刘秉忠的领导下,正忙于制订朝仪。此事《元史·礼乐志一》有更详细的记载:

---

① 王恽《秋涧集》卷八二,第798页上。
② 《历代画史汇传》卷四一,《续修四库全书》第1083册,第642页上。
③ 河北省文物研究所《石家庄市后太保元代史氏墓群发掘简报》,《文物》1996年第9期,墓志图片见第53页,录文见第56—57页(此承杨晓春副教授提供,谨志谢意);孟繁峰《元代画家史杠墓志跋》,《文物》1997年第7期;孟繁峰《也谈新发现的史氏残谱及史氏元代墓群》,《文物春秋》1999年第1期。
④ 苏天爵《故昭文馆大学士中奉大夫知太史院侍仪事赵文昭公行状》,《滋溪文稿》卷二二,中华书局,1997年,第366页。

世祖至元八年秋八月己未，初起朝仪。先是，至元六年春正月甲寅，太保刘秉忠、大司农孛罗奉旨，命赵秉温、史杠访前代知礼仪者肄习朝仪。既而，秉忠奏曰："二人习之，虽知之，莫能行也。"得旨，许用十人。遂征儒生周铎、刘允中、尚文、岳炫、关思义、侯祐贤、萧㧑、徐汝嘉，从亡金故老乌古伦居贞、完颜复昭、完颜从愈、葛从亮、于伯仪及国子祭酒许衡、太常卿徐世隆，稽诸古典，参以时宜，沿情定制，而肄习之，百日而毕。秉忠复奏曰："无乐以相须，则礼不备。"奉旨，搜访旧教坊乐工，得杖鼓色杨皓、笛色曹楫、前行色刘进、教师郑忠，依律运谱，被诸乐歌。六月而成，音声克谐，陈于万寿山便殿，帝听而善之。秉忠及翰林太常奏曰："今朝仪既定，请备执礼员。"有旨，命丞相安童、大司农孛罗择蒙古宿卫士可习容止者二百余人，肄之期月。七年春二月，奏以丙子观礼。前期一日，布绵蕝金帐殿前，帝及皇后临观于露阶，礼文乐节，悉无遗失。冬十有一月戊寅，秉忠等奏请建官典朝仪，帝命与尚书省论定以闻。①

按此记载，制订朝仪的事在至元六年，这正是他们在上都过量食用蜜煎木瓜的时候。由此可知至元六年春，刘秉忠、赵秉温、史杠等人在讨论了朝仪之后，经世祖批准，挑选了十人参与制订、操习朝仪之事。操习进行了百日至夏，又开始筹备配乐之事。

前面所引的《史杠墓志》提到：他"早从太保刘文贞公学，文贞公爱之，恒使随待。至元□〔八〕年，奏公习典故，起朝仪，授中顺大夫引进使知侍仪事"②。"太保刘文贞公"即刘秉忠。因此我们可确定，史杠自述与之往来密切，同患"淋病"的人中，就包括赵秉温与他们挑选的十位儒生。当时他们正在刘秉忠领导下，为制订、修改与演习朝仪之事而忙碌。上都虽为避暑之

---

① 《元史》卷六七《礼乐志一》，第 1665 页。余大钧据《元史》卷七《世祖纪》及《通制条格》卷八《仪制》相关记载认为，"孛罗担任大司农为至元七年十二月以后之事，至元六年孛罗尚未担任大司农"。见《蒙古朵儿边氏孛罗事辑》，《元史论丛》第 1 辑，中华书局，1982 年，第 180—183 页。

② 河北省文物研究所《石家庄市后太保元代史氏墓群发掘简报》，《文物》1996 年第 9 期，墓志图片见第 53 页，录文见第 56—57 页；孟繁峰《元代画家史杠墓志跋》，《文物》1997 年第 7 期；孟繁峰《也谈新发现的史氏残谱及史氏元代墓群》，《文物春秋》1999 年第 1 期。

地,但白日阳光直射之下,在辽阔的草原上也酷热难耐,刘秉忠、史杠等儒生在烈日下,为讨论朝仪的各种细节,反复操演,来回奔波,其辛苦可以想见,的确需要防暑降温。世祖想必也了解他们的辛劳,才会特派人送来大量木瓜。显然是因为夏季木瓜不能久存,刘秉忠等将这些木瓜加蜜防腐,熬制成酸甜适口的浓缩木瓜汁。

本文前面所列舍里八本土化以后的品种中,第一种为忽思慧《饮膳正要》卷二的"木瓜煎",至顺间的《事林广记》刻本与《居家必用》以及《竹屿山房杂部》中两处所记"木瓜渴水",当即此,也即"木瓜舍里八"。这种饮品在夏日炎炎时饮用起来解暑效果必定很明显,所以刘秉忠、史杠等儒生才会日饮三五次。由此可见,元代掌握舍里八制造技术的人员已经从中亚入华的色目人,扩散到汉人,而舍里八的消费群体,也从皇室扩大到汉人士大夫群体。

前文所引之《局方发挥》中,医者答有关舍里八的功效时,已经提到这种饮品"味虽甘美,性非中和,且如金樱煎之缩小便,杏煎、杨梅煎、蒲桃煎、樱桃煎之发冒火积,而至久湿热之祸,有不可胜言者"①。刘秉忠与史杠等人的病例可为一证。

(三) 彼木瓜非此木瓜

作为解渴水的舍里八,酸甜是其主要口味。甜主要来自蜜或糖,酸则与所选水果有关。前已提及,据《至顺镇江志》记载,马薛里吉思在镇江制舍里八所选用的主要水果为三种——葡萄、木瓜与橙,均为口感偏酸的果品。前文还提及,大德《南海志》在言及舍里八煎制法时,特别提到,泉州路糖官"用里木榨水煎造舍里别"。因此,番禺县城东厢的莲塘与南海县的荔枝湾,均创置了御果园,"植里木树大小共八百株"以专供此用。②笔者前已考定,史料中提到的"里木",为波斯语ليمو(līmū)之音译,即柠檬。

特别值得注意的是,《南海志》描述道:虽然舍里八"凡果木之汁皆可为之,独里木子香酸,经久不变"③。可见选择原料,果品必须含足够的酸味。

---

① 《局方发挥》,第22页。
②③ 《〔大德〕南海志》卷七,第14页下。

这一点正与前引吴莱《岭南宜濛子解渴水歌》中"阿瞒口酸那得梅"的诗句相应。

而忽必烈遣使赐给刘秉忠、史杠等人木瓜,加蜜煮后,也是偏酸的口味,足见他们所制的,当即前述之木瓜煎,即木瓜舍里八。这种木瓜与《至顺镇江志》所记木瓜当为同一种水果,应就是《诗经》中"投我以木瓜,报之以琼琚。匪报也,永以为好也"的木瓜,但绝非今日市面上常见之木瓜。今日常见之木瓜产自华南与东南亚,旧称番木瓜。

木瓜原产中国,又称皱皮木瓜,在各地有不同称谓,如贴梗海棠、贴梗木瓜、铁脚海棠、铁杆海棠、铁脚梨、川木瓜、宣木瓜等,拉丁学名 *Chaenomeles speciosa*,为蔷薇科木瓜属植物,为落叶灌木,高达 2 米,具枝刺;小枝圆柱形,开展,粗壮,嫩时紫褐色,无毛,老时暗褐色。叶片卵形至椭圆形,长 3—10 厘米。花有红、白两种,果似苹果状。以木瓜与金樱均为蔷薇科植物,故而刘秉忠、史杠等人所制木瓜舍里八的口味,应与"金樱煎"相似,其缩尿的功效也应相似。

(原载《中华文史论丛》2015 年第 1 期,第 109—138 页。)

马可·波罗
研究学术史

Academic History
of
Marco Polo Studies

映堂居士究竟是何人

邬国义

马可·波罗是举世闻名的意大利旅行家,他的《马可·波罗游记》被称为"世界一大奇书",对东西方世界均产生过重大的影响。《马可·波罗游记》在13世纪一经问世,便在欧洲各国广为流传,但这部有着"中国情结"的著作,传入中国却是姗姗来迟。据中西交通史专家向达考证,中国境内对《马可·波罗游记》(以下简称《游记》)的介绍,最早见于1874年4月(同治十三年三月)《中西闻见录》第21号(北京同文馆编印)上映堂居士写的《元代西人入中国述》。向达指出:"我国之研究马哥·孛罗氏书者,以余所知,当以同治时同文馆人士为最先。"他还说:"映堂居士不知何人,论中国研究马哥·孛罗者,不能不以此君为先河矣。"①此后,至20世纪80年代,学者们仍沿用此说,例如,《马可·波罗介绍与研究》一书的编者余士雄即认为,映堂居士的《元代西人入中国述》是我国一百多年前发表的"第一篇介绍马可·波罗的文章,有历史意义"②。20世纪90年代以来,学术界对马可·波罗及其《游记》早期传入中国课题的研究取得了一些新的进展,③但作为论述马可·波罗父子来华详细经过及事迹的一篇专文,映堂居士的文章仍然占有

① 向达《元代马哥孛罗诸外国人所见之杭州》,《东方杂志》第26卷第10号,1929年5月;《马可·波罗与马可·波罗游记》,《旅行家》1956年第4期。均收入余士雄编《马可·波罗介绍与研究》,北京书目文献出版社,1983年,第11、153页。

② 余士雄编《马可·波罗介绍与研究》"编者的话",第2页。

③ 参见黄时鉴整理《东西洋考每月统记传》"导言",中华书局,1997年,第31页;李长林《国人介绍与研究〈马可·波罗游记〉始于何时?》,《世界史研究动态》1990年第10期;李长林《中国马可·波罗学研究中的几个问题》,《世界历史》1996年第5期;邹振环《清末汉文文献中有关马可·波罗来华的最早记述》,《世界历史》1999年第5期。

重要的地位。学者们凡是谈到这个问题的,都要引用该文。然而,令人遗憾的是,一个多世纪过去了,究竟谁是映堂居士仍是一个未解之谜。

映堂居士究竟是谁?向达曾感叹"不知何人";后来的研究者则往往将其视为早期介绍和研究《游记》的"国人",并对其身份作了一些猜测。如有论者认为:"从映堂居士文章的内容中,可以推断作者并未接触《游记》原著,其记述是根据外文评介《游记》有关资料写成的。"①推测的结果,大体上不出向达所说"同文馆人士"的范围。

要搞清楚这个问题,首先须从刊载此文的《中西闻见录》入手。该刊是传教士于 1872 年在北京创办的一份杂志,由丁韪良、艾约瑟等人担任主编。在该刊发表文章的作者包括传教士等外籍人士和中国人士两类,其中尤以丁韪良、艾约瑟等传教士撰写文章为多。虽说映堂居士之名看似中国人的字号,但当时传教士或外籍人士取中国姓名、字号的也不在少数,如丁韪良字冠西,艾约瑟字迪瑾,在上海创办《申报》的英国商人美查(Ernest Major)号"尊闻阁主人"。因此,我们不能排除作者是懂得汉文的传教士或外籍人士的可能性。其次,值得注意的是,在同期《中西闻见录》上,还载有映堂居士撰写的另一篇文章——《英京书籍博物院论》。而从文中的一些细节来看,②如果作者未曾亲临博物院,是难以写得如此具体而微的。因此,我们有理由怀疑,映堂居士可能是外国人。

带着这个疑问,笔者在查阅近代书刊杂志时便留意此事,终于在曾庆榜编著的《万国奇人传》中找到了线索。该书出版于光绪二十三年(1897 年),卷一之"梅辉立 德约翰 璧利南 丁韪良"条云:

---

① 李长林《国人介绍与研究〈马可·波罗游记〉始于何时?》,《世界史研究动态》1990 年第 10 期。

② 例如关于"读书堂",作者写道:"此堂也高九丈有余,径十三丈,其屋顶如弓式如釜形,不复瓦,皆嵌以玻璃。是虽既高且大,而皎洁光明,绝不幽暗,其广可容三百人在内读书。"又具体谈到阅览室中,"人各有一桌一椅,桌各有一笔一砚,其桌长大四尺,无论何人欲入此堂读书,均不禁止",只要向本处的绅士求领凭据,开明某某姓名、住址,及公正可靠字样,就可到读书堂换取执照。执照每 6 个月更换一次,如要看书,"有纸一小方注明某书某号,付与值свячен之人,以便持取,片刻即可捡来"。其中藏书多达一百数十万卷,"书最古者,则自中国唐代时英国原写本多种至今犹存",此外历年以来,不惜重资随时购买,"惟英国当今各书肆刊刻之书,每种按例必将二分送院藏存,以备考查"云云。映堂居士《英京书籍博物院论》,《中西闻见录》第 21 号,1874 年 4 月,南京古旧书店 1992 年影印本,第 138—139 页。

英国汉文正使梅辉立,字映堂,恂恂雅饬,被服儒生,聪丽权略,望之一若城府深秘不可窥测者,抑能强恕接物,无猜疑媢妒之心。光绪丁丑,曾惠敏以承袭侯封入都,梅氏偕其国人艾约瑟、德约翰、璧利南及美人丁韪良,先后订交。丁氏为同文馆总教习,取西书之有益中国者翻辑成书,梅氏则取中土载籍有裨于公若私者,敷陈其义,撰为西文。盖数子各有专长,而梅氏年最少,意量广达,不以一得自封。所著书数百卷,多阐扬吾道之奥,盖不独有益于西人而已。①

文中明确记载梅辉立字映堂,并叙曾纪泽与艾约瑟、德约翰、璧利南、丁韪良等人订交的情况,还讲到后来梅氏卒后,曾纪泽为之撰碑铭以作纪念。下面紧接的是"艾约瑟"条,称其为"英国名士艾约瑟",记述了他翻译《西学启蒙》十六种及精研汉学等事。

循着这一线索,笔者再查曾纪泽《曾惠敏公文集》,卷二有《大英国汉文正使梅君碑铭》。碑文首先记述了他与梅辉立、艾约瑟、德约翰、丁韪良等人相识订交的经过。曾纪泽在其父曾国藩于同治十一年(1872年)去世以后,一直在家乡理丧守制。他以自学而稍通英文,但由于处于穷乡僻壤,没有友朋相与讲论,因而"不敢谓闭门造车,出门而合辙也"。至光绪三年丁丑(1877年)秋,他因袭封一等勇毅侯,才来京觐谢,侨寓禁城东南,"与泰西诸国朝聘之使馆舍毗邻,于是英国汉文正使梅君辉立偕副使璧君利南闻声见访,纵谈竟日,而绩学之士英国艾君约瑟、德君约翰、美国丁君韪良,亦先后得订交焉"。

文中继而称道梅氏四人的学行,谓德君专精医术,"以正中华医术之失,而补其所未备。艾君经学邃密,于国朝钱、戴、段、严之所撰述,无不研精探讨,衷诸至当,是是而非非,虽使诸公复生,未必不心折而首肯也。丁君为同文馆总教习,取西书之有益于中国者,政治学术,声明文物,逐渐翻译,纂辑成书。梅君则取中土载籍有裨于公若私者,敷陈其义,撰为西文,与丁君事异而意同,各尽其职云尔。盖四君子者各有专长,而梅君年最少,意量广远,不以一得自封,充其所至,未可畦畛,吾之畏友也"。碑文明确记载:"君讳辉

---

① 曾庆榜《万国奇人传》卷一,光绪丁酉年(1897年)春长沙刊本。曾庆榜,字晓霆,湖南长沙人,清代举人,为《湖南官报》主持人之一。

立,字映堂,配某氏,子二人。"碑文还记述了梅辉立逝世的情况:1878 年仲春之初,"梅君将暂归其国,过余话别,方携手殷殷与订后会,俄而噩问迅传,则梅君已以炎病卒于沪渎,春秋才三十有八耳"。①梅辉立死后,丁韪良、艾约瑟、璧利南、德约翰等对曾氏说:"梅先生得交于上国士大夫莫如子笃,所谓道义之好也。梅先生之逝,子不可以无言。"曾纪泽因此作了这篇碑文,泰西之俗并不"硁硁以归骨故乡为重",梅氏后即葬于上海。在附铭中,曾纪泽还指出"荐绅先生,讳言边裔,望洋向若,固拒深闭",只是居于斗室,睥睨空谈,"谓人燕石,我则瑶琼",批评了当时士大夫闭关锁国、夜郎自大的倾向,认为这种做法只"适以贻讥",应当以采集药石之言、泰山不捐尘壤的态度来接纳外来事物。最后赞道:"如彼梅君,岂非俊髦。诗书礼乐,金版六弢。旧学新知,酿味兼采。缃编等身,身亡名在。志壹业精,吾侪不如。"②

由此碑文可知,曾庆榜《万国奇人传》所记实出曾纪泽之文。梅辉立,英国驻华外交官,本名威廉·弗雷德里克·迈耶斯(William Frederick Mayers),出生于澳大利亚塔斯马尼亚(Tasmania),其父为该地英总督的私人秘书。1842 年全家返回英国。梅氏在英国完成学业后,曾赴美从事新闻工作一年。于 1859 年来华,1860 年为英国领事馆翻译生,1871—1878 年任英国驻华使馆汉文正使(即汉务参赞)。曾纪泽和他相识时,他正在英国使馆任事。有关其来华后的事迹,结合有关中西文资料来看,梅辉立在中国可述之事主要有两件。一是他在马嘉理案中的表现。同治年间,他任英国公使威妥玛的中文秘书,并担任过英国提督柏朗的翻译官。1875 年马嘉理事件发生后,清政府命湖广总督李瀚章为钦差大臣前往查办。威妥玛曾派遣梅辉立赴京询问李瀚章的使命,梅氏因而在天津与李鸿章有过一番交涉。梅氏称:"威大人说,钦差赴英,玺书内务必将云南凶案说明朝廷惋惜之意"云云。③《李文忠公译署函稿》卷三有《与英翻译正使梅辉立晤谈节略》(光绪

---

① 据曾纪泽《大英国汉文正使梅君碑铭》,梅辉立卒于光绪四年(1878 年),死时年"三十八",上推其生年当为 1841。据中国社会科学院近代史研究所翻译室编《近代来华外国人名辞典》(中国社会科学出版社,1981 年,第 321 页),梅氏生卒年为 1831—1878 年,则卒时为 48 岁。

② 以上引文见曾纪泽《大英国汉文正使梅君碑铭》,《曾惠敏公遗集》(2),沈云龙主编《近代中国史料丛刊》(182),台湾文海出版社,1983 年,第 493—497 页。

③ 吴汝纶编《李文忠公译署函稿》卷四,光绪戊申年(1908 年)金陵刻本,叶九—叶十。

元年六月二十九日附),卷四有《偕丁中丞与英国梅正使晤谈节略》(光绪元年八月初七日),内中便记载了这方面的情况。二是参与淞沪铁路谈判事。早在 1862 年,梅氏即在广东"倡为由粤开铁路入江西之议",后经勘察,因工程过大,事遂中寝。①1876 年,在沪英商怡和洋行租借上海吴淞之地,擅自修筑淞沪铁路,火车运行后,又发生轧死行人事件,因而引起中国当局的不满与沿路居民的愤怒。英使威妥玛又派梅氏作为英方代表,赴沪谈判淞沪铁路事宜。后李鸿章委派盛宣怀会同上海道冯焌光与之会谈,双方达成《收赎吴淞铁路条款》,由中国以白银 28.5 万两买回路权,最终将铁路购回拆毁了事。

梅辉立既是一名外交官,也是一位汉学家。其主要的汉学著作有《棉花传入中国记》(*Introduction of Cotton into China*,1858)、《中国辞汇》(*Chinese Reader's Manual*,也译《汉语指南》或《汉语读者手册》,1874)、《中国政府——名目手册》(*The Chinese Government:A Manual of Chinese Titles,Categorically Arranged and Explained*,1878)、《中外条约集》(*Treaties between the Empire of China and Foreign Powers*,1877)等书。此外,他还同德呢克②等合著有《中日商埠志》(*The Treaty Ports of China and Japan:A Complete Guide to the Open Ports of Those Countries,Together with Peking,Yedo,Hongkong and Macao*,1867)。其中以《中国辞汇》和《中日商埠志》较为著名。《中国辞汇》是较早面世的一部解释中文词汇的辞书,全书以英文字母顺序编排,共收录970 多个词,厚达 400 多页。辜鸿铭曾评价说:"已故梅辉立先生的《汉语指南》,它当然不能被说成是完善的东西,但确实是一部大著,在已出版的关于中国的著作中,它要算是最严谨、认真而不装模作样的了。并且它的实际效用,也仅次于威妥玛的那部《自迩集》。"③

梅辉立还撰有不少关于中国的文章。如他在英文《中国评论》(*China Review*)第 3、4 卷(1874—1875)上发表的《15 世纪中国人在印度洋的探

---

① 李鸿章《致总署函》,宓汝成编《中国近代铁路史资料》(1),中华书局,1963 年,第 4 页。
② 即 Nicholas Belfield Dennys,同治二年(1863 年)任英国驻天津领事,后去香港,任《德臣报》及《中国评论》主笔。
③ 辜鸿铭著,黄兴涛、宋小庆译《中国人的精神》,海南出版社,1996 年,第 139 页。

险》,论述了明代郑和下西洋的航海壮举,是西方研究郑和最早的篇章,也是后来经常被引用的著名论文。[①]1874 年,他还撰写一篇长文论述《京报》,对《京报》的各种名称、印刷用纸、印刷方法都有较为详细的描述,在谈到《京报》发行方式时,提到有"写本""长本"两种形式,从中我们可以了解到 19 世纪下半叶报纸印刷业的情况。梅氏向欧洲介绍当时中国报纸的印刷方法和蜡版印刷技术时称:"目前(至少现在可信),《京报》(Peking Gazettes)是用木活字印刷的;并且,铅活字也不是不为人所知。顺便提一句,大家还并不都知道各省重印《京报》是用蜡版印刷的(至少在某些情况下)。在这种蜡版的软表面可以把文字刻得足够清晰,供印刷大量的印刷品之用。任何人有机会目睹这种印刷过程,会觉得有关这个过程的描述是很有趣的。"[②]作为1857 年在上海成立的皇家亚洲文会北中国支会(The North China Branch of the Royal Asiatic Society)会员,梅辉立曾多次在会上作过有关中国的演说,在伟烈亚力主编的英文《皇家亚洲文会北中国支会会报》(The Journal of the North China Branch of the Royal Asiatic Society)上,发表过《中国历史年表》(1867)、《中国火药火器的发明及应用》《文昌——文学神的历史与尊严》(1869)、《中国墓旁的石像与活的祭祀品》(1878)等文章,论述了有关中国火药火器、文昌魁星以及墓葬祭祀等相关问题,从而为中西文化的交流作出了一定贡献。

综上所说,《元代西人入中国述》的作者映堂居士,其实并非国人,而是英国汉文正使梅辉立。以往学界只注意到梅氏作为英国外交官的一面,而忽略了他作为早期汉学家的一面,这方面应当引起我们的重视。

(原载《近代史研究》2009 年第 6 期,第 122—125 页;收入作者《历史的碎片——国义文存》,上海人民出版社,2016 年,第 364—369 页。)

---

① 参见张维华主编《郑和下西洋》附录一《国外对于郑和下西洋的研究》、附录二《关于郑和研究资料目录》,人民交通出版社,1985 年,第 186、229 页。

② 见 Notes and Queries on China and Japan,Vol.2,1868,p.79;China Review,1874,Vol.3,p.16;《亚洲文汇》(Journal of Royal Asiatic Society,North China Branch)1885 年发表的夏德(Hirth)的文章。转引自韩琦《中国的蜡版印刷》,上海新四军历史研究会印刷印钞分会编《装订源流和补遗》,中国书籍出版社,1993 年,第 162、164 页。

马可·波罗及《游记》在中国早期的传播

邬国义

在中西文化交流史上,七百多年前来到中国的意大利旅行家马可·波罗(Marco Polo)是一位先驱者。其所著《马可·波罗游记》(也称《东方闻见录》)问世后,先后在法国、意大利以至欧洲流传,被称为"世界一大奇书"。《游记》首次向西方打开了神秘的东方世界的大门,第一次较全面地向欧洲人介绍了发达的中国物质文明和精神文明,将地大物博、文教昌明的中国形象展现在世人面前。然而直到19世纪30年代以后,这部与中国极有关系而又与中国人隔膜长达五六百年的"奇书"才渐为国人所知晓。回顾《游记》在中国最初的传入及其传播的过程,无疑是一个饶有兴趣的话题。

一

马可·波罗及其《游记》最初传入中国,是通过传教士的译介而得知的。明末清初,传教士联翩来华,利玛窦是其中重要的一位。在《利玛窦中国札记》"契丹与中国"一章中,他曾说:"称之为契丹的那个著名帝国,这个名字从前在欧洲是从威尼斯人马可·波罗的著作里为人知道的,但是经过几个世纪,它已被人遗忘到这种程度,以致今天几乎没有什么人再相信这个地方存在了。"①1596年10月13日,他在写给罗马耶稣会总会长阿桂委瓦的信中说:"在信尾,我愿写一点,相信是您与其他的神父们皆会高兴听的消息。我推测去年我去过的南京城,基于很多迹象它应当就是马可·波罗所记载的

---

① 利玛窦、金尼阁著,何高济等译《利玛窦中国札记》,中华书局,1983年,第541页。

'契丹'都市之一;第一,因为在中国不曾听说附近有什么国土有这么大的城市;其次由于它享有伟大的特质与许多桥梁。虽然我不曾找到马可·波罗所描写的那么多的桥梁。"①

在庞迪我、利玛窦等人到达中国之前,契丹和中国到底是一个国家还是两个国家,是长期困扰欧洲人的一个问题。在 1598 年第一次到达北京以后,利玛窦后来在回忆录中说:"长期以来而怀疑的一件事终于真相大白了,即中华帝国就是某些作者所称为的大契丹,而北京就是当今中国皇帝的所在地。这些作者称这个城为汗八里(Cambalu)。如果对我们的信念似乎还有任何怀疑,那么我们将非常确凿地证明它。"为此,他称自己"在中国国土内对它进行了多次调查","看来很显然,威尼斯人马可·波罗是在鞑靼人占领时期来到这个国家的。他甚至可能是和鞑靼人同来的,根据他解说,中华帝国是以鞑靼人所用名称而为欧洲所知,鞑靼人称中国为 Catai,称首都为 Cambalu"。②在这一调查过程中,利玛窦和其他的传教士很有可能说起过马可·波罗及其《游记》之事,但这在中国的典籍中至今未能找到相关的记载。

据现有的材料,中文文献中介绍马可·波罗和他的《游记》,约始于鸦片战争前夕。1837 年,在德国传教士郭实腊(K. F. A. Gutzlaff)主编的《东西洋考每月统记传》(Eastern Western Monthly Magazine)上载有《欧罗巴列国之民寻新地论》一文,在讲述汉至元代中国与西方之间的贸易往来时,最早提到:"元兴初年间,意大里国有二商贾,赴于北京",称其人聪明,能通五艺,因而受到忽必烈大帝的厚待,归国后"其人细详中国之事,令西洋人仰而异之"。③所说即马可·波罗父子及《游记》之事,可惜未能提到他们的名字。

1853 年英国伦敦会所属英华书院在香港出版了《遐迩贯珍》(Chinese Serial)中文月刊,在 10 月 1 日第 3 号《西国通商溯源》中,论述了中西交通和通商互市的历史,称近百十年间,始有极西素未闻悉之人,航海远来通商。

---

① 在后来 1608 年 3 月 8 日致阿桂委瓦神父书中也谈到:"当初我曾相信中国就是'契丹',南京应是马可·波罗所说的'汗八里',因为他言城中有许多桥梁。"利玛窦著,罗渔译《利玛窦书信集》(上、下册),台湾光启出版社、辅仁大学出版社,1986 年,第 233、370 页。

② 利玛窦、金尼阁著,何高济等译《利玛窦中国札记》,第 331、333 页。

③ 黄时鉴整理《东西洋考每月统记传》,中华书局,1997 年,第 234 页。

其中比较详细地讲述了马可·波罗来华的事迹：

> 溯前三百至六百年间，泰西国所遣东来之众，皆由陆路抵中土，盖其时尚未知有过岌水道之通径。当日抵中土首出著名之人，名马歌·坡罗，泰西各国皆称之为游行开荒之祖。乃威泥西国人，自其父与兄，生长贵族，因欲一睹东土民物山川，遂措巨舶，满装货物启程。

讲到马可·波罗的父亲与叔父是威尼斯的商人，曾乘舶载货外出经商，途中几经水路陆运，三年后遇到波斯的一位使臣，遂偕行来到元朝的都城。"既抵其都，蒙古主待之甚厚。及返，又使使者偕行"，奉命与使臣同至罗马教廷。回到家乡两年后，复诣元都。在他们第二次前往中国时，便携同年幼的马可·波罗一起前往。"马歌·坡罗抵元，元帝授以官禄。十余年间，屡任要职显秩。旋返本国，随将身所阅历，笔之于书，记述成帙。当时阅者，多以为诞，未之信也。迄今稽之，始知凡所记载，均非夸谬。"①文中所述马可·波罗来华经历及著《游记》之事，可以说是最值得注意的详细记载。

此后，上海墨海书馆于 1854 年出版的英国传教士慕维廉（William Muirhead）《地理全志》（*Universal Geography*）卷一〇《地史论》中，对此也有稍详的介绍和评价。指出欧罗巴与中国交通互市，"其中有特出者，威内萨人波罗·马可，彼启行在耶稣之后一千二百七十一年，其时世祖（忽必烈）据有华夏，始称元代。使臣在京都，世祖召见，优加赏赉，拜爵于朝。使臣由是服华服，循华俗，效华言。世祖屡遣之他邦，宠任特深，不过三年，浒升封疆大吏"。此后马可·波罗归国，"计其往返，约二十四年，为耶稣后一千二百九十五年。后著一书，备述闻见，士民观之，无不称异，乃更从之以探外邦形势"。称道《游记》记载的内容十分丰富，"论中国之名省城，又论黄河、扬子江，及舟楫市镇，民居稠密，俗异风殊，勤于贸易，制造磁器之局，生盐之石，纸、银、蚕丝、香麝、孔雀等物；又言中国南洋及信风南朔，煤可燔炙。于其时欧邦人未知之也。独茶尚未论及，彼尝论香料芬芳之品，大约茶亦在其中"。②全书记述了中国的地理、城市和物产、风俗、贸易等，中国人已用煤做

---

① 《遐迩贯珍》1853 年 10 月第 3 号，上海辞书出版社，2005 年，第 697 页。
② 慕维廉《地理全志》下篇卷一〇《地史论》上，上海墨海书馆，1854 年，第 12、13 页。

燃料,而当时的欧洲人还不知道煤炭的用途,但其中没有讲到茶叶,并解释说因书中讲到香料等物品,大概茶叶也包括在其中。

众所周知,《马可·波罗游记》一书发表后,立即在欧洲引起轰动。但在当时缺乏东方常识的欧洲人看来,《游记》所叙述的地理、方物、风俗、史事,简直像是"天方夜谭"式的奇闻轶事,因而既使他们感到震惊与向往,同时却又怀疑其真实性。虽说马可·波罗曾表示:"我还没有告诉你们我所看到的事实的一半。"①但还是有相当多的人把他看作"骗子"和"吹牛大王",把《游记》看作荒诞不经的离奇故事。有鉴于此,针对"当时阅者,多以为诞,未之信也"的情况,因而传教士在最初介绍《游记》时,都对此作了解释。如《西国通商溯源》讲到"迄今稽之,始知凡所记载,均非夸谬"。慕维廉在《地史论》中也指出:"彼所稽考数地,近时始有人诣之,以察其言之是否。至其地而所见所闻,与书符合。"②以近时西方人到中国的亲历,来说明《游记》所载的可靠性。如《游记》中记述中亚帕米尔高原的一种自然现象,称"中亚西亚巴米尔高原,燃火光不炎耀,色与常异,以之燔炙,亦逊它处"。慕维廉文即指出:"今普鲁士有名士曰洪波的(即德国地理学家洪堡),明于地理,尝陟高岭,精察之而知其言之不谬。缘地甚高,天空之气殊轻也。"《游记》讲到帕米尔高原为天下最高之区,两高山之间有一河,水甚清冽,其源出于大湖,水草肥美,瘦畜食之,十日即膘肥体壮。慕文又解释说:"此水乃阿母河也,发源大湖即西利格湖。英之将士乌德,在耶稣后一千八百三十八年,历险至之,而证马可所言。"③用以说明《马可·波罗游记》所叙为后来的地理学家和探险家的活动所证实。

经西方传教士的介绍,马可·波罗及《游记》之事始为中国人所知。从最初的传播来看,《东西洋考每月统记传》《遐迩贯珍》及慕维廉《地理全志》等传媒均有相当的辐射力,如《遐迩贯珍》每期的印量有三千册,在香港、厦门、福州、宁波、上海等地销售,其"读者甚众,且遍及各省"④;慕维廉的《地理

---

① 马可·波罗曾郑重声明,他不但没有言过其实,而且"他所见的异事尚未说到一半"。马可·波罗著,冯承钧译《马可波罗行纪》,上海书店出版社,1999年,第28页。

② 慕维廉《地理全志》下篇卷一○《地史论》中,第12页。

③ 慕维廉《地理全志》下篇卷一○《地史论》中,第12、13页。

④ 《遐迩贯珍告止序》,《遐迩贯珍》英文停刊小启,《遐迩贯珍》1856年5月第5号,第407页。

全志》由上海墨海书馆出版,也是颇有影响的著作,后又有重版,如光绪九年(1883 年)上海美华书馆刊本,这些都会给人留下一定的印象。

至 19 世纪 70 年代以后,马可·波罗及《游记》的传播有了新的进展。如1871 年江南机器制造局出版的英国士密德(W. W. Smyth)辑、傅兰雅译、王德均笔述的《开煤要法》(Coal and Coal Mining),在卷一论述"用煤源流"时谈到:泰西起初于地中得煤,而未知其"大利于用也"。虽说希腊古史记载二千一百年前,言煤质如石,可烧如炭,攻金之工,取以熔炼,说明古人已经知道用煤。历八百六十一年,英国准许牛加士利城(Newcastle,即纽卡索)之人凿地取煤。后以烟气臭恶,容易得病,因此一度禁止烧煤。后复开煤禁,"得利甚薄,时则日耳曼与波罗斯已渐兴开煤,适有西人名马各·波罗者游历中国,归而著书,有中华善用煤之语"①云云,以说明其对西方的影响。次年《中国教会新报》第 181 期载江苏华亭人(今上海)朱逢甲撰《新译西书提要》,其中《开煤要法提要》中也谈到:"第一卷言用煤源流,略云希腊古史载西国二千余年前知用煤炼金,后八百余年,英国准民凿地取煤。又六十余年,恐气恶易病禁止。又二十余年,复开禁,是时日耳曼国与布路斯国亦兴开煤矣。是时又有西人名马各·波罗者游中国,归著书,有中华善用煤之语。"②

这一时期,具有标志性的则是有关专文的出现。据中西交通史专家向达先生考证,中国之介绍《马可·波罗游记》的文章,始于 1874 年 4 月(同治十三年三月)北京同文馆出版的《中西闻见录》第 21 号上映堂居士写的《元代西人入中国述》。指出:"我国之研究马哥·孛罗书者,以余所知,当以同治时同文馆人士为最先。"又谓:"映堂居士不知何人,论中国研究马哥·孛罗者,不能不以此君为先河矣。"③此后,凡是谈到这一问题的,都要引用到此

---

① 士密德(W. W. Smyth)辑,傅兰雅译,王德均笔述《开煤要法》(Coal and Coal Mining)卷一,同治十年(1871 年)江南机器制造局刊本,第 1 页。后此内容又收入胡兆鸾等辑《西学通考》卷三一《矿政考》,有光绪二十三年(1897 年)长沙及上海等多种刊本。

② 朱逢甲《新译西书提要·开煤要法提要》,《中国教会新报》1872 年第 181 期。

③ 向达《元代马哥孛罗诸外国人所见之杭州》,《东方杂志》1929 年第 26 卷第 10 号;《马可·波罗与马可·波罗游记》,《旅行家》1956 年第 4 期。两文均收入余士雄编《马可·波罗介绍与研究》,北京书目文献出版社,1983 年。方豪在《国人关于马可·波罗之著作》中也认为,"我国书籍中,最早提到马可·波罗的,当推同治时刊行的《中国闻见录》"。见《中华日报》1954 年 4 月28 日"图书"双周刊第 5 期;又见《方豪六十自定稿》(下),台湾学生书局,1969 年,第 2130 页。

文。直至 20 世纪 80 年代余士雄编《马可·波罗介绍与研究》,仍认为这是我国一百多年前发表的"第一篇介绍马可·波罗的文章"①,具有重要的历史意义,故将其列为首篇收入书中。但令人遗憾的是,关于其作者一直是近代史上一个尚未破解之谜。

近年来经学者的研究,关于马可·波罗及其《游记》早期传入中国的情况有了一些新的进展。②据笔者所考,映堂居士其实并非国人,而是英国驻华使馆汉文正使梅辉立(William Frederick Mayers)。③他于 1859 年来华,先为使馆翻译生,1871—1878 年任使馆汉文正使(即汉务参赞)。据曾纪泽《曾惠敏公文集》卷二《大英国汉文正使梅君碑铭》记载,梅辉立精通汉文,字映堂,这一时期他居于北京,与主编《中西闻见录》的传教士丁韪良、艾约瑟有着密切的联系。④以往人们一般只注意到他是英国外交官,因而往往忽略了他作为早期汉学家的一面。

《元代西人入中国述》专门论述了马可·波罗父子来华的详细经过及事迹。先叙其父亲、叔父来华贸易,受到元世祖的善遇,后持文书返回欧洲,还家两年后,"遂携博罗·玛格东往,旅行三载有半,抵蒙古国都。世祖见博罗·玛格仪表聪明,便令在朝供职,御前随侍。后十七年,又从世祖入中华,曾为扬州总管,暨出使缅甸、安南各国,均不辱命,复充内臣多年"。后于至元二十六年(1289 年)请求归国,从海道回到家乡意大利。然后讲述了马可·波罗著述《游记》的情况,称他"年老始将生平遭际,并在中国等处所见闻者,辑成一书,颇称赅备"。在他逝世之后,"其书经人钞写流布,至前明中叶,已历二百余年,其书始行刊刻,厥后次第翻译各国语言"。文末讲到现在各国来中国者众多,"参阅中国历代载籍,更得其详,是以法国博学之士,曾于数年

---

① 余士雄编《马可·波罗介绍与研究》"编者的话",第 2 页。

② 参见黄时鉴整理《东西洋考每月统记传》"导言",第 31 页;李长林《国人介绍与研究〈马可·波罗游记〉始于何时?》,《世界史研究动态》1990 年第 10 期;《中国马可·波罗学研究中的几个问题》,《世界历史》1996 年第 5 期;邹振环《清末汉文文献中有关马可·波罗来华的最早记述》,《世界历史》1999 年第 5 期。

③ 参见拙文《映堂居士究竟是何人》,《近代史研究》2009 年第 6 期。(编者按:已收入本书。)

④ 曾纪泽《曾惠敏公遗集》卷二,沈云龙主编《近代中国史料丛刊》(182),台湾文海出版社,1983 年,第 493—497 页。

前将此书译成法语,同时亦有英国精通地学、史材兼备之致仕武员,译成英文,复以元代著作中西各书,详加考核,与博罗·玛格所传,颇属符合"。①

这里所说法国"博学之士"和英国"致仕武员"所译的两种译本,分别指法国学者颇节(Pautheir,今译鲍梯)的法文本和英国亨利·玉尔(Colonel Henry Yule)的英译本。从此文来看,其对海外关于《游记》版本的情况相当了解,认为以前《游记》不甚清楚之处,"至此方称了然,迩日将所译此书从新刊印,庶观者不无裨益,亦可借传永久云"。最后指出,传闻马可·波罗在元代曾任扬州总管,不知道现在扬州地方志及藏书家诸君子,有否记载,并期望读者"广为搜罗,如有吉金片语,务希邮送北京同文馆,以便续登是荷"。②梅辉立对中国文化有着比较深入的了解,因此,他一方面撰有不少关于中国的文章介绍给西方,与此同时,也把有关马可·波罗及《游记》等西方知识介绍到中国,从而为中西文化的交流与传播作出了一定的贡献。这篇专文的出现,显然引起了人们进一步了解和探寻马可·波罗及《游记》的兴趣。

在19世纪80年代之后,在传教士编的历史教科书及所撰著述中,则已较普遍地论及马可·波罗入华及其《游记》之事。1882年出版的美国公理会传教士谢卫楼(Devello Zololos Sheffield)编译的《万国通鉴》(*Outline of General History*),是一部用浅近文言编就的世界历史教科书,在当时甚有影响。卷一论述中国、蒙古、日本、印度等东方国家史,其中记载说:元世祖厚待才艺之士,又开通驿路,使客商易于往来,更好接待远方之人,"有以大利人玛叩·衷娄久居中国,为世祖宰臣,后旋本国,即将中国事迹著成一书,西国之人,因此始知中华之事。叩伦布诵读此书,遂思乘船西行,可抵中国边界。于是西班牙国王修书一函,交叩伦布云,若到中国入觐皇帝,可代问安,陈述和好之意"③。不仅记载了马可·波罗入华事迹,而且谈到了《游记》

---

① 映堂居士《元代西人入中国述》,《中西闻见录》1874年4月第21号,南京古旧书店,1992年影印本,第3册第133—135页。后此文在1903年9月出版的《中西教会报》复刊第95册中,又重新作了载录。

② 映堂居士《元代西人入中国述》,第3册第133—135页。

③ 谢卫楼编,赵如光笔述《万国通鉴》卷一第2章《论蒙古事略》,清光绪八年(1882年)上海美华书馆印本,第58页。

一书对哥伦布探险远航的影响。

1883 年出版的美国传教士丁韪良(W. A. P. Martin)撰《西学考略》,论及东方文化对西方的影响,称五大洲唯亚细亚开化最早,"至西国取法中华,其可恃而有据者",有炼丹术、指南针、火药、造纸、蚕桑、瓷器、种茶等。其中说:"一为定南针。西国早知磁石吸铁,至元世始知定方位之法。彼时有义大利人马可·波罗等,由陆抵华,久住中土,后归而述所见闻,其书流传至今。嗣有义大利人卓雅者作罗盘,为航海要用,殆闻之马可·波罗也。"认为指南针的西传与马可·波罗有关。其中所用马可·波罗这一译名,与后来通行的译名已完全一致。文中还以此论述了文化交流的必要性,指出:"若一国独恃其智而不借镜于人,恐难精进。今诸国互通往来,较前倍密,不但制造之新机,莫不流传之遍及,即有关富强之要术,亦无不效法之……虽曰相师而取益,亦势有不得不尔也。"①

1885 年英国伦敦会传教士艾约瑟(Joseph Edkins)撰《西学略述》十卷,卷一○"游览"记载西方历史上的地理探险,在《波罗来华纪游》中说:当元世祖朝,威尼斯商人波罗与其弟来到中国,颇蒙优待。后世祖命其兄弟回国,往见罗马教皇。返回故乡时,"有波罗去后遗生一子,名曰马哥,始识若父与若叔父焉"。他们携马哥循原路东回,"至元十二年,三人偕抵上都入见世祖复命。时世祖极赏识马哥聪俊,后即常俾衔命出使江南北及印度等处地方。迨拟嫔主于波斯王,时择奉主同行之臣,马哥与其父若叔实皆厕选中,爰由闽之泉州登舟驶越印度,抵波斯海湾,闻波斯王已薨,复得世祖凶问,马哥乃与其父、叔定议,辞主西归故土。元贞元年始抵威尼斯城。马哥生平游历著有成书,初出时人争购,率以先睹为快,故其书译有法、德、意三国之言语文字,以便欧洲人披阅,今犹有多人称道之者"。②在卷九"工艺"中还载道:"当中国元世祖时,有威尼斯城商人波罗来华,后返国时带有板印朱字钞票数纸,而传说其印之之法。后越百年,乃有人依式仿制,是欧洲肇有板印之始。"③其论

---

① 丁韪良《西学考略》卷下,清光绪癸未(1883 年)孟夏总理衙门印同文馆聚珍版,第 52、54 页。
② 艾约瑟《西学略述》,清光绪丙戌(1886 年)仲冬总税务司署印本,第 123、124 页。后此书有清光绪丁酉(1897 年)秋七月质学会据总税务司重校刻本,文字略有不同。
③ 艾约瑟《西学略述》,第 117 页。

述较前更为详细,也增添了一些新的资料与话语,如讲到元代纸钞对欧洲印刷术的影响,称《游记》在欧洲广泛流传,有法、德、意多种译本等等。

同时,在教会人士创办的早期报刊中,也开始有文谈到马可·波罗及《游记》之事。作为上海创办的第一份中国天主教报纸,《益闻录》于1880年第47号起刊载《天主教入华纪略》,文首称:"惟天主教入华始末,容有未详,数典忘祖,奚其可哉?偶翻西史,历载圣教东来缘起,序次井井,开卷了然。爰以华文译出,先供快睹,俾吾信友知真教来华,其渊源盖有本矣。"文中说道:"厥后有意国商人名博罗者,偕其父商于华,懋迁有无,跋涉重洋,奉教皇或蒙古主书,屡往来呈递,以通聘问。元世祖呼必赉见其奉辞中外,能不辱命,深器之,令弃商,授以职,委蛇朝右,彬彬有礼。综其前后服官中夏十有七载,勤奋同一辙,同列咸异目视之。成宗驭极,连章乞骸骨,赐归本国,上以其情辞迫挚,俯允焉。"①

从上述传教士及教会报刊上有关情况来看,可以说,正是传教士掀起了介绍马可·波罗及《游记》的序幕,起了引路的作用。其初始的介绍,无疑引起了国人的注意,从而在中国开始出现了最初的回响。

二

以上所说,尤其是在早期的中文文献中,都是西方传教士和在华外籍人士的介绍,这实际上反映出《马可·波罗游记》在中国早期传入的初始状况。那么,国人对于马可·波罗及《游记》的反馈和最早介绍又始于何时呢?

如前所述,以前学界一般以映堂居士所撰《元代西人入中国述》为最早。而据李长林的考证,在此前两个多月,1874年1月30日(同治十二年十二月十三日)《申报》第542号上刊有求知子《询意国马君事》,是目前已知我国最早介绍马可·波罗其人其书的文章。②二说均认为始于1874年。

其实国人论述到马可·波罗恐怕比这要早得多。事实上,在传教士最

---

① 《益闻录》1880年第47、48号。

② 李长林《国人介绍与研究〈马可·波罗游记〉始于何时?》,《世界史研究动态》1990年第10期;《中国马可·波罗学研究中的几个问题》,《世界历史》1996年第5期。

初的介绍下,马可·波罗及其《游记》之事已渐为国人所知晓,并在社会上有一定流传。咸丰五年(1855年)底,曾国藩的幕僚周腾虎在论述景教历史时,就曾说:

> 景教起于唐时,本丙教,唐避祖讳为景。即今之天主教,佛经谓之婆罗门。太宗通西域,景教流入中国,郡邑多建大秦寺,所谓祆庙也。《说文》:祆,胡神,呼烟切。耶稣耶字,即祆之转音。西安府圣教寺有《景教流行碑》,所称判十字、定四方,不过取上下左右通达无碍之意。元世祖时,西人马加入仕中国,至同平章事。后逃回本土,剽窃宋儒之绪余,始以辟佛为事,其始与佛同原。创立耶稣、十字架等名目,其教大行,各国翕然从之。明宣德时,西人有路得者,复辟天主教礼拜耶稣像及十字架之谬,专以事天为主,别名为耶稣教,而后天主、耶稣复分为二。弥利坚、英吉利用耶稣教,其余二教杂用。其实回回之天方教,亦同出一原。所传之书皆纰缪,无足观览。①

这里讲到在元世祖时“入仕中国,至同平章事”的西人马加,无疑就是指马可·波罗。这是笔者所见国人谈到马可·波罗最早的记载,仅比1853年《遐迩贯珍》上刊载的《西国通商溯源》及次年出版的英人慕维廉《地理全志》中所说晚了一二年。说明他对此事的反应是很迅速的。周腾虎与同为曾氏幕僚的郭嵩焘相友善,郭嵩焘遂将周氏的这一论述写入了其日记。但周氏下面又说“后逃回本土”,始以辟佛为事,称他创立耶稣教、十字架等,“各国翕然从之”云云,显然又把他和《圣经》中早期教会人物马可·约翰(Markos)混为一谈。据《新约全书》记载,后者是耶稣使徒保罗的门徒,曾随保罗和彼得到各处传教,《圣经》中的《马可福音》据传即是他所撰。周氏将他与元世祖时入中国的马可·波罗混为一谈,把两个年代完全不同的人物混在一起,显然是错的。从最初传播的情况来看,说明当时人们对于马可·波罗其人其事,尚多模糊印象之谈,且有许多误传。这正反映出早期马可·波罗在中国流

---

① 《郭嵩焘日记》第1卷“咸丰五年十二月十九日(1856年1月26日)”,湖南人民出版社,1981年,第7、8页。周腾虎(1818—1862),原名瑛,字弢甫,江苏阳湖(今常州)人。关心时务,讲求经世之学,咸丰中入曾国藩幕府。自1860年后,主要在上海活动,后病死沪渎。著有《餐苣华馆诗词集》《餐苣华馆遗文》等。

传的混乱状况。

这一时期，在近代著名思想家王韬的著述中也有所反映。作为周腾虎的友人，《王韬日记》中就有他与周氏交往的记载，《弢园文录外编》还收有他给周氏之信。①当时王韬在墨海书馆工作，与传教士慕维廉、艾约瑟、伟烈亚力（Alexander Wylie）等均有密切联系。他和伟烈亚力合译有多种西方科学文化书籍，1857年译成《华英通商事略》是其中之一，叙述了英国东方贸易公司兴衰史，曾连载于同年《六合丛谈》第1卷第2、6、7、8、9、10号。书末他以"逸史氏王韬曰"的形式议论说：

> 西国古书纪载中华之风土俗尚者，莫先于埃及国人多禄某（即托勒密）之《地志》，其时当东汉桓帝年间。其次则为亚喇伯人阿孛赛德（今译阿布赛特哈桑）之《日记》，当唐宣、僖之世，时波斯、犹太之民流寓于中华者甚夥。元贞元年间，意大利人马哥曾筮仕于朝，著书纪事，述其生平游历之踪迹綦详。欧洲人得悉中华之风景，皆此数人为先路之导也。②

说明通过与传教士的合作，王韬对马可·波罗的事迹已有一定的了解。虽说此书正式出版较晚，与《西国天学源流考》《重学浅说》《泰西著述考》等合刊为《西学辑存六种》，于光绪十五六年（1889—1890年）刊行。但如前所说，慕维廉的《地理全志》由墨海书馆出版，艾约瑟、伟烈亚力曾在墨海书馆工作，这些传教士均谈起过马可·波罗及《游记》。③王韬在与传教士的接触中，在咸同年间知道马可·波罗及《游记》应该是没有问题的。

---

① 王韬在《弢园老民自传》中称：上海"当南北要冲，四方冠盖往来无虚日，名流硕彦接迹来游，老民俱与之修士相见礼，投缟赠绽，无不以国士目之。中如姚梅伯、张啸山、周腾虎、龚孝拱，其交尤密"。王韬《弢园文录外编》卷八，上海书店出版社，2002年，第269、270页。
② 伟烈亚力口译，王韬著《华英通商事略》，《西学辑存六种》之一，清光绪己丑、庚寅（1889—1890年）校刊本，第19页。按《华英通商事略》最初连载于1857年《六合丛谈》，但未署名。《王韬日记》咸丰九年四月七日（1859年5月9日）载："予谓近所著《六合丛谈》，中有《泰西通商事略》一卷，载其贸易粤东颠末甚详。"即指《华英通商事略》。见方行、汤志钧整理《王韬日记》，中华书局，1987年，第114页。但查《六合丛谈》第1卷第10号，此文末并无上述文字。
③ 如在1857年9月亚洲文会成立的会议上，艾约瑟在发言中说："一个广阔和饶有趣味的领域正等待这个学会去耕耘。我们正生活在一个伟大国家的边缘，许多世纪以来，这个国家一直激发着西方的好奇。马可·波罗以及我们的约翰·曼德威尔（John Mandeville）爵士的叙述在中世纪广为流传，唤醒了这种好奇心。现在西方正向东方移动，因此研究中国的文献与文明变得比以前更为必要。"见1857年12月26日英文《北华捷报》（*North China Herald*, Sept.26, 1857）。

咸丰十年(1860年)初,王韬《日记》曾记载了龚孝拱与之讨论修元史的一段对话,王韬回答说:"窃闻西人言其国典籍,略载元事。当太祖威力极盛时,法国已遣使通好,并赂以重器。即此一条,已足补《元史》之阙。惜吾辈未识西文,而西人亦不肯尽言耳。"①从这一记载来看,说明他已十分注意元代中西交流之事。不过,由于王韬等不识西文,他在《日记》中称"西人亦不肯尽言",因此可能对此具体情节还不十分清楚。后来他因上书太平天国事发,流亡香港,同治六年(1867年)底又随传教士理雅各(James Legge)至英国二载。在此期间,又与法国著名汉学家儒莲(Stanislas Julien)相识,互通书信,在这方面就有了更多新的认识。1868年夏秋,王韬在《与法国儒莲学士》信中说:"自昔以来,兵力之强莫如元代",历述当时一些西方国家派遣使臣通问于元,罗马教皇曾派意大利人加比尼·约翰,法国皇帝路易第九遣比利时人路布路几斯前诣蒙古,讲好修睦,"继此而往者踵相接,而威内萨人波罗·马可曾仕于元,洊升显宦,后兴首邱之思,解组隐遁,计其在中国历寒暑二十有四"。并指出:"此三人者,各著有成书,备述闻见,惜韬未能得而读之焉。苟得有心人辑译出之,大可补元史之阙。"信中谈到自己拟撰《元代疆域考》的计划,故望儒莲能"采择西国各书,裒集元事,巨细弗遗,邮筒寄示,俾韬得成《元代疆域考》"一书,从而为元史"匡谬纠讹"。②虽说他颇遗憾未能得读《游记》原著,但说明至晚在19世纪60年代末,他已很清楚马可·波罗及《游记》之事,并十分重视其对研究中国历史的作用。可以这么说,王韬最早将眼光注意到《游记》的史料价值,第一个提出了辑译《游记》输入中国之事,希望有心人能将其编译出版,以补元史的缺略。

尽管如上所说,国人论述马可·波罗并非始于1874年,但1874年仍可认为是马可·波罗及《游记》传播史上的重要年头。此年1月和4月,《申报》与《中西闻见录》分别刊载了求知子《询意国马君事》和映堂居士《元代西人

---

① 方行、汤志钧整理《王韬日记》咸丰十年正月二十九日(1860年2月20日),第136页。
② 王韬《与法国儒莲学士》,《弢园尺牍》卷七,清光绪二年(1876年)丙子仲秋刊本,第18、19页。信中谓:"今者应理君聘,航海西迈,道出贵国京师巴黎。斯未悉所居,未由奉谒"云云。又,王韬《法国图说序》说:"曩余初抵伦敦,即致书法国学士儒莲,谓宜撰成国志,俾二千年以来事迹,犁然有所发明,得以昭示海内,此亦不朽之盛业。儒莲未有以应也。"可知此信当作于1868年。《弢园文录外编》卷八,第189页。

入中国述》两文。求知子的文章开头便讲到:

> 有西士每与余述及泰西一千二百七十四年,当中国元世祖朝,有意大利国之大贾马格·博罗者来东贸易,留中国二十四年,世祖特用为浙江大员,在任三载。斯人博学多才,盖意国士而贾者也。及回国后,著为一书,言中国之事甚详,且言杭州宫室之华美,服食之奢靡,殆天下莫及焉。①

由此来看,求知子也是从西人口中获知马可·波罗及《游记》的,因此引发了其兴趣。文中还讲到"其时西人见此书,皆笑其妄诞不经",在马可·波罗死后很久,"有西士复至中国,按其书,稽其事,无不确,始叹向不能取西人之信者,缘未身历其境也。至今其书脍炙西人之口,奉为可法可传之善本焉"。他以"此事不见史书,亦从未闻先辈言及",因此"不能无疑",想更多地了解具体情况,于是录呈登之于《申报》,敬请淹博君子"见之有以赐教"。

《申报》的编者对此作了回答。称求知子询问意国马君之事,因己学问谫陋,未及搜检《元史》《浙江通志》,故有辱下问,认为"第果实有此事,细查两书,必有录载。惟未知此书何名,曾否传于中国? 倘中国已知其书,即令未传于世,而两书之《艺文志》亦必已列其书名矣"。又称西学传入中国自明代徐光启始,此后征聘南怀仁、汤若望至京修订历法,至本朝尚存,故中国学士大夫尚有见而知之者,亦有闻而知之者,"若马君事在元初,为时较远,且其姓名颇类蒙古诸人,若非细心详检,必至误为蒙古之人矣"。因编者对此也不甚清楚,文末说由于敝馆书籍不多,无从考究,"故特录此两件,以呈众览",希望有藏书之家,渊博之士务祈代查两书,详示同人,"以为考据家之助,不徒求知子与敝馆之幸,实中西各学士之幸也"。②《申报》以一问一答的形式刊出求知子的文章,包括稍后发表于《中西闻见录》上映堂居士的《元代西人入中国述》,说明此事已引起了人们的关注。以上两种均是当时有影响的报刊,无疑会引发读者进一步了解和探寻的兴趣,扩大了马可·波罗及《游记》的影响。

---

① 《申报》同治十二年十二月十三日(1874年1月30日)。又见蔡尔康编《纪闻类编》卷一一《博物类》,清光绪丁丑(1877年)上海印书局刊本,第13页。
② 《申报》同治十二年十二月十三日(1874年1月30日)。

应当指出,当时中国报刊上出现有关马可·波罗及《游记》的专文,不仅与传教士或汉学家有密切关系,且与 1871 年之后英国亨利·玉尔英译本《游记》的出版有着直接的关联。一般来说,那些传教士来中国后,均甚关注中西交通之事,1871 年亨利·玉尔的英译本《马可·波罗行纪》初版问世,此书在来华传教士与学者中颇引起了轰动。伟烈亚力和俄国汉学家鲍乃迪(Palladius,Rev. Archimandrite,亦译帕拉迪斯)、贝勒(Bretschneider,E. M. D,一译布润珠)、慕稼谷(Moule,Rev. G. E.)等参考有关中国文献,曾对其作了不少研究。玉尔此后在修改《游记》注释时,便得到了伟烈亚力等人的帮助,并吸收了他们的一些新的成果。①因此,1874 年亨利·玉尔在此书修订再版时,特别在《前言》中指出:"许多以前提供过帮助的朋友继续对此次修订提供了帮助,上海的伟烈亚力所作的贡献,无论从必须花费的劳动量,还是从结果的价值来说,都需要在此特别致谢。"②可见当时在中国的一些传教士与汉学家,实际上对此书的译注也作出了相当贡献。这一时期,在伟烈亚力主编的英文《皇家亚洲文会北中国支会会报》(*The Journal of the North China Branch of the Royal Asiatic Society*)上,还发表过俄国汉学家贝勒撰写的《马可·波罗(Marco Polo)事略》、慕稼谷《最近杭州游览记兼论〈马可·波罗游记〉中的相关记录》(1874 年)、鲍乃迪《〈马可·波罗游记〉的中文注本》(1875 年)等文,均与亨利·玉尔英译本《游记》的出版有关。在此种文化语境下,当时中国报刊上出现有关马可·波罗的专文也就不是偶然的了。

如果说,在此之前,略知马可·波罗及《游记》的仅限于如周腾虎、王韬等与传教士有直接关系的少数口岸知识分子的话,那么,随着两文在报刊

---

① 就伟烈亚力而言,他与当时欧洲的许多汉学家或东方学者保持着通信联系,亨利·玉尔的英译本《游记》出版之后,他与玉尔并有所讨论。之前他曾将北京观象台两种天文仪器——浑天仪和简仪的照片寄给亨利·玉尔,玉尔对照法国耶稣会士李明(Locis Le Compt)对南怀仁所制浑仪的描述,怀疑照片上的浑天仪有可能就是南怀仁的,因此致函请其提供相关的资料。1874 年 8 月伟烈亚力在写给亨利·玉尔的一封信中,指出这两种天文仪乃是马可·波罗旅华时期的作品,并提供了相应的证据。

② H. Yule, *The Book of Ser Marco Polo the Venetian Concerning the Kingdoms and Marvels of the East*, New Dehli, 1993, Vol.1, p. xi; Vol. 2, pp.38, 169, 449-454.转引自汪晓勤《伟烈亚力的学术生涯》,《中国科技史料》1999 年第 1 期。

上的发表,通过报刊的传媒,知晓此事的随之就多了起来。而随着洋务运动的展开,有一部分外交人士直接走出国门,则使他们对此有了更为直接的感受。

中国人最早获得《游记》原著的是近代第一个驻欧使臣郭嵩焘。他于1876年出使欧洲,撰有《伦敦巴黎日记》,《日记》中曾七次提到了马可·波罗及其《游记》。①如光绪三年(1877年)十一月初四记载:意大利人考古学家舍利曼告诉他说,"元世初定中国,有意大利人马尔克·波罗随世祖入中国,遣赴罗马延请教(师)〔士〕。回至哈什噶尔,适回人交争,阻于兵,皆辞去。马尔克·波罗复由间道至中国。居二十二年,至河南见犹太人传习摩西教,亦不详其所始。然则元世入中国而回教以兴,天主教亦于此肇其端"。认为在这方面"已开近时罗马传教之先声"。②次年三月初一,在出席英国新任外相沙乃斯的茶会上,他又结识了《游记》英译本的译注者优诺(即玉尔),《日记》载:"马耳克·波罗随元世祖入中国,为西洋人入中国之始。所记风土人情,西洋多不信之,优诺为加注释云。"③当时优诺注释的《马可·波罗游记》英译本刚出版不久,他答应赠送一部给郭氏。两个月后,郭嵩焘在收到赠书之后,还叫马格理作书致以谢意,《日记》中称《游记》"述所历风土人情,西人多以为疑。优拉官印度数十年,考知其情事,与所闻悉合,乃为之诠释推衍,自成一书",赞誉优诺熟悉印度事宜,是"西洋号为考求东方学问者"。④

有意思的是,在郭嵩焘的《日记》中还记下了有关外人的反应。此年三月十二日,英国地理学会会员、探险家贝柏再次从云南赴印度,《日记》记载了其有关云南的记录引起英国学界重视之事,谓"元初马哥·孛罗亦由印度通西域,以达云南,人多疑其记录之非实,至是见贝柏所行游多与之比合,乃皆喜"⑤云云。四月十四日又记,英国外交部移行贝柏随同格维讷由云南省城至腾越厅的《日记》,"中言元初意大里人马古·波罗由印度历云南境入中国,

---

① 分别见《郭嵩焘日记》:光绪三年(1877年)十一月初四,光绪四年三月初一、三月十二、四月十四、五月十二、七月初八、十一月二十一日,第359、465、479、503、544、594、709页。

② 《郭嵩焘日记》第3卷,第359页。

③ 《郭嵩焘日记》第3卷,第465页。

④ 《郭嵩焘日记》第3卷,第544、709页。

⑤ 《郭嵩焘日记》第3卷,第479页。

曾有书纪其事,西人多不信之,今始知其言之确也"①。此后法国立滻地方开设东方会堂,尚书基麦特还邀请郭氏入会。《日记》中记载会议讨论东方学的情况说:"元初,意大里人马克·波罗从世祖入中国,著书言中国事。西洋颇宗尚其书,言中国事多依于马克·波罗。印度既隶英国,西人因之以考求印度古籍。如挨及、希腊、印度,均有专门之学。"②

如前所说,郭嵩焘在国内时即已听说过马可·波罗及《游记》之事,因而在出使期间,对此表现出足够的关心,在《日记》中作了不少记录。不过郭嵩焘并不懂英文,他虽然得到了玉尔的英译本《游记》,但并不能阅读,也就仅止于此。此后郭氏于1877年春以《使西纪程》之名,将其有关赴英旅程的两卷日记出版,但此部分并未涉及马可·波罗及《游记》的有关内容。而此书因称道西方社会及其科技文明,被批评为崇洋媚外,旋即遭慈禧太后下诏毁版。此后郭氏虽然照写日记,却秘不示人,直到他死后近百年才公之于世。因此,郭氏在《日记》中虽有关于马可·波罗及《游记》的记录,实际上却没有产生任何影响,并未在社会上激起涟漪。

另值得一提的是,光绪十三年(1887年)总理各国事务衙门奉旨考试出洋游历官,考试于闰四月二十一日—二十二日举行,由总理衙门大臣曾纪泽等亲自出题,试题是《铁道论》和《记中国自明代以来与西洋交涉大略》。时任兵部郎中的傅云龙考取第一名。当时《申报》的头版曾全文刊登了傅氏的后一试卷,文中概述了自明代以来中国与西洋交涉的情况,其中提到:"商舶驭海,赖指南一针,西人谓之定北针。自元时有义大利人马可·波罗由陆抵华,知磁石吸铁,归述厥法,至今航海赖之。秦汉后用火药为号炮,西人得之,宋末因制火器,谓出西制谬也。"文后申报馆并加按语说:"傅君号懋元,浙之德清人,今夏考习游历人员,曾侯取君为第一,右稿即君之试艺也。闻是日场作尚有论火车铁路一篇,惜京友未经抄示,然见凤一毛,已深欣幸,特照登报首,愿与留心世事者共击节赏之。本馆附识。"③由此可知,傅氏已较熟悉马可·波罗的事迹,故在考试时即能运用于试卷之中。此后由光绪帝

① 《郭嵩焘日记》第3卷,第503、504页。
② 《郭嵩焘日记》第3卷,第594、595页。
③ 《申报》光绪十三年九月十二日(1887年10月28日)。

410

亲自用朱笔圈定,傅云龙等十二人为海外游历使。此年九月,傅云龙等一行人从上海出发,开始了游历日本、美国、加拿大、古巴、秘鲁及巴西六国之行,进行为期两年的游历考察。在这些游历官中,相信应也有人知道马可·波罗之事。

最早将《游记》作为文献资料,利用它来考证史事的则是光绪年间的洪钧。洪钧是清代的状元,后为翰林院侍读学士,光绪十三年出任驻俄、德、荷、奥四国公使,三年后回国。他是当时蒙元史的专家,在出使前已熟谙元史,出使俄国时,正逢欧洲蒙古学繁盛时期,使他获得了接触国外蒙元史研究成就的千载良机,发现国外还有如此丰富的蒙元史史料,因而"愈读西书而愈有兴味"①。在出使期间,他以外文史料与汉文旧籍相参证,编成了《元史译文证补》,后于光绪二十三年(1897年)刊行。在《元史译文证补》卷一五《海都补传》、卷二四《木剌夷补传》、卷二六《释地》、卷二九《元世各教名考》所附景教考中,有多处利用《游记》的资料对《元史》作了补证。

如乃颜之乱是元世祖后期东部蒙古诸王发动的一次大规模反叛,忽必烈曾亲率数十万大军征讨平息这次叛乱,《元史》本纪仅载梗概。此书卷一五《海都补传》指出,波斯史家拉施特所著《史集》无海都专传,何秋涛《朔方备乘》海都传系融会《元史》纪传而成,"今考西书,有《元史》所未及者,采辑其说,参证《元史》,庶乎赅备"。讲到元世祖亲征乃颜,"世祖乘舆驾四象,舆有战台,置中军旗鼓,战自晨至午,破其众,获乃颜诛之"。下面小注说:"西人谟克·波罗时在中国,其书云:乃颜此时不过三十岁。又云:乃颜喜天主教,世祖军中有许多天方教、犹太教人,多咒其信奉异教。"②其所引证即《游记》第二卷第七十章《大汗讨伐叛王乃颜之战》之文:"大汗既至阜上,坐大木楼,四象承之,楼上树立旗帜……当两军列阵之时,种种乐器之声及歌声群起,……混战自晨至于日中……乃颜及其诸臣悉被擒获……命立处死"③云

① 转引自陈得芝《元史译文证补》,仓修良主编《中国史学名著评介》第 3 卷,山东教育出版社,1990 年,第 273 页。
② 洪钧《元史译文证补》卷一五,《丛书集成初编》,中华书局,1985 年,第 225、230、231 页。
③ 马可·波罗著,冯承钧译《马可波罗行纪》,第 186—187 页。这一记载也为蒙古史家多桑的《蒙古史》所采用,见多桑《蒙古史》(上册)第 3 卷第 3 章,中华书局,1962 年,第 321 页。

云。从而对诸如乃颜之乱,乃颜与海都暗中勾结,元世祖忽必烈用占星家预卜胜负,乘象舆亲征,擂鼓进击等史实作了较为翔实的记载。

又如卷二四《木剌夷补传》所述事迹,小注也说明:"此节旁采西人谟克·波罗及倭楼力克两人之书,皆元时人,曾至中国,复游西域,语必不谬。刘郁《西使记》所云大略相同,然不如西书之详尽。"①认为《游记》所载比刘郁《西使记》更加详细,因而作了采录。卷二六上《释地》"阿兰阿思"条云:"元世祖时,费尼斯国人(今为义大利属地)谟克·波罗人仕于元,著书云:阿速人多入军籍,从天主教。伯颜平江南,师至常州,城将乞降,阿速军入城,城中蓄良酝甚多,酣饮醉卧,兵民尽杀之而拒守。招降不从,乃攻破其城,悉屠其众。与《元史·伯颜传》说异,而屠城不异。史书纪述,有时不及私录之真,采之可以补《常州府志》。"②卷二九《元世各教名考》述及基督教在中国流传的情况,又说道:"世祖时,维尼斯国人谟克·波罗至中国,其书谓华地久有奉西教者。明季利玛窦至中国,亦谓西教早入中土。不知始于何代,或云唐时,或云元时。"③这些引录,均有助于《元史》的研究,增添了全新的史料。如屠寄《蒙兀儿史记》"凡例"所说:"自钱氏大昕以至李氏文田,参考斠注,不出华籍华图,至洪氏钧《元史译文证补》出,始知西域人、泰西人书足补《元史》者不少。"④

洪钧开创了以《游记》参证《元史》的先例。一般说来,自此以后,研究元史的学者都注意到《游记》的价值,如后来屠寄撰《蒙兀儿史记》,便曾引用《游记》的材料。但洪钧与郭嵩焘同样不懂外文,他所引用的外文资料靠的是使馆译员的翻译,在其列出的《引用西域书目》中,也并无《游记》之名,可知其只是转引。尽管如此,洪钧为此后元史的研究者开辟了先路,其功绩还是值得肯定的。

从总体上看,自鸦片战争前夕到19世纪光绪中期,关于马可·波罗及《游记》的最初传播,还是比较零星散状的,仅限于上海等通商口岸少数的知

---

① 洪钧《元史译文证补》卷二四,第329页。
② 洪钧《元史译文证补》卷二六,第366、367页。
③ 洪钧《元史译文证补》卷二九,第459页。
④ 屠寄《蒙兀儿史记》"凡例",北京中国书店,1884年影印本,第3页。

识分子。而郭嵩焘、洪钧两人的接触缘由,则与其特殊的外交官身份相关。之后,薛福成于光绪十六年(1890 年)任出使英法意比四国大臣,在其出使意大利时的日记中也对马可·波罗有所记载。①相对而言,在这一时期,国人对马可·波罗入华年代、事迹及《游记》本身都有不少模糊或错误的认识,对其的介绍与认知,多半还是抱着一种猎奇的心理,停留在比较肤浅的阶段,也谈不上有多少研究。由于传播渠道不畅,其传播的地域、范围受到相当的限制,在社会上影响不大,并没有引起多大的反应。这种状况,只是到了 19 世纪 90 年代之后才有了较大的改观。

三

19 世纪 90 年代之后,尤其是 19 世纪末 20 世纪初以后,国内书刊报章中提到马可·波罗及《游记》的明显增多,反映出其事迹越来越为人们所熟知。更值得注意的是,这一时期在传播渠道与媒体方面,出现了一些新的变化与新的特点。

这一时期,西方传教士在其著作和报刊中续有介绍和解说,对晚清的知识界仍有相当的影响力。如自 1890 年 7 月起,《万国公报》第 18—26 期连续刊登了艾约瑟摘编的《东游记略》。其小序云:"当中国元世时,有欧洲加路博俄革五博士相继东游亚地,即所见闻,各有著述,今就摘录成书,目曰纪略。"②其中卷三、卷四《博罗氏东西往还原委摘录并原目》,摘录了有关马可·波罗事迹及所著《游记》的内容,称意大利地人素喜贸易于远方,"爰有威尼斯城诸贵族中之二人,一名马太·博罗,一名尼哥罗·博罗,实为创赴东土贸易之首"。其中详载马哥·博罗东游及其在中国及此后返国等情况,并首次介绍了《游记》的笔录者、同狱难友比萨作家"路底遮罗"(即鲁思梯

---

① 薛福成《出使英法义比四国日记》卷六,光绪十七年二月十七日(3 月 26 日)记"义人来华":"义国在欧洲之东偏,与中国往来最早。元明以来,多有人仕中国者。元世祖时,威尼斯(义属小国)人波罗·马哥为世祖所宠任,淬膺封沂之寄"云云。不过,薛的记录并未增加新的内容。清光绪十八年(1892 年)刊本,第 48 页;"走向世界丛书",湖南人民出版社,1985 年,第 327 页。

② 艾约瑟《东游记略》卷一,《万国公报》1890 年第 18 期,台湾华文书局,1968 年影印本,第 17 册,第 11283 页。

谦)助其成书之事。谓"惟时欧地人皆爱阅马哥所著之书,即借以知中国之人民众多,咸勤工作,服饰华美,财货流通","然其书之益人非止此一端,如所论载亚洲居中处诸回族之风土制度,详明简尽,亦实一时之巨擘也"。针对中国人"极重茶饮,岁收茶税为数甚巨,实时泰西诸国所无,何其书内始终未一提及"的疑问,因此有人怀疑马可·波罗未尝至中土,不过是道听途说,著书夸耀。书中解释说:"然识者以其书多信有征,是马哥曾久寓中土更无疑义。若中国人皆嗜茶而马哥终未言及者,或其游历多方,日记放失,抑身被拘囚,率意命笔,而不免多疏漏耶?"并称:"马哥为当中国元朝时东游第一著名西人,而时泰西之阅其书者率目为妄语,后泰西之来中土者众,访风问俗,始知马哥言多有征"云云。[①]而在卷五《俄德利贸易日记摘录》中还谈到:"考是书虽言及中国人多喜饮茶,而不提及中国之长城,则与马哥之书同也。"[②]此书后有清光绪二十五年(1899 年)邹凌沅辑《通学斋丛书》铅印本。

此外,后来如 1897 年李提摩太(Timothy Richard)著、铸铁生(即蔡尔康)述《天下五洲各大国志要》,在论述"意大利"时说:"西历一千三百年,当中国元代,有意大利人名妈可·普罗者,航海而来中国,元帝命以官职",此后回国著书立说,"详言中华为天下大国,而于教养、刑政诸大端,尤能娓娓述之。欧洲人之读其书者,咸谓我等或素知中国,或素知中国为大国,然究模糊影响,今读是书,昭然若发蒙矣"。[③]以说明《游记》在欧洲传播中国形象的重要作用。1902 年鸿文书局出版的《世界豪杰谈》,其杂论部分有《首通中国之巨人多禄某、瓦合白、亚不赛得、波罗传》,记叙了希腊多禄某、阿拉伯人瓦合白(今译伊本·华哈伯)、亚不赛得及马可·波罗入华之事,其文字与艾约瑟《西学述略》所述亦相类似。之后金永森《西被考略》卷四记"历代海西通使贡献"事,称"按《西学述略》等书载:元世祖朝有意大利之威尼斯城商人波罗"云云,谓"马哥生平游历著有成书,其书译有法、德、意三国之言语文

---

① 艾约瑟《东游记略》卷三、卷四,《万国公报》1890 年第 22、23 期,第 18 册,第 11564、11567、11568、11641、11642、11646 页。

② 艾约瑟《东游记略》卷五,《万国公报》1891 年第 26 期,第 18 册,第 11842 页。

③ 李提摩太著,铸铁生述《天下五洲各大国志要》六"意大利",清光绪丁酉(1897 年)上海广学会版,第 8 页。

字,以便欧洲人披阅,今犹有多人称道之者。据此则捏古伦、波罗等之来中国,在利马窦诸人之先。补此以备元史之阙"。①以上诸例,均可见传教士在这方面的持续影响。

当时,一些教会人士及学者最先利用其来论证景教及基督教入华的史事。如光绪二十一年(1895年),基督新教教徒杨荣鋕出版《景教碑文纪事考正》,考论景教在中国传播的历史,在卷一"谟罕墨德考"中指出:忽必烈时期为蒙古极盛之时,几乎统治了整个亚洲,"于斯时也,儒、释、景、回各从其好。蒙古诸王入主中夏者则尚儒,守故土则尚释,二家而外,或尚景,或尚谟,随境而迁。西土奉谟教之人入籍中国者,莫多于此时。扬州路总管马高·保罗者,世祖臣也,建景教会堂二间于扬州,以马氏尚景故也"②。讲述了马可·波罗任扬州路总管及建两座景教会堂之事。可见此事在当时基督教徒中已有相当影响。同年广雅书局刊朱一新《无邪堂答问》,在卷二评论黎佩兰《景教流行中国碑考》时,其中说:"至其教入中国之始,据西人所撰《东游记略》云:有波罗·马哥者,于宋末元初遍游燕京、苏、杭、滇、闽,曾知扬州行中书省事。至元二十五年,教王遣约翰来华,劝元帝崇奉西教。元帝不从,而立教堂于京师,入教者约六千人。教王复遣安得烈为之辅,后为景教人所嫉,几被戕。"即据艾约瑟《东游记略》所载史事,以论证"可知景教之非天主,彼固分别甚明也"。③

在一些报纸杂志中,引马可·波罗之事为例加以论说的也逐渐增多。如光绪二十三年(1897年)六月出版的《万国公报》第102册,綦鸿逵撰有《借西士以兴中国论》,文中指出西学、西法之有关富强者借西士以传,并举例议

---

① 金永森《西被考略》卷四,清光绪癸卯(1903年)武昌刊本,第37、38页。
② 杨荣鋕《景教碑文纪事考正》卷一,清光绪二十一年(1895年)杨大本堂刊本,第67页。杨荣鋕,字襄甫,广东番禺人。著有《景教碑文纪事考正》三卷。后有清光绪二十七年(1901年)思贤书局重刊本,但仅一卷,前有王先谦撰《重刊景教碑文纪事考正序》。
③ 朱一新《无邪堂答问》卷二,清光绪二十一年(1895年)广雅书局刻本,第31、32页。《续修四库全书》子部第1164册,上海古籍出版社,2002年,第507、508页。后周星诒《窳橫日记》1898年五月十一日载:"借得马君庚寅《公报》十册,中缺五、六两月为恨。内《东游记略》皆蒙古朝西人由今俄罗斯陆行以入中土程记,颇足补证《元秘史》,其他亦多裨见闻。"说明直至19世纪末,《万国公报》等仍是这方面知识的重要来源。见周星诒著,刘蔷整理《窳橫日记》,河北教育出版社,2001年,第91页。

论说:"试更言夫异洲者。元世祖聪明英武,席卷全欧,不以玛叩·哀尔为异域而任之为相,遂使休烈显乎无穷,声称浃乎来滋。庞迪我、利玛窦、熊三拔诸人,立功前明,而修历一节,至今利赖……其有功于中国也,皆昭昭在人耳目。"①以此说明利用西士兴盛中国、变法图强的道理。同年6月出版的《湘学新报》第7册,在"舆地学第五"中,以问答的形式谈到这一问题。问:"泰西人入居中华,诸书多以明万历时利玛窦由濠镜进至京师,是为欧洲深通内地始。"回答说:"西人之仕中国,玛叩·裴娄已然,事在元世,不始明时也。"又说:"其谓西人之仕中国,玛叩·裴娄已然,事在元世者何?考《欧洲史略》,元世祖时玛叩·裴娄仕中国,厥后归而著书,言华事甚悉。"并谓:"是则欲求泰西往迹,自利玛窦、玛叩·裴娄外,又当观自汉至唐,遗闻昭昭可核矣。"②同年8月《申报》社说《中国宜亟采煤说》中也讲到:"若中国之用煤,较泰西为尤古。……而西人之来华游历者,已详考而得之。有姓马各·波罗者著为一书,有'中华人善用煤'之语。虽寥寥数字,语焉未详。而后人推究日精,开采日盛,有用煤以冶铁者,有用煤以运轮者,有用煤以镕玻璃者,有用煤以行舟舰者。近且愈推愈广,举凡煤气灯则借煤以生光,火轮车则藉煤以致远。"③

值得注意的是,除来自传教士的讯息之外,这一时期出现了新的传播渠道和信息资源。当时,有众多日本历史教科书被译介到了中国,还包括一些西文译著,其中有不少均论述了马可·波罗及《游记》之事。虽如伯希和所说:"日本人在19世纪末年翻译欧洲书以前,从未知有此人。"④但此事在日本明治维新后的教科书中,可以说已经成为一种公共知识。由此,通过这些教科书与译著,使马可·波罗及《游记》在中国的传播进入了一个新的阶段。

在日本传入的历史教科书中,最早要数冈本监辅1879年用汉文编写的

① 綦鸿逵《借西士以兴中国论》,《万国公报》1897年第6期,第102册,第16987页。
② 《湘学新报》第7册,1897年6月20日。
③ 《申报》光绪二十三年八月初二日(1897年8月29日)。
④ 伯希和撰,冯承钧译《马可波罗行纪沙海昂译注正误》,《西域南海史地考证译丛》第1卷,商务印书馆,1995年影印本,第80页。

《万国史记》。以前一般认为,该书于 1895 年才在中国重刊,如实藤惠秀在其权威之作《中国人留学日本史》中,便是这样说的。①事实上,该书在日本出版后,很快便传入中国。光绪六年二月二十日(1880 年 3 月 30 日)《申报》第一版即有"印售《万国史记》"的书籍广告,称"本馆近从日本购来,悉照原本排印"云云,由申报馆仿聚珍版排印出版,收入尊闻阁主编集的《申报馆丛书》余集之中。②该书后又于 1895 年重刊,有多种翻印本,更扩大了其影响。在卷八《意大利记》中说:

> 一千二百七十年间,有一奇士日波罗·马哥,抵元见帝忽必烈,忽必烈优加赏赉。马哥乃服元人服,效元人语,循元人俗,忽必烈宠任特深,未三年,升封疆大吏。后欲回国,忽必烈不许,乃微服发中国,居苏门答腊,五月,经印度洋、波斯湾、德比孙、君士坦丁回本国,往返二十四年。后著一书,备述闻见,欧人始知东北有数大国,学者至今称之。③

此后还有 1902 年日本著名汉学家重野安绎用汉文撰写的《万国史纲目》,在 1295 年记载有"马哥·波罗还自元"条,谈到其在元二十余年,遍探东亚诸地,归途航经支那海,过麻刺甲海峡,达印度沿海,入波斯湾而归。"所著有《世界奇观》之书。日本之名始传于欧洲,以为金宝充实之国。"④这些用汉文写就的著作,既没有语言上的隔阂,对中国的著述起着直接的影响。如后来 1897 年杞庐主人辑《时务通考》卷二《地舆》和卷二二《史学》,在论述《意大利》及"意国逸事"时,便大体引述了冈本监辅《万国史记》的内容,并谓:"此事甚奇,故附及之。"⑤1903 年作新社出版的沈惟贤等辑著的《万国

---

① 实藤惠秀著,谭汝谦、林启彦译《中国人留学日本史》,生活·读书·新知三联书店,1983 年,第 210 页。

② 《申报》光绪六年二月二十日(1880 年 3 月 30 日),并参上海图书馆编《中国丛书综录·总目》,上海古籍出版社,1982 年,第 228 页。华东师范大学图书馆即藏有此本。

③ 冈本监辅《万国史记》卷八,上海申报馆仿 1880 年聚珍版印本,第 24 页。据《东西学书录》,该书有申报馆本和上海排印本。后翻印本即有 1895 年上海读有用书斋本,1897 年上海慎记书庄石印本,1898 年上海著易堂刊本,1900 年上海书局及两宜斋石印本等。

④ 重野安绎《万国史纲目》卷五,日本东京劝学会,1902 年,第 25 页。

⑤ 杞庐主人辑《时务通考》卷二《地舆一一》及卷二二《史学九》,《续修四库全书》子部第 1255 册,第 306 页;第 1257 册,第 166 页。

演义》,在卷三八写到"波罗·马(奇)〔哥〕元时始至中国"一节,也称:"波罗·马哥由意大利至元朝,本《万国史记》。"①

至19、20世纪之交,日本的教科书被大量翻译进来,形成了一个持续的高潮。当时几部比较出名的译作,几乎都毫无例外地记载了马可·波罗及《游记》之事。如1899年东文学社出版的日本桑原骘藏著、樊炳清译《东洋史要》,在近古期第三篇第七章《元初时蒙古形势》论述说:"东西二洋之交通,实肇于此。当是时,西方亚细亚及欧洲商人,陆路自中央亚细亚,经天山南路,或自西伯利亚南部,经天山北路,而远开贩路于喀喇和林及燕京。又波斯与印度与支那之间,其海上之交通亦日繁,江南之泉州、福州诸港,为当时世界第一贸易场,外人来居其地者以万数。彼义太利之孛罗,及亚非利加之伊本·巴支塔等,其远游支那,实在蒙古时代。日本国名之见知于西方,亦始于是时。"②在近世期第一篇第三章《欧人远航与耶稣教东渐》指出,由于频言支那、印度之富庶及日本之多金银珠玉,"欧洲人士闻之,注意东方者渐多",因此激起勇敢冒险的精神,陆续远航东洋。③1901年金粟斋译书局出版的日本小川银次郎著、东文学社译《西洋史要》,在近世史第一章论述《寻获新航路及新陆地》时,说到哥伦布"按玛尔哥·波罗(Marco Polo)之《旅行记》、突勒密及他苏加奈利(Tascaneli)之《地理志》,知自利士本(Lisbon)西航,能达印度",以其说干蒲陀牙王约翰二世及英王显理七世,不行,于是说卡斯第耳女王伊撒拜拉得请,遂驾船西进。④同年东亚译书会出版的日本箕作元八、峰山米造合纂,徐有成、胡景伊等译《欧罗巴通史》,在中古史第三篇第二章论述《地理及天文上之发见》时说:"中古西欧人,发明地理极肤浅。

① 沈惟贤等辑著《万国演义》卷三八,其中称:"在这意大利国中,曾有一个奇士,叫做波罗·马(奇)〔哥〕,于西历一千二百七十年,当元世祖至元七年,常至元朝见世祖,……他于回国之后,还著成一书,备述闻见。欧人见了,方才晓得地球东北方,尚有几个大国,自此渐有东游之意。这一个波罗·马(奇)〔哥〕,实是利玛窦的先导。"作新社,1903年,第131、138页。
② 桑原骘藏著,樊炳清译《东洋史要》近古期第三篇《蒙古》第七章《元初时蒙古形势》,东文学社,1899年,第21页。
③ 桑原骘藏著,樊炳清译《东洋史要》近世期第一篇《清之初叶》第三章《欧人远航与耶稣教东渐》,第39页。
④ 小川银次郎著,东文学社译《西洋史要》第三期近世史,甲《寻获新世界情形与宗教改革之争议》第一章《寻获新航路及新陆地》,金粟斋译书局,1901年,第38页。

十字军之起也,媒介撒拉孙人地理之智识于西方,或为商利,或为传教,旅行东方者踵相接。有麦耳葛·坡罗者,一千二百七十一年,出乡里威尼斯,遵陆而至蒙古,受元世祖忽必烈厚遇,仕元垂二十年。其间跋涉中国各地,遂于海路经印度而归。后著《东方见闻记》,盛称卡太伊(北中国)、萌及(南中国)、日本之繁荣富盛,大奋兴西欧人之远征心。"①

此后出版的一些世界史著作,也多有这方面的记载。1902 年作新社据日人松平康国编译出版的《世界近世史》,第一章《土地之发见两洋之交通》中说:"其后至千二百六十年,维尼斯巨商波罗始入蒙古。其子马哥,自千二百七十五年至九十二年十余年之间,留仕于元之忽必烈朝。此不过为西人之足迹及于支那,不得谓为东西之交通也。"又说:"日本事迹见于欧人之文书者,以波罗之纪行为嚆矢。"②同年作新社出版的《万国历史》也称:"地理之智识,以意太利麦夸·怕洛(Marco Polo)为先路之导",称其在13 世纪之末,与其父及叔父住于中国二十六年,"归而出其日记,极言印度及日本为富有之国"。③1903 年上海通社出版的德国布列著、特社译本《世界通史》,在中古史第四期《自十字军之结局至美洲之发现》第三章《意大利》中说:"当时西人皆以东洋为富地,威尼斯人马哥·波罗 Marco Polo 越重洋,至燕京……在元二十余年,遍探东亚诸地,归途航中国海……所著有《世界奇观》";近世史第一章《发明发见及殖民》中谈到:"意大利之热那亚人名哥伦波者,夙志航海,尝观东亚旅行之马哥·波罗所著《世界奇观》一书,知有日本国,至葡萄牙见海图及测量器,悟地球回转之理,以为向西航行,必可发见东洋。"④此书除特社译本之外,还有镜今书局译本,由叶瀚重译自日本和田

① 箕作元八、峰山米造合纂,徐有成、胡景伊等译《欧罗巴通史》中古史第三篇《国家主义发生时代》第二章《地理及天文上之发见》,东亚译书会,1901 年,第 64 页。

② 作新社译《世界近世史》(前编),作新社,1902 年,第 21、22 页。松平康国编著《世界近世史》又有梁启勋译述本,此处译文作"威尼斯之巨商英多利亚波罗""其子马路可""马可·波罗之日记",上海广智书局,1903 年,第 4 页。

③ 作新社译《万国历史》第二卷中世史《中世纪之文明》第三章《学问艺术》,作新社,1902 年,第121 页。

④ 布列著,特社译补《世界通史》中古史第四期《自十字军之结局至美洲之发现》第三章《意大利》;近世史第一期《自美洲发见至西发里和议》第一章《发明发见及殖民》,上海通社,1903 年,第 1 册,第 126 页;第 2 册,第 2 页。

万吉译本。①

　　至于一些中西交通史与文明史方面的译著，其中更不乏其例。如1903年出版的日人斋藤奥治（斋藤阿具）所撰《西力东侵史》，出版界评价此书“为最新最完备之东西交涉史”②。当时有两种译本，一为林长民译本，一为秦元弼译本。林译本第三章《支那与西洋诸国之关系》中说：“西洋人至支那者，伊太利斐尼司府扑劳一族为最著。”详细叙述了“呢克罗·扑劳与其弟及子马尔克·扑劳（Marco Polo）”来华，后来“元以贵女嫁波斯亚空汗（Arghun Khan），使马尔克·扑劳护送之”，以及马可·波罗在海战中被俘，因于狱中，“纵谈东洋事，使鲁士剔枝（Rusticiano）纪之”，著成扑劳《东洋闻见录》等事迹。谓其书“载东洋诸国富有珍产，于是冒险家出，竞探陆地，航路因以发明者滋多”。在第七章中也谈到：“西洋人记录日本事者，始于马尔克·扑劳之《东洋闻见录》”云云。③同年黑凤氏所译白河次郎、国府种德合著《中国文明发达史》谓：“元末欧罗巴中世期之大旅行家意大利玛尔胡·波罗陆路来支那，通罗马法王之使节与元交通，得元之助，镇定欧罗巴，为欧亚交涉之始。”并讲到西方活字、金属版的发明使用，“而支那陶器制之活字，在玛尔胡·波罗来支那时代，南宋帝昺之治世间，纪元后千二百七十八年也。早于欧洲之发明以前二百余年，殆玛尔胡·波罗自支那输入欧洲，使欧洲研究完全今日之印刷法，未可知也”。④此书也有两种译本，另一竞化书局译本《支那文明史》，则译作“元末欧罗巴中世期之大旅行家麦儿苦·巴鲁”云云。⑤

　　受上述译著的影响，与此相应，当时国人自撰的一些世界史与中西交通

---

① 译作：“盖委内西耶最有名之马哥·博罗……毕欧人未踏之东亚旅行，归国后著《世界奇观》。”布勒志著，和田万吉译述，叶瀚重译《世界通史》近世史第一期《自美洲发见迄威司发兰和议》第一章《发明发见殖民》，镜今书局，1903年，第2册，第108页；第3册，第2页。

② 《新书广告》，《江苏》1903年第4期。

③ 斋藤奥治著，林长民译《西力东侵史》，闽学会，1903年，第29、30、60、61页。秦元弼译本第三章译作《古代东西关系考》，译文作“尼古罗·璞陆偕其弟及子迈克·璞陆”，“陆斯帖溪笔记之”，上海文明书局，1903年，第24、55页。

④ 白河次郎、国府种德著，黑凤氏译《中国文明发达史》第六章《历数地理之发达》，东新译社，1903年，第76页；第九章《支那印刷术之发达》，第130页。

⑤ 白河次郎、国府种德著，竞化书局译《支那文明史》第六章《历数地理之发达变迁》，竞化书局，1903年，第105、106、183页。

史著述,有不少均述及马可·波罗及《游记》之事。如 1897 年出版的邹弢《万国近政考略》,在卷二《地舆考》中便指出:"考中国元代始初,有意大利国佛尼斯人马谷·保仕中国,为扬州总管,曾奉命出使。后告归回国,在南洋望见奥洲,归述于人,始有欧人来探是地。"卷七《沿革考》论述意大利时也专门论及此事,称"此事甚奇,故附及之"。①1899 年出版的龚柴、许彬编译的《五洲图考》,在《澳削尼亚洲》(即澳洲)"总论"中说道:"西人在元代以前,不知有澳削尼亚。元世祖时,有玛谷·保禄者,意国威内萨人,偕父叔航海来东"云云,"成宗元年,乞休归里,经南洋巽他峡,遄回意国,于是知亚洲外别有岛屿"。②可见这些著述在论述五洲万国历史时,均已注意及此,而不忘写上这一内容,以阐明其重要的意义。

严复的著译也值得一提。戊戌时期他以翻译《天演论》名动天下,其译著风行一时,纸贵洛阳,在社会上大受欢迎。他所译的亚当·斯密《原富》,1901 年由南洋公学译书院出版。在《论新地所以开辟之故》中谈到:科伦坡"自谓己之所得,与玛可·波罗之所前载者初非二物也。盖西人之至东洲而以文字留传后人者,自玛可·波罗始。(玛于元世祖时行贾安息、大食间,随元使入中国,见世祖,旅居十余年。尝为扬州太守,后航海由南洋达波斯归国,纪所闻见甚详,足补《元史》所不备也。)其文字翔实可信,欧人心艳之"③。书中又说:

> 夫支那五洲上腴,非所谓天府之国耶?民庶而非不勤,野广而非未辟,特治不加进者几数百千年。当蒙古为君时,义大里人玛可·波罗尝游其国,归而以事下狱,著书纪其耕桑之业阗溢之形,其书见在,取以较今人游记之所言,殆无少异。盖其国之政法民风,远在元代之前富庶已极其量,而后则循常袭故,无所加前。④

---

① 邹弢《万国近政考略》卷二《地舆考》、卷七《沿革考》,清光绪丁酉(1897 年)明道堂刊本,第5、7 页。
② 龚柴、许彬编译《五洲图考》之《澳削尼亚洲》"总论",上海徐家汇印书馆,1899 年,第1 页。
③ 亚当·斯密著,严复译《原富》部丁篇七《论外属》,上海南洋公学译书院,1902 年,第3、4 页;又见商务印书馆,1981 年,第 451 页。
④ 亚当·斯密著,严复译《原富》部甲篇八《释庸》,第 42 页;又见商务印书馆,1981 年,第 64 页。

亚当·斯密认为,中国尽管一向被认为是世界上最为富裕的国家,但现在却处于停滞状态之下,与五百年前马可·波罗的记述比较,似乎没有什么区别。虽说此段文字并不很长,但它直接与中国的现状相比较,以此来说明中国社会进步之缓慢,再经严复的译介,在清末险象环生之际,不免令人看了触目惊心,因而其所造成的影响也就非同一般。如吴汝纶在读严复译稿时,《桐城吴先生日记》上卷《西学》第九中,便摘录了严译之文,指出"今其国富庶不加益也,其编户齐民颠连穷厄,则欧洲极贫之国未尝闻也"①。1902 年梁启超在《新民说·论进步》(一名《论中国群治不进之原因》)中,引严译《原富》中"玛可·波罗游支那,归而著书,述其国情"之语,说道:"吾以为岂惟玛氏之作,即《史记》《汉书》二千年旧籍,其所记载,与今日相去能几何哉?夫同在东亚之地,同为黄族之民,而何以一进一不进,霄壤若此?"②对此表示了十分沉痛的心情。1903 年《江苏》第 2 期公衣所撰社说《国民之进步欤》,也引严译指出:"按玛可·波罗,亦作马哥·博罗(Marco Palo),《元史》作博啰,见《世祖本纪》。彼以千二百七十四五年顷入中国,千二百九十五年归义大里。所著书凡五十一篇,名曰《东洋见闻录》。"并称自己"别有《马哥·博罗事实考》"。③

由于上述历史教科书包括严复的译作等,均是一般知识分子与普通民众的读物,其受众及影响的层面自然远较此前扩大,也是以往所不能比拟的。由此,国人获知此事就较前有了更多的渠道和新的学术资源。至于当时不少的报刊传媒,在这方面同样起了推波助澜的作用。

查阅有关的报刊资料,一些文章在论述中西交通与文化交流时,往往会提到马可·波罗之事,成为一种习以为常的现象。值得提出的是,1903 年 2 月在福州出版的《闽报》上,连载有梅湖农者(黄乃裳)撰《欧人东来考》一篇长文,详考有关中西交通及欧人东来的历史。其中论列元世祖至元十二年,"又有意大利人姓保罗名恪路者,与其弟麻标来",以及此后携其子马可再次来华,马可在华事迹和返意大利后写《游记》的情况,远较一般译著的教科书

---

① 吴汝纶著,宋开玉整理《桐城吴先生日记》下册,河北教育出版社,1999 年,第 520 页。
② 《新民丛报》1902 年 6 月第 10 号。
③ 《江苏》1903 年第 2 期。

为详。文中谈到马可为敌俘困缧绁,"惧或致死,事迹不传,则同种之人莫由知东方尚有若大世界,而后来之东参西错旋乾转坤,胥无所凭借,以大展上天赋畀之才能,因急央人如其言,记始终遭遇如此。而欧人乃知东有印度,可于意境焉达之,且知印有水程至支那、日本,一时壮夫巨贾,均汹汹欲试其远图"。久之,"有葡萄牙人底·加马(即达·伽马)者,读马可志",于是遂驾巨舶,绕非洲好望角而行,于是葡、西、荷诸国"接踵东至印度,商务乃纷然遽兴","触舻相望,以睥睨乎南洋"。又回顾了自此以来几百年间亚洲受侵的历史,最后指出:

> 吾人试为旷观今日之六大部洲,遥想四百年前之景象,其间纷纭变化,倒古翻今,纵有神人,或也不能预料其若是。噫嘻奇矣哉!而要其原因,皆起于意大利之恪路及弟麻标、子马可三人运回东方情状,有以激动欧人之思想,奋欧人之精神,而组织为今日之极盛也。有志者阅之,可以穆然思蹶然起矣。①

以下再略举数例。如 1903 年 11 月《浙江潮》第 9 期"历史"栏刊载无朕《十九世纪时欧西之泰东思想》,其中写道:"一四九七年,白哥德格麦周航好望角,发见航行印度之捷径,而东西两地得相见期,竞拭碧瞳,引领东注。递十六世纪,《马各·波罗之游记》译以意大利文,风行全欧,而欧人始知东方有庞然一大帝国,与珠宝灿烂之蓬莱岛,好奇求富等种种感念起伏于脑里,生冒险心,奋然挂帆,临重涛,破巨浪,远向天末之东方,而印度,而支那,而日本,遂始触欧人之眼帘矣。"又说:"十九世纪者,东西两文明之抵触时代也。物质之文明,由欧而入亚;灵性之文明,自亚而之欧。两大潮流,相击相触,发为雄声奇彩,以震眩此世界。"②1904 年 8 月 19 日《警钟报》载《论太平洋列强之势力》,说道:"西人当十六世纪时(约当中国明代),发明航海之术,

---

① 《闽报》1903 年 2 月 18 日、21 日。《闽报》系在福州的日本人前田彪、井手三郎创办,报头下标有"日商闽报馆发售"字样。在此文之前,梅湖半农者(黄乃裳)在 1899 年 12 月 1 日新加坡《日新报》上发表的《商学》一文中,即已谈到"讲求商学,为开宗明义第一端",称:"如三百年前西班牙、葡萄牙、荷兰皆以商为国,故玛呵·衷娄初环球,尝及日本及我中国,其游历之书,至今犹存。西人类能举其颠末。……又叩伦布自西班牙之真欧阿海湾,扬帆西去,觅出美洲之类,皆商务中人所当知者。"
② 《浙江潮》1903 年第 9 期。

而马克·哥罗东游,可仑比亚西适,致欧洲各国,悉以扩张境土为方针。"①
1905 年《新民丛报》第 64 号,还刊登了《欧人游历中国之先登者马可·波罗
(Marco Polo)遗像》,这可能是中国近代出版物中第一次出现的马可·波罗
之像。②1907 年第 4 期《外交报》载《中国二千年外交通论》,则将中外交通分
为三期,第三期为汉族中衰时代,指出:"耶律完颜,迭仆更起,却特肇兴,混
一中原,兵力之雄,远涉欧陆,而欧亚交通之势成矣。于是马可·波罗仕至
方面,为今日用客卿之先声。"③

　　这一时期,还出现了关于马可·波罗的专题演讲活动,也是值得关注的
动向。据当时《申报》载,1906 年 3 月,美国传教士李佳白在上海尚贤堂作了
题为"意大利名人马克·博罗"的演说。《申报》先是预告并报道了"西儒讲
学",称马可·波罗"于元代曾至中国游历,为中国效力,李先生特采其事实
以表彰之。已请意总领事首座,并闻适有意大利兵舰名马克·博罗者来沪,
该舰将校届时亦到堂与会,当极一时之盛。诸君子公余之暇,盍亦往聆伟论
乎"。④此后又连续两天,以很大的篇幅登载了这次演讲的情况。报道称:

　　　演说厅内悬有马哥·波罗遗像及其所建之芦沟桥图,中外官绅咸
　　来听讲。计是日到者,有驻沪意大利国总领事、意国兵舰马哥·波罗号
　　之统带官及各将校,商约大臣盛杏荪(保)官保、商董朱葆珊观察、吴少
　　卿、杨信之两部郎,上海道委毛协五译员等,颇极一时之盛。

当时如盛宣怀等一批上海官员和士绅均参加了这次演说活动,可说是中外
同人共聚的重要活动。先由意大利驻沪总领事"操法语演讲",由英领事署
翻译官哈尔定口译成华文,开场白说:"李君命题之用意,以及中国官绅亦皆
惠然肯来,表明其景仰马哥·波罗之意,尤为私心所敬佩焉。"称马可·波罗
乃意国著名探险家,其至中国、日本,"为扩充祖国之商业计耳"。"余今日以
意人而称述马哥·波罗,窃喜其往事之有裨于文明各国也。今者中外立约

① 　《警钟报》1904 年 8 月 19 日。此文又转载于 1904 年《东方杂志》第 1 卷第 8 期。
② 　《新民丛报》1905 年 3 月第 64 号。
③ 　《外交报》1907 年第 4 期。此文又转载于 1907 年《东方杂志》第 4 卷第 4 期。
④ 　《申报》光绪三十二年二月十七日、三月初六日(1906 年 3 月 11 日、3 月 30 日)。

通商,睦谊益敦,余今日在此为意国之代表,与六百年前马哥·波罗在远东为分尼斯国之代表如出一辙"云云。随后即由李佳白以华语正式演说,讲述了马可·波罗来华及游历中国的事迹,称其以上所述,"试阅英人雅尔君所著之《马哥·波罗传》,可知其大概矣。夫马哥·波罗姓名久已脍炙人口,惟在中国则称道之者尚鲜。窃谓中国应敬仰其人之故,厥有数端"云云,并列举了其几大功绩。称道说:"中国声名之传播于欧洲,马哥·波罗之功居首也。昔者泰西各国皆漠视中国,自马哥·波罗为之称扬,于是人皆尊之为上国矣。……数百年后,欧洲士子咸知亚洲尚有中国人民,为天下之一大种族。马哥·波罗足迹所至,必详考其地之人情风土,纤悉靡遗,诚不朽之业也。"而"今日中外同人一堂共聚,不独意人表其景仰乡贤之敬意,即中国人亦从而知其人之有功于中国,当称道勿替也"。①之后武员麦士尼、马哥·波罗号军舰的统领官也在会上作了发言。

上述报刊对马可·波罗及《游记》的介绍与论述,说明它已引起了广泛的社会关注,并成为当时一个引人注目的话题,在知识分子、士绅和普通民众中间产生了广泛的影响。甚至曾任清廷大臣、1904 年逝世的文廷式,在其《纯常子枝语》卷四〇中也引:"西人马留哥·波罗尝仕元,世祖时巡视各地。其纪行书有曰"云云,称"按此可知也里可温派人,元时固所在多有矣"。②很有意思的是,1907 年 11 月,在唐景崧、宝熙为光绪帝讲授《西史讲义》的讲稿中,其中论述"新航路之发明""新大陆之发见"时,也讲到"葡人之寻新地于非洲也,意大利有哥仑布者,素操航海业,尝读马可·波罗书(意人,以元世祖时来游中国,赐有官爵。归而著书,言中国、日本情事甚悉),颇悉亚东事"。③可以这么说,这一时期,经报刊媒体的传播与宣传,包括上至皇帝,下至一般的知识分子,有关马可·波罗及《游记》之事已经广为人知,成为社会上一种普泛的常识。

---

① 《申报》光绪三十二年三月二十八、二十九日(1906 年 4 月 21、22 日)。
② 文廷式《纯常子枝语》卷四〇"马留哥·波罗"条,扬州广陵古籍刻印社,1990 年影印本,第 2 页。
③ 张毅君《为光绪帝进讲"各国政略"稿》,《近代史资料》2002 年总 104 号。《西史讲义》现藏中国第一历史档案馆,《宫中杂件》(旧整)第 220 包 86 件。

正是在这种情况下，开始出现了对马可·波罗及《游记》的初步研究。其代表人物就是钱单士厘。她是清末最早走出国门的知识妇女之一。光绪二十五年（1899 年），她就随丈夫钱恂到日本，1908、1909 年间曾随出任清廷驻意大利公使的丈夫钱恂旅居罗马。著有《癸卯旅行记》和《归潜记》。《归潜记》成书于 1910 年，记载了她在意大利罗马等地游历的情况，其中有专文记《马哥·博罗事》，计有三千七百多字，详细地介绍了马可·波罗及其《游记》。

据她自己说，其丈夫在二十年前"初次从西欧归来，为予道元世祖时维尼斯人马哥·博罗仕中国事，即艳羡马哥之为人"，对此发生浓郁的兴趣。十九年后，她亲履其家乡威尼斯，访问马可·波罗故居，瞻仰其石像，因此"既记游事，并记马哥父子叔侄来华之踪迹及行事大略"。文中高度评价了马可·波罗及其《游记》，称其"所著书，言中国当时事，颇足参证，为西人谈华事者必读之书，推为东学第一人"。并具体谈到马可·波罗在海战中被俘入狱，"在囹圄中追叙往事，口授文士吕司底西（今译鲁思梯谦）笔述之"。对《游记》的版本她也颇为熟悉，讲到 1865 年（即同治四年）有法人波吉（即鲍梯）将《游记》译为法文，又有英人欧尔（即玉尔）译为英文，其"考订加注，尤为详备"。①

单士厘认为该书"凡所闻见，多可与《元史》相参证"。引人注目的是，文中她还对若干问题进行了初步的研究与考证，提出了自己的一些见解。一是关于马可·波罗其人的问题。当时西方汉学家认为马可·波罗就是《元史》所载元世祖忽必烈时的枢密副使孛罗，法国学者鲍梯于 1865 年刊行的《游记》，便题名为《忽必烈枢密副使孛罗书》，此后英人马斯敦、玉尔等多从其说。她查阅有关元史的资料，据《元史·世祖纪》的记载：至元十四年（1277 年）二月，以大司农、御史大夫、宣慰使兼领侍仪司博罗为枢密副使，至元十二年四月以大司农、御史中丞博罗为御史大夫，至元七年以御史中丞博罗为御史大夫，指出此三个博罗"明是一人"，而至元七年，马可·波罗尚未

---

① 钱单士厘《癸卯旅行记·归潜记》，"走向世界丛书"，湖南人民出版社，1981 年，第 223、229 页。《归潜记》有一种钱氏家刻毛本存世。

东来,"安得有以御史中丞兼大司农事?"对西方学者认为元枢密副使孛罗即
马可·波罗之说提出了质疑,认为《元史》中的博罗不可能是马可·波罗,指
出:"《元史》中名博罗者不知若干人,或牵他博罗与马哥·博罗而一之,莫由
证其然否。"①虽说她并未予确证而解决这一问题,但其提出的怀疑与证据都
是很有价值的。二是《游记》所载马可父子襄阳献炮一事的真实性问题。马
可·波罗在《游记》中宣称,元朝攻陷南宋襄阳城,得力于使用一种新式武器
抛石炮,献新炮法的是其父亲、叔父和他本人。她据《元史》的记载指出,元
攻襄阳在至元五年,至十年始克之,造炮者为西域茂萨里人喇卜丹、西域实
喇人伊斯玛音,而非马可·波罗一家,揭示出史传所载"与马哥言亦不合"。②
此外,她和丈夫还依据《游记》的内容,说明犹太教、基督教等在中国传播的
情况。如钱恂撰《景教流行中国碑跋》,即引用《游记》的记述,谓"马哥·博
罗所著书,亦言中国多彼教人,是元初景教已盛"。在《摩西教流行中国记》
中,论及河南开封府"挑筋教"乃摩西遗教,相传汉时迁入中国,"其始见于十
一世纪西人《鞑靼旅行记》,其继见于《马哥·博罗旅行记》"。③

　　这一时期,在介绍马可·波罗及《游记》方面,《东方杂志》上刊登的两篇
文章也值得注意。1910 年 6 月《东方杂志》第 8 卷第 5 期上,刊登了高劳(即
杜亚泉)所撰的《马可波罗事略》,并预告说将于下期揭载史久润所撰《马可
波罗游记书后》一文。高文称"马可·波罗为欧亚最初之介绍人,本志屡引
用其故事,兹撮其事略及遗像",介绍了其生平事略,同时还刊登了一幅马
可·波罗遗像。在第 6 期上即刊登了史氏之文。篇首他称自己"近方着手
译马可·波罗之《游记》",因卷帙繁多,又须详加考证,翻译非易,故先作此
文以飨读者。文中赞誉"马可之书,游记中之绝作也。今去马可之世已六百
年,而欧美士夫欲考中亚古代情形及吾国往事者,舍此书莫由也"。作者驳
斥了世人认为《游记》是"痴人诳语"、离奇不实的观点,指出经过英人尤氏
(即玉尔)多年的探索,凡是前人以为疑似难信的,"今皆一一得其实证,知非
虚无妄诞之谭,此不可谓非近人之大幸也"。不仅史学家、地理学家应当熟

---

① 钱单士厘《癸卯旅行记·归潜记》,第 226、227 页。
② 钱单士厘《癸卯旅行记·归潜记》,第 228 页。
③ 钱单士厘《癸卯旅行记·归潜记》,第 175、196 页。

读此书，其"书中叙事，率多新奇，足增闻见，则凡能识字读书者，固宜人读一过也"。史氏认为，古今独具只眼、周游列国的只有五人：一为希罗多德（Herodotus），一为安思北（Gaspar），一为马高（Melohior），一为北尔撒石（Balthazr），第五人即为马可·波罗。指出在此之前，欧洲人至东方者，仅至君士坦丁堡与黑海之滨而止，"盖必至马可·波罗出而后云雾扫而清天见，其功不亦伟乎！"故称道他是"灌输亚洲事情以入欧洲者之第一人"，同时"成吉斯汗一生之丰功伟烈，赖马可·波罗之书而后千载万载传于世界"，因而又是"成吉斯汗之恩人"。①两文发表在当时全国影响最大的刊物《东方杂志》上，其作用显然不能低估。

从史久润称"近方着手"翻译《游记》之语来看，说明此时国内直接接触、阅读到《游记》原著的人已逐渐增多。值得注意的是，在宣统二年（1910 年）十一月出版的《地学杂志》第 10 期"绍介图书"栏中，还刊登了一则介绍英文版《马可·孛罗游记》的广告：

马可·孛罗游记　英文名 *Travels of Marco Polo*，edited by Sir Henry，发卖所 John Muray London. Albemarle Street

书共二巨本，读之可知宋末元初中国人之情状。

以下依次叙述了马可·波罗游历之地及出使波斯、返意大利之事。继而评介说：

书中形容元世祖之聪明英武，谓高出于罗马历代英君及波斯君长、中国君长，未免铺张过当。然当是之时，元主号令所及，东至太平洋，西逾地中海，抵多脑河沿岸，南包南洋群岛，以至印度洋，北至北冰洋，凡有血气，莫不称臣，而北京一部，直谓为全世界之京都可也。马可父子以经商之人受世祖优礼，位至太守，复得漫游东土，则其为主人铺扬固亦宜也。马可至苏州，叹息当时宋人无尚武精神，至杭州睹宋官殿，慨度宗荒娱误国，寡廉鲜耻，至为蒙古大汗所征服，皆吾历史上之污点，然亦足为今日中国之殷鉴矣。②

---

① 《东方杂志》1910 年第 8 卷第 6 期。
② 《地学杂志》1910 年第 10 期。

从这则介绍来看,广告作者还结合当时的现实,表现出了爱国主义精神。

随着马可·波罗及《游记》影响逐渐扩大,也有了获得《游记》原著的途径,翻译《游记》原著便提上了议事日程。①中国《马可·波罗游记》的第一个译本,是清末魏易翻译的《元代客卿马哥博罗游记》。魏易曾留学法国,与林纾合作翻译过《汤姆叔叔的小屋》《迦因小传》等外国小说。他于1909年开始翻译《游记》,所依据的底本是刊于1818年的马斯敦(Marsden)英文译本,仅在个别地方参考了"地学本"。译文逐日登载在北京汪康年主办的《京报》上。虽说所刊登的仅是部分章节,但它的刊出,无疑使中国人第一次看到了《游记》的真实面目,因而引起了颇大的反响。如陈焯在与汪康年信中说:"此次来京别无所得,惟于贵报中得读《裴叩·玛娄游记》,见所未见,闻所未闻,爱不释手。"他在认真阅读后,还与《元史》的资料相对照,指出其中"微觉有未合元代事迹者",因此致信写出其所疑之处,谓"如有可采之语,望为订正,以免全书之额"。惟此年十一月《京报》就因触怒亲贵,停止发行,魏易的翻译也就中辍。陈焯因此写信询问"贵馆停板,未识是何原因",称"近日所登……《马哥·波罗游记》,不得窥其全豹,殊可惜也"。②此事并引起了近代著名学者、出版家张元济的注意,他在《与汪康年书》中也说到:"十四日奉手教,敬悉。《马克·波罗游记》稿收到。感感。"③

辛亥革命以后,魏易又将全书译完,1913年7月由正蒙印书局出版,由梁启超题签封面书名。书分二册三卷,计二百零五章。魏易在《序言》中说:《游记》一书,"此实为欧罗巴人对于我国有著作之始,出版以后,风行一时,至今文明各国均竞相移译",故予译出。原序中还讲到:"此编系从马斯登本译出,马氏之书,注释甚多。兹编择精去冗,除道里之远近,及重译时之误解语意,稍微改正以外,余皆悉仍其旧。惟马氏原本于叙述战事,几于千篇一

---

① 除史久润称自己"近方着手译马可·波罗之《游记》"外,张星烺1910年留学德国柏林时,也获得英人玉尔及法人考狄的修订增补本,发愿将其译成中文介绍至国内。他于1913年开始翻译,但直至20年代以后才部分出版。

② 陈焯《与汪康年书》(一)、(二),《汪康年师友书札》(2),上海古籍出版社,1986年,第2012、2013页。

③ 张元济《与汪康年书》(五十三),《汪康年师友书札》(2),第1751页。

律,兹编亦稍稍去其繁复之处,庶读者不觉其繁也。"①在翻译中,魏易对前译中人名、地名的讹误脱漏,以及道里方向与今世舆图所载不相符合的地方,参考有关文献作了较详的注释,对战事的叙述则作了删冗精简的工作。

不过这一译本也有较大的弊病。其所据底本不佳,魏易所译对原文又多所删节,实际上只是一个节译本,这和当时翻译外国作品多为节译的风气是相关的。其中最大的毛病是,因受西方学者鲍梯、马斯敦等的影响,误将元枢密副使孛罗与马可·波罗混为一人,由此造成重大的失误。在此后很长一段时间里,中国学者如李季、张星烺等也多误从此说,直到20世纪20年代以后,伯希和、冯承钧才纠正了这一错误。译者又不谙元代史事,对译文中的人名、地名,均未与《元史》加以对证考释,故颇多讹误,因而为学者所诟病。如丁谦指出:"其书译自英文,未经修饰,颇伤繁猥,注也多有舛戾。"②柳诒徵批评说,其"笺注之语,多浅俚可笑",张星烺也认为其书多"逞臆武断"之处。③正如后来冯承钧先生所说:"初译本是马儿斯登(Marsden)本,审其译文,可以说是一种翻译匠的事业,而不是一种考据家的成绩。"④不过此译本尽管有众多的缺憾,但作为我国翻译的第一部《游记》,国人由原先只知其名而未见原著,到正式看到译作,无疑扩大了其在中国的读者层面和社会影响。这一译作至今已有九十多年的历史,此版《游记》现已很少得见,也已有版本上的价值。

在魏易译本出版以后,国内学者也随之对其作了最初的研究。主要是对其地名、史实的研究。1915年,史地学家丁谦在《地学杂志》第6—8期发表了《元代客卿马哥博罗游记地理考订》,序言中说:"元意大利人马哥·博罗所著《游记》,当时欧洲各国展转移译,盖西士获知我中华为东方大国者,实由乎此。我国书中虽多援引,而求一译本,十数年来,渺不可得",他阅报后,知道有魏易译本出版,于是"亟倩人购至读之"。发现书中附注今地名未

---

① 魏易《元代客卿马哥博罗游记》,正蒙印书局,1913年,第1、15页。
② 丁谦《马哥博罗游记补注改订》"小引",《地学杂志》1917年第8期。
③ 柳翼谋《马哥孛罗游记导言序》,《史地学报》1924年第3卷第3期。
④ 冯承钧译《马可波罗行纪》"序",第1页。

能赅备,且颇多舛误,因此"详细考核",以正其误。①此后他又在前文的基础上,写了《马哥博罗游记补注改订》的长文,发表于《地学杂志》1917 年第 8—12 期和 1918 年第 1—8 期。文中主要依据魏易译文的体例和顺序,对魏译《游记》中的地名和史实作了考订。指出:"西人重视此书,原序称所纪尽属信史,以马哥目见耳闻故也。今详核之,殊多不然。至中国舆地未能确考,更无足怪。"谓马可原书记事颇多误处,《游记》所载地名译成中文后字音迥殊,有些因译者"不识由西域至中国路线",有些则是译者"粗心误改",因此所注多误。他于是据史传之文,详核其方向程途,细加推求考订,改正了魏译的不少错误,对全书大部分作了注释并附以今名,使其事得以互证明确。又颇有见地地指出,《元史》之孛罗系蒙古人,魏译乃以元世祖时之枢密副使孛罗为马可·波罗之误。并表示,"此注他日倘移译至欧,或亦西人所欢迎乎?"②实际上表明中国人对《马可·波罗游记》应作出自己应有的贡献。后来梁启超在《中国近三百年学术史》中评论说:丁谦所著《蓬莱轩舆地丛书》,探赜析微,识解实有独到处,"其余凡关于边徼及域外地理之古籍,上自《穆天子传》,中逮法显、玄奘诸行传,下迄耶律楚材、丘长春诸游记,外而《马哥·波罗游记》,皆详细笺释","可谓释地之大成,籀古之渊海也已"。③当然,限于时代和域外语言、地理知识,丁谦此时的研究尚在初始阶段,其中讹误也在所难免,仅反映出我国学者早期研究的水平。

综上所述,从鸦片战争前夕传教士最早提及马可·波罗及《游记》之事,到 1913 年第一个《游记》中文译本的出现,其间经历了约近七八十年的历程。回溯既往,从传教士最初简单的介绍,至国人的初步反应,进而至日本教科书大规模的引入,报刊传媒的宣传,在这一过程中,随着读者层面与社会影响的扩大,其人其事愈来愈广为人知,从而成为传媒中的一种公共知识,无疑展示了马可·波罗及《游记》在中国接受及逐渐扩展的过程。它既反映出马可·波罗及《游记》在中国早期的反响,也为此后的研究作了必要的铺垫。通过这一个案的分析,从一个侧面反映出中西文化交流的进程,这对于我们研究

---

① 丁谦《元代客卿马哥博罗游记地理考订》,《地学杂志》1915 年第 6 期。

② 丁谦《马哥博罗游记补注改订》"小引",《地学杂志》1917 年第 8 期。

③ 梁启超《中国近三百年学术史》,《饮冰室合集》专集,中华书局,1936 年,第 323 页。

近代中外文化的交流与融合,也有某种启示意义。当然,至于真正对马可·波罗及《游记》作比较深入的研究,那还是 20 世纪二三十年代以后的事。这一时期,随着中外文化交流的进一步展开,先后有张星烺、李季、冯承钧等人译本的出现,有吕思勉、向达、季子、杨志玖等人对马可·波罗及《游记》的考证与研究,并取得了一系列丰硕的成果。关于这些学界已有较为详细的论述,此不赘述。

洪允息在《马可·波罗到过中国吗?》译注中曾指出,马可·波罗至少有过七个其他汉译名,如最早的在 1874 年始用的"博罗·玛格",1910 年始用的"马可·孛罗",1913 年始用的"马可·博罗",1929 年始用的"马哥·孛罗",1935 年始用的"马哥·波罗",1936 年始用的"马可·波罗"。[①]从现在掌握的资料来看,这一数字显然被大大低估了。归纳以上马可·波罗的译法,即使不算 20 年代之后的译名,如上所引就有:马歌·坡罗(1853 年)、波罗·马可(1854 年)、马加(1855 年)、马各·波罗(1871 年)、马格·博罗、博罗·玛格(以上 1874 年)、马尔克·波罗(1877 年)、马耳克·波罗、马哥·孛罗、马古·波罗、马克·波罗(以上 1878 年)、波罗·马哥(1879 年)、博罗(1880 年)、玛叩·哀娄(1882 年)、马可·波罗(1883 年)、马哥、马哥·博罗(以上 1890 年)、马高·保罗(1895 年)、妈可·普罗、谟克·波罗、玛叩·哀尔、玛叩·裴娄、马谷·保(以上 1897 年)、孛罗、玛谷·保禄(以上 1899 年)、麦耳葛·坡罗、玛尔哥·波罗、玛可·波罗(以上 1901 年)、麦夸·怕洛、马哥·波罗(以上 1902 年)、马路可、迈克·璞陆、玛尔胡·波罗、麦儿苦·巴鲁、马尔克·扑劳、保罗·马可(以上 1903 年)、马克·哥罗(1904 年)、玛古·伯鲁(1905 年)、马克·博罗(1906 年)、裴叩·玛娄(1909 年)、马可·孛罗(1910 年)等,其不同译名已达四十多个。如果再进一步扩大搜索范围,那么无疑将有更大的收获。至于《游记》的译名,也有诸如《东方见闻记》《波罗之纪行》《世界奇观》《旅行记》《东洋闻见录》《马可波罗之日记》《裴叩玛娄游记》《马克波罗游记》《元代客卿马哥博罗游记》《马哥波罗东亚录》等多种不同的

---

① 佛朗西丝·伍德(吴芳思)著,洪允息译《马可·波罗到过中国吗?》,新华出版社,1997 年,第 4、5 页。

译名。这些不同的译名固然说明引进时期译名的混乱,同时也表明对于《游记》的译介尚待进一步的展开与深化。

	译　名	出　处
1	马歌·坡罗(1853)	《遐迩贯珍》(Chinese Serial)中文月刊,1853年第3号《西国通商溯源》
2	波罗·马可(1854)	[英]慕维廉(William Muirhead)《地理全志》(Universal Geography)卷一〇《地史论》
3	马加(1855)	《郭嵩焘日记》(1),咸丰五年(1855年)十二月十九日
4	马各·波罗(1871)	[英]士密德(W.W.Smyth)辑,傅兰雅译,王德均笔述《开煤要法》(Coal and Coal Mining)卷一
5	马格·博罗(1874)	求知子《询意国马君事》,《申报》1874年1月,第542号
6	博罗·玛格(1874)	映堂居士《元代西人入中国述》,《中西闻见录》1874年4月,第21号
7	马尔克·波罗(1877)	《郭嵩焘日记》(3),光绪三年(1877年)十一月初四日
8	马耳克·波罗(1878)	《郭嵩焘日记》(3),光绪四年(1878年)三月初一日
9	马哥·孛罗(1878)	《郭嵩焘日记》(3),光绪四年(1878年)三月十二日
10	马古·波罗(1878)	《郭嵩焘日记》(3),光绪四年(1878年)四月十四日
11	马克·波罗(1878)	《郭嵩焘日记》(3),光绪四年(1878年)七月初八日
12	波罗·马哥(1879)	[日]冈本监辅《万国史记》卷八
13	博罗(1880)	《天主教入华纪略》,《益闻录》1880年第47、48号
14	玛叩·哀娄(1882)	[美]谢卫楼(Devello Zololos Sheffield)编译《万国通鉴》(Outline of General History)卷一
15	马可·波罗(1883)	[美]丁韪良(W. A. P. Martin)《西学考略》卷下
16	马哥(1890)	[英]伟烈亚力口译,王韬著《华英通商事略》
17	马哥·博罗(1890)	[英]艾约瑟《东游记略》,《万国公报》1890年第18期
18	马高·保罗(1895)	杨荣鋕《景教碑文纪事考正》卷一
19	妈可·普罗(1897)	[英]李提摩太著,铸铁生述《天下五洲各大国志要》六"意大利"
20	谟克·波罗(1897)	洪钧《元史译文证补》卷一五《海都补传》
21	玛叩·哀尔(1897)	蔡鸿逵《借西士以兴中国论》,《万国公报》1897年第102册

续表

	译　名	出　　处
22	玛叩·裴娄(1897)	《湘学新报》1897 年第 7 册
23	马谷·保(1897)	邹弢《万国近政考略》卷二
24	孛罗(1899)	[日]桑原骘藏著,樊炳清译《东洋史要》
25	玛谷·保禄(1899)	龚柴、许彬编译《五洲图考》
26	麦耳葛·坡罗(1901)	[日]箕作元八、峰山米造合纂,徐有成、胡景伊等译《欧罗巴通史》
27	玛尔哥·波罗(1901)	[日]小川银次郎著,东文学社译《西洋史要》
28	玛可·波罗(1901)	[英]亚当斯密著,严复译《原富》
29	麦夸·怕洛(1902)	作新社译《万国历史》
30	马哥·波罗(1902)	[日]重野安绎《万国史纲目》卷五
31	马路可(1903)	[日]松平康国编著,梁启勋译《世界近世史》
32	迈克·璞陆(1903)	[日]斋藤奥治著,秦元弼译《西力东侵史》
33	玛尔胡·波罗(1903)	[日]白河次郎、国府种德合著,黑风氏译《中国文明发达史》
34	麦儿苦·巴鲁(1903)	[日]白河次郎、国府种德著,竞化书局译《支那文明史》
35	马尔克·扑劳(1903)	[日]斋藤奥治著,林长民译《西力东侵史》
36	保罗·马可(1903)	梅湖农者《欧人东来考》,《闽报》1903 年 2 月
37	马留哥·波罗	文廷式《纯常子枝语》卷四〇
38	马克·哥罗(1904)	《论太平洋列强之势力》,《警钟报》1904 年 8 月
39	玛古·伯鲁(1905)	[美]林乐知译,吴江任保罗述《达赖喇嘛考》,《万国公报》1905 年第 192 册
40	马克·博罗(1906)	《申报》1906 年 3 月,又作马·博罗
41	裴叩·玛娄(1909)	陈焯《与汪康年书》(一),《汪康年师友书札》(2)
42	马可·孛罗(1910)	《马可·孛罗游记》广告,《地学杂志》1910 年第 10 期

(原载《学术月刊》2012 年第 8 期,第 128—147 页;收入作者《历史的碎片——国义文存》,上海人民出版社,2016 年,第 370—407 页。)